마음을
치료하는 법

로리 고틀립 지음 | 강수정 옮김

심리 치료사와
그녀의 심리 치료사,
우리를 더 나은 우리로 이끄는 마음의 대화

코쿤북스

행복을 정신 질환으로 분류하고, 이후 발행하는 진단 매뉴얼에 '주요 정서 장애: 유쾌한 유형'으로 새롭게 지정하자는 제안이 있다. 관련 문헌을 검토해본 바, 행복은 통계적으로 비정상에 속하고, 비연관성 증상군을 이루며, 폭넓은 인지 이상과 관련이 있고, 확실히 중추 신경계의 비정상적 기능을 반영한다. 이 제안을 반박할 한 가지 의견이 남아 있기는 하다. 행복이 부정적으로 평가되지 않는다는 것이다. 그러나 이는 과학적으로 타당하지 않으므로 기각한다.

— 리처드 벤털, 『의료 윤리학회지』, 1992.

스위스의 저명한 정신과 의사 카를 융은 이렇게 말했다.
"자신의 영혼을 대면하는 것을 피하기 위해
사람들은 그 어떤 터무니없는 일도 서슴지 않을 것이다."

하지만 그는 또한 이런 말도 했다.
"내면을 들여다보는 자는, 깨어난다."

저자의 말

이 책은 '우리가 어떻게 변하는지' 묻고, 그 질문에 '타인과의 관계 속에서'라는 답을 제시한다. 책에 소개되는 관계, 즉 심리 치료사와 환자의 관계에서 어떤 변화가 일어나려면 일종의 신성한 신뢰가 뒷받침되어야 한다. 그러므로 이 책 역시 환자들의 동의가 밑바탕이 되었음은 물론이다. 또한 신상 정보와 여러 알 만한 특징들을 지우기 위해 많은 노력을 기울였는데, 그 과정에서 둘 이상의 사연을 하나로 합치기도 했다.

변화의 사례는 이야기의 의미를 전달하는 데 충실하면서도 보다 큰 목표에 부합하도록 공들여 선택했는데, 그 목표란 공통의 인간성을 드러냄으로써 우리가 스스로를 보다 명확하게 볼 수 있도록 하는 것이다. 말하자면, 여러분이 이 책에서 자신의 모습을 발견한다면 그건 우연인 동시에 의도적이라는 뜻이다.

용어에 대해 한 가지 일러둔다. 심리 치료를 받으러 오는 사람을 칭하는 말로는 여러 가지가 있지만, 가장 흔한 것은 환자 또는 클라이언트다. 함께 해법을 모색하는 협력 관계를 담아내기엔 모두 미흡한 느낌이다. 그렇다고 '함께 해법을 모색하는 사람'이라고 하자니 어색하고 클라이언트는 그 말에 함축된 다양한 의미로 인해 혼란을 야기할 수 있으므로, 이 책에서는 단순 명료함을 추구하는 차원에서 환자라는 표현을 사용했다.*

---

* 'therapy'는 광범위한 치료 활동을 포괄하는 용어다. 이 책에서는 'therapy'와 'counseling'을 구분해서, 각기 '치료'와 '상담'으로 번역하고 있다. 한국에서 'therapy'는 주로 '심리 상담'으로 번역되는데, 이에 따라 'therapist'도 '심리 상담사'나 '심리 상담가'로 번역하는 것이 일반적이다. 또 심리 치료를 받는 사람을 칭하는 말로 '환자'는 거의 사용되지 않고, '내담자来談者'라는 용어를 쓰는 것이 보통이다 ― 옮긴이.

목차

Part Two

Part Three

Part Four

Part One

괴로움에서 벗어나는 것보다 더 바람직한 건 없지만,
목발을 빼앗기는 것보다 더 두려운 것도 없다.
— 제임스 볼드윈

1. 멍청이들

진료 기록: 존

'스트레스 누적'을 호소. 잠을 잘 못 자고 아내와의 관계에도 어려움이 있다고 토로. 사람들에 대한 짜증을 표출하면서 '멍청이들을 잘 다룰 수 있도록' 도움을 요청함.

심호흡.

'연민, 연민, 연민을 갖자……'

마흔의 남자가 내 앞에 앉아 자기 삶의 모든 인간을 '멍청이'라고 부르는 동안 나는 머릿속으로 이 말을 주문처럼 왼다. "어째서," 그는 알고 싶어 한다. "이 세상은 멍청이로 가득한 거죠? 그렇게 태어나는 건가요? 살다보니 그렇게 된 건가요?" 요즘 음식에 들어가는 수많은 화학 첨가물과 어떤 관련이 있을지도 모른다고 그는 생각한다.

"내가 유기농을 먹는 이유도 그 때문이에요. 세상에 널린 인간들처럼 멍청이가 되지 않으려고."

질문이 지나치게 많은 치위생사('어차피 내 말은 듣지도 않아!'), 자기 아쉬울 때만 말 거는 직장 동료('그 입에선 절대 서술문이 나오지 않는데, 그건 뭔가 진짜로 할 말이 있다는 뜻이니까!'), 노란불에 멈추는 앞차 운전자('세상 급한 줄을 몰라!'), 그의 노트북을 고치지 못한 애플 서

비스 센터 수리 기사('그러고선 지니어스라고?')……. 이제는 그가 어떤 멍청이를 얘기하고 있는지도 모르겠다.

"존," 내가 입을 열어보지만 이번엔 아내에 대해 장황한 이야기를 늘어놓기 시작한다. 도움을 받으러 왔다면서 내게 한마디 찔러 넣을 틈을 주지 않는다.

참고로 말하자면 나는 그의 새로운 심리 치료사다(세 번 만에 끝냈다는 이전 심리 치료사를 그는 '사람 좋은 멍청이'라고 불렀다).

"그러면 마고는 화를 내요. 이게 이해가 돼요? 그런데 자기가 화 났다고 말하지는 않아. 그냥 행동으로 화를 표현하면 내가 왜 그러냐고 물어봐야 되는 거예요. 그런데 정작 내가 물어보면 그녀는 처음 세 번까지는 '아무것도 아니야'라고 말하다가 네 번이나 다섯 번째쯤에야 '왜 그러는지 당신이 잘 알잖아'라고 말하고, 그러면 나는 또 이렇게 말할 차례인 거죠. '아니, 몰라. 알면 물어보질 않겠지!'"

그러고는 미소를 짓는다. 환하게 씩 웃는다. 나는 그 미소에서 해법을 찾아보려 한다. 어떻게든 이 독백을 대화로 바꿔서 소통을 시도해보려 한다.

"그 미소의 의미가 궁금하네요. 마고를 비롯한 수많은 사람들 때문에 짜증난다고 얘기하면서 웃고 있으니 말이에요."

그의 미소는 더 환해진다. 저렇게 하얀 치아는 본 적이 없다. 다이아몬드를 박아놓은 것처럼 빛이 난다. "내가 웃는 이유는 말이죠, 셜록 양반. 내 아내를 괴롭히는 게 뭔지 정확히 알고 있기 때문이에요."

"아하! 그러니까……."

"잠깐, 기다려요. 이제부터가 진짜 재미있어요." 그가 내 말을 자른다. "그러니까 나는 뭐가 문제인지 실제로 알고 있지만, 또 다른 불평을 들을 마음이 없거든. 그래서 그걸 물어보는 대신……."

여기서 그는 말을 멈추고 내 뒤쪽 책꽂이에 있는 시계를 쳐다본다.

이걸 기회로 제동을 걸어보고 싶다. 시계를 쳐다본 것(쫓기는 기분이 드는 걸까?)이나 나를 셜록이라고 부른 것(취조받는 기분일까?)을 언급해볼 수 있다. 아니면 이 바닥에서 흔히 '콘텐츠'라고 부르는 이야기의 표면에 그대로 머무르는 것도 한 방법이다. 그러면서 마고의 감정을 불평으로 받아들이는 이유를 이해해볼 수도 있다. 하지만 표면적인 이야기에 집중하다보면 이번 상담 시간도 교감 없이 끝날 게 분명하다. 그리고 내가 알게 된 바에 따르면 존은 관계 형성에 문제가 있는 사람이다.

"존," 다시 시도해본다. "조금 전의 그 상황으로 돌아가 볼까요?"

"아, 다행이네." 그가 또 내 말을 싹둑 자른다. "아직 20분이 남았어요." 그러고는 하던 얘기를 계속한다.

하품이, 그것도 강력한 녀석이 밀려와서, 입을 다물고 있기 위해서는 거의 초인적인 힘이 필요하다. 근육들이 저항하는 통에 얼굴이 묘한 표정으로 일그러지는 느낌이지만, 다행히 하품은 막았다. 그런데 대신 트림이 나오고 만다. 요란하게. 술 취한 사람처럼.

물론 존은 모르는 눈치다. 여전히 마고 얘기를 하고 있다. 마고가 이랬네, 마고가 저랬네. 자기가 이렇게 말했네, 그녀가 저렇게 말했네…….

실습 기간에 수퍼바이저(실습 수련을 지도·감독하는 사람 — 옮긴이)들은 '누구에게나 좋아할 만한 점이 있다'고 말했는데, 놀랍게도 그건 사실이었다. 누군가를 깊이 알고 나서도 좋아하지 않기란 불가능하다. 불구대천의 원수라도 한 자리에 모아놓고 살아온 이력이며 성장기의 경험, 각자의 두려움과 고민을 나누게 한다면 순식간에 사이가 좋아질 것이다. 나 역시 심리 치료를 하면서 만난 거의 모든 사람들에게서 좋아할 만한 특징을 발견했고, 그건 살인자라도 예외가 아니었다.

심지어 한 주 전에 처음 방문한 존이 내가 로스앤젤레스에서 '무명의 존재'이기 때문에 치료 과정에서 방송계 사람들을 만날 일이 없어서 나를 선택했다고 했을 때도 나는 아무렇지 않았다(그는 자신의 동료들이 '유명하고 노련한 심리 치료사'를 찾아갈 거라고 추측했다). 나는 그저 그 말을 나중에, 좀 더 열린 마음으로 얘기를 주고받을 때를 대비해서 기억에 담아두었다. 진료비로 현금 다발을 건네면서 자기가 심리 치료사를 만나고 다닌다는 사실을 아내가 몰랐으면 해서라고 설명했을 때도 나는 눈 한 번 꿈쩍하지 않았다.

"그러니까 일종의 바람이랄까." 그가 말했다. "아니지, 그보다는 매춘에 더 가깝겠네. 기분 나쁘게 듣지 말아요. 당신은 내가 바람피우고 싶어 할 스타일이 아니거든요. 무슨 뜻인지 알죠?"

무슨 뜻인지 알고 싶진 않았지만, 그런 말이 누군가와 가까워지는 걸 차단하고 인간적인 교류의 필요성을 인정하지 않으려는 방어 기제일 거라고 짐작했다.

"하하. 이제 나는 일주일에 한 번씩 여기에 와서 억눌린 불만을 표출하고 갈 텐데, 그걸 누가 알 필요는 없지! 재밌지 않아요?"

나는 이렇게 말하고 싶었다. '아주 배꼽을 잡겠네요.'

그런데도 복도를 따라 멀어지는 그의 웃음소리를 들으며 시간이 가면 존을 좋아할 수 있을 거라고 확신했다. 정 떨어지게 하는 저런 언행 밑에서 틀림없이 뭔가 좋아할 만한, 심지어 아름다운 면모가 드러날 거라고.

하지만 그건 지난주였다.

오늘은 그냥 또라이 같다. 이빨이 눈부신 또라이.

'연민, 연민, 연민!' 속으로 주문을 외고 존에게 다시 집중한다. 이제 그는 방송 스태프(존의 이야기 속에서 그의 이름은 그냥 멍청이다)의 실수에 대해 이야기하고 있는데, 그때 문득 뭔가가 뇌리를 스친다. 존의 폭언이 어쩐지 소름 끼치도록 익숙하게 들린다. 그가 묘사하는 상황이 아니라 그로 인해 느껴지는 감정이 그렇다. 좌절감의 원인을 바깥으로 돌리고 '엄청나게 중요한 내 인생'이라는 제목의 실존주의 연극에서 뭐가 됐든 내가 기여한 바를 부정하는 것이 얼마나 안심이 되는지 나도 안다. 독선적인 분노를 뒤집어쓴 느낌, 내가 절대적으로 옳고 지독하게 부당한 대우를 받고 있다는 확신에 푹 빠진 느낌이 어떤지도 잘 아는데, 하루 종일 내가 느낀 감정이 바로 그것이었기 때문이다.

존은 내가 간밤의 일, 결혼할 줄 알았던 남자가 갑자기 모든 걸 끝장내버린 사건 때문에 휘청대고 있다는 사실을 모른다. 오늘 나는 환자들에게 집중하려고 노력하는 중이다(휴식 시간 10분 동안만 울고 다음 사람이 도착하기 전에 흘러내린 마스카라를 조심스레 닦으면서). 말하자면 내가 이 고통에 대처하는 방법은 짐작컨대 존의 방법과 동일한데, 그건 바로 은폐다.

심리 치료사로서 나는 고통, 특히 상실에 뒤따르는 고통에 대해서 잘 안다. 그리고 그 중에 사람들이 잘 모르는 게 있는데, 변화가 상실의 동반자라는 사실이다. 상실 없이는 변화할 수 없는데, 사람들이 변하고 싶다고 말하면서도 여전히 현상을 유지하는 경우가 많은 건 이 때문이다. 존을 돕기 위해서는 그의 상실이 무엇인지 파악해야 할 테지만, 우선은 내 코부터 닦아야 한다. 왜냐하면 지금 내 머릿속에는 온통 어젯밤에 남자친구가 한 짓에 대한 생각뿐이기 때문이다.

"멍청이!"

나는 존을 쳐다보며 생각한다. '듣고 있도다, 형제여.'

그런데 잠깐. 혹자는 이런 생각을 할지도 모른다. 어째서 이런 얘기들을 늘어놓고 있는 거지? 심리 치료사는 개인적인 사생활을 밝히지 말아야 하는 것 아닌가? 자신에 대해서 아무것도 드러내지 않는 빈 서판, 환자의 이름을 머릿속에서조차 부르길 삼가는 객관적인 관찰자여야 하는 것 아닌가? 뿐만 아니라, 다른 사람도 아닌 심리 치료사라면 순탄한 인생을 살아야 하는 것 아닌가?

어떤 면에서는 그렇다. 심리 치료에서는 모든 게 환자 위주로 이뤄져야 하고, 만약 심리 치료사가 자신의 고민을 환자의 그것과 분리할 수 없다면 두 말할 것도 없이 다른 직업을 찾아봐야 한다.

하지만 이건(지금 여기서 여러분과 내가 나누는 건) 심리 치료가 아니라 심리 치료에 대한 이야기이다. 우리가 어떻게 치유되고 그것이 우리를 어디로 이끄는지에 대한 이야기이다. 배아의 발달 과정과 희귀종 악어의 산란을 보여주는 내셔널지오그래픽 프로그램처럼, 나도 진화하려는 인간이 어느 순간 조용히(가끔은 요란하게) 그리고 천천히(가끔은 느닷없이) 알을 깨고 나오는 과정을 포착하고 싶다.

휴식 시간에 울어서 마스카라가 번진 이미지를 떠올리는 게 불편할지 모르지만, 이제부터 만나게 될 고군분투하는 사람들의 이야기는 바야흐로 그렇게 시작한다. 나 자신의 인간적인 모습과 함께.

심리 치료사 역시 여느 사람들과 다를 게 없는 일상의 난제들을 맞닥뜨리며 살아간다. 이런 유사함이야말로 생소한 타인들과 우리가 맺는 관계의 뿌리이다. 즉, 그들이 우리를 믿고 더없이 내밀한 사연과 비밀을 털어놓을 수 있는 근거다. 실습 과정에서 우리는 이론과 수단과 기법을 배우는데, 힘들게 얻은 전문 지식 아래에는 인간으로서 살아가는 것이 얼마나 어려운지에 대한 이해가 자리잡고 있다. 그건 우리도 매일 나름의 나약함, 나름의 갈망과 불안으로 얽힌 그 모든 이력을 품고 일터에 나온다는 뜻이다. 심리 치료사로서 모든 자격증 중에 가장 중요한 건 내가 공인된 인류의 일원이라는 사실이다.

그러나 인간적인 면을 드러내는 건 또 다른 문제다. 한 동료는 주치의로부터 임신이 불가능하다는 소식을 전해 듣고 마침 스타벅스에 있다가 눈물을 쏟았는데, 우연히 그 모습을 본 그녀의 환자가 다음 예약을 취소하더니 두 번 다시 오지 않았다고 했다.

작가인 앤드루 솔로몬이 어느 회의석상에서 만났다는 부부 이야기도 떠오른다. 그는 같은 날 남편과 부인으로부터 각각 항우울제를 복용하고 있지만 배우자가 아는 걸 원치 않는다는 말을 들었다. "그러니까 그들은 같은 집에 같은 약을 숨겨놓고 있었던 거죠." 최근까지도 사적인 일로 치부되었던 사안들에 대해 우리 사회가 얼마나 개방적이 되었는지와는 별개로, 감정적인 문제에 대한 낙인은 여전히 가혹하다. 신체적인 건강에 대해서는(배우자에게 역류성 식도염을 숨기는 사람이 있을까?) 심지어 성생활까지도 스스럼없이 얘기하지만, 불안이나 우울, 좀처럼 털어낼 수 없는 비통함을 누군가에게 토로하면, 듣는 사람 얼굴에는 어김없이 이런 표정이 떠오른다. '누가 이 대화에서 나를 좀 구해줘. 지금 당장!'

우리는 뭘 그토록 두려워하는 걸까? 유난히 어두운 모서리를 응시하다가 스위치가 올라가는 순간 한 무리의 바퀴벌레라도 보게 될 것처럼. 그러나 어둠을 좋아하는 건 반딧불이도 마찬가지다. 그런 곳에 아름다운 것들이 있다. 그것들을 보려면 들여다봐야 한다.

내가 하는 일, 심리 치료가 바로 그렇게 들여다보는 일이다.

그런데 내가 항상 들여다보기만 하는 건 아니다.

자주 거론되지 않는 사실 하나. 심리 치료사도 심리 치료사를 찾아간다. 사실 이건 면허 취득을 위해 반드시 이수해야 하는 과정이다. 그래야 장래의 환자들이 겪을 상황을 직접 체험해볼 수 있기 때문이다. 그 과정에서 우리는 피드백을 수용하고, 불편함을 참고, 맹점을 인지하며, 우리의 이력과 행동이 우리 자신과 상대방에게 미치는 영향을 파악하는 법을 배운다.

하지만 자격증을 취득하고 사람들이 우리의 조언을 구하러 찾아오는 중에도, 우리는 심리 치료를 받으러 다닌다. 지속적으로는 아니더라도, 절대 다수가, 이 일에 종사하는 동안 몇 번쯤은 다른 누군가의 상담실 소파에 앉게 된다. 이 일에서 받는 감정적인 충격을 토로할 곳이 필요해서이기도 하지만, 인생의 이런저런 난관이 닥칠 때 심리 치료가 도움이 되기 때문이다.

그리고 난관은 닥치게 되어 있다. 우리 모두에겐 크고 작은 고민들, 새롭거나 해묵은 문제들, 요란하거나 조용하게 넘어가는 일들이 있기 때문이다. 이러한 공통의 난관들은 우리가 사실은 그렇게 유별난 사람이 아니라는 걸 보여주는 증거다. 그리고 이런 깨달음을 통해 자기 자신의 문제와도 다른 관계를 맺을 수 있다. 즉, 불편한 내면의 목소리를 차단하기 위해 스스로를 합리화하거나, 과음이나 폭식, 인터넷 서핑 같은 기분 전환으로 감정을 마비시키지 않아도 된다(한 동료는 이런 행동을 '처방전이 필요 없는 가장 효과적인 단기 진통제'라고 불렀다).

심리 치료에서 가장 중요한 단계 가운데 하나는 현재의 곤경에 기여한 환자 자신의 책임을 인정하도록 도와주는 것이다. 그들이 자기 삶의 주인일 수 있고 또 그래야만 한다는 걸 인정해야만 비로소 변화의 물꼬가 트이기 때문이다. 그런데 사람들은 대체로 대부분의 문제가 환경이나 상황 탓이라고, 다시 말해 외부 요인 때문이라고 믿는다. 문제가 나를 제외한 다른 사람과 다른 것들, 저기 저 바깥의 온갖 이유들 탓이라면, 왜 힘들여 변화를 시도한단 말인가? 설사 내가 달라진다 한들 세상은 똑같을 텐데!

논리적인 주장이다. 하지만 인생은 일반적으로 그렇게 돌아가지 않는다.

'타인은 지옥'이라는 사르트르의 유명한 경구를 기억하는가? 그건 사실이다. 세상은 다루기 어려운 사람들(존의 표현을 빌리자면 '멍청이들')로 가득하다. 지금 당신 머릿속에 떠오르는 그런 사람이 아마 다섯 명은 될 거라고 장담한다. 애써 피하는 사람들, 가족만 아니라면 애써 피해 다녔을 사람들. 하지만 가끔은, 우리가 인지하는 것보다 더 자주, 우리가 바로 그 어려운 사람이다.

맞다. 가끔은 우리가 지옥이다.

가끔은 우리 자신이 바로 우리가 겪는 어려움의 원인이다. 그래서 기존의 방식에서 탈피할 수 있다면 놀라운 일이 벌어진다.

심리 치료사는 거울을 들어 환자에게 보여주지만, 환자 역시 심리 치료사를 위해 거울을 들어준다. 심리 치료는 결코 일방적이지 않다. 그것은 평행선을 그리는 과정이다. 환자들은 매일 우리가 성찰해봐야 할 질문들을 꺼내 보인다. 그들이 우리라는 거울을 통해 스스로를 더 명확하게 볼 수 있다면, 우리 역시 그들을 통해 우리 자신을 더 또렷이 볼 수 있다. 이런 일은 심리 치료사인 우리에게도 일어나고, 우리를 환자로 맞이한 심리 치료사에게도 일어난다. 우리는 거울을 비추는 거울을 비추는 거울이어서, 우리가 아직 볼 수 없는 것들을 서로에게 보여준다.

* * *

그래서 얘기는 다시 존에게로 돌아간다. 아직은 이런 것들을 생각하고 있지 않다. 나에게 이 날은 어려운 환자를 맞은 어려운 날이었다. 엎친 데 덮친 격으로 존 직전에 상담한 사람은 암 진단을 받은 갓 결혼한 여자였다. 그리고 결혼 계획이 물거품이 되고 잠을 설친 내 상태는 어떤 환자를 보기에도 이상적인 상태가 아니었다. 불치병을 앓는 사람에 비하면 내 고통 따위는 사소하다는 걸 알면서도 여전히 내면에서 뭔가 대격변이 벌어지고 있었다.

이때 약 2킬로미터 떨어진 좁은 일방통행로의 고풍스런 벽돌 건물에서 웬델이라는 심리 치료사가 환자를 만나고 있다. 환자들은 아름다운 정원이 내다보이는 그의 소파에 앉아 내 사무실에서 내 환자들이 털어놓는 것과 비슷한 종류의 이야기를 하고 있다. 몇 주나 몇 달, 심지어 몇 년째 그를 찾아오는 환자들도 있지만 나는 아직 그를 만나기 전이다. 그러기는커녕 아직 그에 대해 들어본 적도 없다. 하지만 이제 곧 모든 게 달라진다.

나는 머잖아 웬델의 새 환자가 된다.

2. 여왕에게 불알이 있다면

진료 기록: 로리(그렇다! 나다)

뜻밖의 이별 후 내원한 40대 중반의 환자. '상황을 헤쳐나갈 수 있도록 몇 번만 치료를 받을 생각'이라고 함.

모든 건 표출된 문제에서 시작된다.

표출된 문제presenting problem란 어떤 사람이 심리 치료를 받으러 오는 계기가 된 사안을 의미한다. 그것은 공황 발작일 수도 있고, 실직, 죽음, 탄생, 관계의 어려움, 인생의 중요한 결정을 앞두고서 느끼는 무력감이나 우울증일 수도 있다. 표출된 문제가 구체적이지 않고 그저 '옴짝달싹 못하는' 느낌이거나, 뭔가 잘못된 것 같다는 막연하지만 떨쳐지지 않는 생각일 때도 있다.

뭐가 됐든 그 문제는 일반적으로 해당 환자가 삶의 변곡점에 도달함으로써 '표출'된다. 좌회전을 해야 할까, 우회전을 해야 할까? 현상을 유지해야 할까, 아니면 미지의 영역으로 들어가야 할까? 미리 경고하자면, 심리 치료를 받을 경우 설사 본인이 현상 유지를 택하더라도 언제나 미지의 영역으로 들어가게 된다.

하지만 첫 심리 치료를 받으러 올 때는 변곡점 같은 건 신경 쓰지 않는다. 대체로 그들은 그저 한시름 놓고 싶을 뿐이다. 표출된 문제부터 시작해서 자신들의 사연을 털어놓고 싶을 뿐이다.

그러니, 나도 남자친구 사건에 대해 말해보겠다.

* * *

남자친구에 대해 제일 먼저 얘기하고 싶은 건 그가 드물게 훌륭한 인격체라는 사실이다. 그는 다정하고 너그럽고 재미있고 똑똑하고, 나를 늘 웃게 만들고, 내가 다음 날 아침까지 기다릴 수 없을 정도로 아프면 새벽 2시에도 항생제를 사러 약국으로 달려가는 사람이다. 계획 없이 코스트코에 갔다면 뭐 필요한 게 없냐고 문자로 물어보고, 간 김에 세제나 조금 사다달라고 해도 내가 제일 좋아하는 미트볼과 자신이 만들어줄 와플에 곁들일 메이플 시럽을 스무 통이나 사온다. 자동차에서 주방까지 그걸 알아서 옮기는 건 물론이고, 열아홉 통은 내 손이 닿지 않는 선반 꼭대기에 가지런히 정리해놓고 다음 날 아침에 먹을 한 통만 카운터에 올려놓는다.

책상에는 사랑의 쪽지를 남기고, 손을 잡아주고, 문을 열어주며, 가족 모임에 끌려간다고 불평하는 법도 없다. 수다쟁이든 노인이든 가리지 않고 나의 친척들과 어울리는 걸 진심으로 좋아한다. 특별한 이유 없이도 아마존에서 책을 한 보따리 주문해서 내 앞으로 보내주고 (나한테는 책 보따리가 꽃다발에 해당되기 때문에), 밤에는 누워서 독서를 하면서 마음에 드는 문장을 서로에게 읽어주는데 그게 중단되는 건 애무를 할 때뿐이다. 내가 넷플릭스를 몰아 볼 때면 가벼운 척추

측만증 때문에 쑤시는 부위를 문질러주고, 그러다가 멈추더라도 내가 슬쩍 찌르면 다시 정확하게 60초 동안 시원한 안마를 해주다가 눈치채지 못하게 슬그머니 빠져나간다(이때는 나도 모른 척해준다). 내가 자기 샌드위치를 뺏어먹고 말을 가로채고 선크림을 써도 개의치 않고, 그날그날의 일들을 얼마나 시시콜콜 들어주는지 내 인생을 나보다 더 꼼꼼하게 기억한다.

지금까지의 묘사가 편파적으로 들린다면, 실제로 그렇다. 이야기를 풀어내는 데는 여러 가지 방법이 있고, 심리 치료사로서 터득한 사실이 있다면 대부분의 사람들은 이른바 '신뢰할 수 없는 화자'라는 것이다. 그들이 의도적으로 거짓말을 한다는 뜻은 아니다. 이야기는 여러 가닥으로 이루어지는데 자기 시각과 잘 맞지 않는 가닥은 빼버리는 경향이 있다고 말하는 게 더 정확할 것이다. 환자들이 하는 말은 (그들이 지금 바라보는 시각에서는) 대체로 절대적인 진실이다. 아직 서로를 사랑할 때 배우자에 대해 물어보고, 이혼한 다음에 다시 물어본다면, 그때마다 전체의 절반에 해당하는 이야기를 듣게 될 것이다.

지금까지 들은 남자친구에 대한 얘기는? 좋은 쪽 절반이었다.

* * *

그리고 이제부터 나쁜 쪽 얘기가 시작된다. 평일 밤 10시, 우리는 침대에서 이야기를 나누고 있다. 주말에 어떤 영화를 볼지 막 정한 참인데, 남자친구가 이상하게 말이 없다.

"피곤해?" 내가 묻는다. 우리는 둘 다 40대 중반이고 혼자서 아이를 키우는 터라 평소 같았으면 녹초가 되어 입을 다물더라도 아무렇지 않았을 것이다. 피곤한 게 아니라도 말없이 함께 앉아 있는 건 편안하고 평온한 느낌을 준다. 그런데 침묵에도 소리가 있다면 이날 밤의 침묵은 조금 다르게 들린다. 연애를 해봤다면 내가 어떤 침묵을 말하는지 알 것이다. 오로지 사랑하는 사람만이 알아차릴 수 있는 주파수의 침묵.

"아니." 그가 말한다. 한마디에 불과했지만 목소리가 미세하게 떨리고 다시 심란한 침묵이 이어진다. 그를 쳐다본다. 눈이 마주친다. 그가 미소를 짓고 나도 미소를 짓지만 먹먹한 침묵이 다시 내려앉는데 그 침묵을 깨는 건 그의 발이 움찔거리면서 이불이 서걱대는 소리뿐이다. 이쯤 되니 겁이 난다. 사무실에서야 마라톤처럼 이어지는 침묵도 너끈히 견딜 수 있지만, 내 침실에서는 3초가 고작이다.

"자기, 무슨 일 있어?" 무심한 목소리를 꾸며보지만, 이건 의례적인 질문일 뿐이다. 무슨 일은 당연히 있는데, 인류 역사상 이 질문 뒤에 마음이 놓이는 상황이 이어진 전례가 없기 때문이다. 커플 심리 치료를 할 경우, 처음에는 없다고 하더라도 시간이 지나면 진짜 대답이 드러나는데, 그 내용은 바람을 피웠다거나 신용 카드 한도를 초과했다거나 등으로 다양하고, '나는 더 이상 당신을 사랑하지 않아'도 그중 하나다.

남자친구의 대답도 예외는 아니다.

그는 말한다. "앞으로 10년을 더 아이와 함께 살 수는 없다는 결론을 내렸어."

'앞으로 10년을 더 아이와 함께 살 수는 없다는 결론을 내렸다고?'

웃음이 터진다. 남자친구의 말에 웃긴 구석이 없다는 건 알지만, 우리가 함께 살 계획을 세우는 중이었고 나한테 여덟 살짜리 아이가 있다는 사실을 감안하면 이건 너무 말이 안 되는 소리라 차라리 농담으로 치부하자는 생각이다.

남자친구는 아무 말도 하지 않고, 나도 웃음을 멈춘다. 나는 그를 바라보고, 그는 고개를 돌린다.

"도대체 그게 무슨 말이야? 앞으로 10년을 더 아이와 살 수 없다니, 그게 무슨 뜻이냐고?"

"미안해." 그가 말한다.

"뭐가 미안한데?" 나는 여전히 어리둥절해서 묻는다. "그러니까 진심이야? 함께 사는 걸 원하지 않는 거야?"

그는 십대인 자신의 아이들은 이제 곧 대학에 진학해서 집을 떠나는데, 둥지가 빌 때까지 다시 10년을 기다리고 싶지 않다는 걸 깨달았다고 설명한다.

턱이 뚝 떨어진다. 비유가 아니라 실제로. 입이 벌어지고 한동안 다물 수 없다. 이런 얘기를 듣는 건 처음이라, 턱이 다시 제자리를 잡고 말을 할 수 있기까지 한참이 걸린다. '뭐라고오오오?' 머릿속에서 울리는 건 이 소리지만, 입으로는 이런 말이 나온다. "언제부터 그렇게 느꼈는데? 내가 무슨 일 있냐고 물어보지 않았으면 언제 말하려고 했어?" 불과 5분 전까지 주말에 볼 영화를 고르고 있었기 때문에 이건 도무지 있을 수 없는 일이라는 생각뿐이다. 이번 주말을 함께 보내기로 되어 있었는데. 영화를 보면서!

"모르겠어." 그는 쭈뼛거리며 대답한다. 어깨를 움직이지 않은 채 몸을 으쓱한다. "얘기를 꺼내기에 늘 적당한 타이밍이 아닌 것 같아서." (심리 치료사 친구들은 이 얘기를 듣자마자 그를 '회피형 인간'으로 분류했고, 심리 치료사가 아닌 친구들은 '또라이'라는 진단을 내렸다.)

다시 침묵.

나는 혼란에 휩싸인 내가 유명한 슬픔의 다섯 단계(부정 — 분노 — 타협 — 우울 — 수용)를 빛의 속도로 통과하는 걸 위에서 내려다보는 기분이다. 웃음이 부정이었다면, 대체 언제 말하려고 했느냐는 분노였고, 이제 타협으로 넘어가는 중이다. 어떻게 하면 이 상황을 해결할 수 있을지 알고 싶다. 내가 아이를 더 많이 보면 될까? 데이트하는 날을 더 늘릴까?

남자친구는 고개를 젓는다. 그는 이제 십대가 된 자신의 아이들은 레고를 조립하기 위해 아침 7시에 일어나지 않는다고 말한다. 이제는 자유를 누리고 싶고, 느긋하게 주말 아침을 보내고 싶단다. 내 아들이 아침에 혼자 알아서 레고를 가지고 논다는 사실은 중요하지 않다. 어쩌다 내 아들이 이렇게 말하는 게 문제인 모양이다. '내가 만든 레고 좀 봐요! 내가 만들었어요!'

"요점은, 레고를 쳐다봐야 하는 상황을 원치 않는다는 거야. 나는 그냥 신문을 읽고 싶어." 남자친구의 설명이다.

설마 외계인이 남자친구의 몸속에 들어간 건 아닐까? 혹시 이런 식의 성격 변화가 증상으로 나타나는 신종 뇌종양에라도 걸린 걸까? 내가 쉬면서 책이나 읽고 싶은데 십대인 그의 딸들이 새로 산 레깅스를 봐달라고 했다는 이유로 이별을 선언했다면 남자친구는 나를 어떻게 생각했을까? '나는 레깅스를 쳐다보고 싶지 않아. 나는 그냥 책을 읽고 싶어.' 대체 어떻게 된 사람이면 쳐다보고 싶지 않다는 이유로 헤어지자고 할까?

"나는 자기가 나랑 결혼하고 싶어 하는 줄 알았는데." 이렇게 말하는 내가 애처롭다.

"진심으로 자기랑 결혼하고 싶어." 그가 말한다. "그저 아이와 함께 살고 싶지 않을 뿐이야."

그의 말이 풀어야 할 퍼즐이라도 되는 것처럼 나는 잠시 생각에 잠긴다. 그건 스핑크스의 수수께끼 같다.

"하지만 나한테는 아이가 있는 걸." 목소리가 점점 커진다. 그가 지금 이런 얘기를 꺼냈다는 것 자체에 화가 난다. "나만 따로 주문할 수는 없어. 햄버거를 시키면서 감자 튀김을 빼는 것도 아니고, 이건 마치……." 이상적인 시나리오를 대면서 정확하게 그 상황에서만 행복할 수 있다고 주장하는 환자들이 떠오른다.

누구에게나 협상을 결렬하게 만드는 요인들이 있는 건 분명하다. 하지만 환자들이 자신의 불행에 대해 이런 분석을 반복하면 나는 때로 이렇게 말한다. "여왕에게 불알이 있다면 그녀는 왕이겠죠." '완벽은 좋음의 적'이라는 사실을 깨닫지 못하면 즐거움을 스스로 박탈하는 것일지 모른다. 환자들은 내 말에 처음에는 흠칫하지만, 그 덕분에 치료가 몇 달은 빨리 끝난다.

"사실, 아이가 있는 사람을 만나고 싶진 않았어." 남자친구가 말을 잇는다. "그런데 그만 자기랑 사랑에 빠져버렸고, 어떻게 해야 할지 몰랐어."

"첫 데이트를 하기 전에 나랑 사랑에 빠진 건 아니잖아. 그때 나한테 여섯 살짜리 애가 있다고 말했는데. 그때도 어떻게 할지 몰랐던 건 아니잖아."

다시 숨 막히는 침묵.

짐작하다시피 이런 대화는 끝이 날 수 없다. 다른 뭔가가 있는 건 아닐까 생각해본다. 그렇지 않고서야 이럴 수가 없다. 어쨌거나 자유를 원한다는 그의 말은 전형적인 '당신이 문제가 아니라 나 때문이야'다(속뜻은 언제나 '내가 아니라 당신이 문제야'지만). 우리의 관계에서 그를 불행하게 만드는 뭔가가 있는데 나한테 털어놓기 두려운 걸까? 나는 한결 차분하게 물어본다. 하지만 남자친구는 내가 아니라 아이와 사는 게 싫을 뿐이라는 입장을 고수한다.

나는 어리둥절한 충격에 휩싸인다. 그동안 어떻게 한 번도 이런 얘기가 나오지 않았는지 이해할 수 없다. 속으로 이별을 저울질하면서 어떻게 그 사람 옆에서 잠을 자고 함께 미래를 계획할 수 있지? 대답은 단순하다. 구획화라는 흔한 방어 기제 때문이다. 하지만 지금은 나 역시 부정이라는 또 다른 방어 기제를 활용하느라 이걸 알아차릴 처지가 아니다.

부언하자면 남자친구는 변호사이고, 배심원 앞에서 그러듯 변론을 펼친다. 정말로 자기랑 결혼하고 싶어. 정말로 자기를 사랑해. 다만 자기랑 더 많은 시간을 보내고 싶어. 주말이면 함께 훌쩍 떠나기도 하고, 퇴근해서도 누군가를 걱정할 필요 없이 외식을 하러 가고 싶어. 가족의 유대감이 아닌 둘만의 친밀함을 원해. 자기한테 어린 아이가 있다는 사실을 알았을 때 최선이 아니라고 생각했지만 어떻게든 맞춰볼 수 있을 것 같았어. 하지만 2년이 흘러서 이제 집을 합쳐야 할 시점이 되니까 문제가 수면 위로 떠올랐고, 그게 얼마나 중요한 문제인지 깨달았어. 끝내야 한다는 걸 알면서도 그러고 싶지 않았고, 말을 해야겠다고 생각했을 때도 어떻게 꺼내야 할지 알 수 없었어. 자기가 얼마나 화 날지 짐작할 수 있었기 때문이야. 말을 망설인 건 나쁜 놈이 되고 싶지 않아서였어.

이상으로 변론을 마치며, 깊은 유감을 표하는 바입니다.

"유감이라고?" 말이 냅다 튀어나온다. "그런데 그거 알아? 나쁜 놈이 되지 않으려다가 세상에서 제일 나쁜 놈이 되어버렸다는 거?"

그는 다시 입을 다물고 그제야 나는 깨닫는다. 조금 전의 그 기묘한 침묵은 이 얘기를 꺼내기 위한 그의 방식이었다는 것을. 창문으로 아침 햇살이 비칠 때까지 얘기를 하고 또 하지만, 더 이상 할 말이 남지 않았다는 걸 우리 둘 다 뼛속 깊이 알고 있다.

내게는 아이가 있다. 그는 자유를 원한다. 아이와 자유는 서로 배치된다.

여왕에게 불알이 있다면 그녀는 왕이겠지.

그리하여 짜잔, 내게 표출된 문제가 생겼다.

3. 한 번에 한 걸음씩

누군가에게 심리 치료사란 걸 밝히면 으레 놀라는 반응을 보인다. 그리고 잠시 침묵이 흐르다가 어색한 질문이 뒤따른다. '심리 치료사라. 그럼 내 어린 시절에 대해 말씀드려야 하나?'라던가. '장모님과 문제가 좀 있는데 도와주실 수 있나요?', 또는 '저를 심리 분석하실 건가요?' 같은 질문 말이다(내가 산부인과 의사였다면 골반 검사를 할 거냐고 물었을까?).

이런 반응들이 어디에서 나오는지는 잘 알고 있다. 그건 결국 두려움이다. 혹시 드러날까, 혹시 누가 알아차릴까 두려운 것이다. 내가 이렇게 교묘하게 숨기고 있는 불안을 찾아내지 않을까? 쉽게 상처받는 내 마음, 내 거짓말, 내 수치심을 알아보지 않을까?

내 속의 진짜 나를 알아차리지 않을까?

그런데 그들 역시 나라는 사람을, 나 또한 점잖은 자리에서 숨기려 애쓰는 나의 자질을, 알아볼 수 있다는 생각은 하지 않는 것 같다. 내가 심리 치료사라는 얘기를 듣는 순간, 그들은 이 직업과 관련된 농담으로 은근슬쩍 화제를 돌리거나, 술이 떨어졌다며 얼른 자리를 피하는데, 그렇지 않으면 내가 그들의 마음속을 훤히 들여다보기라도 할 것처럼 여긴다.

그런가 하면 더 많은 질문이 이어지기도 한다. 예를 들어 '어떤 사람들이 치료를 받으러 오는지' 궁금해한다. 나는 우리 같은 사람들, 그러니까 질문을 던진 바로 그 사람과 다를 바 없는 사람들이라고 대답한다. 한 번은 독립 기념일 파티에서 이것저것 궁금한 게 많은 어느 커플에게 커플 치료도 많이 한다고 말했더니, 두 사람은 내가 보는 앞에서 말다툼을 벌였다. 남자는 여자가 커플 치료에 왜 그렇게 관심이 많은지 알고 싶어 했고(불편한 웃음), 여자는 남자가 어째서 연인 간의 감정적 관계에 그토록 무관심한지 알고 싶어 했다(눈총). 그래서 나는 그들을 치료 사례로 봤을까? 천만의 말씀. 이번에 술이 떨어졌다며 자리를 피한 건 나였다.

심리 치료에 대한 반응이 유별난 이유는 어떤 면에서 그게 포르노와 비슷하기 때문이다. 즉, 모두 일종의 벌거벗은 상태가 된다. 둘 다 짜릿한 잠재적 전율을 지녔다. 그리고 똑같이 이용자가 수백만에 달하지만 대부분은 그 사실을 비밀에 부친다. 심리 치료 이용자에 대한 통계 작성 시도가 있어도, 그걸 인정하지 않는 사람들이 워낙 많아서 실태를 제대로 반영하지 못한다는 게 일반적인 시각이다.

그런데 이 저반영된 수치마저 여전히 높다. 해마다 미국 성인 약 3천만 명이 임상의를 찾는데, 미국은 심리 치료 부문에서 세계 1위 국가도 아니다(인구 1인당 심리 치료사 숫자가 가장 많은 나라는 아르헨

티나, 오스트리아, 호주, 프랑스, 캐나다, 스위스, 아이슬란드, 그리고 미국 순이다).

내가 심리 치료사니까 남자친구 사건이 있은 다음 날 아침에 심리 치료를 받아보자고 생각했겠거니 추측하는 사람들도 있을 것이다. 나는 열두 명의 심리 치료사와 공동 오피스를 운영하고, 우리 건물에는 심리 치료사가 버글버글하며, 사례를 함께 고민하는 자문 그룹에도 여러 군데 속해 있기 때문에 이 바닥에 대해서 잘 알고 있다.

하지만 잔뜩 웅크린 채 꼼짝 않고 누워서 내가 누른 전화번호는 다른 곳이다.

"쓰레기네!" 내 오랜 친구 앨리슨의 말이다. "차라리 잘 됐어! 어떻게 생겨먹은 인간이면 그런다니, 너한테도 그렇지만 네 아들한테?"

"내 말이!" 나는 맞장구를 친다. "어떤 인간이 그러냐고?" 우리는 이십 분쯤 남자친구를 흠씬 두들겨 팬다.

"이제 이렇게 하도록 해."

"어떻게?" 나는 심장을 찔린 느낌이었기 때문에 그 고통을 멈출 수만 있다면 뭐라도 할 태세다.

"딴 사람이랑 자는 거야! 딴 사람이랑 자고 그 아동 혐오자는 잊어버려." 남자친구의 새 별명이 귀에 쏙 들어온다. 아동 혐오자. "그 인간은 네가 생각했던 그런 사람이 아니었던 게 틀림없어. 털어버려."

대학 때 사귄 애인과 결혼해서 20년째 살고 있는 앨리슨은 싱글인 사람에게 어떤 조언을 해야 하는지 잘 모른다.

"그래야 더 빨리 일어나는 데 도움이 될 거야. 자전거를 타다가 넘어졌어도 바로 일어나는 것처럼." 앨리슨이 말을 잇는다. "그리고 눈알 굴리지 마."

앨리슨은 나를 잘 안다. 나는 빨갛게 핏발 선 눈알을 굴리고 있다.

"알았어. 딴 사람이랑 자겠어." 나를 웃게 해주려는 얘기인 줄 알기 때문에 나도 쉰 목소리로 대답한다. 그런데 그러고는 다시 흐느낀다. 태어나서 이별이라는 걸 처음 해본 열여섯 살짜리도 아닌데, 마흔이 넘어서도 이러고 있다니 믿을 수가 없다.

"제발, 자기야." 앨리슨의 목소리가 나를 안아주는 것 같다. "내가 있잖아. 잘 이겨낼 수 있어."

"나도 알아." 말은 이렇게 하지만 잘 모르겠다. 로버트 프로스트의 시구에서 가져온 유명한 경구, '유일한 길은 통과하는 길뿐'이라는 말이 있다. 터널의 저쪽으로 가려면 그곳을 통과해야지, 돌아서 갈 수는 없다. 하지만 지금으로선 입구조차 머릿속에 그릴 수가 없다.

주차를 마친 앨리슨은 쉬는 시간에 다시 전화하겠다고 약속했다. 그제야 시계를 보니 6시 30분이다. 이번에는 마을 건너편에서 심리 치료를 하는 젠이라는 친구에게 전화를 건다. 젠은 벨이 한 번 울렸을 때 전화를 받고, 뒤에서 그녀 남편이 누구냐고 묻는 소리가 들린다. 젠은 '로리 같은데?'라고 속삭인다. 발신자 이름을 봤을 테지만 나는 인사도 건네지 못한 채 울고 있다. 이름이 뜨지 않았다면 웬 변태가 장난 전화를 하는 거라고 생각했을지 모른다.

숨을 가다듬고 간밤의 일을 이야기한다. 젠은 열심히 들으며 계속해서 말도 안 된다는 추임새를 넣는다. 이번에도 20분쯤 남자친구를 있는 대로 두들겨 패는데, 젠의 딸이 들어와서 수영 연습 때문에 학교에 일찍 가야 한다고 말하는 소리가 들린다.

"점심시간에 전화할게." 젠이 말한다. "그런데 지금으로선 이게 이야기의 전부일 리 없다는 생각이 드네. 뭔가 좀 이상해. 소시오패스가 아닌 다음에야, 지난 2년간 내가 봐왔던 사람하고 전혀 맞아떨어지지가 않아."

"바로 그거야. 그러니까 소시오패스라는 뜻이지."

젠이 물을 한 모금 마시고 잔을 내려놓는 소리가 들린다.

"그렇다면," 그녀가 물을 꿀꺽 삼킨다. "너한테 소개해줄 좋은 사람이 있어. 아동 혐오자도 아니야." 젠도 남자친구의 새 별명을 좋아한다. "몇 주쯤 있다가 네가 마음의 준비가 됐을 때 소개해줄게."

너무 황당해서 웃음이 나올 지경이다. 헤어진 지 몇 시간도 지나지 않은 지금의 내게 필요한 건 아픔을 공감해줄 사람이지만, 힘들어하는 친구에게 아무것도 해줄 수 없는 심정이 얼마나 무력한지도 잘 안다. 누군가 내 아픔을 공감해주는 느낌, 그것은 심리 치료실이라는 안전한 공간에서 사람들이 얻을 수 있는 드문 경험 가운데 하나이다. 그러나 그곳이 아니면 그걸 제공하거나 받기가 매우 어려운데 심리 치료사인 젠도 예외는 아니었다.

전화를 끊고 '몇 주쯤 있다가'라는 젠의 말을 떠올린다. 몇 주만 지나면 나는 정말 데이트를 할 수 있을까? 호의를 가진 누군가가 첫 데이트에서 무심코 뭔가를 언급하는데 그 말에 남자친구가 떠올라서 눈물을 참지 못하는 내 모습을 상상해본다. 첫 데이트에서 눈물을 보이는 건 그야말로 '확 깨는' 행동이다. 그게 심리 치료사라면 확 깨는 동시에 걱정스럽다.

지금 중요한 건 한쪽 발을 내딛고, 또 다음 발을 내딛는 것뿐이다. 이건 생활이 안 될 정도의 중증 우울증을 호소하는 환자들에게 내가 해주는 말이다. '저기가 화장실이에요. 1.5미터쯤 떨어져 있어요. 눈에 빤히 보이는데 갈 수가 없어요. 한쪽 발, 그리고 다음 발. 한 번에 1.5미터를 다 갈 생각을 하지 말아요. 한 번에 한 걸음만. 그렇게 해서 한 걸음을 옮겼으면 또 한 걸음. 그러다 보면 화장실까지 가게 될 거예요. 그렇게 내일이 오고 내년도 올 거예요.'

　'한 걸음.' 우울감이 금세 사라질 거라고 생각할 수는 없을지 모른다. 그렇지만 꼭 그렇게 생각해야만 하는 건 아니다. 뭔가를 하는 것은 또 다른 일을 하게 만들고, 악순환이 선순환으로 바뀐다. 대부분의 큰 변신은 그 과정에서 우리가 걸은 수백 번의 작은, 거의 알아차릴 수도 없는 걸음들로 완성된다.

　한 걸음에서 많은 일이 벌어질 수 있다.

　어찌어찌 아들을 깨우고 아침을 준비하고 도시락을 챙겨서 얘기를 주고받으며 학교까지 데려다준 후 사무실로 가는 동안, 눈물은 한 방울도 흘리지 않는다. '할 수 있어.' 엘리베이터를 타고 올라가며 생각한다. '한쪽 발, 그리고 다음 발. 환자 한 명에 50분씩.'

　동료들과 인사를 나누고 내 사무실 문을 연 후 일과를 시작한다. 소지품을 제자리에 놓고 휴대폰 벨소리를 끄고 파일을 펼쳐보고 소파의 쿠션을 매만진다. 그러다가, 평소의 나답지 않게, 거기에 앉는다. 비어 있는 내 의자를 쳐다보며 그 자리에서 내 방을 훑어본다. 묘하게 마음이 편해진다. 문가의 작은 녹색등이 깜빡거리면서 첫 환자의 도착을 알릴 때까지 그대로 움직이지 않는다.

‘준비 완료.' 나는 생각한다. 한쪽 발, 그리고 다음 한 발. '괜찮을 거
야.'

그런데 괜찮지가 않다.

4. 똑똑하거나 섹시하거나

나는 어려서부터 이야기를 좋아했다. 줄거리뿐만 아니라 이야기를 풀어내는 방식에도 매료되었다. 사람들이 치료를 받으러 오면 나는 그들의 이야기에 귀를 기울이는 한편 유연성도 살핀다. 즉, 자신이 말하는 내용을 그 이야기의 유일한(그러니까 '정확한') 버전이라고 생각하는지, 아니면 이야기를 풀어내는 한 가지 방식일 뿐이라는 걸 알고 있는지. 또 자신이 어떤 내용을 넣고 뺐는지, 이야기의 동기가 듣는 사람에게 미치는 영향을 인지하고 있는지 등을 살핀다.

20대 시절에 나는 이런 질문들을 많이 따져봤는데, 그때는 심리 치료를 받으러 온 환자가 아니라 영화와 드라마의 등장인물들이 관심사였다. 대학을 졸업하자마자 흔히 '할리우드'로 통칭되는 엔터테인먼트 업계에 취직을 한 것도 그 때문이다.

첫 직장은 대형 에이전시였다. 나는 한 영화 에이전트의 어시스턴트였는데, 할리우드의 많은 사람들처럼 그는 나보다 나이가 별로 많지 않았다. 브래드는 시나리오 작가와 영화 감독을 관리했다. 동안의 매끈한 뺨에 연신 눈 위로 흘러내리는 부스스한 머리 때문인지, 근사한 정장과 값비싼 구두는 아버지 것인 양 나이에 맞지 않아 보였다.

출근 첫 날은 엄밀한 의미에서 테스트였다. 인사과의 글로리아(나는 끝내 그녀의 성을 알지 못했는데, 모두가 그녀를 그냥 '인사과의 글로리아'라고 불렀다)는 브래드가 어시스턴트 후보를 두 명으로 압축했다면서 하루에 한 사람씩 테스트 삼아 일을 시켜볼 거라고 했다. 테스트를 받던 날 오후에 복사실에 다녀오던 나는 장래의 상사가 사무실에서 멘토격인 다른 에이전트와 나누는 얘기를 엿듣게 되었다.

"인사과의 글로리아가 오늘 밤까지 대답을 달라네요." 브래드의 목소리였다. "똑똑한 쪽을 뽑아야 할까요, 아니면 섹시한 쪽을 뽑는 게 좋을까요?"

흠칫 놀라 몸이 얼어붙었다.

"언제나 똑똑한 쪽이지." 또 다른 에이전트의 대답을 들으며 브래드가 나를 어느 쪽이라고 생각하는지 궁금했다.

한 시간 후에 나는 채용되었다. 브래드의 질문이 터무니없이 부적절한 것과는 별개로, 묘하게 기분이 상했다.

그런데 브래드가 왜 나를 똑똑한 쪽으로 지목했는지는 알 길이 없었다. 그날 내가 한 일이라고는 여러 곳에 전화를 돌리고(엉뚱한 버튼을 눌러서 전화를 끊어버리기 일쑤였지만), 커피를 타고, 대본을 복사하고(1을 눌러야 하는데 10을 누르는 바람에 나머지 아홉 부는 휴게실 소파 밑에 숨기고), 브래드의 사무실 전등 줄에 발이 엉켜서 엉덩방아를 찧은 것뿐이었다.

아무래도 섹시한 쪽이 과하게 멍청했던 모양이라고 나는 결론을 내렸다.

정확한 내 직함은 '영화 저작권 어시스턴트'였지만 실상은 온종일 전화번호부를 뒤져서 영화사 간부나 제작자에게 전화를 걸어 내 상사가 통화를 원한다고 말한 후 연결해주는 비서였다. 따로 지시가 없더라도 어떤 대본을 어디로 보내야 할지 파악하기 위해 어시스턴트들이 그런 통화를 엿듣는 건 업계의 관행이었다. 그런데도 가끔은 통화하는 사람들이 우리 존재를 잊어버려서 상사의 유명한 친구들에 대한 가십을 듣기도 했는데, 이를테면 아무개의 부부 싸움이나, 두둑한 제작 계약에 관한 것들이었다. 상사가 통화하려는 사람이 자리에 없을 경우에는 '메모를 남기고' 백 명에 달하는 명단의 다음 차례로 넘어갔고, 가끔은 전략적으로 일부러 연락이 닿지 않을 시간에 회신을 하기도 했다(열 시 전에 출근하는 사람이 아무도 없는 할리우드에서 9시 30분에 전화를 걸기도 했고, 아예 대놓고 점심시간에 걸기도 했다).

영화계는 화려했지만(브래드의 회전식 명함첩에는 내가 오랫동안 흠모해온 사람들의 집 주소와 전화번호가 빼곡했다), 어시스턴트의 일은 정반대였다. 어시스턴트는 커피를 나르고, 미용실과 네일숍을 예약하고, 세탁물을 찾아오고, 부모님이나 헤어진 연인(또는 배우자)의 전화를 차단하고, 서류를 복사해서 발송하고, 자동차 수리를 맡기고, 개인적인 심부름을 하고, 회의마다 언제나 어김없이 생수를 대령했다(너무나 만나고 싶었던 작가며 감독이 앉아 있어도 말 한마디 못한 채).

그리고 마지막으로 밤늦은 시간에는 클라이언트가 보내온 대본을 상사가 보지 않고도 다음 날 회의 시간에 그럴듯한 발언을 할 수 있도록 행간을 띄지 않고 열 페이지 분량으로 요약해서 정리했다. 어시스턴트들은 영리하고 유능하다는 걸 입증해서 언젠가 박봉과 초과 근무에 지겹기만 한 어시스턴트 일을 그만할 수 있기를 바라며 대본 요약에 심혈을 기울였다.

그렇게 몇 달이 지나자 온갖 관심은 에이전시의 섹시한 친구들이 독차지하고, 넘치는 일은 전부 똑똑한 부류의 몫이라는 게 분명해졌다. 처음 1년 동안 매주 열두어 권의 대본을 읽고 코멘트를 다느라 잠을 거의 못 잤는데, 이 일은 항상 근무 시간 이후나 주말에 해야 했다. 그래도 나는 상관없었다. 사실은 그게 내가 제일 좋아하는 일이었다. 이야기를 구성하는 법을 배우고, 복잡한 내면 세계를 지닌 매력적인 등장인물과 사랑에 빠졌다. 시간이 지날수록 직관적인 판단에 자신감이 늘었고, 평가를 걱정하지 않고 스토리에 대한 아이디어를 공유했다.

얼마 지나지 않아 나는 제작사의 영화 부문 실무자로 자리를 옮겼다. 직함은 스토리 에디터였다. 여기서는 내가 회의에 참가했고 나의 어시스턴트가 생수를 날랐다. 작가나 감독과 긴밀히 협조할 일이 많았고, 어딘가에 쪼그리고 앉아 장면들을 꼼꼼히 검토해서 제작사가 원하는 대로 대본을 고쳤다. 그리고 대본 수정 때문에 작가들이 길길이 날뛰면서 프로젝트에서 빠지겠다고 협박하는 일이 없도록 조율했다(이런 협상은 나중에 커플 심리 치료를 위한 훌륭한 연습이 된다).

가끔은 산만한 사무실을 피해서 아침 일찍 감독들을 나의 조그만 아파트로 불러서 회의를 하기도 했는데, 회의를 위한 간식을 준비하다보면 이런 생각이 들었다. '싸구려 천장에 카펫도 흉한 엉터리 같은 거실에서 내일 존 리스고가 이 베이글을 먹는단 말이지! 이보다 더 좋을 순 없어!'

그런데 더 좋은 일이 생겼다. 아무튼 나는 그렇게 생각했다. 승진을 한 것이다. 간절히 바랐던 승진이었다. 실제로 그걸 손에 넣기까지는.

이 바닥의 아이러니한 점이라면 창의적인 작업은 정작 경험이 많이 쌓이기 전에 하게 된다는 것이다. 대본 작업을 도맡아하는 건 처음 일을 시작하고 보이지 않는 곳에서 움직일 때이고, 높은 자리에 오르면 배우들 비위를 맞추고 에이전트와 점심을 먹고 세트장에 나가 제작 현황을 점검한다. 그러다가 개발 담당 임원이 되면 이른바 내향적 임원에서 외향적 임원이 되는데, 고등학교 때 사교적인 학생이었다면 이 일이 제격이다. 하지만 책벌레 타입에 도서관에서 친구 한두 명과 시간을 보낼 때 가장 행복했다면, 자신에게 맞지 않는 것을 바라는 우를 범하지 않게 주의해야 한다.

이제 나는 점심을 먹고 종일 회의를 하러 다니며 어설프게 사교적이 되려고 노력했다. 무엇보다 일의 진행 속도가 지지부진하게 느껴졌다. 영화 한 편이 완성되기까지는 한세월(사실상 몇 년)이 걸리기도 했고, 엉뚱한 일을 하고 있는 건 아닌지 기운이 빠졌다. 당시 나는 친구와 함께 복층 아파트로 이사했는데, 친구는 내가 밤마다 텔레비전을 너무 많이 본다고 지적했다. 그러니까, 병적일 정도로.

친구는 우울해 보인다며 나를 걱정했다. 나는 우울한 게 아니라 그냥 지루할 뿐이라고 대답했다. 하루를 버티는 낙이라곤 저녁 식사 후

TV를 보는 것뿐이라면, 그건 필시 우울증일 수밖에 없다는 생각을 그때는 하지 못했다.

이때쯤이었다. 더없이 근사한 레스토랑에서 얼마 전에 체결한 더없이 훌륭한 계약에 대해 떠들어대는 더없이 멋진 에이전트와 점심을 먹는데, 내 머릿속에서는 네 마디만 줄기차게 울려퍼졌다. '그게.' '나랑.' '무슨.' '상관이람?' 그녀가 무슨 말을 해도 이 네 마디만 무한 반복되었고, 식사를 마친 후에 차를 몰고 사무실로 돌아올 때까지도 멈출 생각을 하지 않았다. 다음 날에도, 이후 몇 주 동안이나 이 말이 머릿속에서 달그락거렸다. 그리고 몇 달이 지난 후, 나는 마침내 이 말들이 그냥 사라지지 않을 거란 걸 인정해야 했다.

이제 내가 신경쓰는 것처럼 보이는 유일한 일이 TV 시청이었기 때문에, 다시 말해 하루 중 뭔가를 느끼는 유일한 시간이 규칙적으로 펼쳐지는 가상의 세계에 빠져들 때뿐이었기 때문에, 이번에는 방송국에 이력서를 냈다. 그리고 몇 달 후, 나는 NBC의 시리즈 개발팀에서 일을 시작했다.

꿈이 실현된 기분이었다. 다시 스토리 작업에 참여하게 될 거라고, 나는 생각했다. 새 일은 그 동안의 지루함에 대한 완벽한 해법처럼 보였다. 내가 엉뚱한 문제에 매달렸다는 사실을 깨닫기까지는 다시 몇 년이 걸렸다.

5. 신은 침대에 있어!

진료 기록: 줄리

서른세 살의 대학 교수, 신혼여행에서 돌아온 직후 암 진단을 받음.

"그거 파자마 윗도리 아닌가요?" 줄리가 진료실로 들어오며 묻는다. 남자친구 사건이 터진 다음 날 오후, 존(과 그의 멍청이들)을 만나기 바로 전 진료였다.

무슨 말인지 모르겠다는 표정으로 그녀를 본다.

"셔츠 말이에요." 그녀는 소파에 자리를 잡고 앉으며 말한다.

그제야 아침 상황이 불현듯 기억났다. 입으려던 회색 스웨터와 샤워하기 전에 벗어놓은 회색 파자마 윗도리가 나란히 놓인 이미지가 떠올랐다.

'아, 맙소사.'

언젠가 남자친구가 코스트코에서 파자마를 잔뜩 사다줬는데, '끝내주는 행복'이니 '사랑스런 얼간이' 같은 문구(심리 치료사가 환자에게 보내고 싶은 메시지와는 거리가 먼)가 새겨진 옷들이었다.

마음을 가다듬고 옷을 내려다본다. 거기엔 이런 문구가 적혀 있었다. '신은 침대에 있어'. 줄리는 대답을 기다리며 나를 쳐다보고 있다.

치료 중에 무슨 말을 할지 확신이 서지 않으면(이런 상황은 생각보다 빈번하다) 선택은 둘 중에 하나다. 그 순간을 더 잘 파악할 때까지 말을 아끼거나, 무슨 말이라도 해보거나. 하지만 어느 쪽이든 진실을 말해야 한다.

실습 시절 이런 일화가 있었다. 동료 인턴이 3주 동안 자리를 비울 거라고 하자 환자가 어디 가느냐고 물었다.

"하와이에 갈 거예요." 인턴은 사실대로 대답했다.

"휴가예요?" 환자가 물었다.

"네." 하지만 엄밀히 말하자면 결혼식을 올리러 가는 것이었고, 두 주 동안 섬에서 신혼여행을 즐길 예정이었다.

"긴 휴가네요." 환자는 말했다. 결혼 소식을 전하는 건 지나치게 개인적이라고 인턴은 판단했다. 그런데 환자가 직접적으로 드러내지 않았던 질문이 있었다. '여름도 아니고 크리스마스 시즌도 아닌데, 왜 3주씩이나 휴가를 냈나요?' 아니나 다를까, 3주 후 인턴이 업무에 복귀했을 때 환자는 그의 결혼반지를 알아보고 배신감을 느꼈다. "왜 사실대로 말해주지 않은 거죠?"

동료는 그럴 걸 그랬다고 후회했다. 자기 결혼을 환자가 안들 그게 어떻단 말인가? 심리 치료사는 결혼을 하고 환자는 그 소식에 반응할 뿐인데. 얼마든지 풀어나갈 수 있는 상황이다. 복구가 어려운 건 신뢰의 상실이다.

프로이트는 '의사는 환자가 꿰뚫어볼 수 없는 존재여야 하며, 거울처럼 그가 보는 것만을 비춰야 한다'고 주장했다. 하지만 이제 대부분의 심리 치료사들이 치료 중에 나온 자신의 반응을 인정하거나, 환자가 언급하는 TV 프로를 본다고 시인하는 식으로 스스로를 드러내는데, 이걸 '자기 노출self-disclosure'이라고 부른다.

하지만 아무래도 뭘 공유할지에 대한 질문은 까다롭다. 내가 아는 어떤 심리 치료사는 아들이 투렛 증후군(틱을 유발하는 신경 장애) 진단을 받은 환자에게 자기 아들도 투렛 증후군이 있다는 얘기를 하면서 관계가 더 돈독해졌다. 또 다른 동료는 아버지가 자살했다는 환자를 치료했지만 자기 아버지도 그랬다는 사실을 끝내 털어놓지 않았다. 어떤 상황이든 노출의 유용성을 따지기 위해 사용하는 주관적인 리트머스 테스트를 거쳐야 한다. '이 정보를 아는 것이 환자에게 도움이 될까?'

적절하게 활용할 경우 자기 노출은 혼자만 어떤 경험을 한다고 느끼는 환자와의 거리를 좁혀서 마음을 더 열게 만들 수 있다. 하지만 부적절하거나 자제력을 잃은 것으로 여겨질 수 있고, 그 경우 환자는 불편함을 느껴서 마음을 닫기 시작하거나 그냥 떠나버릴 수도 있다.

나는 줄리에게 말한다. "네, 이건 파자마 윗도리예요. 실수로 입고 온 모양이네요."

그녀가 뭐라고 말할지 궁금하다. 무슨 일이 있냐고 물으면 사실대로 말할 생각이다(너무 자세히는 말고). 오늘 아침에 정신이 없었다고.

줄리는 금방이라도 울 것처럼 입술을 삐쭉거리지만, 그 대신 웃음을 터트린다.

"미안해요. 선생님 때문에 웃는 게 아니라. '신은 침대에 있다'라니……. 요즘 제가 그런 느낌이거든요!"

줄리는 명상 암 치유 프로그램에서 만난 어떤 여자가 해준 말을 들려준다. 그 여자는 요가를 열심히 하지 않으면(핑크 리본을 달고 낙관으로 충만하지 않으면) 줄리가 암으로 죽을 거라고 했다. 종양내과 전문의로부터 이미 시한부 선고를 받았다는 사실은 중요하지 않았다. 이 여자는 여전히 요가만 열심히 하면 치유될 수 있다고 주장했다.

줄리는 그녀를 경멸한다.

"제가 그 윗도리를 입고 요가를 하러 가면 어떨까요."

그리고는 정신없이 웃는데, 잠시 숨을 고르는가 싶다가 또 다시 웃음이 터진다. 나는 암 진단 후에 그녀가 그렇게 웃는 모습을 본 적이 없다. 아마 그녀가 말하는 '암전 시대', 그러니까 암 진단 이전의 행복하고 건강하고 곧 남편이 될 남자와 사랑에 빠졌던 그때 그녀는 이런 모습이었을 것이다. 그녀의 웃음은 마치 노래 같고, 어찌나 전염성이 강한지 나도 따라서 웃기 시작한다.

우리는 함께 앉아서 웃는다. 줄리는 믿음을 강요하는 여자 때문이고, 내가 웃는 건 내 실수, 몸만큼이나 우리의 약점을 그대로 드러내는 정신 때문이다.

줄리는 타히티 해변에서 남편과 사랑을 나누다가 암을 발견했다. 하지만 그때는 암을 의심하진 않았다. 가슴을 만지면 아팠고, 나중에 샤워를 하는데 그 부분의 느낌이 묘했지만 그런 느낌이 드는 부분들은 흔히 있었으니까. 부인과에서는 한 달을 주기로 유선의 크기가 달라져서 그렇다고 했다. 아무튼, 어쩌면 임신을 한 걸지도 모른다고 그녀는 생각했다. 남편이 된 매트와는 3년을 사귀었고, 결혼하면 바로 아이를 갖기로 얘기해온 터였다. 결혼식을 올리기 몇 주 전부터는 피임을 하지 않았다.

마침 시기도 적절했다. 줄리는 얼마 전에 대학에서 종신 교수가 되었고, 여러 해 동안 열심히 연구한 끝에 마침내 한숨을 돌릴 수 있었다. 이제 좋아하는 일을 즐길 시간도 많아질 것이다. 마라톤도 하고 등산도 하고 조카에게 줄 엉터리 케이크도 구울 작정이었다. 그리고 아이를 키울 시간도 생겼다.

신혼여행에서 돌아온 줄리는 임신 테스트기를 확인했고, 그걸 보여주자 매트는 그녀를 번쩍 들고 춤을 추며 방안을 돌았다. 그때 라디오에서 흘러나오던 노래(「워킹 온 선샤인Walking on Sunshine」)를 아기의 주제곡으로 삼기로 했다. 신이 난 두 사람은 첫 태아 검진을 위해 산부인과를 찾았고, 줄리의 유선을 만져보는 의사의 얼굴에서 미소가 서서히 사라졌다.

"아마 아무것도 아닐 거예요." 그가 말했다. "그래도 검사는 해봅시다."

그건 아무것도 아니지 않았다. 젊고 갓 결혼한 데다 아기를 가졌고 가족력도 없는 줄리를 우주의 무작위성이 표적으로 삼았다. 그녀는 임신한 상태에서 항암 치료를 받다가 유산을 했다.

줄리가 나를 찾아온 건 그 즈음이었다.

나는 암 환자 전문 심리 치료사가 아니었기 때문에 나를 추천한 건 이례적이었다. 하지만 줄리가 나를 보고 싶어 한 이유는 바로 전문성이 없었기 때문이다. 그녀는 의사에게 '암 전담' 심리 치료사는 원치 않는다고 말했다. 벌써부터 죽은 사람 취급을 받고 싶지는 않았다.

평범한 기분을 느끼고 싶었다. 그리고 의사들도 수술과 항암 치료를 받으면 좋아질 거라고 확신하는 것처럼 보였기 때문에, 그녀는 치료와 신혼에 초점을 맞추고 싶었다.

항암 치료는 혹독했지만 상태는 나아졌다. 병원에서 '종양이 사라졌다'는 얘기를 들은 다음 날, 두 사람은 가까운 친지들과 함께 열기구를 타러 갔다. 여름이 시작되는 첫 주였고, 수백 미터 상공에서 팔짱을 낀 채 노을을 바라보던 줄리는 항암 치료를 받을 때처럼 세상에 속은 기분이 아니라 오히려 행운아가 된 것 같았다. 물론 지옥 같은 시간을 견뎌냈다. 하지만 그 시간은 이제 지나갔고 앞에는 미래가 펼쳐져 있었다. 이제 6개월 후 마지막으로 CT를 찍고 치료가 종료되면 다시 임신을 할 수 있다. 그날 밤에 그녀는 예순 살이 되어 첫 손주를 안는 꿈을 꾸었다.

줄리는 사기가 충천했다. 우리의 치료도 종료되었다.

6개월 후 CT를 찍을 때까지 나는 줄리를 보지 못했다. 대신 줄리의 종양내과 주치의에게 소개받은 다른 암 환자들이 전화를 걸어오기 시작했다. 질병만큼 통제력을 앗아가는 건 없다. 비록 실제로 우리에게 삶에 대한 통제력이 별로 없는 것과 무관하게 말이다. 인생이건 치료건 모든 걸 제대로 했는데도 여전히 나쁜 패를 뽑게 된다는 생각을 누가 좋아할까. 그런 일이 벌어졌을 때 우리에게 남는 유일한 통제력은 그 나쁜 패를 어떻게 처리할지뿐인데, 남들이 그래야 한다고 말하는 방식이 아니라 내 방식대로 해야 한다. 나는 줄리에게 그런 통제력을 허용했고(워낙 경험이 없었던 터라 적절한 방식에 대한 확신이 없었다) 그게 도움이 됐던 모양이었다.

"뭘 어떻게 하셨는지 몰라도," 줄리의 종양내과 주치의는 말했다. "결과에 만족한 눈치예요."

내가 줄리에게 특별하게 뭘 해준 게 없다는 건 나도 알았다. 나는 무엇보다 그녀의 거친 발언에 움찔하지 않으려고 노력했다. 물론 거칠다고 해도 그렇게 심하지는 않았는데, 그때는 죽음을 생각하지 않았기 때문이다. 우리는 그저 가발과 스카프, 섹스와 수술 후에 달라진 몸 같은 것에 대해 이야기를 나눴다. 결혼 생활과 부모, 직장과 관련해서도 생각을 정리할 수 있게 도와줬지만, 그건 여느 환자와 다를 게 없었다.

그러던 어느 날 전화 메시지를 확인하는데 줄리의 목소리가 들렸다. 당장 나를 만나고 싶어 했다.

다음 날 아침에 나를 찾아온 그녀의 얼굴은 잿빛이었다. 아무것도 없었어야 할 CT에 원래의 종양과는 다른 희귀한 암세포가 나타났다. 이 암은 그녀의 목숨을 앗아갈 게 거의 틀림없었다. 1년 아니면 5년, 운이 아주 좋으면 10년이었다. 물론 실험적인 신약 치료도 해보겠지만, 그건 말 그대로 실험적인 치료였다.

"내가 죽을 때까지 같이 있어줄 건가요?" 줄리는 물었다. 누군가 죽음을 이야기할 때면 으레 그렇듯이 나는 본능적으로 죽음을 부인하고 싶었지만, 내가 그곳에 있는 이유는 나를 위로하는 게 아니라 줄리를 돕는 것임을 잊지 말아야 했다.

하지만 그 질문을 받았을 때는 새로운 소식의 충격을 미처 흡수하지 못한 상태였다. 내가 그 일을 맡기에 적격일지 확신이 없었다. 나의 말과 행동, 표정이나 몸짓이 그녀의 기분을 상하게 하지 않을까?

자신이 원하는 방식으로 이 상황을 헤쳐나갈 기회는 단 한 번뿐일 텐데. 내가 그녀의 기대에 부응하지 못하면 어쩌지?

주저하는 기색을 알아차린 모양이었다.

"제발." 그녀가 말했다. "이게 즐거운 소풍이 아니라는 건 나도 알아요. 하지만 암 전문가한테 갈 수는 없어요. 거기는 사이비 종교 같아요. 우리를 '용사'라고 부르는데 선택할 수 있는 게 아니잖아요. 나는 아직도 주사만 보면 겁이 나요. 나는 용감하지 않고 전사도 아니에요. 평범한 대학 교수일 뿐이라고요." 그녀는 소파에 앉아서 몸을 앞으로 숙였다. "그 사람들은 벽에 자기 암시를 위한 문장을 붙여놓는단 말이에요. 그러니까, 제발."

그런 줄리에게 못하겠다는 말은 할 수 없었다. 더 중요한 건, 이제 내가 거절하고 싶지 않았다.

그리고 그 자리에서 치료의 성격이 달라졌다. 나는 그녀가 죽음을 받아들일 수 있도록 도와줄 것이다.

이번에는 나의 미숙함이 문제가 될지도 모른다.

6. 웬델을 만나다

"상담을 받아보는 게 어때." 이별하고 2주가 지났을 때 젠이 넌지시 말을 꺼낸다. 젠은 내가 어떻게 지내는지 궁금해서 사무실로 전화를 했다. "심리 치료사가 아닐 수 있는 곳을 찾아야 해. 완전히 무너질 수 있는 곳에 가야 한다고."

휴식 시간에 간단히 요기를 한 후 이에 립스틱이 묻지 않았는지 확인하는 용도로 사용하는 문 옆의 거울을 들여다본다. 아무렇지 않아 보여도, 현기증이 나면서 멍한 기분이다. 환자를 볼 때는 문제가 없지만(오히려 마음이 놓이고, 내 인생을 잊고 50분씩 휴식을 취하는 것 같다), 치료가 끝나면 평정심이 사라진다. 실제로 하루하루가 지날수록 나아지는 게 아니라 더 나빠지는 것 같다.

잠을 잘 수 없고 집중이 안 된다. 마트에 신용 카드를 두고 오질 않나, 주유를 하고 연료 주입구 뚜껑 닫는 걸 잊질 않나, 차고에서는 한 계단을 헛디뎌서 무릎에 시퍼렇게 멍이 들기도 했다. 가슴은 심장이

짓이겨진 것처럼 아프지만, 그럴 리는 없는 것이 다른 건 몰라도 심장은 24시간 내내 한 순간도 쉬지 않고 더 빨리 뛰며 불안 증세를 보이고 있기 때문이다. 밤이면 침대에 누워 남자친구의 심리 상태를 집요하게 추측한다. 내 생각에 그는 차분하고 평온할 것 같다. 나는 이렇게 그를 그리워하는데. 그러다가 내가 정말 그를 그리워하는지를 집요하게 따져본다. 내가 그 사람을 알기는 했던 걸까? 나는 그를 그리워하는 걸까 아니면 내가 품었던 그의 허상을 그리워하는 걸까?

그래서 심리 치료를 받아보라는 젠의 말이 옳다는 걸 나도 안다. 내게는 이 난국을 헤쳐나갈 수 있게 도와줄 사람이 필요하다.

하지만 그게 누군데?

심리 치료사를 찾는 일은 까다롭다. 내과 의사나 치과 의사를 수소문하는 것과는 다른데, 거기는 거의 대부분의 사람들이 가기 때문이다. 그런데 심리 치료사는? 예컨대 이런 것들을 고려해야 한다.

1. 누군가에게 심리 치료사 추천을 부탁했는데 만약 그 사람이 심리 치료를 받고 있지 않다면 그걸 불쾌하게 여길지 모른다. 마찬가지로 누군가에게 심리 치료사를 추천해달라고 부탁했는데 실제로 심리 치료를 받고 있다면, 그게 겉으로 빤히 드러났다는 사실에 당혹스러울 수 있다. 그 사람은 궁금할 것이다. 저 사람은 하고 많은 사람 중에 왜 나한테 부탁할 생각을 했을까?

2. 그런 부탁을 할 경우 무슨 일로 심리 치료사를 만나려 하느냐는 질문을 감수해야 한다. "무슨 문제라도 있나요?" 그 사람은 이렇게 물어볼지 모른다. "결혼 생활 때문인가요? 우울해서 그래요?" 이런 질문을

입 밖에 내지는 않더라도 당신을 볼 때마다 호기심이 발동할 것이다.

3. 그래서 만약 친구의 심리 치료사를 소개받더라도 심리 치료실에서 예상치 못한 견제와 균형이 작용할 수 있다. 예를 들어 당신의 친구가 이 심리 치료사에게 당신이 결부된 썩 유쾌하지 못한 일화를 얘기했는데, 같은 사건을 당신이 다르게 이야기한다면, 또는 아예 생략한다면 심리 치료사는 당신의 선택과는 다른 방식으로 당신을 볼 것이다. 하지만 당신은 심리 치료사가 당신에 대해 어디까지 알고 있는지를 알 수 없는데, 심리 치료사는 치료 과정에서 들은 얘기를 언급할 수 없기 때문이다.

그럼에도 불구하고 입소문은 심리 치료사를 찾는 효과적인 방법일 때가 많다. 사이콜로지투데이닷컴 사이트에 들어가서 지역별 검색을 해볼 수도 있다. 하지만 어떤 방법을 동원하든 자신에게 맞는 심리 치료사를 찾기까지 몇 사람은 만나봐야 할 수 있다. 다른 진료 분야와는 다르게 심리 치료사의 경우에는 나와 잘 맞는지가 중요하기 때문이다(어느 심리 치료사의 말마따나, 일 년에 기껏해야 두 번쯤 만나는 심장 전문의를 선택하는 것과는 다르다). 치료의 성공을 좌우하는 가장 중요한 요인이 심리 치료사와의 관계, '공감'의 경험이라는 것을 보여주는 연구 결과도 있다. 심리 치료사의 학위나 기법, 또는 환자가 지닌 문제의 유형보다도 이게 더 중요하다.

하지만 내게는 남다른 제약이 있다. 이중 관계라고 부르는 윤리적 위반을 피하려면 생활 반경에 포함된 사람, 이를테면 아들의 반 친구의 부모, 동료의 누나, 친구의 엄마, 이웃 사람은 치료할 수도 치료를 받을 수도 없다. 상담실에서의 관계는 그 자체로 분리된 별개의 관계로 남아야 한다. 다른 진료 분야에는 적용되지 않는 규칙이다. 외과 의사나 피부과 의사, 척추 지압사와는 테니스를 함께 치거나 같은 북 클럽에서 활동할 수 있지만 심리 치료사와는 안 된다.

그로 인해 선택의 폭이 크게 줄었다. 나는 주변의 여러 심리 치료사와 친분이 있거나 환자를 추천하거나 회의에 함께 참석하는 등 다양한 방식으로 관계를 맺고 있다. 뿐만 아니라 젠처럼 심리 치료사인 친구들과는 상당수의 지인이 겹친다. 젠이 내가 모르는 동료를 추천해준다고 하더라도, 내 친구가 내 심리 치료사와 친한 건 어딘가 거북하다. 그건 너무 가깝다. 그렇다고 동료에게 부탁을? 거기에도 문제가 있는데, 내가 긴급하게 심리 치료가 필요한 상황이라는 걸 동료들이 아는 건 싫다. 그럴 경우 의식적이든 아니든, 내게 환자를 추천하는 걸 주저하지 않을까?

그러니 사방이 심리 치료사인데도 막막한 내 심정은 콜리지의 이런 시구에 비유할 수 있다. '물, 도처에 물이건만 / 한 방울도 마실 수 없네.'

하지만 곰곰이 생각한 끝에 묘안이 떠올랐다.

캐럴라인과는 공동 오피스를 운영하지 않고, 사무실이 우리 건물에 있지도 않다. 심리 치료사로서 친분을 유지하는 정도이지, 친구는 아니다. 이따금 사례를 공유하기는 한다. 내가 커플 치료를 하는데 그중 한 사람이 그녀를 만나거나 그 반대인 경우이다. 그녀의 추천이라면 믿을 만했다.

쉬는 시간에 맞춰 전화를 걸자 그녀가 받는다.

"안녕, 어떻게 지내?" 그녀가 묻는다.

"더할 나위 없어." 이 말을 힘주어 반복한다. 잠도 거의 못 자고 제대로 먹지도 못해 쓰러질 지경이라는 말은 하지 않는다. 그녀의 안부를 묻고 본론으로 직행한다.

"추천이 필요해서. 친구 때문에." 내가 말한다.

행여 캐럴라인이 왜 내가 아는 사람을 추천하지 않는지 의아해하지 않도록 '이 친구'가 명확하게 남자 심리 치료사를 원했다고 재빨리 해명한다.

전화기를 통해 그녀의 머릿속에서 톱니바퀴 돌아가는 소리가 들리는 것만 같다. 임상 심리 치료사의 약 4분의 3이 여자이기 때문에(연구, 심리 테스트, 또는 약물 치료와 반대로) 적당한 남자를 떠올리려니 시간이 걸린다. 나는 나의 공동 오피스에 남자 심리 치료사가 있고, 심지어 그는 내가 아는 가장 실력 있는 사람이지만, 이 친구가 이곳에서 치료받는 걸 불편해하기 때문에 안 될 것 같다고 덧붙인다.

"흠." 캐롤라인이 입을 뗀다. "생각 좀 해봐야겠네. 추천을 부탁한 사람이 남자야?"

"응, 나이는 사십대고. 고기능high-functioning이야."

심리 치료에서 고기능이란 대부분의 심리 치료사들이 즐겁게 치료에 임하는 이른바 '좋은 환자'를 뜻하며, 당연히 치료하길 원하지만 고기능은 아닌 환자들과 대비해서 자주 언급된다. 고기능 환자는 관계를 형성할 수 있고, 성인으로서 마땅히 짊어져야 할 책임을 감당하며, 성찰 능력이 있는 사람이다. 긴급 상황이라며 매일 치료 시간에 전화를 하지도 않는다. 연구 결과에 따르면(그리고 상식적으로도) 대부분의 심리 치료사들은 속내를 잘 털어놓고 동기가 확실하며 개방적이고 책임감이 있는 환자들을 선호하는데, 이들은 호전 속도도 더 빠르다. 내가 캐럴라인에게 고기능이라는 설명을 덧붙이는 건 그래야 이 사례에 관심을 가질 만한 심리 치료사의 범위가 넓어지기 때문이다. 그리고 실제로도 나는 내가 비교적 고기능이라고 생각한다(적어도 최근까지는 그랬다).

"결혼해서 아이가 있는 남자 치료사라면 더 편안해할 것 같아."

이것도 아무 이유 없이 한 말이 아니다. 편향된 억측이라는 걸 알지만, 여자 심리 치료사는 이별을 겪은 나에게 감정 이입을 할 소지가 있고, 미혼에 아이가 없는 남자 심리 치료사라면 이 상황에서 아이가 차지하는 미묘한 의미를 이해하지 못할 것 같다. 간단히 말해서, 결혼과 자녀를 직접 경험한 객관적인 남자 전문가(남자친구와 비슷한 상황의 남자)가 남자친구의 행태에 나처럼 경악할지를 보고 싶었던 건데, 그러면 내 반응이 정상이고 이러다가 미쳐버리지는 않을 거라고 확신할 수 있을 터였다.

나는 당연히 객관성을 추구하지만, 그건 순전히 객관성이 내 편을 들어줄 거라고 확신하기 때문이다.

캐럴라인이 자판을 두드리는 소리가 들린다.

"이 사람 어떨까? 아니야 관둬, 자기가 아주 대단한 줄 알아." 그녀는 이름 모를 누군가에 대해 이렇게 말하고는 다시 자판을 두드린다.

"우리 자문 모임에 나왔던 사람이 있는데, 잘 모르겠어. 훌륭해. 실력도 좋고, 말에도 늘 통찰력이 담겨 있고. 그런데 다만……."

캐럴라인이 머뭇거린다.

"다만 뭐?"

"늘 너무 행복해. 뭐랄까…… 부자연스러울 정도로. 그렇잖아, 도대체 너무 행복할 일이 뭐가 있냐고? 하지만 그걸 좋아하는 환자들도 있어. 자기 친구가 이 사람이랑 잘 맞을 것 같아?"

"어림도 없지." 만성적으로 행복한 사람은 나도 미심쩍다.

그 다음으로 캐럴라인이 거론한 심리 치료사는 나도 비교적 잘 아는 사람이라서 내 친구와 갈등 소지가 있어 안 되겠다고 말한다. 갈등 소지란 '두 사람의 세계가 충돌하지만 더 이상은 밝힐 수 없다'는 의미로 심리 치료사들이 사용하는 표현이다.

캐럴라인이 또 다시 자판을 두드리다가 멈춘다.

"아, 그래. 웬델 브론슨이라는 정신과 의사가 있어. 얘기를 나눠본 건 몇 년 됐지만 실습을 같이 했고 똑똑한 사람이야. 결혼해서 아이가 있어. 나이는 사십대 후반쯤 됐고, 이 일을 한 지도 오래 됐지. 연락처 줄까?"

"응, 줘. 그러니까, 내 친구한테 전해줄게." 우리는 가벼운 농담을 몇 마디 주고받은 후에 전화를 끊는다.

이 시점에서 내가 웬델에 대해 아는 거라곤 캐럴라인이 방금 해준 얘기, 그리고 그의 사무실 건너편 공터에 두 시간 무료 주차를 할 수 있다는 것뿐이다. 이걸 알게 된 건 잠시 후 캐럴라인이 문자로 보내준 그의 전화번호와 주소를 확인하고 나서다. 그곳은 내가 다니는 비키니 왁스숍과 같은 거리에 있었다.

간신히 마음을 가다듬고 전화를 걸지만, 당연히 자동 응답기로 넘어간다. 심리 치료사들은 웬만하면 사무실 전화를 받지 않는데, 환자들이 긴급한 일로 전화를 걸었는데 심리 치료사가 진료 시간 때문에 전화를 끊으면 퇴짜 맞은 기분이 들 수 있기 때문이다. 동료들끼리는 휴대폰이나 삐삐를 이용한다.

일상적인 인사말에 이어 삐 소리가 난 후, 간략한 메시지와 심리 치료사가 원하는 정보, 그러니까 이름과 짤막한 용건 그리고 내 전화번호를 남긴다. 무난하게 얘기를 이어가다가 혹시라도 더 빨리 볼 수 있지 않을까 싶어서 나도 심리 치료사라고 덧붙이는데, 심리 치료사라는 말에서 목소리가 갈라진다. 당황한 마음에 기침으로 무마하고 얼른 전화를 끊는다.

한 시간 후 웬델이 전화를 걸어왔을 때 나는 최대한 침착한 목소리로 약간의 위기 관리가 필요한 상황이며, 예상치 못한 이별을 몇 주쯤 '처리'하고 나면 아마 괜찮아질 거라고 설명한다. 심리 치료 경험이 있으니까 미리 '쪼그라든' 상태로 찾아갈 거라고도 말한다. 농담에 웃지 않는 걸 보면 유머 감각이라곤 없는 사람이라는 확신이 들지만, 위기 관리에 유머 감각이 필요한 건 아니니까.

아무튼 지금 중요한 건 다시 일어서는 것이다.

통화를 마칠 때까지 웬델은 다섯 마디나 했을까. 그나마도 '으음' 정도의 대꾸가 대부분이다. 그는 다음 날 아침 9시가 괜찮은지 묻고, 내가 동의한 후 통화가 끝난다.

그것도 대화라고 금세 마음이 놓인다. 이게 흔한 플라시보 효과라는 걸 나는 안다. 첫 예약을 하고 나면 환자들은 치료를 받으러 오기도 전에 기대에 부풀 때가 많다. 나도 다르지 않다. '내일이면,' 나는 생각한다. '이 문제에 대해 도움을 받게 되는 거야. 모든 게 지금은 엉망이지만 이제 곧 사태 파악을 할 수 있겠지(즉, 남자친구가 소시오패스라는 사실을 웬델이 확인해줄 거야). 나중에 돌이켜보면 이 이별은 인생이라는 레이더망의 작은 점에 불과할 거야. 교훈을 얻고 넘어갈 작은 실수일 거야.'

그날 밤, 잠자리에 들기 전에 남자친구에게 돌려줄 물건들(옷과 화장품, 테니스 라켓, 책과 전자 기기들)을 상자에 담는다. 코스트코 파자마를 서랍에서 꺼내는데 남자친구가 사랑의 문구를 적어 붙여놓은 포스트잇이 보인다. 이걸 쓸 때 그는 이미 떠날 것을 알고 있었을까?

헤어지기 전에 있었던 자문 모임에서 한 동료가 남편의 이중 생활을 알게 된 환자 얘기를 꺼냈다. 남편은 오랫동안 바람을 피웠을 뿐만 아니라 여자를 임신시켜서 출산까지 임박했다. 이 모든 사실을 알게 되었을 때(남편은 과연 얘기를 할 생각이었을까?) 아내는 남편과 함께 산 인생을 어떻게 이해해야 할지 혼란스러웠다. 그녀의 기억은 진짜일까? 낭만적이었던 휴가만 해도 그렇다. 그 여행에 대한 그녀의 기억은 정확한 걸까? 남편이 당시에도 바람을 피우고 있었다는 사실을 감안하면 일종의 허구로 받아들여야 할까? 마찬가지로, 남자친구가 내 파자마에 포스트잇을 붙였을 때, 애초에 그 파자마를 샀을 때, 그는 속으로 아이 없는 삶을 계획하고 있었을까? 메모를 보는 내 인상이 구겨진다. '거짓말쟁이!' 나는 생각한다.

돌려주는 걸 잊지 않으려고 상자를 차로 가져가서 조수석에 놔둔다. 어쩌면 아침에 웬델을 만나러 가는 길에 돌려줄 수도 있다.

웬델이 뭐 그런 소시오패스가 있냐고 말하는 걸 얼른 듣고 싶다.

7. 깨달음의 시작

나는 웬델의 사무실 입구에 서서 어디에 앉을지 궁리한다. 이 일을
하면서 수많은 사무실을 다녀봤지만(실습 중 수퍼바이저의 사무실, 동
료들의 사무실) 이런 곳은 처음이다.

물론 벽에는 흔한 졸업장이 걸려 있고, 선반에는 심리 치료 관련
서적이 꽂혀 있으며, 사생활을 엿볼 수 있을 것들은 눈에 띄지 않는
다(예를 들어 책상 위에도 가족 사진 같은 건 없이 노트북만 덩그러니 놓
여 있다). 그런데 심리 치료사의 의자를 중앙에 벽을 등지고 배치하는
대신(인턴 시절에 우리는 '상황이 격앙되어' 탈출해야 할 때를 대비해서
문 가까이에 앉으라고 배웠다), 웬델의 사무실에는 반대편 벽을 따라
길쭉한 소파 두 개를 L자 형으로 놓고 그 사이에 협탁이 놓였다. 그리
고 심리 치료사의 의자는 아예 없다.

세상에 이런 일이.

내 사무실은 이렇게 생겼다.

내 사무실

탈출구

그리고 이건 웬델의 사무실이다.

웬델의 사무실

의자가 없어?!?

키가 상당히 크고 매우 호리호리한 데다, 머리가 벗겨지기 시작했으며 직업 탓인지 자세가 약간 구부정한 웬델은 내가 자리에 앉기를 기다리며 서 있다. 잠시 가능성을 따져본다. 같은 소파에 나란히 앉을 일은 없을 텐데, 그는 그럼 평소에 어느 소파에 앉을까? 창가(탈출할 수 있도록)? 벽쪽? 나는 창가인 A 자리에 앉기로 결정하고, 그는 문을 닫은 후 방을 가로질러 C 자리에 앉는다.

일반적으로 새로운 환자가 오면 나는 이런 말로 긴장을 풀며 대화를 시작한다. "자, 오늘은 어떤 일로 저를 찾아오셨죠?"

그런데 웬델은 아무 말이 없다. 질문이 담긴 녹색 눈동자로 나를 그냥 쳐다만 본다. 카디건과 카키색 바지에 로퍼를 신은 모습은 심리치료사 전문 엑스트라 에이전시에서 보낸 사람 같다.

"안녕하세요." 내가 말한다.

"안녕하세요." 그가 대답한다. 그러고는 기다린다.

1분 정도가 지나는데, 그 시간은 생각보다 길고, 나는 남자친구 사건을 똑 부러지게 전달할 수 있도록 정신을 가다듬는다. 사실 헤어진 후로 시간이 지날수록 상황은 점점 더 나빠졌다. 내 생활에 뚫린 커다란 공백 때문이었다. 지난 2년 동안 남자친구와 나는 하루에도 몇 번씩 연락을 주고받았고, 자기 전에는 꼭 잘 자라는 인사를 했다. 그는 뭘 하고 있을까? 하루를 어떻게 보냈을까? 프레젠테이션은 잘 했을까? 내 생각을 하고 있을까? 아니면 이제 가슴에 담고 있던 진실을 털어놓고 아이 없는 사람을 찾아 나설 수 있으니 속이 후련할까? 나는 세포 하나까지 그의 부재를 절절하게 느끼고 있기 때문에 아침에 웬델을 찾아왔을 때는 거의 폐인에 가깝지만, 그런 모습을 첫인상으로 심어주고 싶지는 않다. 솔직히 말해서 두 번째나 백 번째 인상으로도 그건 원치 않는다.

심리 치료의 흥미로운 패러독스 한 가지. 심리 치료사는 맡은 소임을 다하기 위해 환자를 있는 그대로 보려 한다. 즉, 상처받기 쉬운 약점과 해묵은 행동 패턴, 그들이 힘들어하는 문제를 파악하려 한다는 뜻이다. 환자들은 당연히 도움을 받고 싶어 하지만, 그와 동시에 심리 치료사가 자신을 좋아하고 또 존중해주길 원한다. 그래서 약점과 해묵은 패턴과 문제들을 숨기고 싶어 한다. 심리 치료사가 환자의 장점을 찾지 않는다는 얘기가 아니다. 당연히 그렇게 한다. 하지만 우리가 제대로 작동하지 않는 것들을 찾아내려 할 때, 환자들은 수치심을 피하기 위해 환상을 이어가려 하고, 실제보다 더 멀쩡하게 보이려 노력한다. 환자의 건강한 삶을 염두에 두고 있는 건 양쪽 다 마찬가지지만, 공통의 목표를 추구하면서도 이렇게 의도가 어긋나는 경우가 많다.

최대한 차분하게 남자친구 얘기를 시작하는데, 말을 꺼내자마자 의연함은 온데간데없어지고 나는 흐느껴 울기 시작했다. 한 장면도 빠짐없이 이야기를 마쳤을 때, 나는 손으로 얼굴을 가린 채 온몸을 들썩이며 어제 젠과 통화했을 때 한 말을 떠올린다. 심리 치료사가 아닐 수 있는 곳을 찾아야 한다는 말.

지금 나는 확실히 심리 치료사가 아니다. 나는 이 모든 사태의 책임이 왜 남자친구에게 있는지 주장하고 있다. 그가 끝까지 회피(젠의 진단)하지 않았다면, 내가 이렇게 불시의 일격을 당하지는 않았을 것이다. 게다가 그는 소시오패스(이것도 젠이 한 말인데, 이래서 심리 치료사들이 친구의 치료를 맡지 못한다)가 틀림없는데 나는 그가 이런 생각을 하고 있을 줄은 꿈에도 몰랐기 때문이다. 아주 명배우가 따로 없다! 소시오패스는 아니라고 해도 뇌가 약간 잘못된 것만큼은 확실한데, 그렇지 않고서야 이렇게 중요한 문제를 짐작도 못할 시간 동안 혼자 간직할 수 있겠는가. 아무튼, 이게 정상적인 커뮤니케이션이 아니라는 건 내가 잘 아는데, 무엇보다 치료를 하면서 커플들을 많이 만나 봤고 게다가…….

고개를 들어 보니 어쩐지 웬델이 미소를 참고 있는 것 같지만(그의 머리 위로 이런 말풍선이 달려 있는 것 같다. '이 괴짜가 심리 치료사라고? 커플 치료를 하는?'), 앞이 잘 안 보이기 때문에 정확히는 알 수 없다. 폭우 속에서 와이퍼도 없이 앞유리를 내다보는 느낌이다. 희한하게도, 다른 사람 앞에서 이렇게 엉엉 울 수 있다는 게, 그 사람이 생전처음 보는 과묵한 사람일지라도, 위로가 된다.

공감의 '으음'을 수없이 반복하던 웬델이 질문을 던진다. "이별할 때마다 늘 이런 식의 반응을 보이시나요?" 목소리는 부드럽지만 그의 의도는 분명하다. 이른바 애착 유형이라는 것을 파악하려는 것이다. 애착 유형은 돌보는 사람과의 상호 관계에 따라 유년기 초반에 형성된다. 애착 유형이 중요한 이유는 선택하는 파트너의 성향(안정적인가, 덜 안정적인가)과 관계를 유지하는 동안에 보이는 행태(집착, 냉담, 또는 과민), 그리고 관계를 끝내는 스타일(아쉽게, 우호적으로, 또는 대판 싸우고) 등, 성인 이후의 관계 전반에 영향을 미치기 때문이다. 다행스러운 점은 부적응적 애착 유형을 성년기에 교정할 수 있다는 것이다. 이것은 실제로 심리 치료에서 자주 다뤄지는 문제다.

"아니요, 늘 이렇지는 않아요." 나는 소매로 눈물을 닦으며 반박한다. 오래 지속한 관계들도 있었고 이별도 많았지만 이런 식은 아니었다고 말한다. 그리고 재차 강조하는데, 이런 반응을 보이는 이유는 순전히 이번 이별이 너무나 충격적이고 예상치 못한 일이었기 때문이다. "남자친구의 행동은 너무나 당황스럽고 기상천외하고 또……비윤리적이지 않나요?"

결혼해서 자녀를 둔 전문가라면 이쯤에서 뭔가 힘이 되어줄 말을 할 시점이다. 나는 등을 기대고 앉아 숨을 크게 들이마시고 맞장구가 쏟아지길 기다린다.

그런데 웬델은 아무 말이 없다. 물론 그가 앨리슨처럼 남자친구를 쓰레기라고 부를 거라곤 기대하지 않았다. 심리 치료사는 더 중립적으로, 이를테면 '많은 감정을 직접적으로 당신과 소통하지 않은 것처럼 보인다'는 식으로 표현할 테니까. 그런데 웬델은 여전히 아무 말도 하지 않는다.

바지 위로 또 다시 눈물이 떨어지기 시작하는데, 뭔가 나를 향해 날아오는 것이 어렴풋이 보인다. 처음에는 미식 축구공 같고, 헛것을 보는 건가 의심하던 찰나 그게 갈색의 티슈 상자라는 걸 깨닫는다. 소파 사이의 협탁에 있었지만, 내가 앉은 자리에서는 손이 닿지 않았던 티슈 상자. 티슈 상자는 툭 소리를 내며 옆의 쿠션 위에 떨어지고, 나는 휴지를 한 움큼 뽑아 코를 푼다. 그 티슈 상자가 마치 구명 밧줄이라도 된 것처럼 그와의 사이가 좁혀진 느낌이다. 나 역시 지금껏 환자들에게 수도 없이 티슈 상자를 건네주었지만, 이렇게 사소한 제스처가 얼마나 위로가 되는지 잊고 있었다. 문득 대학원 시절에 들었

던 문구가 떠오른다. '치유의 말이 아닌 치유의 행동.'

휴지를 더 뽑아 눈가를 훔친다. 웬델은 나를 지켜보며 기다린다.

나는 계속해서 남자친구와 그의 회피적 성향에 대해 이야기하고, 내 주장을 입증하기 위해 그의 이혼 방식을 포함해 과거사까지 시시콜콜 들먹인다. 나는 남자친구의 회피 이력에 대해 내가 아는 모든 것을 늘어놓는데, 무심결에 내가 그의 회피 성향에 대해 분명하게 알고 있었다는 걸 털어놓고 있다는 점은 깨닫지 못한다.

웬델은 미소를 지으며 고개를 살짝 기울인다. "흥미롭지 않나요? 그의 이력에 대해 당신이 알고 있었던 점들을 감안할 때, 이것이 그토록 충격이라는 사실이?"

"하지만 충격이었다고요." 내가 말한다. "그는 아이와 같이 살길 원치 않는다는 얘기를 한 번도 한 적이 없으니까요! 오히려 결혼하면 내 아들을 부양가족으로 올리기 위해 회사 인사과에 얘기도 했어요!" 시간대별로 사건을 전체적으로 다시 훑으며 내 주장을 뒷받침할 증거를 추가하는데, 그러다가 웬델의 얼굴에 구름이 끼기 시작하는 걸 알게 된다.

"얘기를 되풀이하고 있는 건 알아요. 하지만 이해하셔야 할 것이, 저는 우리가 남은 인생을 같이 살 줄 알았거든요. 그렇게 되었어야 하는데, 이제 모든 게 무산됐어요. 인생의 절반이 지났는데, 앞으로 어떻게 될지 아무것도 몰라요. 남자친구가 마지막 사랑이었으면 어쩌죠? 그 사람으로 줄이 끝난 거면 어쩌냐고요?"

"줄의 끝이요?" 웬델의 목소리에 기운이 실린다.

"네, 줄의 끝이요." 내가 말한다.

그는 내가 말을 더하길 기다리지만, 그 대신 눈물이 또 흐른다. 처음처럼 거친 오열은 아니고 더 차분한 눈물이다.

더 조용한 눈물.

"깜짝 놀란 기분이라는 거 알아요." 웬델이 말한다. "하지만 내게는 당신의 또 다른 말도 흥미로운데요. 인생의 절반이 지났다니. 이번 일로 망연자실하겠지만, 어쩌면 당신이 애통해하는 것은 단순히 이별만은 아닌 것 같아요." 잠시 숨을 돌리고 다시 얘기를 시작했을 때 그의 목소리는 한결 부드럽다. "남자친구를 잃은 것보다 뭔가 더 큰 것을 애통해하고 있는 게 아닐까요?"

그는 의미심장하게, 지금 자신이 뭔가 엄청나게 중요하고 심오한 말을 했다는 듯이 나를 쳐다보는데, 나는 어쩐지 그를 패주고 싶다.

'헛소리 작렬이네.' 나는 생각한다. 나는 멀쩡했다. 일이 이 지경이 되기 전까지는. 더할 수 없이 사랑하는 아이가 있고, 너무나 좋아하는 일이 있고, 늘 힘이 되는 가족과 서로를 살뜰히 챙기는 멋진 친구들이 있었다. 나는 이 삶에 감사한다. …… 그러니까, 가끔은 감사한다. 감사하려고 노력하는 건 확실하다. 그런데 이제는 좌절감에 빠졌다. 고통스러운 이별을 견딜 수 있게 도와달라고 돈 들여 심리 치료를 받으러 왔는데, 한다는 말이 고작 이거야?

'뭔가 더 큰 것을 애통해하기는 개뿔.'

나는 그런 소릴 들으려고 여기 온 게 아니다. 예약을 하려고 전화를 걸었을 때 말했듯이, 약간의 위기 관리가 필요할 뿐이다.

"나는 사실 이번 이별을 헤쳐나가기 위해서 여기 온 거예요." 내가 말한다. "믹서에 꽉 껴서 빠지지가 않는 느낌이고, 그래서 온 거예요.

나갈 길을 찾으려고."

"좋아요." 웬델은 정중하게 한 발 물러선다. "관계를 좀 더 이해할 수 있게 도와주세요." 이건 치료적 동맹이라는 걸 맺으려는 시도인데, 치료가 이뤄지기 위해서는 둘 사이에 먼저 이런 신뢰가 쌓여야 한다. 처음에는 자기 이야기를 들어주고 이해해준다는 느낌을 환자가 받는 게 중요하다. 통찰을 얻거나 변화를 시도하는 건 그 다음이다.

마음이 놓인 나는 남자친구 얘기로 돌아가서 재방송을 시작한다.

하지만 그는 알고 있다.

모든 심리 치료사들이 아는 걸 알고 있다. 표출된 문제, 심리 치료를 받으러 오게 된 사안은 전혀 엉뚱한 미끼까지는 아니더라도 더 큰 문제의 일면에 불과할 때가 많다는 것을. 사람들이 보고 싶지 않은 것을 걸러낼 방법을 찾고, 위협적인 감정을 구석에 처박아둘 기분 전환 거리와 방어 기제를 찾는 데 귀재임을. 감정을 밀어내는 건 그 감정을 오히려 더 강력하게 만들 뿐임을 그는 안다. 그러나 상대의 방어 기제를 무너뜨리려면(그것이 누군가에 대한 집착이든, 빤히 드러난 것을 못 보는 척하는 것이든) 우선 방어 기제를 대체할 뭔가를 마련할 수 있도록 도와줘야 한다는 것도 안다. 방어 기제는 우리를 다치지 않게 막아준다. …… 더는 그것이 필요하지 않아질 때까지는.

심리 치료사의 역할은 저 말줄임표 속에 있다.

어쨌거나 다시 소파로 돌아와서, 티슈 상자를 움켜쥔 나도 한편으로는 뭔가 알고 있다. 웬델의 맞장구를 절실히 원하는 만큼, 마음속 어딘가에서는 웬델의 헛소리야말로 내가 돈을 들여 여기에 온 이유라는 걸 알고 있다. 그저 남자친구에 대해 불평이나 하고 싶다면 가족이나 친구들 앞에서 공짜로 할 수 있으니까. 나중에는 그것 때문에 기분이 나빠질지언정, 사람들은 순간의 기분을 위해 불완전한 이야기를 지어낼 때가 많다. 그래서 가끔은 그 행간을 읽어줄 누군가가 필요하다.

하지만 나는 이것도 안다. 어쨌든 남자친구가 천하에 빌어먹을 이기적인 소시오패스라는 것을.

나는 지금 아는 것과 알지 못하는 것 사이에 있다.

"오늘은 여기까지 해야겠네요." 웬델의 말을 듣고 그의 시선을 따라가니, 내 어깨 뒤쪽 창틀에 놓여 있는 시계가 눈에 들어온다. 그는 마침표라도 찍는 것처럼 팔을 올렸다가 다리를 두 차례 탁탁 내리쳤는데, 이게 그만의 종료 신호라는 건 나중에 알게 된다. 그는 자리에서 일어나 문까지 나를 배웅한다.

그는 다음 수요일에도 올 건지 알려달라고 말한다. 나는 다음 주를 그려본다. 남자친구가 떠나고 남은 공백과 젠의 말처럼 완전히 와해될 수 있는 공간의 편안함을 생각해본다.

"예약해주세요." 내가 말한다.

차를 세워놓은 공터로 가기 위해 길을 건너는데, 홀가분한 느낌이 들면서 동시에 구역질이 날 것만 같다. 언젠가 한 수퍼바이저는 심리치료를 물리 치료에 비유했다. 그것은 힘들고 통증을 유발할 수 있다. 상태가 호전되기에 앞서 오히려 악화될 수 있다. 그러나 꾸준히, 열심히 치료를 받는다면 결리던 곳이 풀리고 기능도 훨씬 향상될 것이다.

전화를 확인한다.

앨리슨이 문자를 보냈다.

'기억해, 그 인간은 쓰레기야. 👕🎒🗑️🚛'

예약 시간을 옮기고 싶다는 환자의 이메일.

안부를 묻는 엄마의 음성 메시지.

남자친구에게서 온 메시지는 없다. 나는 여전히 그가 전화할 거라는 기대를 품고 있다. 나는 이렇게 힘든데 그는 멀쩡할 수 있다는 걸 이해할 수 없다. 아무튼 오늘 아침 물건을 돌려주기 위해 약속을 잡을 때는 멀쩡해 보였다. 관계가 결국 끝날 걸 알고 이미 몇 달 전에 슬픔을 겪은 걸까? 만약 그렇다면 어떻게 함께하는 미래에 대한 얘기를 계속할 수 있었을까? 주말에 영화를 볼 계획으로 시작해서 결국 마지막이 되어버린 대화를 나누기 불과 몇 시간 전에 사랑한다는 이메일을 보낼 수 있었을까? 그래서 그는 그 영화를 보러 갔을까?

차를 몰고 사무실로 오는 동안 다시 부글부글 끓기 시작한다. 주차장에 차를 세울 때쯤에는 이런 생각을 한다. 남자친구가 내 인생의 2년을 허비했을 뿐만 아니라, 그 여파로 이제 나는 심리 치료를 받아야 할 상황이다. 그런데 나는 지금 이럴 시간이 없는데 왜냐하면 이제 사십대고 인생의 절반이 지났고……. 아이고 이런, 또 그 얘기네! '인생의 절반이 지났다.' 이제껏 나 자신은 물론이고 어느 누구에게도 해본 적이 없는 말이다. 그런데 왜 이 말이 자꾸 튀어나오지?

'당신은 뭔가 더 큰 것을 애통해하고 있어요.' 웬델은 말했다.

하지만 사무실로 가기 위해 엘리베이터에 타는 순간 이런 것들은 다 잊고 만다.

8. 로지

"그건 공인된 사실이에요." 존은 신발을 벗고 소파 위에 책상다리를 하고 앉아 있다. "내 주변에는 온통 멍청이들뿐이에요."

그의 휴대폰 진동이 울린다. 그가 손을 뻗을 때 나는 눈썹을 치켜올린다. 그러자 존은 과장된 눈알 굴리기로 화답한다.

우리가 함께하는 네 번째 시간이고, 이제야 초반의 인상이 형성되기 시작했다. 그를 둘러싼 그 많은 사람들에도 불구하고 존이 지독하게 고립되어 있으며, 그것은 의도된 것이라는 느낌이 든다. 그의 인생에 결부된 뭔가가 친밀함을 위험한 것으로, 너무 위험해서 무슨 수를 써서라도 막아야 하는 것으로 느끼게 만든 것이다. 그의 무기는 효과적이다. 그는 내게 무례한 말을 하고, 얼토당토않은 소리를 하고, 주제를 바꾸고, 내가 무슨 얘기를 하려고만 하면 말허리를 끊는다. 하지만 그의 방어를 뚫을 방법을 찾지 못하면 어떤 진전도 기대할 수 없을 것이다.

그런 방어물 가운데 하나가 휴대폰이다.

지난주에 존이 치료 중에 문자를 보내기 시작한 후, 그가 문자를 보낼 때 내가 받는 무시당하는 느낌에 그의 주의를 환기시켰다. 이건 '지금-여기' 기법이라는 것이다. 바깥 세상에서의 환자의 경험에 초점을 맞추는 대신, 지금-여기는 이 방에서 벌어지는 일에 집중한다. 환자가 자신의 심리 치료사에게 하는 행동은 그게 무엇이든 밖에서도 똑같이 반복될 공산이 크고, 타인에게 미치는 자신의 영향력을 존이 깨달았으면 하는 게 내 마음이었다. 조금 성급하게 몰아붙이는 위험이 있다는 걸 알면서도 그의 이전 심리 치료에 대한 얘기가 떠올랐다. 세 번 만에 끝났다고 했는데, 우리도 지난주가 세 번째였다. 그와 언제까지 함께할 수 있을지 알 수 없었다.

존이 이전의 심리 치료사를 떠난 이유는 둘 중에 하나일 것이다. 헛소리를 하는데도 제지하지 않았거나, 아니면 헛소리를 제지했기 때문에. 전자의 경우 환자를 불안하게 만들 수 있는데, 마치 잘못을 했는데도 부모가 혼을 내지 않을 때 아이들이 느끼는 감정과 비슷하다. 만약 후자였자면 어쩌면 너무 서둘러서 내가 지금 감수하려는 것과 똑같은 실수를 저질렀을지 모른다. 하지만 나는 위험을 감수할 의향이 있었다. 나는 존이 심리 치료를 편하게 받아들이길 원하지만, 내가 도움이 될 수 없을 만큼 편안해지면 곤란했다.

무엇보다, 이른바 멍청한 연민이라고 부르는 함정에 빠지고 싶지 않았다. 멍청한 연민이란 평온을 깨트릴 필요가 있을 때 상대방의 감정이 상할까봐 그걸 회피해서 오히려 솔직함보다 나쁜 결과를 초래하는 걸 의미한다. 보통 십대의 청소년이나 배우자, 중독자, 때론 자기 자신에게 이렇게 한다. 반대의 개념은 현명한 연민인데, 상대를 아끼지만 필요할 경우 애정의 돌직구를 날리는 것도 서슴지 않는다.

"저기요, 존." 지난주에 존이 열심히 문자를 보내고 있을 때 내가 말했다. "당신이 그렇게 할 때 내가 무시당하는 느낌을 받는데 당신 생각은 어떤지 궁금하네요."

그는 손가락을 하나 세우고는('잠깐만요') 계속 문자를 보냈다. 전송을 누르고서야 나를 쳐다봤다. "미안해요, 내가 무슨 얘기를 하던 중이었죠?"

대단했다. 내가 무슨 얘기를 하던 중이었냐고 묻는 게 아니라, '내가 무슨 얘기를 하던 중'이었냐니.

"그러니까," 대답을 하려는데 그의 휴대폰이 울렸고, 그는 또 정신이 팔려 문자에 답장을 보냈다.

"아시겠죠, 내가 무슨 말을 하는 건지." 그가 투덜댔다. "뭘 믿고 맡길 수가 없다니깐. 잠깐만요."

문자 소리가 또 나는 걸로 봐서 동시에 여러 명과 대화를 하는 모양이었다. 똑같은 상황이 부부 사이에도 재연되고 있는 게 아닐까 궁금했다.

약이 바짝 올랐다. 이걸 어떻게 해야 하나? 그냥 앉아서 기다리든지(그러면 더 짜증이 날 테지만), 아니면 뭔가 수를 내야 했다.

자리에서 일어나 책상으로 가서 파일 속에 있던 휴대폰을 들고 자리로 돌아와 문자를 보내기 시작했다.

'나예요, 당신의 심리 치료사. 나 여기 있어요.'

존의 전화기가 띠링 울렸다. 내 문자를 읽은 그가 깜짝 놀랐다.

"이게 대체 무슨! 지금 나한테 문자 보낸 거예요?"

나는 미소를 지었다. "나한테 집중해줬으면 해서요."

"당신한테 집중하고 있어요." 하지만 그러고도 그는 계속 문자를 보냈다.

'집중하고 있다는 느낌이 들지 않아요.
무시당하는 느낌이고, 이건 좀 모욕적이네요.'

띠링.

존은 과장되게 한숨을 쉬지만 다시 문자를 보내기 시작했다.

'그리고 우리가 서로에게 완전히 집중할 수
없으면 나는 당신을 도울 수가 없어요.
그러니까 함께 노력해보고 싶다면, 부탁인데
여기서는 휴대폰을 사용하지 말아주세요.'

띠링.

"뭐라고요?" 존이 나를 쳐다보며 물었다. "휴대폰 사용을 금지하겠다고? 지금 내가 비행기에 타고 있나요? 그럴 수는 없어요. 이건 내 시간이라고요!"

나는 어깨를 으쓱하며 말했다. "당신의 소중한 시간을 허비하고 싶지 않아요."

이 시간이 그의 것이기만 한 게 아니라는 얘기는 하지 않았다. 심리 치료는 환자와 심리 치료사 모두를 위한, 서로의 상호 작용을 위한 시간이다. 정신 의학의 대인 관계 이론은 20세기에 해리 스택 설리번이라는 정신 분석학자가 개발했다. 정신 이상이 사람의 마음 속에서 기인한다는 프로이트의 입장을 탈피한 설리번은 우리의 문제가 교호적(交互的: 서로 상관적)이라고 믿었다. 그는 이렇게까지 주장했다. "노련한 임상의는 자기 집 거실에서의 모습과 사무실에서의 모습이 같아야 한다." 우리가 상호 작용을 하지 않으면서 환자에게 상호 작용을 가르칠 수는 없다.

존의 휴대폰이 또 울렸지만, 이번에는 내가 보낸 것이 아니다. 그는 생각에 잠긴 표정으로 나와 휴대폰을 번갈아 쳐다봤다. 그의 내면에서 줄다리기가 진행되는 동안 나는 잠자코 기다렸다. 반쯤은 그가 벌떡 일어나서 나가버릴 것에 대비하면서도 여기 있는 게 싫었다면 애당초 오지 않았을 거라고 생각했다. 본인이 알건 모르건 그는 여기서 뭔가를 깨달아가고 있었다. 현재 그의 삶에서 그에게 귀를 기울여주는 사람은 나 하나뿐일 공산이 컸다.

"젠장!" 그는 건너편 의자로 휴대폰으로 내던지며 말했다. "좋아요. 빌어먹을 휴대폰은 내려놓을게요." 그러고는 화제를 돌려버렸다.

화를 낼 줄 알았는데, 잠깐이지만 그의 눈가가 촉촉해지는 것 같았다. 슬퍼서 그랬던 걸까? 아니면 창으로 들어온 햇살이 반사됐던 걸까? 물어보고 싶은 마음도 있었지만 어느새 시간이 1분밖에 남지 않았고, 마음을 열어젖히기보다 주워 담아야 할 시간이었다. 더 적절한 때를 위해 적어 두기로 했다.

금맥의 반짝임을 포착한 광부처럼, 뭔가를 발견했다는 느낌이 들었다.

그리고 오늘 존은 엄청난 의지를 발휘해서 부르르 떠는 휴대폰을 그냥 내버려둔 채 자기 주변에 온통 멍청이들뿐이라는 게 공인된 사실이라는 얘기를 계속한다.

"로지마저 멍청이 짓을 한다니까요." 그가 말한다. 이제 네 살인 딸에 대해 이런 식으로 얘기하는 게 놀랍다. "노트북은 건드리지 말라고 말했건만 어떻게 했는지 알아요? 침대에 뛰어 올라간 것까지는 좋다 이거야. 하지만 침대 위에 놓인 노트북에 올라가다니, 그건 아니잖아요. 멍청이! 그리고 내가 '안 돼!'라고 소리를 지르자마자 침대에서 오줌을 누는 거예요. 매트리스를 다 버려놨어. 애기 때부터 물건에다가 오줌을 누지는 않던 앤데."

듣다보니 걱정이 된다. 심리 치료사들이 중립적인 입장을 취하도록 교육을 받는다는 건 통념이지만, 어떻게 마냥 그럴 수 있겠는가? 우리는 인간이지 로봇이 아니다. 그보다는 매우 중립적이지 않은 감정과 편견과 의견(이걸 역전이countertransference라고 하는데)을 감지해서, 한 걸음 물러나 대처 방법을 고민한다고 하는 편이 정확하다. 그런 감정을 억누르기보다 치료에 도움이 되는 방향으로 활용한다. 그리고 로지에 대한 이야기를 듣는 순간 목덜미에 소름이 돋았다. 많은 부모들이 늘 바람직한 부모상을 보여주는 건 아니어서 때로는 자녀들에게 호통도 치지만, 존과 딸의 관계가 궁금했다. 커플 간 감정 이입을 다룰 때면 나는 종종 '말을 하기 전에 그 말을 듣는 사람이 어떤 기분일지를 먼저 따져보라'고 충고한다. 조만간 존에게도 이 말을 해 줘야겠다고 머릿속에 담아둔다.

"짜증나겠네요." 내가 말한다. "혹시 로지가 겁을 먹지는 않았을까요? 큰소리는 위협적으로 들릴 수 있는데."

"아뇨, 나는 늘 호통을 쳐요. 소리가 클수록 좋아요. 그렇지 않으면 듣지를 않으니까."

"그래야만 듣는다고요?" 내가 묻는다.

"더 어렸을 땐 밖에서 뛰어놀면서 에너지를 발산하게 했어요. 가끔은 그렇게 밖으로 나가야 했죠. 그런데 요즘은 애가 아주 골칫거리가 됐어요. 심지어 나를 물려고 했다니까요."

"왜요?"

"나랑 놀고 싶었는데……. 아, 이게 또 대박이에요."

무슨 얘기가 나올지 알 것 같았다.

"내가 문자 보내는 걸 기다리다가 성질이 난 거지. 마고가 여행중이어서 로지는 대니가 돌봐주고 있었거든요. 그리고……."

"저기, 대니가 누구였죠?"

"대니가 누구냐니. 왜 있잖아요, 개 보모요."

나는 멍한 표정으로 그를 쳐다본다.

"개 돌봐주는 사람. 개dog 보모nanny. 대니danny 말예요."

"아하. 그러니까 로지는 당신의 개였군요." 내가 말한다.

"아니, 그럼 내가 대체 누구 얘기를 하는 줄 알았던 거예요?"

"나는 당신의 딸 이름이……."

"루비." 그가 말한다. "막내는 루비예요. 이건 개 얘기라는 게 명백하지 않았나요?" 그는 내가 멍청이 나라의 상멍청이라는 듯이 한숨을 쉬며 고개를 저었다.

개가 있다는 얘기는 한 적이 없었다. 나는 다만 두 주 전에 얼핏 지나가며 들었던 딸의 이름 첫 글자가 'R'이었다는 걸 기억해서 의기양양한 기분이다. 하지만 이름들보다 놀라운 건 그가 이제껏 보여주지 않았던 무른 면모를 보여주고 있다는 사실이다.

"정말 사랑하나 봐요." 내가 말한다.

"당연하죠, 내 딸인데."

"아니, 로지 말이에요. 개를 정말 아끼시네요." 나는 어떻게든 그를 자극해서 자신의 감정에 가까이 다가가도록 만들려는 중인데, 그에게도 당연히 감정은 있지만 안 쓰는 근육처럼 위축되어 있었다.

그는 손을 휘저으며 내 말을 일축한다. "그냥 개예요."

"로지는 어떤 개죠?"

그의 얼굴이 환해진다. "믹스예요. 유기견이죠. 이전 주인이었던 멍청이들 때문에 엉망인 상태로 우리한테 왔지만 지금은, 빌어먹을 휴대폰을 사용할 수 있게 해주면 사진을 보여줄게요."

나는 고개를 끄덕인다.

그는 사진을 넘기면서 혼자 미소를 짓는다. "잘 나온 걸 찾고 있어요." 그가 말한다. "그래야 실제로 얼마나 귀여운지 알 수 있으니까." 사진을 넘길 때마다 그의 미소는 더 환해지고, 완벽한 치아가 다시 드러난다.

"이거네!" 그는 자랑스럽게 말하며 내게 휴대폰을 건넨다.

나도 개를 좋아하는 사람이지만 로지는(로지에게 신의 은총이 함께

하길) 내가 본 가장 못생긴 개다. 축 늘어진 턱, 짝짝이 눈, 듬성듬성 빠진 털. 꼬리도 없다. 그런데도 존은 홀딱 반한 표정으로 여전히 환하게 웃고 있다.

"로지를 얼마나 사랑하는지 알겠네요." 내가 전화기를 돌려주며 말한다.

"사랑하긴. 그냥 개일 뿐인데." 같은 반 친구를 좋아하는 걸 애써 부정하는 5학년짜리 같다.

"왜요, 로지에 대해 얘기하는 태도에서 사랑이 물씬 묻어나는데."

"그만 좀 하실래요?" 그는 짜증난 말투지만, 눈에는 고통이 어려 있다. 사랑이나 배려와 관련된 뭔가를 고통스럽게 느끼는 듯했던 지난주가 떠오른다. 다른 환자였다면 내가 한 어떤 말 때문에 기분이 상했냐고 물어봤을 것이다. 하지만 존은 개를 사랑하는지를 놓고 옥신각신하는 것으로 그 주제를 피할 게 틀림없다. 그래서 대신 이렇게 말한다. "반려동물을 키우는 사람들은 대부분 그들을 깊이 사랑하죠." 나는 그가 몸을 기울여야 들을 수 있을 만큼 목소리를 낮춘다. 인간의 뇌에는 우리가 서로를 흉내 내게 만드는 거울신경세포라는 것이 있다. 감정적으로 흥분된 사람에게 부드러운 목소리로 얘기하면 이 세포가 활성화되어 신경계가 차분해지면서 현재에 집중하는 데 도움을 줄 수 있다. "그걸 사랑이라고 부르든, 아니면 다른 뭐라고 부르든, 그건 별로 중요하지 않아요."

"어처구니없는 대화군요." 존이 말했다.

눈은 바닥을 향하고 있어도 그가 온전히 집중하고 있음을 느낄 수 있다. "오늘 당신이 로지 얘기를 꺼낸 데에는 다 이유가 있어요. 당신에게 중요한 로지가 요즘 보여주는 행동이 우려스럽기 때문이죠. 왜냐하면 로지를 아끼니까."

"사람들은 내게 중요해요." 존이 말한다. "아내, 아이들. 사람들이요."

휴대폰 진동이 다시 울리고, 그가 휴대폰을 바라보지만 나는 그의 시선을 따라가지 않는다. 원치 않는 감정이 수면 위로 올라와서 먹먹해질 때마다 딴 길로 새지 않도록 그를 붙잡으려고 노력하며 옆을 지킨다. 사람들은 먹먹함을 무감각으로 종종 오해하는데, 먹먹함은 감정의 부재 상태가 아니다. 오히려 너무 많은 감정에 압도된 상태다.

존이 휴대폰에서 내게로 시선을 옮긴다.

"내가 왜 로지를 좋아하는지 알아요?" 그가 말한다. "나한테 뭘 요구하지 않는 유일한 존재거든. 어떤 식으로든 나한테 실망하지 않는 유일한 존재. 아무튼 최소한 나를 물기 전까지는. 그러니 어떻게 좋아하지 않을 수 있겠어요?"

그는 여기가 마치 술집이고, 유쾌한 농담을 던져서 뿌듯한 사람처럼 큰소리로 웃는다. 그가 말한 실망에 대해 얘기해보려 하지만(누가, 왜 그에게 실망할까?) 그는 농담이었다며 넘어간다. 그래서 오늘도 진전은 없지만 그가 한 말들은 우리 두 사람의 뇌리에 남는다. 그의 뻣뻣한 가시 밑에는 심장이 있고, 사랑을 담아낼 자리가 있다.

무엇보다 그는 그 못생긴 개를 너무나 사랑한다.

9. 우리들의 스냅 사진

심리 치료를 받으러 오는 사람들은 이를테면 자신의 스냅 사진을 보여주는 셈이다. 심리 치료사는 그 사진들을 보면서 전체를 추론해야 한다. 치료를 받으러 왔다면 최악까지는 아니더라도 최고의 상태가 아닌 건 틀림없다. 절망적이거나 방어적이고, 당혹스럽거나 혼란스럽다. 일반적으로 대단히 안 좋은 기분이다.

그래서 그들은 이해를, 그리고 궁극적으로(하지만 되도록 빨리) 해법을 찾게 되길 희망하며 심리 치료사의 소파에 앉아 기대에 찬 눈빛을 보낸다. 하지만 심리 치료사에게 빠른 해법 같은 건 없는데, 우리에게 그들은 완전한 타인이기 때문이다. 그들의 희망과 꿈, 감정과 행동 패턴을, 가끔은 그들 자신보다 더 깊이 파악하려면 시간이 필요하다. 그들을 괴롭히는 문제는(그게 무엇이든) 우리 사무실에 오기까지 평생 동안 악화되었거나, 몇 달 동안 키워진 것이다. 50분짜리 상담 한두 번 만에 문제가 해결되길 바라는 건 무리다.

하지만 궁지에 몰린 사람들은 심리 치료사가, 전문가라는 그들이 뭔가 해주길 원한다. 환자들은 우리가 참고 들어주길 원하지만, 정작 본인들은 인내심이 별로 없다. 그들의 요구는 공공연하거나 암묵적이며, 특히 초반에는 심리 치료사를 크게 압박할 수 있다.

어째서 우리는 불행하거나 스트레스에 시달리는, 불쾌하고 무신경한 사람과 계속해서 단 둘이 마주 앉아야 하는 직업을 택한 걸까? 답은 간단하다. 우리는 모든 환자들이 처음에는 스냅 사진, 즉 특정한 순간에 포착된 모습에 불과하다는 걸 알기 때문이다. 그건 유감스러운 각도에서 뿌루퉁한 표정으로 찍힌 사진과 같다. 선물 포장을 뜯는 순간이나 사랑하는 사람과 웃고 있을 때처럼 환하게 빛나는 순간을 담은 사진도 있을 것이다. 둘 다 찰나의 당신이고, 어느 쪽도 전체로서의 당신은 아니다.

그래서 심리 치료사들은 듣고, 제안하고, 은근하게 자극하고, 유도하고, 때로는 다른 스냅 사진들을 꺼내고, 자신의 내면과 주변에서 겪은 경험의 위치를 바꿔보라고 부추긴다. 우리는 그 스냅 사진들을 정리하고, 그러다보면 어느새 별개인 줄 알았던 이미지들이 모두 공통된 주제, 우리를 찾아올 때까지 환자의 시야에 포착되지 않았을지도 모르는 어떤 주제를 담고 있다는 사실이 명백해진다.

어떤 스냅 사진들은 심란하고, 그런 사진들은 누구에게나 어두운 면이 있다는 걸 일깨워준다. 어떤 사진들은 초점이 맞지 않는다. 사람들이 모든 사건과 대화를 또렷하게 기억하는 것은 아니지만, 어떤 경험이 어떤 감정을 유발했는지는 정확하게 기억한다. 이렇게 흐릿한 스냅 사진의 통역사가 되어야 하는 심리 치료사는 환자들이 어느 정도는 모호할 필요가 있다는 걸 이해하는데, 이 초기의 스냅 사진들은 그들의 평화로운 내면을 침범하고 있을지 모를 고통스러운 감정을 얼버무릴 수 있게 도와주기 때문이다. 시간이 흐르면 환자들도 자신이 전쟁을 치르는 것이 아니며, 평화로 가는 길은 스스로와 휴전을 맺는 것이라는 사실을 알게 된다.

환자들이 처음으로 방문할 때 우리가 전적으로 상상에 의존하는 건 이 때문이다. 이건 첫날뿐만 아니라 만날 때마다 마찬가지인데, 그런 이미지를 통해 아직 그들이 품지 못한 희망을 붙잡아 줄 수 있고 치료가 어떻게 진행될지 짐작할 수 있기 때문이다.

창의력이란, 이것의 핵심과 저것의 핵심을 파악하고 그것들을 충돌시킴으로써 완전히 새로운 것을 만들어내는 능력이라는 얘기를 들은 적이 있다. 그게 심리 치료사들이 하는 일이다. 우리는 첫 스냅 사진의 핵심과 우리가 상상한 스냅 사진의 핵심을 충돌시켜서 완전히 새로운 이미지를 만들어낸다.

나는 이걸 새로운 환자를 만날 때마다 늘 유념한다.

그리고 웬델도 그러길 바라는데, 초반의 내 스냅 사진들은 뭐랄까, 별로 아름답지 않기 때문이다.

10. 미래는 또한 현재이다

오늘은 예약 시간보다 일찍 도착한 관계로 웬델의 대기실에 앉아 주변을 둘러본다. 대기실도 그의 사무실만큼이나 특이하다. 전문가다운 인상을 주는 가구나 흔한 예술품(추상화 액자나 아프리카 부족 가면 같은 것들)은 없고, 전반적으로 후줄근하다. 심지어 냄새까지 퀴퀴하다. 구석에는 등받이가 높고 한물 간 페이즐리 금실 무늬 천을 씌운 낡은 의자 두 개가 있고, 베이지색 카펫 위에는 그만큼이나 낡고 한물 간 양탄자, 때 묻은 레이스 식탁보 위에 장식용 깔개를 늘어놓은 진열장, 그리고 조화를 꽂아놓은 화병이 있다. 의자 사이에는 백색 소음기가 놓여 있고, 앞쪽에는 커피 테이블 대신 군데군데 흠집이 나고 이가 파인 거실용 협탁 위에 잡지가 어지럽게 널려 있다. 웬델의 사무실로 이어지는 통로와 대기 공간 사이에는 칸막이를 쳐서 나름대로 사생활을 보호하려 한 것 같지만, 접히는 틈새로 그 너머가 빤히 보인다.

인테리어 때문에 여기 온 건 아니지만, 그래도 궁금해지는 건 어쩔수 없다. '이렇게 고약한 취향의 소유자가 나를 도울 수 있을까? 여기에 그의 판단이 반영된 게 아닐까?'

5분쯤 잡지 겉표지만 물끄러미 쳐다보고 있자니 사무실 문이 열리면서 웬 여자가 나온다. 칸막이 너머로 휙 지나가지만 그 찰나에도 그녀가 아름답고, 훌륭한 옷차림에, 눈물을 흘리고 있다는 사실을 파악한다. 그때 웬델이 대기실에 나타난다.

"잠깐만 기다려주세요." 그는 이렇게 말하고 복도로 향하는데, 화장실에 가는 모양이다.

기다리는 동안 그 예쁜 여자가 왜 울었을까 궁금해진다.

돌아온 웬델이 몸짓으로 들어가자는 뜻을 전한다. 이제 문가에서 멈칫하는 일은 없다. 나는 곧장 창가의 A 자리로, 그는 협탁 옆의 C자리로 가고, 얘기도 곧바로 시작한다.

나는 이 시간을 위해 저널리스트 시절에 인터뷰를 할 때처럼 메모를 하고, 번호를 매기고, 주석까지 꼼꼼히 달아서 준비해왔다.

마음이 약해져서 남자친구한테 전화를 걸었는데 자동 응답기로 넘어갔다고 실토한다. 굴욕적이게도 그는 하루가 지나서야 전화를 해왔는데, 얼마 전에 헤어졌지만 여전히 재결합을 원하는 사람과 얘기를 하는 게 얼마나 고역일지 모르는 바는 아니었다.

"그에게 전화를 걸어서 뭘 어쩌려고 그랬는지 물어볼 거죠?" 나는 웬델의 다음 질문을 넘겨짚는다.

웬델이 오른쪽 눈썹을 치켜올리지만, 그가 뭐라고 하기 전에 내 얘기를 밀고나간다. 무엇보다도 나는 남자친구에게서 내가 보고 싶고 이건 엄청난 실수라는 얘기를 듣고 싶었다. 하지만 '희박한 가능성'을 배제하더라도, 우리가 왜 이 지경에 이르렀는지 알고 싶었다. 이 질문에 답을 얻을 수만 있다면 지겹도록 머릿속을 맴돌며 혼돈의 무한궤도를 그리는 이별에 대한 생각을 털어낼 수 있을 것 같았다. 이게 내가 남자친구를 몇 시간씩 심문하며(그러니까 대화를 나누며) 갑작스러운 이별의 빌어먹을 미스터리를 풀려고 한 이유라고, 나는 웬델에게 설명했다.

"그랬더니 뭐라는 줄 알아요? '아이와 함께 있으면 생활이 제한되고 산만하다'나?" 나는 그의 말을 고스란히 인용하며 얘기를 이어간다. "'당신과 둘이서만 충분한 시간을 보낼 수 없었을 거야. 그리고 아무리 귀여워도 내 자식이 아닌 아이하고 같이 살고 싶지 않다는 걸 깨달았어.' 그래서 내가 '왜 이런 생각을 나한테 숨겼느냐'고 물었더니 그가 말했어요. '무슨 말이든 하려면 내가 먼저 상황을 이해해야 했으니까.' 그래서 내가 '그래도 우리가 이 문제를 의논했어야 한다고는 생각하지 않아?' 하고 따졌죠. 그랬더니 그가 이러는 거예요. '의논할 게 뭐가 있어. 양자택일인 걸. 아이와 살 수 있거나 없거나, 그건 나만 결정할 수 있는데.' 그래서 내 머리가 터져나갈 지경이었는데 그가 말하는 거예요. '나는 정말 당신을 사랑해. 하지만 사랑이 모든 걸 극복할 수는 없어.'"

"양자택일이래!" 나는 메모지를 흔들어대며 웬델에게 말한다. 그 단어 옆에는 별표까지 해놓았다. "양자택일! 그게 그렇게 양자택일이면 애초에 양자택일 상황을 왜 만들었냐고!"

나는 참아줄 수 없는 상태였고, 그걸 알면서도 멈출 수가 없었다.

이후로도 몇 주 동안 웬델을 찾아가서 같은 자리를 맴도는 남자친구와의 대화(고백하건대 몇 번 더 있었다)를 시시콜콜 보고하면 웬델은 사이사이에 뭔가 유용한 말을 끼워 넣으려고 시도하는 상황이 이어진다('자기가 무슨 도움이 될지 모르겠다'거나, '자학으로 보인다'거나, '똑같은 얘기를 반복하면서 결과가 달라지길 바란다'고 말이다). 웬델은 내가 남자친구의 해명을 바란다고 하지만(그리고 남자친구는 내게 해명을 하고 있는데), 그 해명이 내가 듣고 싶은 내용이 아니기 때문에 계속해서 다시 원점으로 되돌아간다고 말한다. 통화를 하면서 그렇게 많은 메모를 했다면 필시 남자친구 말을 제대로 듣지 못했을 거라고도 지적했고, 그를 이해하는 것이 목적이라지만 정당성을 입증하려고만 애써서는 그렇게 하기 힘들 거라고도 말한다. 또 이렇게 덧붙인다. 지금 자기에게도 똑같은 행동을 하고 있다고.

나는 그 말에 동의하지만, 곧바로 다시 남자친구에게 악담을 퍼붓는다.

한 번은 남자친구의 물건을 돌려주려고 약속을 잡을 때의 상황을 질리도록 세세하게 설명하고, 또 한 번은 미친 사람이 나인지 그인지를 반복해서 묻는다(웬델은 우리 둘 다 미치지 않았다고 말해서 내 화를 돋운다). 또 다른 시간은 어떻게 된 인간이면 '당신과 결혼하고 싶지만, 애는 말고 당신만 원한다'는 말을 할 수 있는지에 대한 분석으로 채워진다. 이때를 위해 나는 성별 간 차이에 대한 인포그래픽까지 만들었다. 남자는 '레고를 봐야 하는 상황이 싫다'면서 '내 자식이 아닌 아이는 결코 사랑할 수 없다'고 말해도 아무렇지 않지만, 여자가 그런 말을 했다가는 십자가에 매달릴 것이라고.

그리고 구글링(이른바 사이버 스토킹)으로 알아낸 내용들도 잔뜩 늘어놓는다. 남자친구가 데이트하고 있는 것으로 보이는 여자들이며, 나 없이도 그가 얼마나 근사하게 살고 있는지(출장에 대한 트윗으로 볼 때), 심지어 이별을 슬퍼하지도 않는 것(한가하게 레스토랑에서 먹은 샐러드 사진이나 올리는 걸 보면)에 대한 얘기들이다. 남자친구는 생채기 하나 없이 내가 지워진 삶으로 빠르게 전환한 모양새다. 이혼한 커플의 경우에도 한 사람은 너무 힘들어 하는데 다른 사람은 멀쩡할 뿐만 아니라 심지어 행복하게 살아갈 때 이런 이야기들이 후렴구처럼 반복된다.

나도 그런 환자들처럼 이별이 그에게 남긴 흉터 자국을 보고 싶다고 웬델한테 말한다. 내가 그에게 중요한 사람이었다는 것만이라도 알고 싶다.

"내가 중요했을까요?" 나는 묻고 또 묻는다.

이런 식으로 계속해서 내 안의 찌질함을 유감없이 과시하던 어느 날, 급기야 웬델이 나를 찬다.

그 날도 남자친구에 대한 얘기를 지루하게 늘어놓고 있는데 웬델이 소파 가장자리로 스르르 미끄러지더니 벌떡 일어나 내 앞으로 와서 그 긴 다리로 내 발을 가볍게 찬다. 그러고는 씩 웃으며 원래의 자리로 돌아간다.

"아야!" 아픈 건 아닌데 반사적으로 이런 소리가 나온다. 나는 깜짝 놀란다.

"지금 뭐하신 거예요?"

"괴로움을 즐기시는 것 같아서 좀 도와드려야겠다고 생각했죠."

"네?"

"고통과 괴로움은 달라요." 웬델이 말한다. "당신은 고통을 느껴야할 거예요. 누구나 때때로 고통을 느끼죠. 하지만 그렇다고 그렇게 괴로워할 필요는 없어요. 당신은 고통 대신 괴로움을 선택하고 있어요." 그러면서 내가 고집스럽게 계속하는 행동들, 끝없는 반추와 남자친구의 생활에 대한 추측이 고통을 더해서 나를 괴롭게 만든다고 설명한다. 그러므로, 괴로움에 이토록 집착한다면 거기서 뭔가 얻는 것이 있기 때문이라는 게 그의 생각이다. 그게 어떤 식으로든 내게 기여하고 있다는 것이다.

정말 그럴까?

나는 기분이 안 좋아질 게 틀림없는데도 왜 그렇게 집착적으로 남자친구를 구글링하는지 생각해본다. 일방적일지언정 남자친구나 그의 일상과 연결된 상태를 유지할 수 있는 방법이라서? 어쩌면! 마음이 먹먹해진 상태에서는 실제로 일어난 현실을 생각하지 않아도 되니까? 아마도! 집중해야 하지만 그러고 싶지 않은 삶의 어떤 측면을 회피하는 방법인 걸까?

언젠가 웬델은 내가 이별의 충격을 줄여줬을지도 모를 단서들을 무시하며 남자친구와 거리를 유지했는데, 그건 듣고 싶지 않은 이야기를 듣게 될지도 몰라서라고 지적했다. 남자친구는 공공장소에서 마주치는 아이들을 귀찮아하는 것처럼 보였고, 내 아들의 야구 시합을 보러가는 대신 기꺼이 심부름을 했다. 임신이 자신보다는 전부인에게 더 중요했다고 말했고, 동생 부부가 방문했을 때는 조카 셋이 소란을 피우는 게 싫어서 호텔에 묵게 했다고도 했다. 나는 그게 아무 의미가 없다고 외면했다. 그럼에도 우리 둘은 아이에 대한 감정을 털어놓고 의논한 적이 한 번도 없었다. '그는 아빠고 아이들을 좋아해.' 나는 그냥 이렇게 짐작했다.

내가 주의를 기울였더라면 울렸을 알람을 조용히 잠재울 요량으로 남자친구의 이력이나 언급들, 몸짓 같은 것들을 못 본 척한 것에 대해서는 전에 이야기를 나눴다. 그리고 이제 웬델은 내가 여기서도 나를 보호하기 위해 웬델과의 거리 두기(멀리 떨어져 앉아서 메모에 집착하면서)를 하고 있지 않은지 묻고 있다.

나는 L자로 배치한 소파를 훑어본다. "대부분의 사람들이 여기에 앉지 않나요?" 창문 아래쪽 자리에서 내가 묻는다. 그와 같은 소파에 나란히 앉는 사람은 없을 테니 D는 제외이고, B에 앉으면 그와 대각선으로 마주보는데 심리 치료사와 그렇게 가까이 앉을 사람이 있을까? 그럴 리 없지.

"앉는 사람도 있어요." 웬델이 말한다.

"정말이요? 어디에요?"

"여기쯤." 웬델은 내가 앉은 곳부터 B까지를 손짓으로 가리킨다.

갑자기 우리 사이가 멀어 보이지만, 사람들이 웬델과 그렇게 가까이 앉는다는 건 여전히 믿기지 않는다.

"그러니까 처음으로 이 사무실에 들어와서 방을 훑어보고 저기에 털썩 앉는 사람이 있다고요? 당신이 바짝 붙어 앉을 텐데도?"

"그럼요." 웬델은 간단하게 대답한다. 웬델이 내게 티슈 상자를 던져줬던 것과 그걸 B 옆의 협탁에 올려놓았던 게 기억나고, 이제야 그 이유가 대부분의 사람들이 그 자리에 앉기 때문이라는 생각이 든다.

"아. 그럼 자리를 옮겨야 할까요?"

웬델은 어깨를 으쓱한다. "당신에게 달렸죠."

자리에서 일어나 웬델과 직각을 이루는 곳에 앉는다. 다리가 서로 닿지 않으려면 옆으로 몸을 기울여야 한다. 검은 머리의 뿌리 부분이 희끗희끗한 게 눈에 띈다. 손가락에는 결혼반지를 끼고 있다. 캐럴라인에게 결혼한 남자 심리 치료사를 소개해달라고(그러니까 내 친구를 위해) 부탁했던 기억이 나지만, 여기 와서 보니 그건 사실상 중요하지 않다는 걸 깨닫는다. 그는 내 편을 들거나 남자친구를 소시오패스라고 단정짓지 않았다.

쿠션을 조정해서 편안히 앉아보려 한다. 느낌이 이상하다. 메모지를 내려다보지만 이제는 그걸 읽을 마음이 없다. 정체를 들킨 기분이고, 달아나야 할 것 같다.

"여기에는 못 앉겠네요." 내가 말한다.

웬델은 이유를 묻고, 나는 모르겠다고 말한다.

"모른다는 건 좋은 출발점이죠." 그의 말이 어떤 계시처럼 느껴진다. 답을 찾고 상황을 이해하려고 노력하면서 수많은 시간을 허비했는데, 몰라도 괜찮다니.

한동안 둘 다 말이 없다가, 자리에서 일어나 좀 더 멀찍이, A와 B의 중간쯤 되는 곳으로 자리를 옮긴다. 이제 다시 숨을 쉴 수 있다.

소설가 플래너리 오코너의 말이 생각난다. '진실은 우리가 감당할 능력에 맞춰 달라지지 않는다.' 나는 무엇으로부터 나를 보호하고 있는 걸까? 웬델이 뭘 보길 원치 않을까?

　나는 지금껏 줄곧 남자친구를 저주하지 않고(이를테면 다음 여자친구한테 똑같이 당하라는 식으로), 다만 재결합을 원할 뿐이라고 말해왔다. 복수를 원하지 않고, 남자친구를 증오하지 않으며, 화가 난 것도 아니고 다만 혼란스러울 뿐이라고 눈빛 하나 바꾸지 않고 말해왔다.

　웬델은 알겠지만 믿지는 않는다고 했다. 누가 보기에도 나는 복수를 원했고, 남자친구를 미워했고, 분노에 차 있었다.

　"그래야 한다고 생각하는 대로 느낄 필요는 없어요." 그가 설명한다. "감정은 그것과 상관없이 솟아날 테고, 거기에 중요한 단서가 들어 있는 만큼 있는 그대로 받아들이는 게 좋을 거예요."

　나 역시 환자들에게 비슷한 얘기를 얼마나 많이 했던가? 하지만 여기 앉아 있자니 생전 처음 듣는 느낌이다. '감정을 판단하지 말고 그대로 알아차려라. 그걸 지도로 활용하라. 진실을 두려워하지 마라.'

　내 친구들과 가족들, 그들도 나처럼 남자친구가 혼란과 갈등을 겪는 평범한 사람일 수 있다고는 생각하지 않았다. 그들에게 그는 이기적인 거짓말쟁이였다. 그들은 또한 남자친구가 비록 아이와 살 수 없다는 이유를 대긴 했지만, 어쩌면 나와 살 수 없어서가 이유일지 모른다는 생각은 결코 하지 않았다. 그는 깨닫지 못했어도, 내가 그의 부모님이나 이혼한 전부인, 대학원 시절에 큰 상처를 줬다고 말했던 여자와 지나치게 비슷했을 수도 있다. "그런 일은 두 번 다시 반복하지 않겠다고 결심했어." 그는 연애 초기에 이렇게 말했다. 내가 더 자세히 설명해달라고 했지만 그는 그것에 대해 말하고 싶어 하지 않았고, 나 역시 더 밀어붙이지 않았다.

그런데 웬델은 낭만과 가벼운 농담과 미래에 대한 계획 뒤에 숨어서 우리가 서로를 회피해왔음을 직시하라고 요구하고 있다. 나는 이제 고통 속에서 스스로를 고문하고 있는데, 내 심리 치료사는 정신 차리라며 나를 실제로 걷어차는 지경이다.

다리가 저린지 웬델이 자세를 고쳐 앉는다. 오늘 신은 줄무늬 양말과 줄무늬 카디건은 한 세트처럼 어울린다. 그가 턱으로 내가 손에 쥐고 있는 종이들을 가리킨다. "그 메모지에서는 당신이 찾고 있는 대답을 찾게 될 것 같지 않네요."

당신은 뭔가 더 큰 것을 애통해하고 있다는 말이 머릿속에 들러붙은 노래 가사처럼 불쑥 떠올랐다. "하지만 이별에 대한 이야기가 아니면 할 말이 없을 거예요." 내가 우긴다.

웬델의 머리가 한쪽으로 기울어진다. "중요한 얘기를 할 게 있을 거예요."

그런데 모르겠다. 웬델이 남자친구보다 더 큰 문제를 암시할 때마다 나는 그걸 밀어내는데, 이제야 그 말에 일리가 있을지 모른다는 생각이 든다. 가장 격렬하게 저항하는 것이 우리가 들여다봐야 하는 바로 그것일 때가 많다.

"어쩌면." 나는 말한다. 하지만 초조한 느낌이다. "이제는 남자친구가 한 말에 대한 얘기는 그만둘 필요가 있다는 느낌이 드네요. 마지막으로 하나만 얘기해도 될까요?"

그는 숨을 들이쉬다가 멈추고는 무슨 말을 할 것처럼 망설이지만, 말하지 않는 쪽을 택한다. "그럼요." 그는 나를 충분히 밀어붙였고, 본인도 그걸 안다. 그는 내게서 약을, 그러니까 남자친구에 대해 말하는 것을 조금 오래 차단했고, 내게는 주사 한 방이 필요하다.

메모를 뒤적여보지만 어디까지 얘기했는지 기억할 수 없다. 별표도 너무 많고 옮겨 적어놓은 것도 너무 많은데다 웬델의 눈초리가 느껴진다. 나 같은 사람이 심리 치료를 받겠다고 찾아온다면 나는 무슨 말을 해줄까 모르겠다. 아니, 사실은 알고 있다. 사무실 동료가 코팅해서 붙여놓은 문구가 떠오른다. '고통을 피할 것인가, 그걸 감내해서 결국 변화시킬 것인가에 대한 결정은 끝이 없다.'

메모지를 내려놓는다.

"좋아요." 웬델에게 말한다. "무슨 말이 하고 싶으셨던 거죠?"

내 고통이 현재형으로 느껴지겠지만, 사실은 과거와 미래의 것이라고 그는 설명한다. 심리 치료사들은 과거가 현재를 알려준다는 얘기를 많이 한다. 우리가 걸어온 지난 이력이 우리가 생각하고 느끼고 행동하는 방식에 어떻게 영향을 미치는지에 대해. 그리고 인생의 어느 시점에서 더 나은 과거를 만들어내고 싶다는 환상을 어떻게 버려야 하는지에 대해. 과거를 다시 사는 것은 불가하다는 사실을 받아들이지 않으면, 부모 형제나 파트너를 종용해서 몇 년 전에 있었던 일을 바로잡게 하려고 아무리 노력한들, 과거는 계속해서 우리 발목을 잡을 것이다. 과거와의 관계 변화는 심리 치료의 단골 메뉴다. 하지만 미래와의 관계도 현재를 말해준다는 것에 대해서는 그만큼 자주 언급하지 않는다. 과거에 대한 생각만큼이나 미래에 대한 생각도 변화를 막는 강력한 방해물이 될 수 있다.

실제로 나는 현재의 관계보다 더 많은 것을 잃었다고, 웬델은 말을 잇는다. 나는 미래의 관계를 상실했다. 우리는 미래가 나중에 펼쳐진다고 생각하지만, 마음속에서 미래를 매일 만들어내고 있다. 현재가 와해되면 그것과 연결지어왔던 미래도 무너진다. 그리고 미래를 빼앗기면 모든 플롯이 어긋난다. 하지만 과거를 바로잡거나 미래를 통제하는 데 현재를 써버리면 그 자리를 벗어나지 못한 채 영원한 후회에 빠진다. 남자친구를 구글링할 때 나는 과거에 얼어붙은 채 그의 미래가 펼쳐지는 것을 지켜봤다. 현재를 살려면 미래를 상실했다는 걸 받아들여야 한다.

나는 고통을 견딜 수 있을까? 아니면 괴로움 속에 살기를 바라는 걸까?

"그렇다면 남자친구 심문은 그만둬야겠군요. 구글링도." 내가 웬델에게 말한다.

그는 너그러운 미소를 짓는다. 그게 얼마나 지나친 야심인지 모른 채 지금 당장 금연을 선언하는 흡연자를 바라보듯이.

"아무튼 시도는 해봐야죠." 나는 한 발을 빼면서 말한다.

웬델은 고개를 끄덕이더니 다리를 탁탁 두드리고 자리에서 일어난다. 시간이 지났는데도 나는 일어나고 싶지 않다.

이제야 막 치료를 시작한 느낌이다.

11. 굿바이 할리우드

NBC로 자리를 옮기자마자 방영을 앞둔 두 프로그램을 맡게 되었다. 의학 드라마인 「ER」, 그리고 「프렌즈」라는 시트콤이었다. 이 드라마들 덕분에 NBC는 1위 방송사로 도약하여 이후 몇 년 동안 목요일 밤의 강자로 군림하게 된다.

두 시리즈는 가을부터 전파를 탈 예정이었는데, 드라마의 제작 사이클은 영화보다 훨씬 빨랐다. 몇 달 만에 캐스팅과 스태프 구성을 마치고 세트를 지어서 제작에 들어갔다. 제니퍼 애니스턴과 커트니 콕스가 「프렌즈」의 주연으로 오디션을 볼 때 나는 현장에 있었다. 「ER」에서 줄리아나 마굴리스가 맡았던 역할을 1회에 죽는 것으로 처리할지 고민했고, 조지 클루니가 이 시리즈를 통해 얼마나 유명해질지 아무도 몰랐을 때 세트장에 함께 있었다.

새로운 일에서 에너지를 얻게 되자 집에서 TV 보는 시간이 줄었다. 열정을 쏟을 만한 스토리가 있고 그 스토리에 나만큼이나 열정적인 동료들이 있었다. 다시 소속감이 느껴졌다.

하루는 「ER」의 작가들이 의학과 관련된 질문 때문에 근처 응급실에 전화를 걸었는데, 마침 조라는 이름의 의사가 전화를 받았다. 그건 운명이 아니었을까. 그는 의학을 전공했지만, 영화 제작으로도 석사 학위를 받았다.

조의 배경을 알게 된 작가들은 정기적으로 그에게 자문을 구했다. 머잖아 동선이 복잡한 외상 환자 집중 치료실 장면의 합을 맞추고, 배우들에게 의학 용어의 정확한 발음을 알려주고, 최대한 그럴듯하게 연출을 할 수 있도록 아예 그를 기술 자문으로 위촉했다. 물론 가끔은 반드시 착용해야 하는 수술용 마스크를 일부러 빼버리기도 했는데, 그건 모두가 조지 클루니의 얼굴을 보고 싶어 했기 때문이다.

촬영 현장에서 조는 실제 응급실에서 발휘하는 자질 그대로, 능력과 침착함의 표본이었다. 쉬는 시간에는 최근에 본 환자들 얘기를 들려주었고, 그럴 때면 나는 조금이라도 더 자세하게 듣고 싶었다. '얼마나 흥미진진한 이야기인가!' 나는 생각했다. 그러다가 병원에 방문해도 되는지 물었고(자료 조사 차원이라고 나는 말했다) 그가 출입증을 줘서 펑퍼짐한 수술복을 빌려 입고 그의 근무 시간에 뒤를 따라다녔다.

"음주 운전이나 갱단 간의 총격전으로 인한 환자들은 어두워져야 들어오기 시작합니다." 그의 설명처럼 토요일 오후에 도착해보니 별로 분주한 분위기가 아니었다. 하지만 이내 이 방에서 저 방으로 환자들 사이를 바쁘게 돌아다녔고, 나는 이름과 차트와 진단 명을 똑바로 적으려고 안간힘을 썼다. 한 시간 동안 나는 조가 허리 천자를 하고, 산모의 자궁을 들여다보고, 서른아홉 살 쌍둥이 엄마의 손을 잡고 그녀의 편두통이 사실은 뇌종양이라고 말하는 걸 지켜봤다.

"그럴리가요. 우리는 그냥 편두통 약을 더 받아가려고 했을 뿐인데." 그녀는 이렇게 대답했고, 부정의 단계는 곧 폭포수처럼 흐르는 눈물에 자리를 내주었다. 남편은 잠시 실례하겠다며 화장실로 향했지만 가는 길에 속을 게우고 말았다. 이런 드라마를 TV 화면에 옮기는 것도 잠깐 생각했지만(이 바닥 사람들의 뿌리 깊은 본능), 소재를 찾는 것이 내가 이곳에 오는 유일한 이유는 아니라는 느낌이 들었다. 그리고 조도 그걸 감지한 모양이었다. 나는 몇 주가 지나도록 계속 응급실을 찾아갔다.

"본업보다 우리가 여기서 하는 일에 더 관심이 많은 것 같네요." 몇 달이 지나 함께 엑스레이 사진을 보며 골절 부위를 가르쳐주던 어느 날 저녁 그가 말했다. 그러더니 문득 생각난 듯이 이렇게 덧붙였다. "아직도 의대에 진학할 수는 있어요."

"의대라고요?" 나는 무슨 헛소리냐는 듯이 그를 쳐다봤다. 나는 스물여덟 살이었고, 대학에서 언어를 전공했다. 고등학교 때 수학과 과학 경시대회에 나간 적은 있지만, 학교를 졸업한 뒤로는 늘 어휘와 스토리에 끌렸다. 그리고 지금은 NBC에서 너무나 행운이라고 느끼는 일을 하고 있었다.

그런데도 나는 계속해서 편집실을 슬그머니 빠져나와 응급실로 향했다. 이제는 조뿐만 아니라 동행을 허락해주는 다른 의사들도 따라다녔다. 그곳에 가는 목적이 자료 조사에서 취미로 바뀌었다는 걸 알았지만, 그게 뭐? 누구에게나 취미는 있지 않나? 물론, 저녁에 응급실에 드나드는 걸 영화계에서 마음을 잡지 못하던 시절에 강박적으로 TV를 보던 것과 동일한 행동이라고 볼 수도 있었다. 이번에도, 그 래서 뭐? 내가 이 모든 걸 포기하고 의대에 들어가서 새 출발을 할 리는 만무했다. 게다가 NBC에서의 일은 지루하지 않았다. 텔레비전으로 똑같이 옮길 수 없는 뭔가 크고 의미 있고 현실적인 상황이 응급실에서 벌어지고 있다고 느꼈을 뿐이다. 그런데 취미로 그 공백을 메울 수 있었다. 그런 게 취미의 효용 아닌가?

하지만 가끔 잠시 소강상태에 접어든 응급실에 서 있으면 너무 편안한 느낌이 든다는 걸 깨달았고, 조가 정곡을 찌른 건 아닌지 조금씩 의문이 들었다.

머잖아 내 취미는 응급실에서 신경외과로 넘어갔다. 참관을 허락받은 수술은 뇌하수체에 종양이 있는 중년의 남자였는데, 양성으로 보였지만 그래도 뇌신경을 누를 위험이 있기 때문에 제거해야 했다. 가운을 입고 마스크를 쓰고 발이 편하도록 운동화까지 신은 나는 산체스 씨 옆에 서서 그의 두개골 안을 들여다봤다. 집도의와 수술 팀이 두개골을 자르고 근막을 한 겹씩 정밀하게 걷어내자 마침내 적나라한 뇌가 드러났다.

드디어 보게 된 뇌는 바로 전날 밤에 책에서 본 이미지와 똑같았지만, 나와 산체스 씨의 뇌 사이의 거리가 불과 몇 센티미터인 그곳에 서 있자니 경외감이 밀려왔다. 이 사람을 그로 만들어주는 모든 것, 그의 성격과 기억, 경험, 좋아하는 것과 싫어하는 것, 사랑과 상실, 지식과 능력이 1.36킬로그램의 이 기관에 담겨 있다. 다리나 콩팥 한쪽이 없어도 우리는 여전히 우리지만, 뇌의 일부를 잃는다면, 그야말로 정신을 잃는다면 그때의 우리는 누구라고 말할 수 있을까?

클래식 선율이 잔잔히 흐르는 가운데 두 명의 신경외과 전문의가 종양을 잘라서 한 조각씩 메탈 트레이 위에 조심스럽게 내려놓을 때, 나는 온갖 주문으로 소란스러운 할리우드의 정신없는 세트장을 떠올렸다.

"모두 준비하시고, 갑시다!" 들것이 서둘러 통로를 지나가고 배우의 옷에서는 붉은 액체가 뚝뚝 떨어지는데, 누군가 모퉁이를 너무 일찍 돌아 나온다. "젠장!" 감독은 중얼거린다. "제발, 여러분. 이번에는 제대로 해봅시다!" 카메라와 조명을 둘러맨 건장한 남자들이 정신없이 뛰어다니며 세팅을 다시 한다. 제작자가 입에 약을 털어 넣고(타이레놀이거나 자낙스, 아니면 프로작?) 삼킨다. "이 장면을 오늘 안에 못 찍으면 나 심장마비 걸릴 거야." 그가 한숨을 쉰다. "농담 아니야, 나 죽는다고."

산체스 씨가 누워 있는 수술실에서는 고함 소리가 들리지 않고, 심근 경색으로 쓰러질 것 같다고 느끼는 사람도 없었다. 심지어 산체스 씨마저, 두개골을 개봉한 상태인 그마저도 세트장에 있는 사람들보다 스트레스가 덜해 보였다. 수술이 진행되는 동안에도 뭘 요청할 때마다 '부탁합니다'와 '고맙습니다' 같은 말이 오갔다. 그의 머리에서 똑똑 흘러나와 내 다리 근처의 자루에 고이는 피만 아니었다면, 이걸 내 공상이라고 착각했을지도 모른다. 그리고 어떤 면에서는 실제로 그랬다. 그곳은 내가 봤던 그 어떤 곳보다 현실적인 동시에 내가 실질적인 삶이라고 여겼던, 전혀 떠날 마음이 없었던 할리우드의 현장으로부터 몇 광년은 떨어져 있었다.

하지만 몇 달 후에는 모든 것이 달라졌다.

어느 일요일에 나는 카운티의 한 병원 응급실에서 의사를 따라다니고 있다. 커튼이 쳐진 병상을 향해 가는 동안 그가 말한다. "당뇨 합병증을 앓고 있는 45세 환자예요." 커튼을 젖히자 여자가 시트를 덮은 채 누워 있다. 그 냄새가 나의 후각을 강타한 건 바로 그때인데, 너무 지독해서 기절하지 않을까 걱정될 지경이다. 내 평생 그렇게 역겨운 냄새는 맡아본 적이 없어서 대체 무슨 냄새인지 짐작도 할 수 없다. '대변일까? 구토를 했나?'

그런 흔적은 보이지 않지만, 냄새는 더 강해지고 한 시간 전에 먹은 점심이 목구멍을 넘어오는 느낌이 들지만 간신히 삼킨다. 여자가 내 창백한 안색이나 메스꺼움을 눈치채지 못했으면 좋겠다. '옆 침대에서 나는 냄새일 거야. 이쪽으로 더 가까이 붙으면 냄새가 그렇게 심하지 않을 거야.' 여자의 얼굴에 정신을 집중한다. 촉촉한 눈가, 불그스름한 뺨, 땀에 젖은 이마 위로 가지런히 내린 머리. 의사는 여자에게 이런저런 질문을 하고 있는데 어떻게 숨을 쉬는 건지 신기하다. 지금까지는 내내 숨을 참고 있었지만, 이제는 숨을 들이쉬어야 한다.

숨을 슬쩍 들이마시는데 냄새가 온몸을 덮친다. 벽을 짚고 간신히 몸을 지탱할 때 의사가 여자의 다리에 덮여 있던 시트를 걷는다. 그런데, 그곳에 아랫다리가 없다. 당뇨병으로 심각한 혈관염이 왔고, 남은 것은 무릎 위쪽뿐이다. 한쪽은 괴저로 썩어 들어갔는데, 상한 과일처럼 까맣고 곰팡이가 슨 것 같은 다리 밑동의 모습이 더 심한지 냄새가 더 심한지 판단하기 힘들다.

좁은 공간에서 썩어 들어가는 다리 밑동을 피해 여자의 머리 쪽으로 움직일 때 희한한 일이 벌어진다. 여자가 내 손을 잡고 이렇게 말하는 듯이 미소를 짓는다. '보기 힘든 모습이죠? 괜찮아요.' 손은 내가 잡아줬어야 하는데. 다리가 잘리고 심각한 괴저에 시달리는 건 그녀인데, 그녀가 나를 안심시키고 있다. 이건 아마도 「ER」을 위한 최고의 소재겠지만, 순간적으로, 나는 내가 그 일을 더 할 수 없을 거란 걸 깨닫는다.

의대에 가자.

진로를 변경하는 이유로는 충동적일지 모르지만 할리우드 바닥에서 일하는 동안에는 한 번도 느껴보지 못한 어떤 변화가 내면에서 일어난다. 여전히 TV를 좋아하지만 허구의 이야기를 얄팍한 것으로 만들어버리는 진짜 사람들의 실제 이야기에는 나를 매료시키는 특별한 힘이 있다. 「프렌즈」는 친구들의 공동체 이야기이지만 가짜다. 「ER」은 삶과 죽음을 다루지만 허구다. 직접 목격한 이야기들을 방송국으로 가져가서 그 세상에 펼쳐놓는 대신, 이제 실제의 삶, 실제의 사람들로 내 세상을 채우고 싶다.

그날 집으로 돌아갈 때에는 이 바람이 언제 어떻게 실현될지, 의대 학자금 융자는 어떻게 받을지, 받을 수나 있을지, 아무것도 모른다. 대학을 졸업한 지 벌써 6년이나 지난 터라 의대 입학 시험을 치르려면 과학 수업을 몇 학점이나 수강해야 하는지, 어디서 그 강의들을 수강할 수 있을지도 전혀 모른다.

그런데도 어떻게든 해내겠다고 결심하는데, 방송국에서 일주일에 60시간씩 일하면서 그걸 할 수는 없다.

12. 네덜란드에 오신 것을 환영합니다.

줄리가 시한부 선고를 받았을 때 절친한 친구인 다라는 그녀를 돕고 싶은 마음에 글 하나를 보내주었다. 다운 증후군 자녀를 둔 에밀리 펄 킹슬리가 쓴 「네덜란드에 오신 것을 환영합니다」는 인생의 계획이 완전히 뒤집어지는 경험에 대한 에세이다.

출산을 준비하는 건 멋진 휴가 계획을 세우는 것과 비슷하다. 그것도 이탈리아로. 가이드북도 잔뜩 사고 환상적인 계획을 짠다. 콜로세움, 미켈란젤로의 다비드상. 베니스의 곤돌라. 이탈리아 말도 몇 마디 배워둔다. 너무 신이 난다.

흥분과 기대의 몇 달이 흐르고 드디어 그 날이 온다. 가방을 꾸려서 출발한다. 몇 시간이 지나 비행기가 착륙한다. 승무원이 다가와서 인사를 건넨다. "네덜란드에 오신 것을 환영합니다."

"네덜란드라고요?!?" 당신은 말한다. "네덜란드라니, 그게 무슨 소리예요? 나는 이탈리아를 예약했는데! 이탈리아에 가기로 되어 있다고요. 이탈리아에 가는 건 내 평생의 꿈이었어요."

하지만 항공편에 변동이 있었다. 비행기는 네덜란드에 착륙했고, 당신은 이곳에 머물러야 한다.

여기서 중요한 건 그렇다고 이곳이 끔찍하고 역겹고 더럽고 벌레가 득실거리는 기아와 질병의 땅이 아니라는 사실이다. 그저 다른 곳일 뿐이다.

그러니 이제 당신은 밖으로 나가 새로운 가이드북을 사야 한다. 완전히 새로운 언어를 배워야 한다. 그리고 어쩌면 평생 만날 일이 없었을 완전히 새로운 사람들을 만나게 될 것이다.

그저 다른 곳일 뿐이다. 이탈리아보다 느긋하고, 이탈리아만큼 화려하지 않은 곳. 그러나 얼마쯤 지내면서 마음을 가다듬고 주위를 둘러보면, …… 네덜란드에 풍차가 있고, …… 튤립이 있다는 사실이 눈에 들어오기 시작한다. 네덜란드에는 심지어 렘브란트도 있다.

하지만 당신이 아는 사람들은 전부 이탈리아를 오가느라 분주하고, …… 그곳에서 너무나 멋진 시간을 보냈다며 자랑한다. 그리고 당신은 남은 평생 이렇게 말할 것이다. "그래, 나도 그곳에 가기로 되어 있었는데. 내가 계획한 건 그거였는데."

그리고 그 고통은 절대, 결단코 사라지지 않을 것이다. 그 꿈을 잃어버리는 건 이루 말할 수 없이 큰 상실이기 때문이다.

하지만…… 이탈리아에 가지 못했다는 사실을 애통해하면서 남은 나날을 보낸다면, 네덜란드라는 아주 특별하고 아주 사랑스러운 곳을 자유롭게 즐길 수 없을 것이다.

줄리는 이 글에 화가 치밀었다. 자신의 암은 특별하지도 사랑스럽지도 않았다. 하지만 중증 자폐증 아들을 둔 다라는 줄리가 핵심을 놓치고 있다고 말했다. 암이라는 게 황망하고 불공평하고 원래 계획했던 것과 완전히 동떨어진 삶이라는 것에는 그녀도 동의했다. 하지만 줄리가 남은 시간, 어쩌면 길어야 10년 동안 여전히 누릴 수 있는 것들을 놓치며 살기를 원치 않았다. 결혼 생활, 가족, 일. 네덜란드에서도 그런 것들을 얼마든지 누릴 수 있으니까.

줄리의 생각은 달랐다. '웃기시네.'

하지만 그 말이 맞다는 것도 알았다.

다라는 그걸 알 테니까.

나도 다라에 대해서는 이미 줄리를 통해 들어서 알고 있었다. 보통 환자들의 친한 친구에 대해서는 다 그렇게 알게 된다. 아들의 끝없는 머리 흔들기와 때리는 행동, 그 역정, 네 살이지만 혼자 밥을 먹지도 소통도 하지 못하는 상태, 딱히 도움이 되지 않아 보이지만 일주일에 몇 번씩 치료를 받아야 할 필요. 그로 인해 자기 인생이 사라진 것 같을 때, 다라는 걱정과 슬픔으로 망연자실해서 줄리에게 전화를 걸곤 했다.

"지금 생각하면 부끄러워요." 줄리는 처음에 다라에게 화가 났던 얘기를 한 후에 이렇게 말했다. "하지만 다라가 아들 때문에 고생하는 걸 보면서 내가 가장 두려웠던 건 혹시 나도 그런 상황에 처하면 어쩌나 하는 것이었어요. 그녀를 무척 사랑하지만, 그녀가 원했던 삶에 대한 희망은 전부 사라졌다고 느꼈거든요."

"지금 당신이 느끼는 것처럼 말이죠." 내가 말했다.

줄리는 고개를 끄덕였다.

다라도 한참 동안 '내가 예약한 건 이게 아니야!'라면서 돌이킬 수 없이 변한 삶의 이런저런 면들을 푸념하곤 했다. 남편과의 다정한 포옹도, 서로를 직장에 태워다주는 일도, 자기 전에 함께 책을 읽을 일도 없겠지. 독립적인 성인으로 자라나는 아이를 지켜볼 일도 없겠지. 줄리의 말에 따르면, 다라는 남편이 아들에게 둘도 없는 아빠라고 생각했지만, 완전히 소통할 수 있는 아이였다면 얼마나 더 멋진 아빠가 됐을까 하는 생각을 떨칠 수 없었다. 아이와 결코 누릴 수 없을 경험들을 생각할 때면 그녀는 밀려오는 슬픔에 무너져내리곤 했다.

다라는 그런 슬픔에서 이기심과 죄책감을 느꼈다. 그녀가 무엇보다 바란 것은 아들의 삶이 아들 본인을 위해 더 수월해지고, 친구와 연인과 일이 있는 충만한 삶을 사는 것이었기 때문이다. 공원에서 다른 엄마들이 네 살배기와 노는 모습을 보면 가슴이 저미고 질투가 났다. 자기 아들은 그런 상황에서 통제력을 잃을 테고, 결국 사람들에게서 다른 곳으로 가달라는 소리를 들을 테니까. 아들은 나이가 들수록 기피 인물이 되고, 자신도 마찬가지일 테니까. 다른 엄마들, 평범한 문제를 가진 평범한 아이들을 둔 엄마들이 그녀를 바라보는 표정은 다라를 더 외톨이처럼 느끼게 만들었다.

그해에 다라는 줄리에게 자주 전화를 걸었고, 번번이 더 절망적인 목소리였다. 경제적으로도 감정적으로도, 그리고 일상에서도 궁지에 몰린 그녀와 남편은 아이를 더 낳지 않기로 결정했다. 다른 아이를 돌볼 여력이나 시간이 없을뿐더러, 새로운 아이도 자폐증이 있으면 어떻게 할 것인가? 그녀는 이미 아이 때문에 일을 그만둬서 남편이 부업까지 하는 처지였고, 이 상황을 어떻게 헤쳐나가야 할지를 몰랐다. 그러다 어느 날 「네덜란드에 오신 것을 환영합니다」를 읽었고, 이 낯선 나라에서 곤경을 헤쳐나가야 할뿐만 아니라 즐거움도 찾고 누려야 한다는 걸 깨달았다. 마음을 열고 받아들이기만 한다면 이곳에서도 얼마든지 기쁨을 누릴 수 있었다.

네덜란드에서 다라는 자기 상황을 이해하는 친구들을 찾았다. 아들과 소통하고, 있는 그대로의 아들을 사랑하며, 아들에게 없는 것에 집중하지 않는 법도 알아냈다. 참치와 콩과 화장품의 화학 성분이 태아에게 미치는 영향을 몰랐던 것이 혹시 아들을 이렇게 만든 건 아닌지 하는 의심에 집착하지 않는 방법도 찾았다. 자신을 챙기고, 의미 있는 일과 의미 있는 휴식을 즐길 수 있도록 아들을 돌봐줄 사람도 구했다. 부부는 어쩔 수 없는 삶의 난국을 헤쳐나가면서도 서로를 아끼고 결혼 생활을 지켜갈 방법을 찾았다. 여행 내내 호텔방에만 머무는 대신, 두 사람은 밖으로 나가 이 나라를 돌아보기로 결심했다.

이제 다라는 줄리에게도 그렇게 할 것을, 튤립과 렘브란트를 감상할 것을 권하고 있었다. 「네덜란드에 오신 것을 환영합니다」에 대한 화가 가라앉자, 더 혹은 덜 부러운 삶을 사는 사람은 언제나 있을 거라는 생각이 들었다. 다라와 인생을 바꿀 수 있다면 줄리는 과연 그렇게 할까? '물론이지.' 처음에는 단번에 대답했다. 그런데 곰곰이 생각해보니, 아무래도 아닐 것 같다. 여러 가지 시나리오를 생각해봤다. 건강한 아이를 낳아서 멋진 10년을 함께 보낼 수 있다면, 더 오래 사는 삶 대신 이걸 택할까? 내가 아픈 게 더 힘들까, 아니면 아픈 아이를 보살피는 게 더 힘들까? 이런 생각을 하는 것만으로도 끔찍했지만, 어느 쪽도 부정할 수 없었다.

"제가 나쁜 사람이라고 생각하세요?" 그녀는 이렇게 물었고, 나는 심리 치료를 받으러 오는 사람들은 누구나 자기 생각이나 감정이 '정상'이 아니고 '좋은 생각'이 아닐 거라고 걱정하지만 스스로에게 솔직해야 이 복잡미묘한 삶을 제대로 이해할 수 있게 된다고 말했다. 그런 생각들을 억누르면 오히려 '나쁘게' 행동할 공산이 크다. 그것들을 인정할 때 우리는 성장할 것이다.

그러자 줄리는 모두가 네덜란드에 있다고 생각하기 시작했는데, 계획한 대로 사는 사람은 거의 없기 때문이다. 운이 좋아서 이탈리아에 갔다고 하더라도 항공편이 취소되거나 악천후를 만날지 모른다. 또는 결혼 기념일을 맞아 로마의 호화로운 호텔에서 뜨거운 밤을 보낸 지 10분 후, 샤워하러 들어간 배우자가 심장마비로 세상을 떠나게 될지도 모른다(이건 실제로 내 지인이 겪은 일이다).

그래서 줄리는 네덜란드에 가고 있었다. 얼마나 오래 머물지는 모르지만, 일단 10년으로 예약을 하고 일정은 필요에 따라 변경할 예정이다.

그러면서 우리는 그녀가 그곳에서 뭘 하고 싶은지 함께 찾아볼 것이다.

줄리는 한 가지 단서를 달았다.

"내가 정신 나간 행동을 할 경우에 나한테 얘기하겠다고 약속해줄래요? 예상했던 것보다 일찍 죽게 됐으니까 그렇게…… 분별 있게 살 필요가 없잖아요. 만약 내가 도를 넘고 상식을 벗어날 경우 나한테 그렇다고 말해줄래요?"

나는 그러겠다고 대답했다. 줄리는 지금껏 책임을 다하며 양심적으로 살아왔고, 모든 걸 정석대로 해온 사람이기 때문에 그런 그녀가 도를 넘는다는 게 어떤 건지 상상이 되지 않았다. 모범생이 파티에서 맥주를 조금 과하게 마시고 소란을 피우는 정도일까.

하지만 사람은 총구가 머리에 닿았을 때 가장 흥미로와진다는 말을 나는 잊고 있었다.

"버킷 리스트라는 표현 너무 웃기지 않아요?" 어느 날 그녀의 네덜란드를 함께 그려보던 중에 줄리가 말했다. 나는 동의하지 않을 수 없었다. 양동이를 걷어차기 전에 하고 싶은 일이라니(중세에 교수형을 집행할 때 발을 딛고 올라선 양동이를 차버리는 것에서 '죽는다'는 의미를 갖게 된 표현이다 — 옮긴이).

사람들은 가까운 누군가가 죽었을 때 버킷 리스트를 생각한다. 2009년 캔디 창이라는 아티스트가 뉴올리언스의 어느 건물 벽에 '나는 죽기 전에, _____'라는 문구를 잔뜩 찍어놓았을 때 일어난 일이 그랬다. 그 벽은 며칠이 지나지 않아 빈칸을 찾아볼 수 없게 되었다. 사람들은 이런 내용들을 적었다. '나는 죽기 전에, 시간 변경선 양쪽에 걸쳐 서보고 싶다.' '나는 죽기 전에, 수백만 명 앞에서 노래를 부르고 싶다.' '나는 죽기 전에, 온전한 나 자신이 되고 싶다.' 이 아이디어는 세계적으로 퍼져나갔고 비슷한 벽이 천 곳 가까이 생겨났다. '나는 죽기 전에, 언니와의 관계를 회복하고 싶다.' '멋진 아빠가 되고 싶다.' '스카이다이빙을 하러 가겠다.' '누군가의 삶에 중요한 존재가 되겠다.'

사람들이 그런 다짐을 실천에 옮겼는지는 알 수 없지만, 치료를 하면서 지켜본 바에 따르면 적잖은 사람들이 문득 각성해서 리스트에 이런저런 항목들을 추가하고는, 실행은 하지 않는다. 사람들은 대체로 행동하지 않은 채 꿈을 꾸고, 죽음은 머릿속에만 존재한다.

우리는 후회를 피하려고 버킷 리스트를 작성한다고 생각하지만, 사실상 그건 죽음을 회피하는 역할을 한다. 어쨌거나 버킷 리스트가 길수록 거기 적힌 것들을 전부 실행하기 위해 남아 있다고 상상하는 시간도 길어진다. 그런데 리스트를 줄이면, 죽음을 부정하는 우리의 시스템에 작은 흠집이 생기면서 냉정한 진실을 인정하게 된다. 인류의 사망률이 100퍼센트라는 진실. 우리는 한 사람도 빠짐없이 전부 죽을 것이고, 대부분은 그 순간이 언제 어떻게 다가올지 전혀 모른다. 사실상 1분 1초가 흐를 때마다 우리는 모두 궁극적인 죽음에 더 가까이 다가가는 중이다.

아마 다들 내가 여러분의 심리 치료사가 아니라는 사실을 기뻐하고 있을 것 같다. 누가 이런 생각을 하고 싶어 할까? 죽음에 대한 생각은 뒤로 미루는 게 훨씬 쉬운데! 다들 그렇게 사랑하는 사람들과 의미 있는 것들을 당연시하다가 데드라인이 정해지고 나서야 프로젝트를 등한시해왔음을 깨닫는다. 인생이라는 프로젝트를.

하지만 줄리에게는 리스트에서 지워야만 하는 것들을 애통해할 시간이 필요하다. 상실했거나 남겨두고 떠나야 하는 것들을 애석해하는 노인들과 달리, 줄리는 한 번도 가져보지 못한 것들, 삼십대에 만나게 될 거라고 막연히 생각했던 삶의 모든 이정표와 첫 경험들을 애통해하고 있다. 줄리에게는, 그녀의 말마따나, '확고한 데드라인'이 있고, 그녀가 기대했던 대부분의 것들이 그 선을 넘지 못할 것이다.

언젠가 줄리는 사람들이 일상 대화에서 얼마나 자주 미래를 말하는지 보이기 시작했다고 말했다. '살을 뺄 거야.' '운동을 시작할 거야.' '올해는 여행을 갈 거야.' '3년 후에는 승진을 할 거야.' '집을 사려고 저축을 하는 중이야.' '2년 안에 둘째를 갖고 싶어.' '5년 후에 열릴 동창회에도 참석할 거야.'

그들은 계획을 세운다.

남은 시간이 얼마인지 알지 못하는 줄리로서는 미래를 계획하는 게 힘들었다. 1년 혹은 10년, 이 어마어마한 차이 앞에서 당신은 무엇을 할까?

* * *

그러다가 기적 같은 일이 일어났다. 신약 치료로 줄리의 종양이 줄어드는 것처럼 보였다. 몇 주 사이에 종양이 거의 대부분 사라졌다. 의사들은 낙관적이었다. 즉, 어쩌면 생각했던 것보다 남은 시간이 길지도 모르겠다고 말했다. 어쩌면 신약이 지금 당장이나 몇 년 동안이 아니라 더 오랫동안 효력을 발휘할지도 모른다고 했다. 얘기를 할 때마다 '어쩌면'이라는 말이 빠지지 않았다. 그 많은 어쩌면 속에서 그녀와 매트는, 대단히 조심스럽게, 남들처럼 계획을 세우기 시작했다.

줄리는 자신의 버킷 리스트를 살폈고, 그녀와 매트는 아기를 갖는 것에 대해 이야기를 나눴다. 줄리가 중학교 때까지(상황이 여의치 않다면 유치원까지) 있어 주지 못할지도 모르는데 아이를 가져야 할까?

매트는 그걸 감당할 수 있을까? 아이는 어떻게 될까? 이런 상황에서 줄리가 엄마가 된다는 건 옳은 일일까? 아니면 줄리로선 가장 어려운 희생일지라도, 엄마가 되는 것을 포기하는 것이야말로 가장 엄마다운 행동인 걸까?

줄리와 매트는 불확실성에 직면해서도 자신들의 삶을 살아야 한다고 판단했다. 그 상황에서 그들이 얻은 교훈이 있다면, 삶이 곧 불확실성이라는 사실이었다. 줄리가 암 재발을 걱정해서 아이를 갖지 않았는데, 암이 재발하지 않는다면? 매트는 무슨 일이 벌어지더라도 아버지로서 최선을 다하겠다고 줄리를 안심시켰다. 언제나 아이 곁에 있어주겠다고 약속했다.

그래서 결론이 났다. 죽음을 직시하자 삶을 더 충만하게 살지 않을 수 없었다. 목표를 나열한 리스트를 들고 미래를 사는 것이 아니라, 지금 당장을 살게 되었다.

줄리는 버킷 리스트를 정리했다. 그들은 아이를 가질 것이다.

이탈리아에 가든, 네덜란드에 가든, 아니면 또 다른 어떤 곳에 가든 상관없었다. 그들은 비행기에 올라타서 어디에 내리는지 두고볼 것이다.

13. 아이들이 슬픔에 대처하는 방법

남자친구와 헤어지고 얼마 지나지 않아 여덟 살인 아들 잭에게 그 소식을 전했다. 저녁을 먹던 중이었고 군더더기 없이 말하려고 노력했다. 결국 함께 살지 않는 쪽으로 남자친구와 내가 함께(시적 허용이랄까) 결정을 내렸다고.

아이의 얼굴이 어두워졌다. 놀라고 혼란스러운 표정이었다.

"왜?" 아이가 물었다. 나는 두 사람이 결혼을 하려면 지금뿐만이 아니라 평생토록 서로 좋은 파트너가 될지 따져봐야 하는데, 서로를 사랑하기는 해도 우리 둘 다(이번에도 시적 허용) 그럴 수 없을 것 같다는 결론을 내렸고 그래서 각자 다른 사람을 찾아보기로 했다고 대답했다.

몇 가지 세부적인 내용을 빼고 한두 군데 인칭 대명사를 고친다면, 기본적으로 사실이었다.

"왜?" 잭은 또 물었다. "왜 서로에게 좋은 파트너가 될 수 없는데?"

아이의 얼굴이 주름투성이가 되었다. 마음이 아팠다.

"글쎄," 내가 말했다. "너도 예전에 애셔랑 어울렸지만 그러다가 애셔는 축구에 빠지고 너는 농구에 빠졌지?"

잭이 고개를 끄덕였다.

"너희는 여전히 서로 좋아하지만, 너도 요즘은 취미가 비슷한 아이들이랑 더 많이 어울리잖아."

"그렇다면 서로 다른 걸 좋아한다는 거야?"

"응." 내가 말했다. '나는 아이를 좋아하는데, 그 자식은 아동 혐오자야.'

"어떤 거?"

나는 숨을 들이마셨다. "그러니까, 이를테면 나는 집에 있는 걸 더 좋아하는데 아저씨는 여행하는 걸 더 좋아하는 식이야."

"서로 양보하면 안 돼? 가끔은 집에 있고, 가끔은 여행을 가면 안 돼?"

아이의 말을 곰곰이 생각해봤다. "어쩌면 그럴 수도 있겠지만, 이건 포스터 만드는 프로젝트에서 너랑 선자가 같은 팀이 되었을 때와 비슷해. 선자는 분홍색 나비를 붙이고 싶어 했고 너는 클론 트루퍼스를 붙이고 싶어 했지. 결국 노란색 용으로 타협을 봤고 물론 그것도 상당히 멋있었지만, 그건 너희 둘다 원한 게 아니었잖아? 그런데 그 다음 프로젝트에서는 테오와 한 팀이 되었고, 아이디어가 비슷했기 때문에 타협을 했어도 서로 원하던 것에 더 가까웠잖아."

아이는 식탁을 내려다보고 있었다.

"사이좋게 지내려면 누구나 양보를 해야 해." 내가 말했다. "하지만 너무 많이 양보해야 한다면 결혼을 하기는 힘들 거야. 한 사람은 여행을 많이 하고 싶어 하고 다른 한 사람은 집에만 있고 싶어 한다면 둘 다 짜증이 많이 나겠지. 그게 바람직할까?"

"알았어." 아이가 말했다. 그러고는 잠자코 앉아 있다가 갑자기 고개를 들더니 불쑥 말했다. "바나나를 먹으면 그건 바나나를 죽이는 거야?"

"뭐라고?" 나는 뜬금없는 소리에 놀라 물었다.

"쇠고기를 얻으려면 소를 죽여야 하니까, 그래서 채식주의자들이 고기를 안 먹는 거잖아?"

"으응?"

"나무에서 바나나를 따는 것도 바나나를 죽이는 거 아니야?"

"그건 머리카락이랑 비슷할 것 같은데." 내가 말했다. "머리카락이 수명이 다하면 머리에서 떨어지지만 새로운 머리카락이 그 자리에서 자라나잖아. 떨어진 바나나가 있었던 자리에서 새 바나나가 자라는 거야."

잭은 몸을 앞으로 기울였다. "하지만 떨어지기 전에, 아직 살아 있을 때 바나나를 따잖아. 빠질 때가 되지도 않았는데 누가 엄마 머리를 뽑아버린다고 생각해봐. 그러니까 그게 바나나를 죽이는 거 아냐? 그리고 우리가 바나나를 딸 때 나무가 아프지 않을까?"

아. 이게 잭이 이별 소식에 대처하는 방법일까. 여기서 잭은 나무였다. 아니면 바나나거나. 아무튼 아이는 아파하고 있었다.

"모르겠어." 내가 말했다. "나무나 바나나를 아프게 하려는 의도는 아니겠지만, 그럴 마음이 정말 없더라도 가끔은 어쨌든 아프게 만들 수도 있을 거야."

아이는 한동안 조용히 앉아 있다가 물었다. "아저씨를 다시 만나게 될까?"

나는 그럴 것 같지 않다고 말했다.

"그러면 이제 더는 고블릿을 하고 놀지 않는 거야?" 고블릿은 남자친구의 아이들이 어려서 가지고 놀았던 보드게임이고, 잭과 남자친구가 이따금 함께 그걸 하면서 놀았다.

나는 아이에게 그렇다고, 아저씨와는 할 수 없다고 말했다. 하지만 원한다면 내가 놀아주겠다고 했다.

"어쩌면." 아이는 조용히 말했다. "하지만 아저씨는 그걸 정말 잘했는데."

"아주 잘했지." 나도 동의했다. "이게 큰 변화라는 걸 알아." 나는 이렇게 말하다가 입을 다물었는데, 지금은 무슨 말을 해도 아이에게 도움이 되지 않을 걸 알았기 때문이다. 아이는 슬픔을 느껴야 한다. 앞으로 며칠이나 몇 주, 심지어 몇 달 동안 아이가 이 상황을 견디는 데 도움이 될 대화를 많이 나누게 될 것이다(심리 치료사의 아들이라 좋은 점은 어떤 것도 깔개 밑에 묻어 두지 않는다는 것이고, 단점은 그런데도 여전히 엉망으로 꼬이는 일들이 일어난다는 것이다). 그렇게 이별 소식을 숙성시켜야 한다.

"알았어." 잭이 웅얼거리는 소리로 말했다. 그러더니 식탁에서 일어나 싱크대에 있던 바나나를 집어서 껍질을 벗기고는 연극배우처럼 폼을 잡으며 한 입 베어 물었다.

"으으으음." 아이의 얼굴에 묘하게 즐거운 표정이 떠올랐다. 아이는 바나나를 살해하고 있었던 걸까? 바나나를 세 입에 먹어치운 아이는 방으로 들어갔다.

그리고는 5분 후에 고블릿 게임을 들고 나왔다.

"이거 재활용품 센터에 갖다 주자." 아이는 상자를 문 옆에 내려놓으며 말했다. 그러더니 다가와서 나를 끌어안았다. "나도 이제 저걸 하고 싶지 않아."

14. 해럴드와 모드

의대 시절 우리 조의 송장 이름은 '해럴드'였다. 옆 조 송장을 '모드'라고 부른다는 걸 듣고 같은 조 동료들이 붙인 이름이었다(「해럴드와 모드」라는 영화가 있다). 우리는 전통적으로 1학년 때 수강하는 인체 해부학 수업을 듣는 중이었고, 스탠퍼드에서는 조마다 과학 발전을 위해 사체를 기증한 너그러운 분들의 송장으로 실습을 했다.

교수님들은 실험실에 들어오기 전에 우리에게 두 가지를 당부했다. 하나, 사체를 우리 조부모의 몸처럼 생각하고 그에 맞게 존중하는 자세를 가질 것. 둘, 이른바 '치열한 과정'에 뒤따르는 감정을 깊이 살필 것.

송장에 대해서는 아무것도 몰랐다. 이름, 나이, 병력, 사인도 몰랐다. 이름은 개인의 사생활이라 밝히지 않았고, 나머지는 우리가 풀어야 할 미스터리였다. 우리는 '누가'가 아닌 '왜'를 밝혀야 했다. 이 사람은 왜 죽었을까? 그는 흡연가였을까? 적색육을 즐겨 먹었을까? 당뇨를 잃았을까?

한 학기에 걸쳐 나는 해럴드가 고관절 수술을 받았고(한쪽에 박혀 있는 철심), 승모판이 역류했으며(좌심실 비대), 아무래도 숨을 거두기 전까지 병상에 누워 있었던 탓에 변비(결장에 꽉 차 있는 배설물)였다는 사실을 알아냈다. 눈은 옅은 푸른색이었고, 누르스름한 이에 치열이 곧았으며, 정수리에 둥글게 흰머리가 났고, 건축업자거나 피아니스트, 아니면 외과 의사였다고 짐작할 만한 근육질의 손가락을 가졌다. 나중에야 그가 아흔두 살에 폐렴으로 사망했다는 얘기를 들었는데, 그건 교수님을 포함한 모두에게 놀라움을 안겨주었다. "장기 나이는 예순 살인데." 교수님은 이렇게 말씀하셨다.

반면에 모드의 폐는 종양으로 가득했고, 분홍색으로 예쁘게 칠한 손톱에도 불구하고 손끝의 니코틴 얼룩이 생전의 습관을 말해주었다. 그녀는 해럴드와 정반대였다. 몸이 조로하여 장기 상태는 훨씬 나이든 사람 것처럼 보였다. 어느 날 모드의 팀에서 심장을 도려냈다. 그중 한 명이 모두가 볼 수 있도록 그걸 조심스럽게 들어 올리다가 장갑이 미끄러워서 그만 놓치고 말았다. 털썩 소리를 내며 바닥에 떨어진 심장은 산산조각이 났다. 다들 놀라서 숨을 멈췄다. 부서진 심장이라니. 아무리 조심하더라도 누군가의 심장을 부서뜨리기란 정말 쉽다고, 나는 생각했다. 송장의 머리카락을 밀고 수박 썰듯 두개골을 자르는 동안에는 생각을 차단하는 편이 훨씬 편리했다. "오늘도 중장비의 날이군." 그 부위를 두 번째로 다루던 시간에 교수님은 우리를 맞으며 이렇게 말씀하셨다. 일주일 후에는 '부드러운 해부' 시간이었는데, 톱이 아니라 정과 망치를 사용한다는 의미였다.

해부 시간은 송장 자루의 지퍼를 여는 것으로 시작했고, 송장 주인을 기리며 1분간 묵념을 했다. 존중의 뜻으로 머리는 덮어둔 채 목 아랫부분부터 해부에 들어갔고, 얼굴로 올라간 다음에도 눈꺼풀은 덮어 두었는데 이번에도 존중의 뜻이었지만, 우리 눈에 덜 인간처럼, 진짜가 아닌 것처럼 보이게 만들려는 의도도 있었다.

해부는 삶이 위태롭다는 걸 보여주었고, 우리는 이를테면 뇌신경 암기 족보를 합창하면서 분위기를 가볍게 해서 그 사실을 잊으려고 노력했다. 그건 효과가 있었다. 덕분에 우리 조는 각 부위별로 최고 성적을 받았지만, 우리 중 한 사람이라도 자신의 감정에 주의를 기울였는지는 모르겠다.

* * *

시험을 앞두고 첫 시찰에 나섰다. 시찰이란 말 그대로다. 피부와 뼈와 장기가 가득한 방을 걸어 다니는 것인데, 끔찍한 비행기 사고 현장을 조사하는 것 같지만 사상자가 아니라 부위를 파악해야 한다는 게 다르다. '이 사람은 존 스미스인 것 같다'고 말하는 대신, 탁자 위에 올려놓은 살덩어리가 손의 일부인지 아니면 발의 일부인지를 파악한 다음 '이건 장요측수근신근(팔 아래쪽 근육의 하나)인 것 같다'고 말하는 식이다. 하지만 이것도 우리가 겪은 가장 잔혹한 경험은 아니었다.

해럴드의 차가운 가죽 느낌의 생기 없는 페니스를 해부한 날에는 여성 송장을 배정받은 모드 팀 학생들이 함께 참관했다. 내 실험실

파트너인 케이트는 해부 솜씨가 예리했지만(그녀의 집중력은 '아홉 개의 칼날처럼 예리하다'고 교수님이 여러 번 말씀하셨을 정도였다), 이때만큼은 모드 팀원들이 지켜보며 외쳐대는 소리에 정신이 산만해졌다. 그녀의 칼이 깊이 들어갈수록 소리도 커졌다.

"아야!"

"으으!"

"토할 것 같아."

더 많은 학생들이 모여들었고, 한 무리의 남학생들은 비닐을 씌운 교재로 사타구니를 가리고 둥글게 돌며 춤을 췄다.

"아주 드라마를 찍어라." 케이트가 중얼거렸다. 그녀는 구역질 나는 행동에 대해 인내심이 없었다. 그녀는 외과 의사가 될 사람이었다. 집중력을 다잡은 케이트는 탐침으로 고환 위쪽을 겨눈 뒤 외과용 메스를 쥐고 페니스 아래쪽부터 길게 수직으로 그어서 마치 핫도그 빵처럼 두 쪽으로 깔끔하게 갈랐다.

"아유, 됐어. 나는 나갈래." 남학생 한 명이 외쳤고, 몇몇이 무리지어 실습실에서 뛰쳐나갔다.

수업 마지막 날에는 몸을 교재로 제공해준 분들에게 존경을 표하는 자리를 마련했다. 우리는 돌아가며 감사의 글을 낭독하고, 음악을 연주하고, 축복을 빌고, 몸은 비록 해체되었어도 그들의 영혼은 온전해서 우리의 감사를 받아주길 바랐다. 모든 것을 드러낸 채 우리에게 내맡겨져 밀리미터 단위로 잘리고 샘플 조직이 되어 현미경 아래 놓였던 송장의 취약함에 대해 이야기했다. 그러나 우리야말로 취약한 존재였고, 그걸 인정하지 않으려는 태도 때문에 더 취약해졌다. 우리는 우리가 과연 이걸 해낼 수 있을지 고민하는 1학년, 전혀 예상치 못한 순간에 흐르는 눈물을 어떻게 이해해야 할지 알지 못하는 학생들이었다.

감정에 주의를 기울이라는 얘기를 들었지만 우리의 감정이 어떤지, 그걸 어떻게 처리해야 할지 몰랐다. 몇몇 학생들은 의대 과정에 포함된 명상 수업을 들었다. 어떤 친구들은 운동에 열심이었고, 또 어떤 친구들은 공부에 몰두했다. 모드 팀의 한 학생은 담배를 피우기 시작했다. 그는 잠깐씩 담배를 피러 나갔다 들어오면서 자신의 폐가 그 송장처럼 종양 덩어리가 될 거라곤 믿으려 하지 않았다. 나는 유치원에서 자원 봉사를 하며 글을 가르쳤다. 그 아이들은 얼마나 건강하던지! 얼마나 생기 넘치던지! 몸 구석구석 얼마나 온전하던지! 나머지 시간엔 글을 썼다. 내 경험에 대해 쓰다 보니 남의 경험이 궁금해졌고, 그러다가 잡지와 신문에 글을 기고하기 시작했다.

한 번은 언젠가 우리가 치료하게 될 사람들과 소통하는 법을 가르치는 '의사 대 환자'라는 강의에 대한 글을 썼다. 이 강의의 기말고사는 학생별로 병력을 묻는 상황을 비디오로 찍어 평가했는데, 교수님은 환자의 기분을 물어본 학생이 나뿐이었다고 지적하셨다. 그러면서 '그게 여러분의 첫 번째 질문이어야 한다'고 말씀하셨다.

스탠퍼드는 환자를 사례가 아닌 인간으로 대해야 한다고 강조했지만, 진료 방식의 변화로 인해 그게 점점 더 어려워지는 것을 교수님들도 모르지 않았다. 장기간에 걸쳐 인간적인 관계를 맺고 의미 있는 대화를 나누던 시절은 가고, 대신 '관리 의료'라는 새로운 시스템이 그걸 대체했다. 관리 의료는 15분의 회진과 공장식 치료, 그리고 의사가 개개의 환자에게 가할 수 있는 조치를 제한하는 것이 특징이었다. 해부학 수업 이후에 진로에 대한 고민이 깊어졌다. 가정의라는 옛 모델의 맥을 잇는 과가 있을까? 환자들의 삶은커녕 이름도 알지 못한 채 치료를 하게 될까?

다양한 진료과의 선생님들을 따라다니며 환자와의 소통이 많지 않은 곳들을 지워나갔다(응급 의학과: 활기가 넘치지만 환자를 두 번 다시 보는 일은 거의 없다. 방사선과: 사람이 아니라 사진을 본다. 마취과: 환자들이 자고 있다. 외과: 상동). 나는 내과나 소아과가 좋았지만, 자문을 구했던 선생님들은 그쪽도 갈수록 인간적인 면이 감소하는 추세라고 경고했다(병원을 유지하려면 하루에 환자를 서른 명까지 봐야 했다). 심지어 몇몇 선생님은 다시 시작한다면 다른 과를 고민할지도 모르겠다고 말했다.

"글을 쓸 수 있는데 왜 의사가 되려는 거야?" 내가 잡지에 기고한 글을 읽은 어느 교수님은 이렇게 물었다.

NBC 시절에는 스토리를 만드는 일을 했지만 실질적인 삶을 원했다. 이제 실질적인 삶을 살게 되자 현대식 진료에 사람들의 스토리가 개입할 여지가 있을지 의문스러웠다. 알고 보니 나는 다른 사람들의 삶 속에 나를 몰두시킬 때 만족스러웠고, 저널리스트로서 글을 쓸수록 이게 바로 그런 일이라는 걸 알게 됐다.

하루는 어느 교수님께 이런 딜레마에 대해 털어놨더니 저널리스트와 의사, 두 가지를 모두 해보라고 제안했다. 작가로 부수입을 올릴 수 있다면 진료 횟수를 줄일 수 있고 예전 의사들처럼 환자를 볼 수 있을 거라고 교수님은 말했다. 하지만 그래도 여전히 보험 회사에 제출해야 하는 서류를 작성하는 데 많은 시간을 허비하게 될 테고, 그것 때문에 환자를 볼 시간이 줄어들 거라고도 덧붙였다. '정말 이 지경까지 온 걸까?' 나는 생각했다. '글쓰기가 의사의 생계를 지탱하는 수단이 된 거야? 예전에는 반대 아니었나?'

교수님의 의견도 고려해봤다. 하지만 당시에 나는 서른세 살이었고, 의대를 2년 더 다닌 후에도 레지던트 최소 3년, 어쩌면 대학원까지 다닐지 모르는데, 나는 가정을 꾸리고 싶었다. 관리 의료의 파장을 더 깊이 알수록, 몇 년을 더 투자해서 공부를 끝낸 후에 (작가의 삶을 병행하면서) 내가 원하는 진료 스타일이 가능할지 궁리한다는 구상은 무모해 보였다. 두 가지를 다 (잘하는 건 고사하고) 할 수 있을지도 의문이고, 개인적인 삶을 위한 여유가 있을지도 문제였다. 학기가 끝날 때, 저널리스트와 의사 중에서 선택을 해야 할 것 같았다.

나는 저널리스트를 선택했고, 이후 몇 년 동안 책을 내고, 잡지와 신문에 수백 건의 글을 기고했다. 마침내 내 직업을 찾았다는 생각이 들었다.

다른 부분들도, 가정을 꾸리는 일도 제대로 될 예정이었다. 의대를 떠날 때만 해도 나는 그걸 의심하지 않았다.

15. 마요네즈는 빼주세요

"진심이에요? 당신네 정신과 사람들은 그런 것밖에 관심 없어요?"

존은 다시 돌아왔고, 맨발에 책상다리를 하고 소파에 앉아 있다. 오늘은 슬리퍼를 신고 왔는데, 페디큐어 해주는 사람이 스튜디오로 왔기 때문이다. 발톱도 치열만큼이나 완벽하다.

내가 어린 시절에 대해 뭔가를 물었더니, 그는 그게 불만이다.

"몇 번이나 얘기를 해야 하죠? 내 어린 시절은 환상적이었다니까." 그가 말을 잇는다. "우리 부모님들은 성자였어요. 성인군자!"

성자 같은 부모 얘기를 들을 때마다 나는 의심스럽다. 기어이 문제를 찾으려는 건 아니다. 다만 어떤 부모도 성인군자가 아닐 뿐이다. 우리 대부분은 '그만하면 괜찮은' 부모에 그친다. 영국의 영향력 있는 소아과 의사이자 아동 정신과 의사인 도널드 위니콧이 심리적으로 건전한 자녀를 길러내기에 충분하다고 믿었던 부모 말이다.

그렇지만 부모를 가장 잘 표현한 건 시인인 필립 라킨이다. '그들

은 당신을 망친다, 당신의 엄마와 아빠가 / 그럴 의도는 아닐지 몰라
도, 그러고 만다.'

나도 엄마가 되고서야 심리 치료의 두 가지 핵심을 제대로 이해하
게 되었다.

1. 환자에게 부모에 대해 묻는 이유는 함께 부모를 탓하거나 평가하거
나 비판하려는 게 아니다. 실제로 중요한 건 그들의 부모가 아니다. 그
건 오로지 성장기의 경험이 성인으로서의 그들에 대해 말해주는 것을
통해, 그들이 과거를 현재와 분리할 수 있는지 (그리고 더 이상 맞지
않는 심리적인 옷을 벗을 수 있는지) 알아보려는 것이다.
2. 대부분의 부모들은 어쨌거나 최선을 다한다. 그 최선의 결실이 A-
든 D+든 말이다. 아주 제한적이기는 해도, 마음 속 깊이 자녀가 잘 살
기를 바라지 않는 부모도 드물게 있다. 사람들이 부모의 한계(또는 정
신 건강상의 문제)에 대해 아무런 감정도 갖지 말아야 한다는 뜻이 아
니다. 다만 그걸 어떻게 처리해야 할지 알아내야 한다.

지금까지 존에 대해 알게 된 것들은 다음과 같다. 나이는 마흔 살
이고, 결혼해서 12년째 살고 있으며, 열 살과 네 살짜리 딸 그리고 개
한 마리가 있다. 인기 있는 텔레비전 드라마의 작가이자 프로듀서인
데, 그가 맡은 프로그램이 뭔지 알았을 때 나는 놀라지 않았다. 등장
인물들을 심술궂으면서도 무신경한 캐릭터로 눈부시게 그려낸 덕
분에 에미상도 수상했다. 그의 불만은 아내가 우울하고(비록 '누군가
를 우울증이라고 단정하기 전에 주변에 온통 또라이만 있는 건 아닌지 확

인하라'는 말이 있지만), 아이들은 아빠를 존경하지 않으며, 동료들이 자신의 시간을 잡아먹고, 다들 자신에게 너무 많은 것을 요구한다는 것이다.

아버지와 두 형은 여전히 고향인 중서부에 살고 있다. 어머니는 그가 여섯 살, 형들이 각각 열두 살과 열네 살이었을 때 돌아가셨다. 어머니는 고등학교에서 연극을 가르쳤는데, 리허설을 마치고 나오다가 달려드는 차로부터 제자를 구하고 대신 치여 그 자리에서 숨졌다. 존은 이런 얘기를 하면서도 드라마 줄거리라도 읊는 것처럼 담담했다. 작가가 되고 싶었던 아버지는 영문학 교수였고, 삼형제를 혼자 돌보다가 3년 후에 이웃에 살던 과부와 재혼했다. 존은 새어머니에 대해 '바닐라처럼 밍밍하기는 해도 불만은 전혀 없다'고 표현했다.

다양한 멍청이들에 대해 할 말이 많은 존이었지만 그의 부모는 우리 대화에 거의 등장하지 않았다. 인턴 시절 지도 교수님은 대단히 방어적인 환자의 경우, 이런 질문을 통해 과거를 짐작해볼 수 있다고 말씀하셨다. "엄마(또는 아빠)의 성격과 관련해서 지금 바로 머릿속에 떠오르는 형용사 세 가지가 뭔가요?" 이런 즉흥적인 대답을 통해 나는 (그리고 내 환자들도) 언제나 부모와의 관계를 들여다볼 수 있는 통찰력을 얻었다.

그런데 존에게는 이 질문도 효과가 없다. "성자, 성자, 또 성자. 이게 두 분을 설명하는 세 단어예요." 그는 말을 다루는 작가이면서도 형용사가 아닌 명사로 대답한다(나중에야 그의 아버지가 아내를 잃은 후 음주 문제가 '있었을지 모르고', 지금도 그럴 '가능성이' 있다는 걸 알게 됐으며, 형들이 어머니에게 '가벼운 조울증이 있었을 수도 있다'고 말했지만, 존은 형들이 '호들갑을 떤 것'이라고 말했다).

존의 어린 시절이 궁금한 이유는 그의 나르시시즘 때문이다. 그의 자아도취, 방어적인 태도, 타인을 깔보는 태도, 대화를 주도하려는 성향, 그리고 특권 의식, 기본적으로 또라이라는 사실 등이 전부 자기 애성 인격 장애의 진단 기준에 부합했다. 나는 그를 처음 만났을 때부터 이런 특징들을 감지했고, 다른 심리 치료사라면 심리 치료 외에 다른 방법을 권했을지 모르지만(자기애성 인격 장애는 자신과 타인을 정확하게 보기 힘들기 때문에 내면을 들여다보는 통찰 위주의 심리 치료와 잘 맞지 않는다), 나는 흥미가 동했다.

그런 진단을 빌미로 이 사람을 내보낼 마음은 없었다.

물론 존은 나를 매춘부에 비유했고, 안하무인처럼 굴고, 자기가 누구보다 잘난 줄 안다. 하지만 그런 꺼풀을 벗겨놓고 보면, 그가 우리와 과연 그렇게 다를까?

인격 장애라는 용어는 이런 환자들을 다루기 힘든 사례로 여기는 심리 치료사들뿐만 아니라 대중문화에서도 다양한 연상을 불러일으킨다. 영화 캐릭터를 인격 장애에 따라 분류해놓은 위키피디아 항목이 있을 정도다.

심리 상태의 임상 바이블이라고 할 수 있는 『정신 질환 진단 및 통계 편람Diagnostic and Statistical Manual of Mental Disorders: DSM』 최신판에서는 총 10가지 타입의 인격 장애를 세 개 군으로 묶어서 분류했다.

A군 (희한한, 기괴한, 별난)

편집성 장애, 분열성 장애, 분열형 장애

B 군 (극적인, 불안정한)

반사회성 장애, 경계성 장애, 연극성 장애, 자기애성 장애

C 군 (불안한, 두려워하는)

회피성 장애, 의존성 장애, 강박성 장애

외래 환자들은 대부분 B 군에 속한다. 의심이 많거나(편집성), 외톨이거나(분열성), 특이한 괴짜(분열형)는 대체로 심리 치료를 받겠다는 생각을 하지 않으므로 A 군은 제외된다. 소통을 피하거나(회피성), 성인으로서 제기능을 하지 못하는 사람(의존성), 융통성 없는 일중독자(강박성) 역시 도움을 청하는 경우가 많지 않기 때문에 C 군도 제외다. B 군의 반사회적인 부류도 대체적으로 우리를 찾아오지 않을 것이다. 하지만 관계에서 어려움을 겪고, 극단적으로 감정적이거나(연극성과 경계성), 이런 성향과 결혼한 사람들(나르시시스트)은 어떻게든 우리를 찾아온다(경계성 타입은 나르시시스트와 커플을 맺는 경향이 있는데, 커플 심리 치료를 하다 보면 이런 짝을 자주 본다).

극히 최근까지도 대부분의 정신과 개업의들은 인격 장애를 치료할 수 없다고 믿었는데, 우울이나 불안 같은 기분 장애와 달리 인격 장애는 한 사람의 인격에서 상당 부분을 차지하는 만성적이고 만연한 행동 패턴으로 이루어져 있기 때문이다. 다시 말해서 인격 장애는 이른바 '자아 동질적ego-syntonic'인데, 행동이 그 사람의 자아 개념과 일

치하는 것처럼 보인다는 뜻이다. 그 결과 인격 장애를 가진 사람들은 자기 삶에서 벌어지는 문제를 타인이 야기한다고 믿는다. 반면에 기분 장애는 '자아 이질적ego-dystonic'이고, 이런 증상을 겪는 사람들이 그로 인해 괴로워한다는 뜻이다. 그들은 스스로 우울하거나 불안하거나 집을 떠나기 전에 불을 열 번씩 켰다 껐다 해야 하는 상황을 좋아하지 않는다. 스스로에게 뭔가 문제가 있다는 걸 안다.

하지만 인격 장애는 스펙트럼이 넓다. 경계성 인격 장애를 가진 사람들은 버림받는 것을 두려워하지만, 어떤 이들에게는 그것이 파트너가 문자에 바로 답장을 하지 않았을 때 불안해지는 것을 의미하는 반면, 또 어떤 이들에게는 혼자 남느니 불안한 상태 즉, 문제 있는 관계를 유지하는 것을 의미할 수도 있다. 자기애성 인격 장애도 마찬가지다. 정도의 차이는 있더라도 그 기준에 해당하는 사람(능력 있고 카리스마가 넘치며 똑똑하고 재치가 있지만 놀라울 정도로 자기 중심적인)을 한두 명쯤은 다 알고 있지 않은가?

무엇보다 중요한 건, 인격 장애의 특징을 지녔다고 해서 반드시 공식적으로 그렇게 진단할 수 있다는 뜻은 아니라는 것이다. 가끔은(유난히 잘 안 풀리는 날이거나 신경이 날카로워질 때까지 궁지에 몰릴 경우) 누구나 이런저런 인격 장애의 기미를 조금씩은 드러내는데, 이 모든 게 자기를 지키고 인정받고 안전을 도모하려는 지극히 인간적인 바람에 뿌리를 두고 있기 때문이다(스스로 해당 사항이 없다고 생각한다면 배우자나 친한 친구에게 물어보기 바란다). 다시 말해서 스냅 사진만이 아닌 그 사람 전체를 보려고 늘 노력하듯이, 나는 보험사 양식에 기입할 수 있는 다섯 자리 진단 코드만이 아닌 근원적인 문제를 보려고 노력한다. 그 코드에 지나치게 의존하면 치료의 모든 측면을 그 렌즈를 통해 보기 시작하고, 그것은 내 앞에 앉은 유일무이한 존재인 한 개인과의 진정한 관계를 방해한다. 존은 자기애성 장애일지도 모 르지만, 그는 또한 그냥…… 존이다. 오만하기도 하고, 임상에서 사 용하지 않는 표현을 빌리자면 놀랍도록 우라지게 짜증나는 인간.

그렇기는 하지만 진단법에도 그 나름의 유용성이 있다. 예를 들어 요구가 많고 비판적이며 화를 잘 내는 사람은 극심한 외로움에 시달 리는 경향이 있다는 걸 알 수 있다. 이런 식으로 행동하는 사람은 누 가 봐주기를 원하면서도 보여지는 것을 두려워한다. 나는 존이 취약 함을 비참하고 수치스러운 것으로 인식하며, 여섯 살 나이에 엄마가 돌아가셨을 때 어떤 식으로든 '약한 모습'을 보이면 안 된다는 메시 지를 받았을 것이라고 짐작한다. 그는 잠간이라도 감정에 틈을 보이 면 그것에 완전히 압도될 가능성이 있고, 그렇기 때문에 그걸 분노나 조롱, 또는 비판의 형태로 다른 사람들에게 투사한다. 존 같은 환자 들이 유난히 어려운 이유도 이 때문이다. 이렇게 편향된 이유로 남의 약을 올리는 데 달인이기 때문이다.

그가 어떤 감정을 외면하고 있는지 파악하는 동시에 스스로 그걸 이해할 수 있도록 돕는 것이 내 일이다. 그는 나의 접근을 막기 위해 요새를 쌓고 해자를 팠지만 그러면서도 탑에 올라가 도움을 청하고 있는데, 어떤 도움을 바라는 것인지는 나도 아직 모른다. 이제부터 나는 진단법과 관련된 모든 지식을 활용하면서도 그 속에 함몰되지 않으면서, 그의 행동이 주변의 멍청이들보다 본인에게 더 많은 문제 를 야기할 수 있다는 걸 존이 이해할 수 있도록 도울 것이다.

"불이 들어왔어요."

어린 시절에 대한 나의 질문과 그의 짜증에 대해 이야기를 나누고 있는데, 대기실 버튼과 연결된 문 옆의 녹색등에 불이 들어왔다고 그가 알려준다. 불을 확인하고 시계를 본다. 이제 겨우 5분이 지났는데, 다음 환자가 지나치게 일찍 온 모양이다.

"그러네요." 존이 화제를 바꾸려는 건지, 혹시 자신이 나의 유일한 환자가 아니라는 사실에 어떤 감정을 느끼는 건지 궁금하다. 은근히 자신이 심리 치료사의 유일한 환자이길 원하는 사람들이 많다. 최소한 가장 아끼는, 가장 재미있고 가장 유쾌하고, 무엇보다 가장 사랑받는 환자이길 원한다.

"받아줄 수 있어요?" 존이 턱으로 녹색등을 가리키며 말한다. "내 점심이에요."

나는 어리둥절하다. "점심이라고요?"

"배달시켰거든요. 당신이 휴대폰을 쓰지 말라고 해서 버튼을 누르라고 했죠. 점심을 먹을 시간이 없었고, 지금 한 시간, 그러니까 '50분'이 비니까 뭘 좀 먹어야 해요."

대박이다. 보통은 심리 치료를 받는 중에 음식을 먹지 않고, 설사 먹는다고 해도 '오늘 여기서 뭘 좀 먹어도 괜찮을까요' 같은 말을 한다. 그리고 음식을 직접 가져온다. 저혈당 환자조차도 먹을 것을 가져온 적은 딱 한 번뿐이었고, 쇼크가 발생하는 걸 막기 위해서였다.

"걱정 말아요." 내 얼굴에 떠오른 표정을 읽은 모양이다. "원하면 좀 먹어도 돼요." 그러고는 자리에서 일어나더니 대기실에 있던 배달부로부터 점심을 건네받는다.

다시 돌아온 존은 봉투를 열고 냅킨을 무릎에 펼치고 샌드위치 포장지를 벗겨 한 입 베어 물고는 폭발한다.

"이런 젠장. 마요네즈를 넣지 말라고 했는데! 이것 좀 봐요!" 그는 샌드위치를 펼쳐서 내게 마요네즈를 보여주고, 나머지 손으로 휴대폰을 꺼내려 하지만(아마도 식당에 전화를 걸어서 따지려고) 나는 눈빛으로 휴대폰 금지 규칙을 상기시킨다.

그의 얼굴은 빨갛게 달아오르고, 나한테 소리를 지르려는 걸까 싶지만, 그 대신 이렇게 내뱉는다. "멍청이!"

"나요?" 내가 묻는다.

"당신이 뭐요?"

"예전에 지난 번 심리 치료사가 사람은 좋은데 멍청이였다고 했잖아요. 나도 사람은 좋은데 멍청한가요?"

"아니요, 천만에요." 그는 이렇게 대답하고, 그의 인생에 멍청이가 아닌 사람도 있다는 걸 인정하는 그의 모습에 나는 기분이 좋아진다.

"고맙네요."

"뭐가요?"

"멍청이가 아니라고 해줘서요."

"그런 뜻이 아니었는데. 그러니까, 사람이 좋지 않다고요. 내 샌드위치에 마요네즈를 넣은 멍청이한테 전화를 걸어야 하는데 휴대폰도 못 쓰게 하잖아요."

"그러니까 나는 못된 데다가 멍청하다는 거예요?"

그가 씩 웃었고, 그럴 때면 눈빛이 반짝이고 보조개가 파인다. 그 순간, 그를 매력적이라고 여기는 사람도 있겠다는 생각이 든다.

"못됐죠. 그건 분명해요. 멍청한 건 아직 모르겠고." 그는 농담을 하는 중이었고, 나도 미소로 답한다.

"어쨌든 나를 알기 전까지는 판단을 유보하는 거군요. 고맙네요." 이야기를 엮으려는 나의 시도가 불편한지 그가 초조한 기색을 내비친다. 인간적인 접근을 피하려는 마음이 너무 강한 나머지 마요네즈가 들어간 샌드위치를 우걱우걱 씹으며 시선을 돌린다. 하지만 내게 싸움을 걸지는 않고, 그걸로 충분하다. 아주 미세한 틈이 열린 기분이다.

"못되게 굴 생각은 아니었는데, 미안해요." 내가 말한다. "50분을 강조한 것도 비슷한 맥락인가요?" 시간을 언급한 이유는 대부분의 사람들과 다르지 않을 것 같았다. 사람들은 더 오래 머물 수 있기를 바라면서도 그걸 직접적으로 말하지 못한다. 애착을 인정하는 건 지나치게 약한 느낌을 준다.

"아뇨, 나는 50분이라서 좋은데!" 그가 말한다. "한 시간이었으면 어린 시절에 대해 계속 물을 테니까."

"당신을 더 잘 알고 싶을 뿐이에요." 내가 말한다.

"알게 뭐가 있어? 불안하고, 잠을 못 자요. 세 편의 프로그램을 맡아서 정신이 없는데, 아내는 불평불만이지 열 살짜리는 벌써 다 큰 것처럼 굴고 네 살짜리는 대학원에 진학해서 그만둔 보모를 그리워하지, 빌어먹을 개는 문제 행동을 보이고. 주변에는 내 인생을 필요 이상으로 힘들게 만드는 멍청이들 천지예요. 그리고 솔직히 말해서 나는 지금도 열 받았어요."

"엄청나네요." 내가 말한다. "아주 엄청난 상황에 대처하고 있군요."

존은 아무 말도 하지 않는다. 샌드위치를 씹으면서 슬리퍼 옆의 바닥에 찍힌 점을 골똘히 응시한다.

"정확해요." 그가 마침내 입을 연다. "그 두 마디를 이해하는 게 그렇게 어렵나요. '마요네즈, 빼주세요.' 그게 다잖아!"

"그런데, 그 멍청이들 말이에요. 나는 이런 생각이 드네요. 당신을 화나게 만드는 그 사람들이 당신을 화나게 만들려는 게 아니라면? 그들이 멍청이가 아니라 상당히 지적이고, 그날그날 자신이 할 수 있는 최선을 다하고 있다면?"

존은 이 말을 곱씹는 듯이 시선을 살짝 들어올린다.

"그리고," 그가 다른 사람들에게 그토록 가혹하다면 자신에게는 세 배쯤 더 가혹할 거라고 생각하며 나는 부드럽게 덧붙인다. "당신도 그렇다면?"

존은 뭔가 말하려다가 멈춘다. 다시 슬리퍼로 시선을 돌리더니, 냅킨을 집어 입가에 묻은 빵 조각을 닦아내는 척한다. 하지만 나는 보고야 만다. 그가 순간적으로 냅킨을 눈가에 가져다 대는 걸.

"망할 놈의 샌드위치." 그는 이렇게 말하면서 남은 음식과 냅킨을 봉투에 집어넣고, 그 봉투를 내 책상 밑에 있는 쓰레기통을 향해 던진다. 슈웅. 완벽한 슛이다.

그가 시계를 본다. "이건 미친 짓이에요. 나는 배가 고프고, 지금이 유일하게 뭔가를 먹을 수 있는 시간인데, 제대로 된 점심을 주문하기 위해 휴대폰을 쓸 수조차 없다니. 그러고도 당신은 이걸 심리 치료라고 부르는 거예요?"

'네, 물론이죠.' 나는 이렇게 말하고 싶다. 얼굴을 마주 보고, 휴대폰이나 샌드위치 없이, 두 사람이 함께 앉아 소통하는 것. 하지만 존은 냉소적으로 반박할 게 틀림없다. 마고가 감수하고 있을 상황을 생각하다가, 그녀에게는 또 어떤 심리적인 이력이 있기에 존을 선택했을지 궁금해진다.

"한 가지 제안을 하죠." 존이 말한다. "저기 위쪽에 있는 식당에서 점심을 주문하게 해주면 어린 시절 얘기를 조금 해줄게요. 2인분을 주문할게요. 맛있는 중식 치킨 샐러드를 먹으면서 문명인답게 대화를 나눠봅시다. 어때요?" 그가 대답을 기다리며 나를 바라본다.

일반적인 상황은 아니지만, 심리 치료에는 정해진 틀이 없다. 전문적인 영역으로서의 경계는 필요하지만, 그게 바다처럼 너무 개방적이어도 어항처럼 지나치게 제한적이어도 문제에 봉착한다. 수족관 정도가 적당해 보인다. 우리에게는 즉흥성을 수용할 여지가 필요하다. 웬델이 나를 발로 찼을 때 그것이 효과를 발휘한 것도 그 때문이다. 그리고 존이 지금 얘기를 편하게 하기 위해서는 어느 정도의 거리가 필요한데 그것의 형태가 음식이라면, 그렇게 해야지.

나는 음식을 주문할 수는 있지만, 어린 시절에 대한 얘기는 할 필요 없다고 말한다. 그건 조건부가 아니다. 그는 내 말은 듣지도 않은 채 식당에 전화를 걸어서 주문을 하고, 그 과정은 당연히 그의 짜증을 돋운다.

"그래요. 드레싱 없이. 드링크가 아니라 드레싱!" 스피커폰을 켜놓은 상태에서 그가 소리를 버럭 지른다. "드 ― 레 ― 싱." 그는 과장되게 한숨을 쉬며 눈동자를 굴린다.

"드레싱 추가요?" 식당 직원은 서툰 영어로 묻고, 드레싱을 따로 포장해달라는 뜻을 전달하고 싶은 존은 뒤로 넘어가기 직전이다. 모든 게 문제다. 다이어트 펩시는 있는데 다이어트 코크는 없고, 15분이면 되냐고 했더니 20분이 걸린다고 한다. 지켜보는 내 심정은 어이없기도 하고 웃기기도 하다. '존으로 사는 것도 무척이나 힘들겠네.' 주문을 마치면서 존이 중국어로 무슨 말을 하지만 직원은 알아듣지 못한다. 남자가 '자기네 말'을 알아듣지 못하는 걸 존은 이해할 수 없고, 남자는 자신이 광둥어를 써서 그렇다고 설명한다.

전화를 끊은 존은 믿을 수 없다는 표정으로 나를 본다. "아니, 표준 중국어를 쓰지 않는단 말이야?"

"중국어를 알면 주문할 때 왜 중국어로 말하지 않았어요?" 내가 묻는다.

존이 눈을 부라리며 말한다. "왜냐면 나는 영어를 쓰니까요."

아하.

존은 음식이 도착할 때까지 투덜대지만, 일단 샐러드를 받아들자 닫아걸었던 마음을 살짝 연다. 나는 이미 점심을 먹었지만 그래도 동참의 의미로 조금 먹는다. 음식을 같이 먹는 것은 본질적으로 사람을 이어주는 힘이 있다. 나는 아버지와 형들의 일화, 엄마에 대한 기억이 별로 없는데도 몇 년 전부터 엄마에 대한 꿈을 꾸기 시작한 게 희한하다는 얘기를 듣는다. 「사랑의 블랙홀」이라는 영화에서처럼 같은 꿈이 변주되는데, 그걸 멈출 수가 없다. 그는 그 꿈을 그만 꾸고 싶다. 잠을 자면서도 이렇게 괴롭힘을 당한다고, 그는 말한다. 그는 평온을 원할 뿐이다.

꿈에 대해 물어본다. 그는 그 얘기를 하면 화가 날 텐데, 자기 화를 돈우라고 나한테 돈을 지불하는 게 아니라고 말한다. "내가 지금 평온을 원한다고 말하지 않았나요? 심리 치료사들은 '듣기의 기술' 같은 거 배우지 않아요?" 나는 지금 그가 한 말에 대해 얘기하고 싶지만 (심리 치료 중에는 불편함을 느끼면 안 된다거나, 불편함을 느끼면 평온을 얻을 수 없다는 그의 믿음을 반박하기 위해) 그러려면 시간이 필요한데 이제 시간이 2분 정도밖에 남지 않았다.

그에게 언제 평온함을 느끼냐고 물어본다.

"개를 산책시킬 때요." 그가 말한다. "로지가 문제 행동을 보이기 전까지. 그때는 평온했어요."

그가 여기서 꿈 얘기를 펼쳐놓고 싶어 하지 않는 이유를 생각해본다. 이 공간이 그에게는 일과 아내, 아이들, 개, 세상의 모든 멍청이들, 꿈에 나오는 엄마의 유령을 피할 수 있는 일종의 성역이 된 걸까?

"저기요, 존." 한 번 물어나 보자. "지금 여기서는 평온을 느끼나요?"

그는 남은 샐러드를 집어넣은 봉지에 젓가락도 넣는다. "당연히 아니죠." 그는 참을 수 없다는 듯이 눈알을 굴리며 말한다.

"아하." 나는 그걸로 끝낸다. 그런데 존에게는 아직 끝이 아니었다. 시간이 다 됐고, 존이 자리에서 일어선다.

"농담해요?" 그는 문을 향해 걸어가며 말을 계속한다. "여기서? 평온?" 눈알을 굴리던 얼굴에 미소가 번진다. 뭔가 비밀을 공유한다는 듯한 미소다. 그 미소는 사랑스럽고 빛이 나지만, 눈부신 이빨 때문은 아니다.

"나는 그런 줄 알았죠." 내가 말한다.

16. 종합 선물 세트

미리 밝혀두자면, 의대를 떠난 뒤의 내 인생은 계획대로 풀리지 않았다.

3년이 지나 거의 서른일곱이 다 되었을 때 2년 사귄 애인과 헤어졌다. 슬펐지만 우호적이었고 갑작스럽지도 않았다. 그렇기는 해도, 아이를 갖고 싶었던 사람에게는 최악의 타이밍이었다.

나는 예전부터 너무나 분명하게 엄마가 되고 싶었다. 어른이 되어서 아이들과 관련된 자원 봉사를 하며 언젠가 내 아이를 갖게 될 날을 상상했다. 마흔을 앞두고 아이는 너무 갖고 싶었지만, 아무나하고 무작정 결혼할 만큼은 아니었다. 난감했다.

그때 한 친구가 순서를 바꿔보라고 제안했다. 아기를 먼저 낳고 파트너를 나중에 구하라는 것이었다. 그러더니 어느 날 밤에는 정자 기증자 사이트 주소를 메일로 보내주었다. 그런 곳이 있다는 얘기도 들어본 적이 없었고 처음에는 생각이 잘 정리되지도 않았지만, 현재의 조건들을 고려해본 후 일단 저질러보자고 결심했다.

이제 기증자를 선택하기만 하면 되는 거였다.

건강 기록부가 깨끗한 기증자를 원하는 건 당연했다. 그런데 이 사이트는 머리카락 색깔이나 키 같은 수준을 넘어 고려할 만한 여러 선택지를 제공했다. 이를테면 라크로스 선수는 어떨까? 문학 전공자는? 트뤼포 영화 마니아? 아니면 트롬본 연주자? 외향적인 사람과 내향적인 사람 중 누가 더 좋을까?

기증자 프로필이 데이트 사이트의 프로필과 많은 면에서 비슷하다는 건 놀라웠지만, 대부분이 대학생이고 SAT 점수를 공개한다는 차이가 있었다. 그밖에 몇 가지 중요한 차이점 중에 최고는 이른바 실험실 여자들의 한줄평이었다. 이들은 정자 은행에서 일하면서 '방출'을 하러 온 기증자들을 직접 만나본 여성들이었다. 그리고 기증자 프로필에 '스태프의 인상'이라는 항목으로 글을 올렸는데, 형식이나 근거는 제각각이었다. 그들의 평은 '멋진 이두박근의 소유자!'부터 '우유부단해 보였지만 결국은 일을 해냈다'까지 천차만별이었다.

내가 스태프의 인상에 크게 의존한 이유는 내 아이와 인연의 끈으로 이어지게 될 기증자와 모종의 연결 고리를 느끼고 싶었기 때문이다. 그를 좋아하고 싶었다. 만약 그가 우리 가족 모임에 참석할 경우 함께 있어서 즐겁다는 느낌을 받고 싶었다. 하지만 스태프의 인상을 읽고 기증자 인터뷰 파일을 들어봐도('지금까지 살면서 가장 재미있었던 일은 뭔가요?' '본인의 성격을 설명한다면?' 그리고 이건 좀 이상하지만, '낭만적인 첫 데이트 하면 뭐가 떠오르나요?') 여전히 체온이 느껴지지 않았다.

그러다가 어느 기증자의 건강 기록부에 대해 물어볼 게 있어서 정자 은행에 전화를 걸었고, 캐슬린이라는 여자와 통화를 하게 되었다. 캐슬린이 그의 진료 기록을 살펴보는 동안 이런저런 얘기를 나누었는데, 그러다가 그 기증자를 만났던 사람이 바로 그녀라는 사실을 알게 되었다. 나는 참을 수 없었다. "귀엽던가요?" 나는 애써 무심한 목소리로 물었다. 그런 질문을 해도 되는 건지 알 수 없었다.

"글쎄요……." 캐슬린은 진한 뉴욕 억양으로 말꼬리를 흐렸다. "매력적이지 않은 건 아니에요. 하지만 지하철에서 마주친다면 두 번 쳐다볼 것 같지는 않아요."

그 후로 캐슬린은 내게 기증자를 제안하고 궁금증을 해소해주는 나의 전담 정자 관리인이 되었다. 내가 그녀를 신뢰한 이유는 다른 실험실 여자들이 평가를 부풀린 반면(어쨌거나 정자를 팔아야 하니까), 캐슬린은 이래도 되나 싶을 만큼 솔직했기 때문이다. 그녀의 눈은 매우 높았고 나 역시 그랬다. 그리고 그게 문제였다. 아무도 우리 기준을 통과하지 못했다.

솔직히 말하자면, 장래의 내 아이도 내가 깐깐하기를 바랄 거라고 추정하는 게 합당해 보였다. 이런저런 요소들을 따지다 보면 저글링을 하는 기분이었다. 나와 감수성을 공유할 수 있을 것 같아 보이는 사람을 찾으면 다른 문제들, 이를테면 가족력이 잘 맞지 않는 식이었다. 아니면 건강은 완벽한데 190센티미터 거구에 북유럽인 특유의 이목구비를 지닌 덴마크 사람이라, 키 작은 갈색 머리의 아슈케나지 유대계인 우리 집안에서 너무 도드라져 보일 외모였다(내 아이도 남의 시선을 의식해야 할 테고). 건강하고 지적이며 외형적으로도 비슷해 보였지만, 다른 측면으로 위험해 보이는 기증자도 있었다. 가장 좋아하는 색은 검정색, 가장 좋아하는 책은 『롤리타』, 가장 좋아하는 영화는 「시계태엽 오렌지」를 쓴 경우였다. 언젠가 아이가 이 프로필을 읽는다면 이런 눈빛으로 나를 쳐다보지 않을까. '그런데도 이 사람을 골랐다고?' 철자법을 틀렸거나 구두점을 제대로 사용하지 못한 경우도 내 기준엔 탈락이었다.

이런 소모적인 과정이 석 달이나 이어지면서 아이에게 자랑스럽게 말할 수 있는 건강한 기증자를 찾을 희망이 사라지기 시작했다.

그러다가 마침내, 그를 찾았다.

어느 날 저녁 늦게 집에 돌아왔더니 캐슬린이 자동 응답기에 메시지를 남겨놓았다. 그녀는 어떤 기증자를 확인해보라면서 젊은 '조지 클루니' 같은 외모라고 설명했다. 하지만 이 사람이 특히 마음에 든 이유는 기증을 하기 위해 은행을 찾을 때마다 늘 다정하고 쾌활했기 때문이라고 덧붙였다. 나는 눈알을 굴렸다. '아니, 20대 남자가 포르노를 보면서 오르가슴을 느낄 예정인데 돈까지 받는다면 기분이 좋지 않을 이유가 없잖아?' 하지만 캐슬린은 이 사람에 대한 칭찬을 쏟아냈다. 건강 상태가 좋고 외모가 출중하며 지적이고 성격도 매력적이라고 했다.

"종합 선물 세트예요." 그녀는 자신 있게 말했다.

캐슬린이 그렇게 열을 올린 적이 없었기 때문에 한 번 보기나 하자고 로그인을 했다. 그의 프로필을 클릭하고 건강 기록부를 꼼꼼히 살핀 다음 자기 소개란을 읽고 인터뷰 파일까지 들었더니, 흔히 첫눈에 사랑에 빠진다고 할 때처럼 단번에 내 짝을 찾았다는 느낌이 들었다. 좋아하는 것과 싫어하는 것, 유머 감각, 관심사와 가치관까지, 모든 면에서 마치 가족처럼 느껴졌다. 가슴이 벅차올랐지만 너무 피곤했던 터라 우선 잠부터 자고 나머지는 아침에 처리하기로 했다. 마침 다음 날은 내 생일이었는데, 밤새 아이에 대한 생생한 꿈을 여덟 시간쯤 내리 꾼 기분이었다. 한쪽이 공란이어서 어렴풋한 이미지가 아니라, 부모 모두가 구체적인 상태로 아이의 실체를 그려보기는 처음이었다.

아침에 흥분을 주체하지 못하는 마음으로 벌떡 일어나는데 「나의 아이Child of Mine」라는 노래가 머릿속에 떠올랐다. '생일 축하해!' 스스로에게 축하를 건넸다. 몇 년 전부터 아이를 원했는데, 최고의 생일 선물로 너무나 편안하게 느껴지는 기증자를 찾은 것 같았다. 컴퓨터 앞으로 가는 동안 크나큰 행운에 저절로 미소가 떠올랐다. '이걸 정말 하게 되는구나.' 정자 은행 사이트에 접속해서 기증자 프로필을 찾아 내용을 전부 다시 읽었다. 전날 밤에 그랬던 것처럼 이번에도 내 짝이라는 확신이 들었다. 수많은 기증자들 중에 왜 이 사람을 택했는지 물었을 때 아이도 수긍할 만한 그런 사람.

기증자를 쇼핑 카트에 담고(아마존에서 책을 살 때처럼) 주문하기에 이어 구매 버튼을 눌렀다. '이제 아이를 갖게 되는 거야!' 그 순간의 의미가 어마어마하게 느껴졌다.

주문이 처리되는 동안 대충 계획을 정리해봤다. 인공 수정을 위한 예약을 하고, 임산부용 비타민을 구입하고, 출생 신고 준비도 하고, 아이 방도 꾸며야지. 그런데 주문하는 데 시간이 많이 걸린다는 느낌이 들었다. 빙빙 돌아가는 대기중 표시가 평소와 달리 너무 오래 떠 있었다. 한참을 기다리고 또 기다리다가, 혹시 내 컴퓨터에 무슨 문제가 있는 건 아닐까 싶어 돌아가기 버튼을 눌러봤다. 그런데 화면은 꼼짝을 하지 않았다. 그러다 마침내 대기중 표시가 사라지고 메시지가 떴다. '품절.'

'품절?' 컴퓨터의 결함이 분명하다는 생각에(혹시 뒤로 가기 버튼을 눌러서 그런 걸까?) 정자 은행에 전화를 걸어 캐슬린을 부탁했더니 그녀는 자리에 없고 대신 바브라는 고객 서비스 담당 직원에게 연결이 되었다.

문제를 확인한 바브는 기술상의 결함이 아니라고 했다. "대단히 인기 높은 기증자를 고르셨네요." 그녀는 말했다. 인기 높은 기증자는 금방 매진되고, 회사에서 '물량'을 '재입고'하기 위해 노력하지만 검역과 테스트 등을 거치면 6개월이 걸린다는 설명이었다. 물량이 확보되더라도 미리 주문해놓고 기다리는 사람들 때문에 아마 대기자 명단이 길 거라고도 했다. 캐슬린이 전화한 게 불과 어제였는데. 그러다가 그녀가 이 기증자를 여러 명에게 추천했을 거라는 데 생각이 미쳤다. 내가 그랬듯이, 솔직한 평가를 들려주는 캐슬린과 연락을 취해온 여자들이 많을지도 모르는 일이었다.

바브는 나를 대기자 명단에 올려주면서도 '바보 같이 기다리느라 시간 낭비하지 말'고 했다. 나는 넋이 빠진 채 전화를 끊었다. 몇 달 동안 성과 없이 검색만 하다가 맞는 기증자를 찾아냈는데. 마침내 장래의 아이가 현실처럼 보이려는 찰나였는데. 하필이면 내 생일에 그걸 다 지워야 하다니. 나는 다시 원점으로 돌아왔다.

노트북 앞에서 어깨를 늘어뜨린 채 멍하니 허공을 응시했다. 한참을 그렇게 앉아 있는데, 지난주에 전문가 인맥 모임에서 받은 명함 하나가 시선에 들어왔다. 스물일곱 살의 영화 제작자 알렉스의 명함이었다. 얘기를 나눈 건 5분에 불과했지만 그는 다정하고 똑똑했으며 건강해 보였다. 선택지가 없어져서 그랬겠지만, 어쩌면 온라인 정자 은행을 건너뛰고 현실에서 기증자를 찾을 수도 있겠다는 생각이 들었다. 알렉스는 내가 찾는 기증자 프로필과 맞아떨어졌다. 생각해 보겠냐고 물어보는 것쯤은 괜찮지 않을까? 최악의 경우라고 해봐야 거절당하는 것뿐인데.

나는 신중하게 메일을 썼다. '이례적인 질문'을 할 게 있으니 커피나 한 잔 하자고 청했다. 알렉스는 메일로 물어보면 안 되냐고 답장을 보내왔고, 나는 직접 만나서 묻고 싶다고 답했다. 그는 그러자고 했다. 그리고 어쩌다 보니 일요일 정오에 커피를 마시기로 약속했다.

* * *

어스 카페라는 곳에 도착했을 때는, 한참 줄여서 말하더라도, 바짝 긴장이 됐다. 충동적으로 이메일을 보낸 후, 나는 알렉스가 제안을 거절하고 친구들에게 이걸 떠벌일 거라고 생각했다. 그리고 나는 창피해서 두 번 다시 그 모임에 나가지 못하게 되겠지. 없던 일로 하자고 할까도 생각했지만 일말의 가능성이라도 있다면 시도해봐야 할 것 같았다. 건네지 않은 질문에 대한 답은 언제나 '거절'이니까. 나는 속으로 되뇌고 또 되뇌었다.

알렉스는 다정히 나를 맞았고 일상적인 얘기들이 가볍게 이어졌다. 어찌나 가벼웠던지 어느새 우리는 즐거운 시간을 보내고 있었다. 한 시간쯤 지나 왜 여기에 왔는지도 거의 잊혀졌을 때, 알렉스가 테이블 위로 몸을 기울이더니 내 눈을 바라보며 물었다. 마치 이게 데이트라고 결론을 내리기라도 한 것처럼 야릇한 눈빛으로. "그래서 '이례적인 질문'이란 게 뭐죠?"

순식간에 얼굴이 화끈 달아오르고 손에서 땀이 났다. 그리고 이럴 때 사람들이 흔히 그러듯 아예 입을 다물어 버렸다. 내가 하려는 일이 너무나 중대하고도 미친 짓이었기에, 나는 더욱 아무 말도 할 수 없었다. 간신히 생각을 정리하고 앞뒤가 안 맞는 비유를 들어가며 설명을 할 때까지 알렉스는 잠자코 기다렸다. "레시피의 재료가 다 갖춰지지 않은 거예요. 이건 신장을 기증하는 것과 비슷한데, 장기를 떼내지는 않는 거죠." 장기라는 말이 입 밖으로 나오는 순간 나는 더 당황해서 이야기의 방향을 틀었다. "수혈하는 것과도 비슷한데, 주삿바늘 대신 섹스를 하는 거예요!" 이번에는 제정신을 차리고 입을 다물었다. 알렉스는 묘한 표정을 지은 채 나를 쳐다봤고, 나는 속으로 생각했다. '인생이 이것보다 더 쪽팔릴 수는 없을 거야.'

그런데 아니었다. 알렉스는 내가 뭘 부탁하려는 건지 전혀 감을 잡지 못했다.

"있잖아요." 나는 간신히 입을 열었다. "나는 서른일곱 살인데 아이를 갖고 싶어요. 정자 은행에서는 성과가 없었고, 그래서 혹시 당신이……."

알렉스도 이번에는 제대로 알아들었다. 몸이 굳어버린 걸 보면 알 수 있었다(그의 라테 컵도 허공에서 얼어붙었다). 의대 시절에 봤던 긴 장성 분열증 환자 이후로 이렇게 미동조차 없는 사람은 처음이었다. 마침내 알렉스의 입술이 움직였고, 그 사이로 한마디가 튀어나왔다. "와우."

그러더니 서서히 다른 말들이 뒤따랐다. "그건 전혀 예상도 못했네요."

"그렇겠죠." 내가 말했다. 그를 난처한 상황에 밀어넣은 것도 미안하고 이런 얘기를 꺼냈다는 사실 자체가 참담해서 사과를 하려는데, 놀랍게도 알렉스가 이렇게 덧붙였다. "하지만 그것에 대해 얘기해볼 의향은 있어요."

이번에는 내가 얼어붙었다. "와우." 그리고 몇 시간이 훌쩍 지나갔다. 알렉스와 나는 어린 시절부터 장래의 꿈까지 모든 것에 대해 이야기를 나눴다. 첫 섹스가 감정의 둑을 허물 수 있는 것처럼, 정자라는 말이 감정의 장벽을 모두 허물어뜨린 것 같았다. 한참 만에 자리에서 일어섰을 때 알렉스는 생각을 해봐야겠다고 말했다. 나는 좋다고 동의했으며, 그는 자신이 연락을 하겠다고 했다. 그때만 해도 그가 진지하게 다시 생각을 해본다면, 연락이 올 일은 없을 거라고 확신했다.

그런데 그날 밤 이메일 수신함에 알렉스의 이름이 떴다. 정중한 거절을 예상하며 메시지를 클릭했다. 이런 글이 적혀 있었다. '지금까지는 예스지만 몇 가지 더 물어볼 게 있어요.' 그래서 만날 약속을 다시 정했다.

이후 두 달 동안 어스 카페에서 어찌나 자주 만났던지 나는 그 카페를 나의 '정자 사무실'이라고 부르기 시작했고, 내 친구들은 정자(스펌)와 카페 이름(어스)를 합쳐서 그곳을 스퍼스라고 불렀다. 스퍼스에서 우리는 정액 샘플과 진료 이력부터 계약서와 아이 면접권까지 모든 것에 대해 이야기했다. 그러다가 마침내 양도 방법을 논의하는 단계에 이르렀다. 병원에서 수정을 할 것인가, 임신 확률을 높이기 위해 섹스를 할 것인가.

그는 섹스를 택했다.

솔직히 말해서 나는 이의가 없었다. 그리고 더 솔직하게는? 이런 전개에 신이 났다! 어쨌거나, 엄마로서의 내 미래에는 초콜릿 복근에 조각 같은 광대뼈를 가진 알렉스처럼 매력적인 스물일곱 살짜리와 섹스를 할 기회가 많지는 않을 것 같았다.

그러면서 나는 생리 주기를 강박적으로 체크하기 시작했다. 어느날 나는 스퍼스에서 곧 배란기가 되니까 이번 달에 시도하려면 마음을 정하기까지 딱 일주일이 남았다고 알렉스에게 말했다. 다른 상황 같았으면 남자를 엄청 압박하는 것처럼 보일 수도 있었지만, 이때쯤에는 거의 성사된 일처럼 느껴졌고, 나는 허비할 시간이 없었다. 우리는 이미 가능한 모든 각도에서 계획을 검토했다. 법, 감정, 윤리, 그리고 실행의 측면에서도. 게다가 우리는 둘만이 아는 농담을 주고받고, 서로를 애칭으로 부르며, 이 아이가 얼마나 축복받은 아이일지 한목소리로 말했다. 한 주 전에는 심지어, 이게 무슨 사업 기회에 대한 얘기라도 되는 것처럼, 다른 사람과도 접촉을 해봤는지 아니면 독점적인 제안이었는지 물었다. 입찰 경쟁이라도 되는 것처럼 꾸며서 계약을 확정짓고 싶은 충동도 얼핏 들었다('피트가 노리고 있고, 개리도 관심을 보이고 있으니까 금요일까지는 확답을 주는 게 좋을 거야'). 하지만 나는 우리 관계가 온전한 진실 위에 세워지기를 원했고, 어쨌거나 알렉스가 수락을 할 거라고 확신했다.

마감일을 정한 다음 날, 우리는 계약서의 세부 사항을 최종적으로 한 번 더 논의하기 위해 해변으로 산책을 나갔다. 해변을 걷는데 느닷없이 부슬비가 내렸다. 서로를 쳐다보며 어쩔까를 고민하는 사이, 부슬비는 어느새 본격적인 폭우로 변했다. 둘 다 반팔을 입었는데 알렉스가 허리에 묶었던 재킷을 풀어 내 어깨에 둘렀고, 해변에서 비에 젖은 채로 서로를 바라볼 때 그는 내게 확실한 그린라이트를 보냈다. 오랜 협상을 하며 서로를 알아가고, 이것이 우리와 아이에게 어떤 의미일지를 따지고 물은 끝에, 드디어 실행에 옮길 준비가 되었다.

"아이를 만듭시다!" 그가 말했고, 거기서 우리는 서로를 끌어안고 웃었다. 무릎까지 내려오는 커다란 재킷을 걸치고 내게 정자를 주려는 이 남자를 끌어안으며, 나는 언젠가 내 아이에게 이 얘기를 해줄 날까지 어떻게 기다릴지 벌써부터 조바심이 났다.

차로 돌아왔을 때 그는 서명한 계약서를 내게 건넸다.

그러고는 사라져버렸다.

이후 사흘 동안 그에게서 아무런 연락이 없었다. 길지 않다고 생각할지 모르지만 나에게 그 사흘은 영원과 같았다. 숨은 뜻을 찾지 않으려고 노력했지만(스트레스는 임신에 좋지 않으니까), 마침내 다시 나타난 알렉스는 이런 메시지를 보내왔다. "얘기 좀 해요." 바닥으로 뚝 떨어진 기분이었다. 성인이라면 누구나 그렇겠지만, 나도 이 말의 의미를 정확하게 알고 있었다. 그건 내가 곧 차일 거라는 뜻이었다.

다음 날 아침 우리가 늘 앉던 테이블에서, 알렉스는 내 눈을 피하며 헤어지는 연인들의 흔한 레퍼토리를 늘어놓기 시작했다. "당신이 아니라 내가 문제예요." "지금 내 인생이 너무 불안해서 책임을 질 수 있을지 모르겠고, 이런 내 인생에 당신을 끌어들이고 싶지 않아요." 그리고 영원한 최고의 한 문장. "그래도 좋은 친구로 남았으면 좋겠어요."

"괜찮아요, 바다에 물고기가 한 마리뿐인 건 아니니까." 나는 적절치 않은 농담으로 나를 보호하려 했다. 분위기를 가볍게 만들어서, 내가 (이성적으로는) 왜 그가 기증을 할 수 없다고 느끼는지 충분히 이해한다는 걸 알려주고도 싶었다. 하지만 내면은 탈탈 털린 기분이었는데, 다시 한 번 너무나 또렷히 그려졌던 아이를 품에 안을 수 없게 됐기 때문이다. 같은 시기에 두 번째 유산을 한 어떤 친구도 똑같은 기분이었다고 말했다. 집에 돌아온 나는 정자 기증자 찾는 일을 잠시 쉬기로 결정했다. 상심이 너무 컸기 때문이다. 친구처럼 나도 최대한 아기를 피해 다녔다. 심지어 TV에 기저귀 광고만 나와도 채널을 돌렸다.

몇 달이 지나 다시 온라인에서 기증자를 찾아봐야 할 때가 왔다고 생각했다. 그런데 다시 등록을 하려던 찰나에 뜻밖의 전화를 받았다.

캐슬린, 정자 은행의 그녀였다.

"로리, 좋은 소식이에요." 그녀는 걸쭉한 브루클린 억양으로 내게 말했다. "누가 그 젊은 클루니의 정액을 반품했어요."

젊은 클루니……. 내가 찍었던 사람. 종합 선물 세트!

"반품했다고요?" 내가 물었다. 반품된 정액이라니, 어떤 반응을 보여야 할지 감이 잡히지 않았다. 마트에서 구입한 위생 용품은 영수증이 있어도 반품할 수 없잖아. 하지만 캐슬린은 그 정액이 실제로 밀폐된 질소 탱크를 떠난 적이 없으며 '상품'에는 아무 하자가 없다고 나를 안심시켰다. 누군가 다른 방법으로 임신이 되어 더 이상 플랜 B가 필요하지 않았던 것이고, 원한다면 지금 그걸 구입해야 했다.

"클루니한테 대기자 명단이 있다는 거 알죠?" 나는 그녀가 다음 말을 채 잇기도 전에 대답했다. "좋아요!"

그해 가을 베이비 샤워 후에 사람들과 저녁을 먹으러 나왔는데, 엄마가 근처 테이블에 진짜 조지 클루니가 앉아 있는 걸 발견했다. 우리 테이블 사람들은 모두 캐슬린의 '젊은 조지 클루니' 이야기를 알고 있었고, 차례로 산처럼 부른 내 배를 쳐다봤다가 고개를 돌려 유명한 그 영화배우를 바라봤다.

그는 「ER」에 출연하던 젊은 시절에 비해 훨씬 더 성장했다. 나도 NBC의 젊은 실무자 시절에 비해 훨씬 성숙한 느낌이었다. 우리 둘은 모두 많은 일을 겪었으니까. 얼마 후 그는 오스카상을 수상했고, 나는 아들을 낳았다.

일주일 후, '젊은 클루니'에게는 새 이름이 생겼다. 재커리 줄리언. 잭. 그는 사랑이고 기쁨이며 경이로운 마법이다. 그는, 캐슬린이 말했던 것처럼 '종합 선물 세트'다.

8년이 지나, 일종의 데자뷔랄까. 남자친구가 '앞으로 10년을 더 아이와 같은 지붕 아래에서 살 수 없다'고 말할 때, 나는 알렉스가 결국 나의 기증자가 될 수 없다고 말했던 스퍼스에서의 그날로 시간을 거슬러가게 된다. 그때 얼마나 허망했는지. 하지만 얼마 후 캐슬린의 전화를 받고 꺼졌던 꿈이 다시 살아나는 것 같았던 기분을 떠올리게 될 것이었다.

상황은 너무 비슷해서(예상치 못했던 반전, 지워진 계획), 남자친구의 선언으로 고통의 구렁텅이에 빠져 있으면서도 이번 역시 상황이 저절로 회복되길 바랄지 모른다.

하지만 이번에는 뭔가 감이 전혀 다르다.

17. 기억도 욕망도 없이

20세기 중반 영국의 심리 분석학자 월프레드 비온은 심리 치료사들이 '기억도 욕망도 없이' 환자를 대해야 한다고 단언했다. 그가 봤을 때 심리 치료사들의 기억은 주관적 해석을 낳기 쉽고 시간이 흐르면서 변형된다. 반면 심리 치료사의 욕망은 환자들이 원하는 바에 역행할 수 있다. 기억과 욕망이 결합될 때, 심리 치료는 편견(개념화된 아이디어)으로 귀결될 수 있다. 비온은 심리 치료사가 눈앞의 환자에게 귀를 기울이고(기억의 영향을 받지 않고), 다양한 결과에 개방적인 태도를 유지하길 원했다(욕망의 영향을 받지 않고).

인턴 시절 수퍼바이저 선생님이 비온의 열렬한 지지자였기 때문에, 나도 치료를 시작할 때마다 '기억도 욕망도 없이'를 스스로에게 주문했다. 선입견이나 정해놓은 의도로 인해 곁길로 빠지는 일이 없다는 점이 마음에 들었다. 그건 집착을 버리라는 불교의 가르침과도 비슷해서 뭔가 선적인 느낌이 들기도 했다. 하지만 실제로는 신경학자 올리버 색스의 유명한 환자를 흉내내려 애쓰는 것처럼 느껴졌다. H. M.이라는 이니셜로 알려진 이 뇌 손상 환자는 바로 직전의 일조차 기억하지 못하고 미래를 구상하는 능력도 상실한 채 오로지 순간만을 살았다. 전두엽이 멀쩡한 내가 의지의 힘만으로 그런 기억 상실증을 꾸며낼 수는 없었다.

물론 비온의 개념은 좀 더 심오하다. 또 치료에 앞서 주의를 분산시키는 기억과 욕망을 점검하는 건 그 자체로 가치가 있다. 어쨌든 여기서 비온을 들먹인 이유는 웬델의 사무실로 향하고 있을 때, 환자의 시각(그러니까 내 시각)에서는 '기억도(남자친구에 대한) 욕망도(남자친구를 향한) 없이'의 상태가 은총에 가깝다는 생각이 들었기 때문이다.

수요일 아침, 나는 웬델의 소파 A와 B 중간쯤 되는 지점에 쿠션을 등에 대고 앉았다.

나는 전날 일터에서 있었던 일로 이야기를 시작할 작정이다. 공동 탕비실에 갔다가 대기실 비치용 잡지들이 잔뜩 쌓여 있는 걸 발견했는데, 맨 위에 『이혼』이라는 잡지가 눈에 들어왔다. 나는 구독자들이 집에 돌아와 이 잡지를 발견하는 모습을 그려봤다. 텅 빈 집에 들어가 냉동 식품이나 배달 음식을 먹으며 잡지를 넘기다보면 이런 생각이 들지 않을까. '내 인생이 어쩌다 이렇게 됐을까?' 상처를 극복한 사람들은 이런 걸 읽기보다 다른 뭔가를 할 것 같고, 이걸 읽는 대부분은 나처럼 슬픔에서 아직 헤어나지 못한 사람들일 것 같았다.

물론 남자친구와 나는 결혼한 게 아니었으니까, 이건 이혼이 아니다. 그래도 결혼하기로 되어 있었으니까, 비슷한 범주에 들어가지 않을까. 심지어 나는 우리 이별이 한 가지 점에서는 이혼보다 더 심할지도 모른다고 생각했다. 이혼의 경우 상황이 이미 악화되었고, 그 결과로 갈라서게 된다. 슬픔을 털어내는 데에는 나쁜 기억이 좋은 기억보다 낫지 않을까? 행복한 기억으로 가득한 관계를 끝내는 게 더 힘들지 않을까?

내 생각에는 그럴 것 같았다.

탕비실 테이블에 앉아 요거트를 먹으며 수록된 기사들의 제목을 훑어보는데 핸드폰에서 이메일 수신음이 울렸다. 기대했던(아직도!) 남자친구의 메일은 아니었다.

그건 남자친구의 깜짝 생일 선물로 몇 달 전에 내가 예매한 콘서트 티켓의 확인 메일이었다. 우리 둘 다 좋아했던, 사귀는 내내 배경 음악처럼 틀어놓곤 했던 밴드였다. 가장 좋아하는 노래가 똑같다는 사실은 첫 데이트에서 알았다. 남자친구가 아닌 누군가와 이 콘서트에 간다는 건 상상할 수 없었다. 그것도 그의 생일에. 가야 할까? 누구랑? 그가 생각나지 않을까? 이런 의문이 꼬리를 물었다. 그는 내 생각을 할까? 그렇지 않다면, 내가 그에게 어떤 의미가 있긴 했던 걸까? 『이혼』의 기사 제목이 떠올랐다. '부정적인 생각 다스리기.'

부정적인 생각을 다스리는 게 힘들었던 이유는 웬델의 사무실 말고 그걸 배출할 곳이 마땅치 않았기 때문이다. 이별은 조용한 상실로 분류되는 경향이 있어서 타인에게는 잘 체감이 되지 않는다. 따라서 친구들은 비교적 쉽게 극복할 거라고 짐작한다.

콘서트 티켓은 상실을 확인시키는 외부적 요소로서 환영할 만하다. 그것은 잃어버린 것들, 사람뿐 아니라 시간과 관계와 일상, 우리만의 농담과 우리만 아는 것들, 이제는 나만이 간직하게 된 공통의 기억들을 상기시킨다.

소파에 편안하게 자리를 잡고 이런 얘기들을 할 참이다. 그런데 대신 눈물이 쏟아진다.

느닷없이 터진 눈물이 놀랍고 부끄러운데 진정하려고 할 때마다 허둥지둥 '미안해요'를 웅얼거리고는 다시 무너진다. 거의 5분이 이렇게 흘러간다. "아, 정말 미안해요."

웬델이 뭐가 미안하냐고 묻는다.

나는 나를 가리킨다. "나를 좀 봐요!" 휴지를 뽑아서 코를 힘차게 푼다.

웬델은 이렇게 말하는 듯이 어깨를 들썩인다. '음, 네. 그런데 그게 뭐 어때서요?'

그 뒤로도 울다 진정하기를 반복하면서 다시 몇 분이 흐른다.

그러는 동안, 헤어진 다음 날 불면의 밤을 보내고도 용케 일어나서 평소처럼 생활했던 걸 떠올린다.

잭을 학교에 내려주며 '사랑한다'고 말했던 일. 아이는 주변에 아무도 없는지 확인한 후 '나도 사랑해요'라고 말하고 친구들이 있는 곳으로 달려갔다. 사무실로 이동하는 동안 나는 머릿속으로 젠의 말을 되뇌었다. '이게 이야기의 전부일 리 없어!'

엘리베이터에서는 부정에 관한 말장난을 떠올리며 웃기까지 했는데, 그러고는 다시 현실 부정에 빠져들었다. '어쩌면 그가 마음을 바꿀지도 몰라. 어쩌면 이 모든 게 커다란 오해일 거야.'

물론 커다란 오해 같은 건 없었다. 아니라면 내가 지금 웬델 앞에 앉아서 이렇게 엉망진창으로 헤매는 꼴이 얼마나 바보 같은지에 대해 이야기를 늘어놓고 있지 않을 테니까.

"이렇게 합시다." 웬델이 말했다. "여기 와 있는 동안에는 스스로에게 친절하기로 말이죠. 여길 나가면 얼마든지 자기를 다그쳐도 돼요. 어때요?"

'스스로에게 친절하자.' 내가 그런 적이 있던가.

"아니면 문에 권투 글러브를 걸어둘 테니 여기 있는 내내 혼자서 치고 때리세요. 그 편이 더 쉽지 않을까요?" 웬델이 미소 지었다. 나는 숨을 들이마셨다가 내쉰다. '친절한 마음.' 자학하는 환자를 보면서 내가 자주 가졌던 생각이 문득 떠오른다. '지금의 당신은 스스로에게 당신이 어떤 사람인지 얘기해 줄 만한 적임자가 아니에요.' 나는 그들에게 자책과 책임감은 다른 것이라고 지적하면서, 작가이자 심리학자인 잭 콘필드가 했던 말을 인용했다. '성숙한 영성의 두 번째 자질은 친절이다. 그것은 자기 수용이라는 기본 개념에 토대를 둔다.' 심리 치료에서 우리는 자기 연민과 자기 존중을 목표로 한다.

"권투 글러브는 좀 그렇네요." 내가 말한다. "잘 추슬러왔는데 지금은 눈물을 멈출 수가 없어요. 헤어진 바로 그때로 돌아간 느낌이에요."

웬델이 고개를 기울인다. "하나만 물어볼게요." 남자친구와의 관계를 묻나 싶어 눈물을 닦고 기다린다.

"심리 치료사로 일하는 동안 비통함을 호소하는 사람을 만난 적이 있나요?"

그 순간 생각이 멈춰버린 느낌이다.

　당연히 온갖 종류의 비통한 사람들을 만났다. 아이를 잃은 사람, 부모를 잃은 사람, 배우자를 잃은 사람, 형제자매를 잃은 사람, 결혼 생활이 파탄난 사람, 반려견을 잃은 사람, 일자리를 잃은 사람, 정체성을 잃은 사람, 꿈을 잃은 사람, 몸의 일부를 잃은 사람, 젊음을 잃은 사람……. 뭉크의 「절규」 속 이미지 같은 표정을 짓는 사람들도 만났다. 자신의 비통함을 '거대하다'고, '참을 수 없을 지경'이라고 묘사하거나, '무감각과 극한의 고통 사이를 오가는' 느낌이라고 호소한 환자도 있었다.

　멀리서 지켜본 비통도 있다. 의대 시절 응급실에서 어떤 소리를 듣고 너무 놀라 운반하던 혈액 샘플을 떨어뜨릴 뻔한 적이 있다. 그건 인간의 소리라기보다 동물의 울부짖음에 가까웠는데, 귀를 찌르는 소리가 어찌나 강렬하던지 소리가 나는 곳을 찾아가봤다. 그곳에는 한 엄마가 있었다. 엄마가 어린 동생의 기저귀를 갈기 위해 이층에 올라간 사이, 세 살짜리는 혼자 뒷문을 열고 나갔다가 수영장에 빠져 죽었다. 그 비통한 울음소리를 듣고 있을 때 그녀의 남편이 도착했고, 충격에 겨운 괴성이 아내의 구슬픈 포효에 더해졌다. 슬픔과 고통의 울음소리를 들은 건 아마 그때가 처음이었다. 이후로 셀 수 없이 많이 듣게 되었지만…….

　비통함은, 당연하게도, 우울증과 비슷할 수 있다. 때문에 몇 년 전까지만 해도 이 분야의 진단 매뉴얼에는 '사별 배제'라는 용어가 있었다. 누군가를 잃고 첫 두 달 동안의 우울증 증상은 그냥 사별로 진단했다. 하지만 증상이 두 달 넘도록 지속되면 우울증 진단을 받게 되는 식이다. 사별 배제는 더 이상 통용되지 않는데, 그 한 이유는 기준이 시간이기 때문이다. 상실의 비통함은 정말 두 달이면 끝나는 걸까? 6개월이나 1년, 아니면 어떤 형태로든 평생 지속되는 건 아닐까?

상실이 다층적이라는 것은 사실이다. 실질적인 상실(내 경우 남자친구)이 있고, 그로 인해 드러나는 잠재적인 상실이 있다. 배우자와의 이별은 이혼이 야기하는 고통의 일부에 불과한 경우가 많다. 오히려 그 변화가 내포하는 것들(실패, 거절, 배신, 미지, 그리고 기대했던 것과 다른 삶)이 더 중요하다. 중년에 이혼했다면 누군가와 이전 수준의 친밀함을 다시 구축하는 데 제약이 있을 것이고, 이것도 상실에 포함된다. 수십 년의 결혼 생활을 청산한 후 새 연인을 사귄 어떤 여자 이야기를 읽은 적이 있다. '데이비드와 함께 분만실에 갈 일은 없을 거예요. 그의 어머니도 만난 적이 없고요.'

웬델의 질문이 대단히 중요한 이유는 이것이다. 웬델은 내게 비통해하는 환자들을 대했던 기억을 떠올리게 함으로써 이 상담에서 그가 내게 해줄 수 있는 게 뭔지 보여주려 했다. 그는 깨져버린 관계를 이어 붙여줄 수 없다. 엄연한 현실을 바꿀 수도 없다. 그래도 도움을 줄 수 있는데, 누구에게나 스스로를 이해하고 또 이해받고 싶다는 깊은 열망이 있다는 사실을 알기 때문이다. 커플 심리 치료를 하다보면, '당신은 나를 사랑하지 않아'가 아니라 '당신은 나를 이해하지 못해'라고 불평하는 여자나 남자를 볼 때가 많다.

다시 눈물이 흐르기 시작했다. 이런 나를 지켜보는 웬델의 심정은 어떨까 싶다. 환자를 볼 때 심리 치료사들이 하는 행동이나 말, 또는 느끼는 감정은 모두 우리가 걸어온 이력의 영향을 받는다. 내가 경험했던 모든 것이 영향을 미친다. 조금 전에 받은 문자 메시지, 친구와 나눈 대화, 계산 실수를 바로잡기 위해 고객 센터 직원과 주고받은 얘기, 날씨, 간밤의 수면 시간, 그날의 첫 환자를 받기 전에 꾸었던 꿈, 환자의 이야기가 일깨운 기억 등이 모두 환자를 대하는 내 행동에 영향을 미칠 것이다. 이별 전의 나는 지금의 나와 다르다. 아들이 갓난아기였을 때의 나는 현재의 나와 다르고, 지금 웬델의 소파에 앉아 있는 나는 또 다르다. 그리고 나와 마주 앉은 그도 지금껏 살면서 일어났던 일들로 인해 다른 사람이 되었다. 어쩌면 내 눈물이 그의 비통한 기억을 불러냈을지 모르고, 그래서 그에게도 이 자리가 고통스러울지 모른다. 그가 나를 모르듯이 나 역시 그를 모른다. 그러나 내가 어쩌다 이렇게 됐는지, 이야기의 실마리를 풀기 위해 우리는 힘을 합친다.

내가 이야기를 편집할 수 있도록 돕는 것이 웬델의 일이다. 그게 모든 심리 치료사의 역할이다. 관련 없는 요소는 무엇인가? 조연들은 중요한가? 방해꾼이 있는가? 이야기에 진척이 있는가, 혹은 제자리를 맴돌고 있는가? 줄거리의 특정 지점에서 주제가 드러나는가?

우리가 활용하는 기법은 환자가 깨어 있는 상태에서 진행하는 뇌수술과 비슷하다. 집도의는 환자에게 계속 묻는다. '이게 느껴지나요?' '이런 말을 할 수 있나요?' '이 문장을 따라할 수 있나요?' 뇌의 민감한 부분에 얼마나 가까이 접근했는지를 끊임없이 확인하고, 만일 그 부분에 닿으면 손상을 피하기 위해 물러난다. 심리 치료사는 뇌가 아니라 마음을 탐구하고, 아주 미세한 몸짓이나 표정을 통해 우리가 신경을 건드렸다는 걸 안다. 하지만 신경외과와 달리 우리는 예민한 부분에 이끌리며, 환자가 불편해하더라도 그 부분을 조심스럽게 누른다.

그래야 이야기의 더 심층적인 의미에 접근할 수 있는데, 그 핵심에는 어떤 형태로든 비통함이 자리잡고 있을 때가 많다. 거기에 도달하기까지 수많은 이야기들을 헤쳐나가야만 한다.

20대인 사만다는 사랑하는 아버지의 죽음을 이해하고 싶다며 나를 찾아왔다. 어렸을 때 그녀는 아버지가 보트 사고로 돌아가셨다고 들었다. 그런데 어른이 되고 보니 자살이 아니었을까 의심이 들었다. 자살은 남은 사람들에게 풀리지 않는 미스터리를 남길 때가 많다. '왜 그랬을까? 막을 수는 없었을까?'

사만다는 연애 문제가 있었다. 그녀는 늘 관계를 헤집어서 기어이 헤어질 이유가 될 문제를 찾아내곤 했다. 남자친구가 아버지 같은 수수께끼가 되길 원치 않는 마음에, 그녀는 자신도 모르게 버림의 이야기를 다시 쓰고 있었다. 다만 이때는 그녀가 버리는 쪽이었다. 그러나 주도권이 누구에게 있든, 결국 그녀는 혼자가 되었다. 심리 치료를 통해, 그녀는 자신이 풀려고 하는 미스터리가 아버지의 자살 여부보다 크다는 걸 깨달았다. 살아 있을 때 아버지는 어떤 사람이었는지, 그로 인해 그녀는 어떤 사람이 되었는지가 또한 미스터리였다.

사람들은 이해받고 또 이해하기를 원한다. 하지만 대부분의 사람들에게 가장 큰 문제는 뭐가 문제인지 모른다는 것이다. 우리는 같은 웅덩이에 반복해서 빠진다. '불행해질 게 틀림없는 행동을 나는 왜 자꾸 되풀이하는 걸까?'

어느새 웬델이 무릎을 탁탁 치며 시간이 다 되었음을 알린다. 묘하게 차분해진 기분이 들었다. 여기서 마음껏 울었다. 담요를 두르고, 따뜻하고 안전하게, 저 밖 세상에서 벌어지는 모든 일들과 단절된 느낌으로. 그러면서 이런 생각을 한다. '내가 지금 45분 동안 내리 우는 모습을 지켜보라고 누군가한테 돈을 준 거야?'

그렇기도 하고 아니기도 하다.

아무 말도 오가지 않았지만, 웬델과 나는 대화를 나눴다. 그는 내가 슬퍼하는 걸 지켜봤고, 멈추거나 분석하려 하지 않았다. 오늘 내게 필요했던 방식으로 이야기를 풀어낼 수 있도록 내버려뒀다.

눈물을 닦으며 일어나다가 문득 깨달았다. 그동안 웬델이 삶의 다른 측면(가족, 일, 친구들)에 대해 물어볼 때마다 나는 기계적인 답을 내놓고는 재빠르게 다시 남자친구 이야기로 돌아갔다. 이제야, 휴지를 뭉쳐서 쓰레기통에 던져 넣으며, 웬델에게 온전한 대답을 하지 않았다는 사실을 인정할 수 있다.

엄밀한 의미에서 거짓말을 한 건 아니다. 하지만 다 얘기한 것도 아니다.

몇 가지 세부적인 내용들을 빠트렸다고 해두자.

Part Two

정직이 동정보다 더 강한 치료제다.
동정은 위로는 될지언정 무언가 숨길 때가 많다.
— 그레텔 에를리히

18. 금요일 오후 네 시

우리는 맥신의 사무실에 모였다. 천을 덮어서 늘어뜨린 의자, 일부러 낡은 느낌이 나도록 가공한 나무들, 빈티지한 직물, 전체적으로 은은한 크림색 색조가 눈에 띈다. 오늘 자문 그룹 모임에서는 내가 사례를 발표할 차례였고, 치료가 별 도움이 안 되는 것처럼 보이는 환자 이야기를 하려고 한다.

그녀가 문제일까? 아니면 나일까? 오늘 그걸 알아내고 싶다.

베카는 서른 살이고 1년 전에 사회생활에 문제가 있다며 나를 찾아왔다. 업무에는 유능했지만 동료들의 따돌림이 상처가 됐다. 점심이든 술자리든 동료들은 그녀를 청하는 법이 없었다. 한편으로는, 처음에는 뜨겁다가 두 달이면 떠나버리는 남자들만 줄줄이 만났다.

그녀가 문제였을까? 아니면 남자들이었을까? 그녀는 그걸 알고 싶어서 심리 치료를 받으러 왔다.

매주 금요일 4시에 있는 그룹 미팅에서 베카 얘기를 하는 건 이번이 처음이 아니다. 꼭 그럴 필요가 있는 건 아니지만 많은 심리 치료사들이 자문 그룹을 필수처럼 여긴다. 혼자 하는 일이다 보니 함께 일하는 환경에서 얻는 장점들(잘한 일에 대한 칭찬이든, 더 잘할 수 있게 돕는 피드백이든)이 절실하기 때문이다. 자문 그룹에서 우리는 환자뿐 아니라 환자를 대하는 우리 자신도 점검한다.

자문 그룹 모임에서 안드레아는 나에게 이런 지적을 해줄 수 있다. "환자가 자기 오빠처럼 구는 것 같은데! 그래서 자기가 그런 식으로 반응하는 거야." 그런가 하면 나는 올 때마다 별자리 운세를 늘어놓는다는 환자에 대해 이안이 감정을 다스릴 수 있도록 도울 수 있다. 그룹 자문은 우리가 치료에서 객관성을 유지하고, 중요한 주제에 집중하고, 명백한 것들을 놓치지 않도록 견제하고 균형을 잡아주는 완벽하지는 않지만 소중한 시스템이다. 물론 금요일 오후니까 농담도 오가고, 음식과 와인이 곁들여질 때도 많다.

"똑같은 딜레마예요." 그 자리에 모인 사람들(맥신, 안드레아, 클레어, 그리고 청일점인 이안)에게 내가 말한다. 누구에게나 맹점이 있지만, 베카가 특이한 건 자기 자신에 대해 호기심이 거의 없는 것처럼 보인다는 점이라고 나는 덧붙인다.

모두 고개를 끄덕인다. 많은 사람들이 자기보다는 타인에 대한 호기심 때문에 심리 치료를 시작한다. '내 남편은 왜 이러는 걸까요?' 상담을 할 때마다 우리는 호기심의 씨앗을 뿌리는데, 자신에게 호기심이 없는 사람한테는 심리 치료가 도움이 되지 않기 때문이다. 특정 시점이 되면, 나는 '왜 당신보다 내가 더 당신한테 호기심을 느끼는 것 같죠?'라고 묻고, 환자가 어떻게 반응하는지 지켜본다. 대부분은 내 질문에 호기심을 보이기 시작한다. 그런데 베카는 아니다.

나는 숨을 들이마시고 말을 잇는다. "베카는 치료에 만족하지 않고 진전도 없어요. 그런데도 다른 델 가지도 않고 매주 나를 찾아와요. 자기가 옳고 내가 틀렸다는 것을 보여주려는 듯이."

30년 경력으로 이 모임의 대모격인 맥신이 잔에 담긴 와인을 빙빙 돌린다. "자기는 왜 그 여자를 계속 보는 건데?"

쟁반에 놓인 치즈 덩어리에서 한 조각을 잘라내며 곰곰이 생각해본다. 사실 지난 몇 달 동안 이 그룹에서 나온 아이디어들은 전부 실패로 끝났다. 이를테면, 그녀가 우는 이유를 물었을 때 베카는 이렇게 쏘아붙였다. "그걸 알려고 내가 당신한테 오는 거잖아요. 상황이 어떻게 돌아가는 건지 알면 여기 올 필요가 없겠죠." 그래서 그 순간 우리 사이에 돌출된 것들(그녀의 실망감과 오해받는 느낌, 내가 도움이 되지 않는다는 인식)에 대해 이야기해보자고 하면, 자기만 늘 이렇게 벽에 부딪치게 된다며 딴소리를 했다. 그런데도 내가 계속 우리 관계에 초점을 맞췄더니 화를 냈다(비난받는, 또는 비판을 당하는 기분이었을까?). 그래서 화에 대해 이야기해보려 하자 이번엔 마음의 문을 닫아걸었다. 그렇게 문을 닫아거는 것이 상처를 받을까봐 두려워서냐고 물었을 때는 또 내가 오해한다고 했다. 그래서 나는 그렇게 오해받는다고 느끼면서 왜 계속 나를 찾아오냐고 물었다. 그녀는 내가 자신을 버리려는 거라고, 남자들이나 회사 동료들처럼 자신이 떠나기를 바란다고 비난했다. 사람들이 떠나가는 이유를 생각해보도록 도우려 했지만 그녀는 이미 답을 갖고 있었다. 남자들은 책임지는 걸 두려워하기 때문이고, 동료들은 죄다 속물이기 때문이다.

일반적으로 심리 치료사와 환자 사이에서 일어나는 상황은 환자와 바깥세상 사람들 사이에서 일어나는 상황의 복사판이다. 심리 치료실이라는 안전한 공간에서 환자들은 그 이유를 이해하기 시작할 수 있다. 심리 치료사와 추는 춤이 바깥의 인간 관계에서 반복되지 않는다면, 그건 그 환자가 아무와도 깊은 관계를 맺고 있지 않기 때문인 경우가 많다. 피상적으로 매끄러운 관계를 유지하기는 쉽다. 베카는 나를 포함한 모든 사람들과의 관계에서 부모님과의 관계를 재현하는 것처럼 보였는데, 그것에 대해서도 얘기하려 하지 않았다.

물론 심리 치료사와 환자가 그냥 안 맞을 때도 있다. 역전이(치료사의 감정이 환자에게 전달되는 것)가 관계를 가로막을 때 그렇다. 환자에 대해 부정적인 느낌을 갖는다면, 그것도 일종의 신호다.

베카가 내 신경을 자극한다고, 나는 그룹 사람들에게 말한다. 하지만 그건 순전히 그녀가 소통하기 어려운 사람이기 때문일까? 그녀가 내 과거의 누군가를 떠올리게 만들기 때문은 아닐까?

심리 치료사들이 환자를 치료할 때 활용하는 정보의 출처는 세 가지이다. 환자가 하는 이야기, 그들이 보여주는 행동, 그리고 '환자를 대할 때 우리가 느끼는 감정'. 가끔은 목에 이런 경고판을 걸고 있는 것 같은 환자도 있다. '나를 보면 당신 엄마가 떠오를 걸!' 실습 시절 한 수퍼바이저는 이것을 누누이 강조했다. "환자와의 소통에서 여러분이 느끼는 감정은 진짜입니다. 그것을 활용하세요." 환자를 대하며 겪는 우리의 경험이 중요한 이유는, 그 환자의 삶에 개입된 다른 모든 사람들이 느끼는 것과 상당히 비슷한 뭔가를 우리도 분명 느끼기 때문이다.

이 지식은 베카에게 공감하여 그녀의 고군분투가 얼마나 치열한지 아는 데 도움이 되었다. 기자였던 알렉스 티즌은 '책임과 욕망이 뒤엉킨 실타래 속 어딘가' 누구나 한편의 서사시를 품고 있다고 말했다. 하지만 나는 베카의 그 지점에 도달할 수 없었다. 치료가 계속될수록 나는 점점 지쳐갔는데, 신경을 많이 써서가 아니라 지루해서였다. 상담 시간에 졸지 않도록, 나는 그녀가 오기 전에 초콜릿을 먹거나 팔벌려뛰기를 했다. 결국에는 예약 시간을 저녁에서 오전 제일 첫 시간으로 옮겼다. 그런데도 그녀가 자리에 앉자마자 지루함이 밀려왔고, 무력감을 느꼈다.

"베카로선 네가 무능함을 느껴야 좋아. 그래야 자신이 더 강력하다는 느낌을 받을 테니까." 심리 분석가인 클레어가 말한다. "너 역시 실패한다면 자신의 실패를 그리 심각하게 여기지 않아도 되겠지."

클레어의 말이 맞을지도 모른다. 가장 어려운 환자는 존 같은 사람이 아니다. 그들은 변하고 있지만 그걸 깨닫지 못한다. 가장 어려운 환자는 베카처럼 계속 찾아오는데 변하지 않는 사람이다.

최근에 베카는 웨이드라는 남자와 만나기 시작했는데, 지난주에 그녀는 둘이 다퉜다고 말했다. 웨이드는 그녀가 친구들에 대해 너무 자주 불평한다고 지적했다. "함께 있는 게 그렇게 불행하면, 왜 그들이랑 계속 친구로 지내는 건데?"

베카는 웨이드의 반응을 믿을 수 없었다. 그는 왜 그녀가 그저 감정을 토로할 뿐임을 이해하지 못할까? 그한테 털어놓고 싶을 뿐, '문을 닫아' 달라는 게 아니란 걸?

명백한 평행선이 보였다. 나는 나도 베카에게 감정의 배출구일 뿐인지, 아니면 그녀의 친구들처럼 가끔 짜증나긴 해도 조금은 가치 있는 관계라고 느끼는지 물었다. 베카는 내가 또 잘못 짚었다고 말했다. 즉, 여기 온 건 다만 웨이드에 대해 얘기하고 싶어서라는 거였다. 그녀는 이해하지 못했다. 웨이드와 나의 마음의 문을 닫고, 그래서 그녀의 마음도 닫힌 느낌이 들게 만든 건 바로 그녀 자신이란 걸. 자신의 어떤 행동이 사람들로 하여금 그녀가 원하는 것을 주기 힘들게 하는지, 그녀는 보려 하지 않았다. 삶이 변하기를 바라는 마음으로 나를 찾아왔으면서도, 그녀는 실질적인 변화에 마음을 닫고 있는 것처럼 보였다. 그녀는 심리 치료 이전에 있었던 '해묵은 언쟁'에 발목이 잡혀 있었다. 그리고 베카에게 한계가 있었듯이, 나 역시 마찬가지였다. 심리 치료사는 누구나 자신의 한계에 맞서게 된다.

맥신이 다시 한 번 베카를 계속 보는 이유를 묻는다. 교육과 경험을 통해 알고 있는 모든 것, 자문 그룹에서 조언해준 모든 것을 시도했지만 베카에게 진전이 없다는 사실을 지적한다.

"그녀에게 감정적으로 좌초된 느낌을 주고 싶지 않아요." 내가 말한다.

"베카는 이미 그렇게 느끼고 있어." 맥신이 말한다. "자길 포함해서 그녀가 아는 모든 사람 때문에."

"맞아요." 내가 말한다. "하지만 내가 치료를 중단하면 아무도 자길 도울 수 없다는 믿음이 더 공고해질 것 같아요."

안드레아가 눈썹을 치켜올렸다.

"왜? 뭔데?" 내가 물었다.

"자기의 유능함을 베카에게 입증할 필요는 없어." 그녀가 말한다.

"알아. 내가 걱정하는 건 베카야."

이안이 요란하게 기침을 하고는 목이 막히는 시늉을 한다. 다들 와르르 웃음을 터뜨린다.

"그래, 어쩌면 아닐지도……." 크래커 위에 치즈를 얹으며 내가 말한다. "어쩌면 나쁜 남자와 헤어지지 못하는 내 환자와 비슷할지 몰라. 그녀가 헤어지지 못하는 이유에는, 자신이 더 나은 대우를 받을 자격이 있다는 걸 입증하고 싶은 마음도 있어. 결국 그걸 입증하지 못하겠지만, 시도를 멈추지는 않을 거야."

"싸움에서 졌다는 걸 인정할 필요가 있어." 안드레아가 말한다.

"지금까지 한 번도 환자와 관계를 끊은 적이 없는데." 내가 말한다.

"이별은 끔찍하지." 클레어가 포도 몇 알을 입안에 던져 넣으며 말한다. "하지만 안 그러면 그게 직무 태만이야."

동의하는 소리가 방을 채운다.

이안이 고개를 저으며 나를 본다. "이렇게 말하면 다들 내 목을 조르려고 하겠지만." (이안은 뭐든 남녀 간의 차이로 일반화해서 원성을 산다.) "사실은 말이지, 여자가 남자보다 쓰레기를 더 잘 참아. 여자가 남자한테 쓰레기 같이 굴면, 남자는 훨씬 수월하게 관계를 정리해. 환자가 내 치료에서 득을 보지 못하고, 최선을 다했지만 아무 효과가 없다는 확신이 들면, 나는 정리할 거야."

우리는 늘 하던 대로 그를 쏘아본다. 여자도 남자만큼 잘 정리한다. 하지만 그의 말에 일말의 진실이 있을지 모른다는 것도 안다.

"정리를 위하여!" 맥신이 잔을 들며 말한다. 우리는 건배를 하지만 그다지 즐거운 분위기는 아니다.

환자의 기대가 끝내 실망으로 바뀌는 걸 확인하는 건 가슴 아픈 일이다. 그럴 때면 한 가지 질문이 떠나지 않는다. '뭔가 다른 시도를 했더라면, 제때 핵심을 찾아냈다면, 도움을 줄 수 있었을까?' 그리고 답은? '어쩌면.' 자문 그룹의 분석이 무엇이든, 나는 적절한 방법으로 베카에게 도달할 수 없었다. 나는 그녀를 실망시켰다.

* * *

심리 치료는 힘든 작업이다. 심리 치료사만 그런 게 아니다. 변화의 책임은 결단코 환자에게 있기 때문이다.

한 시간 동안 고개를 끄덕이며 공감해주는 곳을 기대했다면 번지수를 잘못 찾은 것이다. 심리 치료사는 물론 지지하는 사람이다. 그러나 그 대상은 환자의 성장이지, 파트너에 대한 낮은 평가 같은 게 아니다. 우리의 역할은 환자의 시각을 이해하는 것이지만, 그 시각에 꼭 동의한다는 뜻은 아니다. 심리 치료는 책임감과 열린 자세를 요구한다. 심리 치료사는 환자를 곧장 문제의 핵심으로 끌고 가는 대신, 환자 스스로 그곳에 도달할 수 있도록 슬쩍 밀어주기만 하는데, 가장 강력한 진실(가장 심각하게 받아들이는 진실)은 그렇게 조금씩 스스로 찾아낸 것이기 때문이다. 효과적인 치료를 위해 어느 정도의 감정적 불편함은 불가피하다. 따라서 치료를 받겠다는 합의에는 그 불편함을 감수하겠다는 환자의 의지가 내포되어 있는 것이다.

직관에 반하는 것처럼 들릴지 모르지만, 심리 치료는 상태가 나아지기 시작할 때(우울감이나 불안이 덜해지고 위기가 지나갔다고 느낄 때) 가장 효과적이다. 이때 환자들은 덜 수동적이며 치료에 더 잘 참여할 수 있는 상태가 된다. 그런데 안타깝게도 증상이 사라지자마자 더 이상 나오지 않는 사람들이 있다. 그들은 치료가 막 시작되었으며 심지어 이제부터 더 열심히 치료에 임해야 한다는 걸 깨닫지 못한다. 어쩌면 그걸 너무 잘 알아서 그럴지도 모르지만.

언젠가 진료 시간이 끝날 때쯤 나는 웬델에게 가끔 심리 치료가 싫다고 말했다. 이따금 여길 들어올 때보다 나가면서 마음이 더 어지러울 때, 아직 할 말이 산더미 같은데 고통스러운 감정들을 끌어안고 세상으로 내던져질 때, 나는 그게 싫었다.

"해야 할 가치가 있는 대부분의 일들은 어려운 법이죠." 그가 대답했다. 어쩐지 경험에서 우러나온 말처럼 느껴지는 목소리와 표정이었다. 그러면서 덧붙인다. "누구나 더 좋아진 기분으로 심리 치료실을 나서고 싶겠지만, 심리 치료라는 게 그런 식으로 돌아가지 않는다는 걸 적어도 당신은 알아야죠. 단기간에 기분이 좋아지고 싶다면 케이크를 먹거나 섹스를 할 수 있지 않겠어요?" 자기는 단기 만족 직종에 종사하지 않는다고, 그는 말했다. "그건 당신도 마찬가지고요."

그런데 나는 아니다. 환자로서 나는 단기 만족을 원한다. 심리 치료가 어려운 이유는 평소와는 다른 시각으로 자신을 바라볼 것을 요구하기 때문이다. 심리 치료사는 더없는 연민을 담아 거울을 들어주지만, 그걸 제대로 들여다보고 자신을 응시하며 이렇게 말하는 건 환자의 몫이다. "와, 이거 흥미롭네요! 다음은 뭐죠?"

나는 자문 그룹의 조언에 따라 베카의 치료를 중단하기로 결정했다. 나는 실망과 자유를 동시에 느꼈다. 웬델에게 이 이야기를 했더니 그는 베카를 치료할 때 느낌이 어땠을지 잘 안다고 대답했다.

"당신에게도 그런 환자들이 있어요?" 내가 묻는다.

"그럼요." 그러곤 내 눈을 똑바로 보며 환하게 웃는다.

한참 만에 깨닫는다. 그게 나라는 걸. 아이쿠! 그도 나를 만나기 전에 팔벌려뛰기를 하고 카페인을 섭취할까? 자신의 별 볼일 없는 인생 이야기가 심리 치료사를 지루하게 만들까 걱정하는 환자들이 많다. 그들은 전혀 지루하지 않다. 지루한 건 자기 삶을 털어놓지 않는 사람, 내내 미소만 짓고 앉아서 무의미한 이야기를 반복하는 환자들이다. 우리는 곤혹스럽다. '왜 나한테 이런 얘기를 하는 거지? 이게 그들에게 어떤 의미일까?'

끝없이 남자친구 얘기를 하는 내가 웬델한테는 그런 사람이다. 그는 내게 다가올 수 없는데, 내가 그걸 허용하지 않기 때문이다. 그는 이제 내가 어떤 환자였는지 펼쳐 보여주고 있다. 나는 남자친구와 내가 서로에게 한 행동에 대해서만 끊임없이 얘기하고 있다. 그런 내가 베카하고 다를 게 뭔가.

"이런 얘기를 하는 건 일종의 초대입니다." 웬델의 말에, 베카가 내 초대를 얼마나 많이 거절했는지 떠올려본다. 나는 웬델에게 그러고 싶지 않다.

나는 베카를 도울 수 없었지만, 그녀는 내게 도움이 될지 모른다.

19. 우리가 꿈꾸는 것

몇 달째 치료중인 스물네 살의 여자 환자, 홀리가 전날 밤의 꿈 얘기를 들려줬다.

"장소는 쇼핑몰이에요. 나는 어떤 여자랑 마주치는데, 리사라고, 고등학교 때 나한테 못되게 굴었던 아이예요. 다른 애들처럼 면전에 대고 괴롭히진 않았어요. 그냥 나를 완전히 무시했죠! 그것뿐이었으면 괜찮았을 텐데, 학교 밖에서 마주치면 내가 누군지 아예 모르는 척하는 거예요. 말도 안 되는 게, 같은 학교를 3년이나 다닌 데다 수업도 여러 번 같이 들었거든요." 홀리가 얘기를 계속한다.

"아무튼 사는 곳도 가까워서 자주 마주쳤어요. 그런데 못 본 척해야 돼요. 내가 인사를 건네거나 손을 흔들거나 어떤 식으로든 아는 척을 하면 그 애는 머리를 긁적이면서 아무리 생각해도 모르겠다는 표정을 짓거든요. 그러고는 가증스럽도록 다정한 목소리를 꾸며내죠. '미안한테, 우리가 아는 사이니?' 아니면, '우리가 전에 만난 적 있니?' 그리고 운이 좋으면 이런 식이었어요. '정말 민망한데, 이름이 뭔지 다시 한 번 말해줄래?'"

목소리가 살짝 떨리는가 싶었지만, 홀리는 계속 말을 이었다.

"그래서 꿈속에서 나는 쇼핑몰에 있고, 리사도 거기 있어요. 나는 이제 고등학생이 아니고 외모도 달라졌어요. 날씬하고, 멋진 옷을 입고, 머리도 근사해요. 옷을 구경하고 있는데, 리사가 다가와서 옷들을 살펴보다가 나한테 말을 걸어요. 낯선 사람들끼리 주고받을 만한 가벼운 말이죠. 처음에는 빈정이 상해요. 또 나를 못 알아보는 척하네. 그런데 이번에는 진짜라는 걸 알게 되요. 내가 너무 멋있어서 못 알아본 거예요."

홀리는 자세를 조금 바꾸고 몸을 담요로 덮었다. 일전에 우리는 그녀가 담요를 사용하는 방식에 대해 이야기한 적이 있다. 그녀는 체구를 감추기 위해 담요로 몸을 덮었다.

"그래서 나도 시치미를 떼고 이런저런 얘기를 해요. 옷이며 하는 일이며. 그렇게 얘기를 하는데 그녀의 표정이 뭔가 떠오른 눈치인 거예요. 자기 머릿속에 있는 고등학교 3학년 때의 내 이미지, 여드름 투성이에 뚱뚱하고 머리도 부스스했던 그 애와 지금의 나를 맞춰보는 것 같았어요. 머릿속에서 퍼즐이 맞춰지고, 그녀는 이렇게 말하죠. '어머, 세상에! 홀리! 우리 같은 고등학교 다녔잖아!'"

여기서 홀리는 웃기 시작했다. 그녀는 큰 키에 선명한 이목구비, 갈색의 긴 머리와 열대 바다색 눈동자를 가졌으며, 적정 체중보다 족히 20킬로그램은 더 나갔다.

"그래서 이번에는 내가 이마를 긁적이면서 예전에 그 애가 그랬던 것처럼 가증스럽도록 다정한 목소리로 말해요. '잠깐만, 미안한데, 우리가 아는 사이니?' 그러자 그녀가 말해요. '물론이지, 나 리사야. 기하학이랑 고대사랑 프랑스어 수업도 같이 들었는데. 하얏트 선생님 기억 안 나?' 그래서 내가 말해요. '알지, 하얏트 선생님. 그런데 어쩜, 너는 기억이 안 나네. 우리가 같은 수업을 들었다고?' 그랬더니 그녀가 말해요. '우리 같은 동네에 살았잖아. 너를 영화관, 요거트 가게, 또 한 번은 빅토리아 시크릿 탈의실에서도 봤었는데.'"

홀리가 조금 더 웃었다.

"나를 알았다는 걸 그렇게 죄다 털어놔요. 하지만 나는 말하죠. '어머, 정말 희한하다. 나는 기억이 안 나. 그래도 만나서 반가워.' 그때 내 전화벨이 울리는데 고등학교 때 홀리가 사귀었던 남자예요. 그가 영화관에 가야하니 서두르라고 내게 말해요. 그래서 나는 예전에 그 애가 그랬던 것처럼, 거들먹거리는 미소를 보여주고 가버리죠. 내가 고등학교 때 느꼈던 심정을 그녀에게 안겨준 채. 그리고 그 순간 알게 되요. 전화벨 소리는 사실 알람이고 이 모든 게 꿈이었다는 걸요."

홀리는 이걸 '권선징악의 꿈'이라고 거창하게 불렀다. 사실 이건 심리 치료의 흔한 주제인 배제, 즉 따돌림에 대한 반응이다. 이건 두려움이다. 버려지고 무시당하고 기피되는 것에 대한, 아무에게도 사랑받지 못한 채 혼자가 되는 것에 대한 두려움이다.

카를 융은 유전적인 기억, 또는 모든 인류에게 공통된 경험을 집단적 무의식이라는 용어로 표현했다. 프로이트가 꿈을 객관적인 차원에서, 즉 꿈의 내용과 그 꿈을 꾼 사람의 실제 인생을 관련지어 해석했다면(등장하는 인물들, 구체적인 상황들), 융의 심리학에서는 꿈을 주관적인 차원으로 해석하며 우리의 집단적인 무의식과 어떻게 관련이 있는지에 집중한다.

우리가 두려움에 대한 꿈을 자주 꾸는 건 놀라운 일이 아니다. 우리는 많은 것을 두려워한다.

우리는 무엇을 두려워하는가?

우리는 상처받는 것을 두려워한다. 굴욕을 두려워한다. 실패가 두려운데 한편으론 성공도 두렵다. 혼자 남는 것을 두려워하고 관계 맺는 것을 두려워한다. 가슴이 하는 말에 귀 기울이는 것을 두려워한다. 불행한 것을 두려워하고 지나치게 행복한 것도 두려워한다(꿈에서 우리의 즐거움은 예외 없이 대가를 치른다). 부모에게 인정받지 못하는 것을 두려워하고, 우리를 있는 그대로 받아들이길 두려워한다. 아픈 것을 두려워하고 행운을 두려워한다. 자신의 질투심을 두려워하고 너무 많이 갖는 것을 두려워한다. 끝내 갖지 못할 것들에 대한 기대를 두려워한다. 변화를 두려워하고 변하지 않는 것을 두려워한다. 아이들이나 생업에 무슨 일이 일어날까봐 두려워한다. 주도권을 갖지 못하는 것도 두렵고 힘을 갖는 것도 두렵다. 순식간에 지나가는 삶이 두렵고 너무 오래 사는 것도 두렵다. 죽은 후에 쉽게 잊힐 것이 두렵다. 내 삶을 스스로 건사해야 한다는 책임이 두렵다.

두려움을 인정하는 데는 시간이 걸린다. 특히, 스스로에게 인정하기까지 그렇다.

나는 꿈이 자기 고백의 전조, 일종의 사전 고백이라는 걸 알게 되었다. 묻혀 있던 것이 수면 가까이 떠오르지만, 아직 전부 드러난 건 아니다. 한 여자는 침대에서 룸메이트를 껴안고 누워 있는 꿈을 꾼다. 처음에는 둘의 깊은 우정에 대한 꿈이라고 생각하지만, 나중에야 자기가 여자에게 끌린다는 걸 깨닫는다. 또 어떤 남자는 고속도로에서 과속 딱지를 떼이는 꿈을 1년쯤 반복해서 꾸고 나서야, 수십 년 동안 해온 세금 탈루가 마음에 짐이 되었음을 깨닫기 시작한다.

웬델을 찾아간 지 몇 달쯤 지났을 때, 고등학교 친구에 대한 내 환자의 꿈이 내 꿈에 스며들었다. 쇼핑몰에서 옷을 구경하고 있는데, 남자친구가 나타나서 같은 진열대의 옷을 살펴본다. 보아하니 새 여자친구에게 줄 생일 선물을 사려는 모양이다.

"아, 몇 번째 생일인데?" 내가 꿈에서 묻는다.

"쉰 번째." 그가 대답한다. 옹졸하게도 마음이 놓인다. '스물다섯' 같은 진부한 전개가 아닌데다 심지어 나보다 늙었다. 생각해보니 말이 된다. 남자친구는 아이와 같이 사는 걸 원치 않고, 그 나이의 여자라면 아이가 있어도 대학에 진학했을 것이다. 남자친구와 유쾌한(다정하고 악의 없는) 대화를 나누다가 옆에 놓인 거울에 비친 내 모습을 본다. 그제야 내가 할머니라는 사실을, 70대 후반, 어쩌면 80대라는 걸 깨닫는다. 남자친구의 쉰 살짜리 여자친구가 나보다 몇 십 년은 어렸던 것이다.

"그래서 책은 썼어?" 남자친구가 묻는다.

"무슨 책?" 거울 속에서 주름이 자글자글한 내 입술이 움직인다.

"당신 죽음에 대한 책 말이야." 그가 무미건조하게 대답한다.

그때 알람이 울린다. 하루 종일 환자들의 꿈 얘기를 들으면서도 나는 내 꿈을 생각한다. 이 생각을 떨쳐낼 수가 없다.

그 이유는 그것이 나의 사전 고백이기 때문이다.

20. 첫 번째 고백

　잠시 변명을 해야겠다. 그러니까, 웬델한테 남자친구와 헤어지기 전까지는 모든 게 순조로웠다고 한 말은 한 치의 거짓도 없는 진실이었다. 적어도 내가 아는 한에서는 그랬다. 그것은 말하자면, 내가 보고 싶은 대로의 진실이었다.

　그리고 이제 변명을 걷어내야겠다. 나는 거짓말을 하고 있었다.

　웬델에게 말하지 않은 사실이 하나 있는데, 내가 책을 쓰기로 되어 있었고 그게 잘 진척되지 않았다는 것이다. '잘 진척되지 않았다'는 건, 책을 전혀 쓰지 않았다는 소리다. 계약을 맺지 않았다면, 그리고 원고를 넘기지 않을 경우 선인세(이제 더 이상 통장에 남아 있지 않은)를 돌려줄 법적인 의무도 없었다면 문제가 되지 않았을 것이다. 하긴 돌려줄 돈이 있어도 여전히 문제이긴 한데, 나는 심리 치료사인 동시에 작가이기 때문이다. 그건 단순한 일을 넘어 나의 정체성이고, 글을 쓸 수 없다면 나의 중요한 일부가 사라지는 것이다. 나의 에이전트는 이 책을 완성하지 못하면 다른 책을 쓸 기회도 없을 거라고 주장했다.

아무것도 쓰지 못할 사정이 있었던 건 아니었다. 책을 쓰고 있었어야 할 그 시간에 남자친구에게 보낼 이메일을 썼고, 가족이며 친지들 그리고 남자친구에게도 책을 쓰느라 바쁘다고 얘기했다. 나는 아침마다 옷을 차려 입고 회사 대신 카지노로 출근하는 위장 노름꾼과 비슷했다.

웬델에게 이런 상황을 얘기할 생각이었지만, 이별을 이해하는 데 집중했기 때문에 그럴 기회가 없었다.

물론 이것도 말도 안 되는 거짓말이다.

쓰고 있지 않은 책에 대해 웬델에게 말하지 않은 이유는, 그걸 생각할 때마다 공포와 두려움과 후회와 수치심이 나를 가득 채웠기 때문이다. 그 상황이 문득 떠오를 때마다 배가 조여오고 몸이 마비되는 느낌이었다. 그때마다 인생의 여러 갈림길에서 택했던 그 모든 잘못된 결정들을 떠올리곤 했다. 그중에서도 최악의 결정으로 인해 내가 지금 이런 상황에 처했다고 확신했기 때문이다.

이쯤에서 아마 이런 생각이 들지도 모르겠다. '무슨 소리야? 운 좋게 출판 계약을 해놓고도 책을 쓰지 않다니? 배부른 소리 하고 있네.' 어떤 인상을 받을지 이해한다. 나는 도대체 내가 누구라고 생각하는 걸까. 자신을 사랑하는 남편을 버릴 생각을 하며 욕실 바닥에서 우는 『먹고, 기도하고, 사랑하라』의 엘리자베스 길버트? 아니면, 다정하고 잘 생긴 남편과 건강한 딸들, 보통 사람은 평생 구경도 못할 만큼의 돈이 있으면서도 막연한 결핍감에 시달리는 『무조건 행복하라』의 그레첸 루빈?

그러고 보니 쓰지 않고 있는 그 책과 관련해서 중요한 사실 하나를 빠트렸다. 책의 주제가 행복이라는 것이다. 여기에 담긴 아이러니를 나라고 모를 리 없다. 행복에 대한 책이 나를 비참하게 만들고 있다는 그 아이러니.

애초에 행복에 대한 책을 쓸 생각을 하지 말았어야 했다. 단지 내게 우울증이 있었기 때문만은 아니다. 이 책을 쓰기로 했을 때, 개원한 직후였던 나는 『애틀랜틱』의 커버 스토리로 실린 칼럼 「당신의 아이는 커서 심리 치료를 받게 됩니다: 자녀의 행복에 대한 집착이 그들을 불행한 어른으로 만든다」를 썼고, 그 글은 이 잡지의 100년 역사상 가장 많은 이메일을 받은 원고로 기록되었다. 나는 전국의 TV와 라디오에 출연해서 이 글을 소개했고, 전 세계 여러 매체에서 인터뷰 요청이 들어왔다. 나는 하룻밤 새 '자녀 교육 전문가'가 되었다.

그 다음에는 출판사들이 그 칼럼을 책으로 내길 원했다. 여기서 원했다는 말은, 이걸 달리 어떻게 표현할 수 있을지 모르겠는데, 눈이 돌아갈 만한 액수를 제시할 정도로 원했다는 뜻이다. 나 같은 싱글맘은 꿈에서나 생각할 만한 액수, 외벌이 가정이 오랫동안 경제적으로 편하게 숨 쉴 수 있을 만한 돈이었다. 이런 책의 저자라면 전국의 학교에서 강연도 하고(내가 좋아하는 일), 환자도 꾸준히 이어졌을 것이다(막 개원한 입장에서 절실한). 그 원고는 심지어 텔레비전 시리즈로도 검토되었다(책이 나와서 베스트셀러가 됐다면 아마도 제작이 됐을 것이다).

하지만 책을 내자는 제안을 받았을 때, 전문가로서의 입지와 경제적 미래의 지평을 바꿔놓을 만한 잠재력을 지닌 기회 앞에서, 생각이 없어도 어쩌면 그리도 없었는지, 나는 이렇게 대답했다. "대단히 감사합니다. 정말 친절하신 제안이네요. 하지만…… 안 할래요."

뇌졸중이 왔던 게 아니다. 그냥 거절했다.

이유는 뭔가 불편한 느낌이 들었기 때문이다. 무엇보다 헬리콥터 부모에 대한 책이 한 권 더 나올 필요가 없을 것 같았다. 과도한 자녀 교육을 여러 각도에서 고찰한 훌륭하고 사려 깊은 책이 이미 수십 권이나 나와 있었다. 200년 전의 철학자 볼프강 폰 괴테도 이미 간단명료하게 정리한 바 있다. '너무 많은 부모들이 자녀의 삶을 수월하게 만들어주려고 너무 과하게 노력하다 오히려 더 힘들게 만든다.' 좀 더 최근(정확하게는 2003년)에는 과도한 자녀 교육과 관련된 초창기 도서로서 제목도 아주 적절한 『자나 깨나 근심 걱정*Worried All the Time*』에도 이런 내용이 있다. '좋은 부모의 원칙(절제, 공감, 중용)은 단순하며, 첨단 과학의 힘으로 더 개선되지 않는다.'

나 역시 엄마들이 느끼는 불안감에서 자유롭지 않았다. 사실 잡지에 기고한 원고는 심리 치료적 방식이 부모들에게 도움이 될 수 있기를 바라는 마음에서 쓴 것이다. 그런데 상업적인 시류에 편승해서 전문가 대열에 합류할 심산으로 살을 붙여 책으로 낸다면, 나 자신이 문제의 일부가 되는 거라고 생각했다. 부모들에게 필요한 건 또 한 권의 책이 아니라, 쏟아지는 자녀 교육 책들을 내려놓고 쉬는 것이라고 믿었다.

그래서 나는 필경사 바틀비처럼 '그렇게 안 하고 싶습니다'라고 말했다(그리고 비슷하게 비극적인 결말을 맞았다). 그러고는 이후 몇 년 동안 이런 자책의 질문들을 번갈아가며 채찍처럼 휘둘렀다. 그 정도 돈을 마다하다니 네가 그러고도 책임감 있는 어른이야? 이제껏 무급 인턴이었고, 대학원 학자금 대출도 갚아야 하고, 생계를 혼자 책임지고 있는데. 그놈의 자녀 교육 책 하나를 왜 후딱 써내질 못했을까. 전문가로서 입지도 굳건고, 경제적으로도 좋고, 행복하게 살 수 있었잖아? 중요하다고 생각하는 일만 하고 사는 사람이 얼마나 된다고?

책을 쓰지 않은 데 따른 후회는 독자 메일과 강연 요청이 끊이지 않는다는 사실 때문에라도 사그라지지 않았다. "책이 나오나요?" 사람들은 매번 물었다. "아니요." 나는 이렇게 대답하고 싶었다. '제가 얼간이라서요.'

실제로 얼간이처럼 느껴졌다. 자녀 교육 열기에 편승해서 돈을 버는 대신, 나는 이제 악몽과 우울의 원천이 된 '행복에 대한 책'을 쓰기로 했기 때문이다. 개원 후 수지타산을 맞추려면 어쨌든 책을 써야 했다. 그건 독자들에게도 좋은 일이라고 그때는 생각했다. 나는 자녀들의 행복에 대한 부모들의 집착을 보여주는 대신, 우리가 행복에 집착하는 방식을 보여주려 했다. 이쪽이 더 마음에 더 와 닿았다.

하지만 글을 쓰려고 할 때마다 헬리콥터 부모라는 주제만큼이나 단절된 느낌이 들었다. 연구 결과들은 심리 치료 현장에서 목격되는 미묘함을 반영하지 못했다. 심지어 어떤 과학자들은 행복을 예측하는 복잡한 수학 공식을 내놓기도 했다. 이에 따르면 행복은 순조로운 상황 자체보다는 기대에 비춰봤을 때 상황이 얼마나 순조로운가에 달려 있다.

$$행복(t) = \omega_0 + \omega_1 \sum_{j=1}^{t} \gamma^{t-j} CR_j + \omega_2 \sum_{j=1}^{t} \gamma^{t-j} EV_j + \omega_3 \sum_{j=1}^{t} \gamma^{t-j} RPE_j$$

정리하자면, '행복 = 현실 – 기대'라는 것이다. 이를테면, 나쁜 소식을 전했다가 철회하면 행복하게 만들 수 있다(나라면 화가 나겠지만).

흥미로운 연구들을 조합해서 글을 쓸 수도 있었지만, 그건 뭔가 표면만 긁는 느낌이었다. 콕 집어서 말할 순 없지만, 내가 하고 싶은 이야기는 그런 게 아니었다. 새롭게 시작한 이 일에서, 나아가 내 인생에서도, 표면만 긁는 건 더 이상 만족을 주지 못했다. 심리 치료사로 훈련을 받으면 어떤 식으로든 변하지 않을 수 없다. 핵심을 향하게 되는 걸 피할 수 없다.

아무튼 그게 다 무슨 상관인가. 나는 속으로 말했다. '그냥 쓰고 끝내버려.' 자녀 교육 책으로 일을 그르쳤는데, 행복에 관한 책까지 망칠 순 없었다. 하지만, 몇 날 며칠이 지나도 도저히 책을 쓸 수가 없었다. 나는 가정을 부양하고 싶다는 욕구와 의미 있는 일, 영혼을 울리고 바라건대 타인의 영혼에도 울림을 줄 수 있는 어떤 일을 하고 싶다는 욕구 사이에서 진퇴양난에 빠졌다.

바로 그때 남자친구가 등장해서 내적 갈등으로부터 주의를 돌릴 수 있게 해주었다. 그가 사라졌을 땐 글을 쓰는 대신 스토킹으로 공허를 채웠다. 그런데 이제 스토킹은 그만두겠다고 웬델에게 공언했기 때문에, 자리를 잡고 앉아 내게 비참함을 안겨주는 행복에 대한 책을 쓰지 않을 도리가 없다.

그게 아니면, 최소한 웬델에게 내가 처한 엉망진창의 실상은 털어놔야 한다.

21. 콘돔을 씌운 심리 치료

"안녕." 휴식 시간에 자동 응답기를 틀었다가 심장이 덜컥 내려앉는다. 남자친구였다. 헤어지고 석 달 만이었지만, 그 목소리는 즐겨듣던 노래를 들을 때처럼 순식간에 나를 과거로 데려간다. 그런데 메시지를 더 듣다보니 그건 남자친구가 아니다. 첫째, 남자친구라면 사무실 전화에 메시지를 남기지 않을 것이고, 둘째로 남자친구는 방송국에서 일하지 않기 때문이다.

전화를 건 사람은 존이다(남자친구와 존은 울림 있는 저음의 목소리가 소름끼치도록 비슷하다). 환자가 사무실에 전화를 걸어서 이름도 말하지 않는 건 처음이다. 마치 내 환자는 자기밖에 없다는 투다. 혹은 내 인생에 '난데요'라고 전화할 사람이 자기뿐이라고 생각하는 걸까. 자살 충동을 느낀 환자라도 이름은 말할 것이다. '안녕, 난데요. 죽고 싶은 마음이 들면 전화하라고 하셨잖아요.' 이런 메시지는 이제껏 받아본 적이 없다.

존의 메시지는 오늘 촬영장에 붙어 있어야 해서 사무실에 갈 수 없으니 영상 통화를 하자는 내용이다. 그는 자신의 스카이프 아이디를 알려주고는 이렇게 말한다. "거기서 3시에 봐요."

영상 통화를 해도 되겠는지, 애초에 영상 통화로 심리 치료가 가능한지는 묻지도 않는다. 세상이 자신을 중심으로 돌아가기 때문에 모든 게 그저 자기 생각대로 될 거라고 생각하는 모양이다. 사정에 따라 스카이프로 환자를 만날 수도 있지만, 존의 경우에는 좋은 생각이 아니었다. 그를 돕기 위해 내가 활용하는 방법은 상당 부분 대면 소통에 의존했다. 첨단 기술이 제아무리 대단해도, 영상 소통은 어느 동료의 말마따나, '콘돔을 씌운 심리 치료와 비슷'하다.

심리 치료사가 주목하는 건 환자의 말이나 시각적인 징후만이 아니다. 듣고 보는 것 외에 덜 분명하지만 그만큼 중요한 요소들이 있다. 물리적 공간을 공유하지 않으면 말로 형언할 수 없는 이런 차원을 놓치게 된다.

기술적인 문제도 있다. 잠시 해외에 나가야 했던 환자와 스카이프 영상 통화를 한 적이 있는데, 그녀가 울음을 터뜨렸을 때 소리가 꺼졌다. 나는 속수무책으로 그녀의 입모양만 보고 있었는데, 그녀는 내가 자기 말을 들을 수 없다는 걸 몰랐다. 그러다가 연결이 아예 끊어졌다. 10분이 지나서야 다시 연결이 되었지만, 그 순간의 분위기도 상담 시간도 사라진 다음이었다.

서둘러서 존에게 일정을 다시 잡자는 이메일을 보냈지만, 그는 무슨 현대판 전보처럼 보이는 문자 메시지를 보내왔다. '못 기다림. 긴급. 제발.' 제발이라는 말을 했다는 것도 놀랍고, 긴급한 도움의 필요성('내가 필요하단 말이지')을 인정했다는 건 더 놀랍다. 그래서 하자고, 3시에 스카이프에서 만나자고 대답한다.

'뭔가 있겠지'라고 나는 생각한다.

3시에 스카이프를 열고 통화 버튼을 클릭할 때만 해도 존이 사무실 책상에 앉아 있을 줄 알았다. 그런데 연결이 되자, 화면에 익숙한 집이 보인다. 그곳이 익숙한 이유는 남자친구와 함께 우리 집 소파에서 열심히 시청했던 드라마의 세트장이기 때문이다. 카메라와 조명 스태프가 오가는 와중에 백만 번쯤 본 침실의 인테리어가 보이고, 그리고 존의 얼굴이 나타난다.

"잠깐만요." 이게 그의 인사말이다. 이내 얼굴이 사라지더니, 나는 이제 그의 발을 쳐다보고 있다. 오늘 그는 세련된 체크무늬 스니커즈를 신었는데, 나를 데리고 어딘가로 걸어가는 것 같다. 조용하게 얘기할 만한 곳을 찾는 모양이다. 바닥에 깔린 두꺼운 전선도 보이고 어수선한 분위기다. 그러다가 존의 얼굴이 다시 나타난다.

"오케이." 그가 말한다. "준비됐어요."

이제 그의 뒤로 벽이 보이고, 그가 속사포처럼 속삭이기 시작한다.

"마고와 그녀의 멍청한 심리 치료사 얘기예요. 이 작자가 어떻게 자격증을 땄는지 모르겠는데, 상황을 호전시키는 게 아니라 악화시키고 있어요. 마고는 우울증 때문에 가는 건데, 어떻게 된 것이 전보다 나한테 불만이 더 많아요. 시간을 내주지 않는다, 듣지를 않는다, 무관심하다, 자신을 피한다, 기념일을 잊어버린다 등등. 내가 '중요한' 것들을 잊지 않도록 마고가 공용 구글 캘린더를 만들었다는 얘기를 당신에게 했던가요?" '중요한'에서 존은 손가락으로 따옴표 표시를 한다. "그렇잖아도 빽빽한 내 일정표에 이제는 마고의 일정까지 가득 차서 더 스트레스를 받을 판이에요!"

이 얘기는 전에도 들었던 터라 오늘은 뭐가 긴급하다는 건지 알 수 없다. 처음에 마고에게 심리 치료를 권한 건 존이었는데(심리 치료사에게 대신 불평을 늘어놓도록), 그랬더니 이 '멍청한 심리 치료사'가 자신의 아내를 '세뇌하고 얼토당토않은 생각들을 집어넣는다'는 얘기를 종종 내게 했다. 내가 보기에 그 심리 치료사는 마고에게 뭘 참고 뭘 참지 않을지 보다 명료하게 구분할 수 있도록 돕고 있었는데, 그런 탐구는 진작 이루어졌어야 했다. 그러니까 내 말은, 존과 함께 사는 게 쉬울 리 없었을 거라는 뜻이다.

한편으로 나는 존에게도 공감하는데, 그의 반응 역시 일반적이었기 때문이다. 가족 구성원 가운데 한 사람이 변하기 시작하면(설사 그것이 건강하고 긍정적인 변화라고 해도), 다른 구성원들이 현상을 유지하고 이전의 균형 상태를 복원하기 위해 있는 힘을 다하는 건 이례적이지 않다. 예를 들어 알코올 중독자가 술을 끊으면 가족들이 무의식적으로 그의 회복을 방해하는 경우가 많은데, 가정의 균형을 되찾기 위해서는 누군가 말썽꾼의 역할을 맡아야 하기 때문이다. 그런데 누가 그 역할을 원하겠는가? 가끔 우리는 심지어 친구들의 긍정적인 변화에도 저항한다. '체육관에는 왜 그렇게 자주 가?' '그까짓 승진 때문에 그렇게 열심히 일하는 거야?' '너 요즘 너무 재미없어졌어.'

존의 부인이 예전만큼 우울하지 않다면, 더 이상 존이 둘 중 더 멀쩡한 쪽 역할을 맡을 수 없다. 그녀가 더 건강한 방법으로 다가온다면, 여태껏 노련하게 조율해온 안락한 거리를 유지할 수 없다. 마고의 심리 치료에 존이 부정적인 반응을 보이는 건 놀랍지 않다. 그녀의 심리 치료사가 제대로 하고 있다는 뜻이다.

"그래서," 존이 말을 잇는다. "어젯밤에는 마고가 그만 자자고 하기에 이메일 몇 통만 쓰고 금방 가겠다고 했어요. 보통은 그러고 2분쯤 지나면 난리를 치거든요. 금방 온다더니 왜 안 오냐, 왜 늘 그렇게 일만 하냐고요. 그런데 어젯밤에는 안 그러는 거예요. 놀랍더라고요! 아이고 세상에, 심리 치료가 효과가 있긴 있는 모양이라고 생각했죠. 닦달해봐야 내가 더 빨리 오는 게 아니라는 사실을 깨달았군. 그래서 이메일을 다 보내고 침대로 갔더니 마고는 자고 있었어요. 아무튼, 오늘 아침에 일어났을 때 마고가 그러는 거예요. '당신이 일을 다 마쳤다니 기쁘지만 나는 당신이 그리워. 많이 그리워. 내가 당신을 그리워한다는 걸 당신이 알았으면 좋겠어.'"

존이 얼굴을 왼쪽으로 돌리고, 그에게 들리는 소리가 나에게도 들린다. 옆에서 조명에 대한 얘기가 오가는 중이다. 그러다가 말 한마디 없이 휙-, 나는 다시 한 번 바닥을 가로질러 움직이는 그의 스니커즈를 보고 있다. 다시 그의 얼굴이 나타났을 때 뒤쪽의 벽은 사라지고, 화면의 오른쪽 위에 드라마의 주인공이 라이벌 그리고 연인 역할의 배우와 함께 웃고 있는 모습이 조그맣게 보인다(아무래도 이 라이벌 캐릭터를 존이 담당하는 것 같다).

"아무튼," 그가 속삭이듯이 말했다. "그러면 그렇지 싶더라고요. 어젯밤에는 아내가 나를 이해한다고 생각했는데, 아니나 다를까 눈을 뜨자마자 불평이 시작된 거예요. 그래서 내가 그랬어요. '내가 그립다고? 또 무슨 죄책감을 뒤집어씌우려는 거야?' 내 말은, 내가 여기 있잖아요. 매일 밤 여기 있다고요. 가정에 100퍼센트 충실하면서. 바람을 피운 적도 없고, 생각한 적도 없어요. 풍족한 생활을 하게 해주고, 아이들과도 잘 놀아주는 아버지예요. 심지어 마고가 개똥 주머니 들고 다니는 걸 싫어해서 개까지 내가 돌본다고요. 집에 없을 때는 일을 하는 중이고. 내가 하루 종일 어디 휴양지에라도 가 있는 게 아니잖아요. 그래서 말했죠. 당신이 나를 덜 그리워할 수 있도록 일을 때려치우고 집에서 빈둥거리거나, 아니면 거리에 나앉지 않도록 일을 계속 하거나, 둘 중 하나라고요." 그는 화면 바깥의 누군가에게 잠깐만이라고 소리치고 말을 잇는다. "내가 이 말을 했더니 아내가 어떻게 나온 줄 알아요? 아주 자기가 오프라라도 된 것처럼 '당신이 노력하는 거 잘 알고 고맙게 생각해. 하지만 당신이 여기 있을 때도 여전히 당신이 그리워.'" 그는 오프라 윈프리를 아주 똑같이 흉내 내며 말한다.

내가 말을 하려고 해도 그는 틈을 주지 않는다. 이렇게 흥분하는 모습은 본 적이 없다.

"그래서 잠깐 마음이 놓였는데, 보통은 그녀가 소리를 지를 타이밍이거든요. 그러다가 이게 무슨 속셈인지 깨달은 거예요. 평소의 마고랑은 전혀 달랐거든. 뭔가 꿍꿍이가 있는 거야! 아니나 다를까, 이렇게 말하더군요. '당신이 이 얘기를 꼭 들어줘야겠어.' 그래서 내가 말했죠. '듣고 있잖아, 나 귀머거리 아니라고. 더 일찍 자려고 노력하겠지만, 일을 끝내는 게 먼저야.' 그랬더니 금방이라도 울 것처럼 슬픈 표정을 지었는데, 아내의 그런 표정은 나한테는 쥐약이죠. 아내를 슬프게 만들고 싶지 않거든요. 내가 제일 싫어하는 게 그녀를 실망시키는 거예요. 하지만 내가 미처 말할 틈도 없이 아내가 말했어요. '내가 당신을 얼마나 그리워하는지 당신이 들어줬으면 좋겠는데, 당신이 듣지 않는다면 이 말을 언제까지 당신한테 할 수 있을지 모르겠거든.' 그래서 '이제 우리는 서로 협박하는 건가?' 이렇게 말했더니 아내가 '이건 협박이 아니라 진실이야'라고 하더군요." 존은 눈을 있는 대로 크게 뜨고 손바닥을 위로 해서 쳐들었는데, 그 모습은 마치 이렇게 말하는 듯했다. '이게 말이야, 방귀야?'

"아내가 실제로 그럴 거라고는 생각하지 않아요." 그가 말을 이었다. "하지만 이게 충격인 이유는, 지금까지 우리는 서로 떠난다는 협박을 한 적은 없거든요. 결혼한 후로 늘 아무리 화가 나더라도 헤어지자는 말은 하지 말자고 했고, 12년 동안 그런 적이 없었어요." 존이 오른쪽을 쳐다본다. "알았어, 토미. 내가 한 번 볼게."

존이 말을 멈추고, 나는 또 그의 스니커즈를 본다. 토미와의 일이 끝난 후에는 어딘가로 걸어가기 시작한다. 잠시 후 그의 얼굴이 다시 나타난다. 또 다른 벽 앞에 서 있다.

"존." 내가 말한다. "한 걸음 물러서서 봅시다. 첫째, 당신이 마고가 한 말 때문에 화가 났다는 건 알겠어요."

"마고가 한 말이라고요? 그건 아내가 아니었다니까! 그 멍청한 심리 치료사가 복화술사처럼 뒤에서 말한 거라고요! 아내는 이 작자를 좋아해요. 늘 그 작자가 이랬네, 저랬네. 아주 대단한 스승 나셨어. 그 작자의 헛소리를 들이마신 덕분에 이 도시 여자들이 죄다 남편이랑 이혼을 할 기세야! 무슨 자격증이 있는지 보려고 좀 찾아봤더니, 그럼 그렇지. 웬 멍텅구리 심리학회에서 면허를 받았더라고. 웬델 브론슨, 꼴에 박사님이셔."

잠깐만.

웬델 브론슨?

!

!!

!!!

마고가 나의 웬델을 만나고 있단 말이야? 그 '멍청한 심리 치료사' 가 웬델이었어? 마음이 폭발한다. 마고는 첫 날 소파의 어디쯤 앉았을지 궁금하다. 웬델이 그녀에게도 티슈를 던져주는지, 아니면 직접 뽑아 쓸 수 있는 거리에 앉는지 궁금하다. 혹시 마주친 적이 있을까 (대기실에서 봤던, 눈물 흘리던 예쁜 여자)? 치료 중에 나를 언급한 적은 없을까? '존이 어떤 형편없는 심리 치료사를 만나는데, 로리 고틀립 이라고, 그 여자는……' 그러다 존이 마고에게 심리 치료를 비밀로 하고 있는 걸 기억한다(어쩌나 고마운지). 느닷없이 날아든 이 정보는 당황스럽다. 그래서 복합적인 반응을 이해하는 데 시간이 더 필요하다고 판단될 때의 매뉴얼 대로 한다. 즉, 아무것도 하지 않는다. 일단은. 나중에 자문을 구해볼 작정이다.

"지금은 마고 얘기만 하기로 해요." 내가 말한다. "그녀의 말은 다정해요. 당신을 정말 사랑하나봐요."

"흥. 그래서 떠나겠다고 협박을 하는군요!"

"다른 각도에서 생각해봐요. 전에 비판과 불평은 다르다고 얘기했었죠. 비판에는 판단이 들어 있지만, 불평에는 요청이 담겨 있다고.

그런데 불평은 암묵적인 칭찬일 수도 있어요. 마고가 하는 얘기들이 줄줄이 불평처럼 느껴지겠죠. 나도 알아요. 실제로도 그렇고. 하지만 그건 달콤한 불평인데, 불평마다 당신에 대한 칭찬이 담겨 있거든요. 표현이 바람직하지는 않지만, 그녀는 당신을 사랑한다고 말하고 있어요. 그녀는 당신을 더 원하는 거예요. 당신을 그리워한다고요. 당신에게 더 가까이 오라고 부탁하고 있어요. 당신과 함께 있길 원하는데 화답받지 못하는 상황이 너무 고통스러워서 참을 수 없을지도 모르겠다고 말하는 것이고, 그 이유는 당신을 너무 사랑하기 때문이에요." 잠시 쉬면서, 존이 마지막 부분을 받아들일 시간을 준다. "엄청난 칭찬인 거죠."

나는 매번 존이 지금 이 순간의 감정을 지각할 수 있도록 노력하는데, 감정은 행동으로 이어지기 때문이다. 일단 자신의 감정을 알게 되면 그 감정을 어디로 이끌지 선택할 수 있다. 그런데 감정이 나타나기 무섭게 밀어내면, 항로를 이탈하기 쉽고 혼돈의 세계에서 다시 길을 잃게 된다.

이건 남자들한테 불리한 측면이 있는데, 일반적으로 남자는 성장기에 내면 세계에 대한 실질적인 지식을 습득하지 못하기 때문이다. 남자가 자신의 감정에 대해 이야기하는 것은 사회적으로 덜 용납되는 경향이 있다. 여자들이 외모 관리에 대한 문화적 압박감을 느낀다면, 남자들은 감정을 관리하라는 압박을 느낀다. 여자들은 친구나 가족에게 속내를 털어놓는 경향이 있다. 반면 심리 치료를 받으러 온 남자들이 내게 자기 감정을 토로할 때, 나는 거의 언제나 그 이야기를 듣는 첫 번째 사람이다. 여자 환자들처럼 남자들도 결혼 생활, 자존감, 정체성, 성공, 부모님, 어린 시절, 사랑과 이해 같은 문제들로 고민하지만, 남자 친구들과 이런 얘기를 나누는 건 껄끄러울 수 있다. 중년 남성의 약물 남용과 자살률이 계속 증가하는 건 놀랍지 않다. 어디에도 기댈 곳이 없다고 느끼는 남자들이 많다.

그래서 나는 존에게 마고의 '협박'과 그 뒤에 숨어 있을지 모르는 더 다정한 메시지에 대해 감정을 정리할 시간을 준다. 그가 자기 감정에 이렇게 집중하는 건 본 적이 없고, 그렇게 할 수 있다는 사실이 인상적이다.

존의 시선은 사선으로 아래를 향하고 있는데, 그건 보통 내 말이 취약한 부분을 건드렸을 때 나타나는 반응이어서 나는 기쁘다. 일단 약점을 드러내지 않고서는 성장할 수 없다. 그는 이 상황을 제대로 받아들이는 것처럼 보이고, 처음으로 마고에게 미치는 자신의 영향력을 느끼고 있는 듯하다.

그러다 마침내 존이 고개를 들고 나를 본다. "미안해요. 조금 아까부터 소리를 꺼야 했어요. 녹음중이었거든요. 그래서 못 들었는데, 뭐라고 했어요?"

말도 안 돼! 지금까지 나 혼자 중얼거리고 있었던 거야? 마고가 떠나고 싶어 하는 것도 놀랄 일이 아니네! 처음에 생각한 대로 사무실에 나올 날짜를 다시 잡았어야 했는데, 긴급이라는 부탁에 넘어가서 이 꼴을 당하다니.

"존," 내가 말한다. "나는 진심으로 도와주고 싶지만, 이건 영상 통화로 얘기하기에는 너무 중요한 문제예요. 사무실로 나올 수 있는 날짜를 다시 잡읍시다. 지금은 너무 산만해서……."

"아니, 안 돼, 안 돼요." 그가 내 말을 끊는다. "기다릴 수 없어요. 당신이 그 사람하고 얘기하려면 일단 배경 설명을 해야 되니까."

"누구하고 얘길 해요?"

"그 멍청이 심리 치료사 말예요! 그는 한쪽 얘기만 듣고 있는 건데, 그쪽 얘기가 그렇게 정확한 게 아니잖아요. 그런데 당신은 나를 아니까. 나를 보증할 수 있고. 마고가 완전히 돌아버리기 전에 당신이 이 작자한테 제대로 된 시각을 제시할 수 있잖아요."

머릿속으로 시나리오를 정리해본다. 그러니까 존이 원하는 건 나더러 내 심리 치료사한테 전화를 걸어서 내 환자가 지금 내 심리 치료사가 내 환자의 아내한테 해주고 있는 치료가 마음에 안 든다고 말하라는 거지?

'응, 안 돼.'

설사 웬델이 내 심리 치료사가 아니라고 해도, 이 전화는 안 될 일이다. 가끔 환자에 대한 얘기를 하기 위해 다른 심리 치료사에게 전화를 걸기는 한다. 이를테면 내가 어떤 커플을 상담하고, 동료가 그중 한 사람을 따로 상담 중인데 정보를 교환해야 할 절대적인 이유(한쪽이 자살 충동을 느끼거나, 폭력적인 성향을 보이거나, 한쪽에서 어떤 걸 시도하는데 다른 쪽에서도 힘을 보태주면 도움이 되거나, 좀 더 폭넓은 시각을 원할 때)가 있는 경우이다. 하지만 이렇게 드문 경우에도 양측에 효과를 설명하고 양해를 구한다. 웬델이건 웬델이 아니건 임상적으로 타당한 이유도 없고, 동의도 구하지 않은 상태에서 내 환자의 아내의 심리 치료사에게 전화를 걸 수는 없다.

"하나만 물어볼 게요." 내가 존에게 말한다.

"뭔데요?"

"당신은 마고가 그리운가요?"

"아내를 그리워하냐고요?"

"네."

"마고의 심리 치료사한테 전화 안 할 거죠?"

"안 할 거예요. 그리고 당신은 나한테 마고에 대한 진심을 얘기해 주지 않을 거고요?" 존과 마고 사이에는 묻어둔 사랑이 많다는 느낌이 드는데, 사랑이 사랑처럼 보이지 않는 수만 가지 모습을 할 때가 많다는 걸 나는 알기 때문이다.

토미라고 여겨지는 사람이 대본을 들고 화면 안으로 들어오고 존은 미소를 짓는다. 그러면서 화면이 어찌나 빨리 바닥으로 곤두박질치는지 롤러코스터를 탄 것처럼 현기증이 난다. 그들이 어떤 등장인물을 이 장면에서 그냥 머저리로 그릴지, 아니면 자기가 머저리라는 걸 어느 정도는 인식하는 머저리로 그릴지 의논하는 소리를 듣는다 (존이 인식하는 쪽을 택한 건 흥미롭다). 토미는 고맙다고 말하고 다른 곳으로 간다. 놀랍게도 존은 너무나 상냥한 모습으로 '방송국의 급한 불을 끄느라' 바쁘다며 토미에게 자리를 비워 미안하다고 양해를 구한다(내가 '방송국'인가?). 동료들에게 그는 저렇게 상냥한가보다.

아니면 내 착각이거나. 그는 토미가 사라지길 기다렸다가 휴대폰을 얼굴 높이로 들고 입모양으로 '멍청이'라고 말하더니 토미의 등에 대고 눈을 굴린다.

"그녀의 심리 치료사는 남자인데 이 사안의 양쪽을 보지 못한다는 게 이해가 안 돼요." 그가 하던 얘기를 이어간다. "심지어 당신도 양쪽을 다 볼 수 있는데!"

'심지어 나도?' 내가 미소를 짓는다. "지금 그거 칭찬인가요?"

"기분 나쁘게 듣지 말아요. 내 말은……. 알잖아요."

어쨌든 나는 그가 말하는 걸 듣고 싶다. 그는 자신만의 방식으로 내게 애착을 형성하는 중일 텐데, 나는 그가 감정의 세계에 좀 더 오래 머무르길 원한다. 대신 존은 다시 장광설을 늘어놓는다. 마고가 심리 치료사를 속이고 있고, 웬델은 돌팔이인데 그건 치료 시간이 일반적인 50분이 아니라 45분인 걸 보면 안다는 것이다(여담이지만, 이건 나도 불만이다). 존이 웬델에 대해 이야기하는 말투에서, 부인이 호감을 보이는 남자에 대해 남편들이 보이는 반응이 연상된다. 그는 질투를 느끼고, 그 방에서 마고와 웬델 사이에 오가는 교감으로부터 따돌림을 당한다고 여기는 모양이다. 나도 질투가 난다! 마고가 농담을 하면 웬델이 웃을까? 그는 그녀를 더 좋아할까?

"당신을 내가 이해한다고 느낀다니 기쁘네요." 그 순간 헤드라이트 불빛에 걸린 사슴 같은 표정이 존의 얼굴에 잠깐 떠올랐다 사라진다.

"내가 알고 싶은 건 마고를 어떻게 해야 하냐는 것뿐이에요."

"그녀가 벌써 말해줬잖아요. 그녀는 당신을 그리워해요. 당신이 당신을 아끼는 사람들을 얼마나 노련하게 밀어내는지는, 나도 겪어봐서 알잖아요. 나야 떠나지 않겠지만, 마고는 그럴지도 모르겠다고 말하고 있죠. 그러니까 지금까지와는 다른 태도를 취해보면 어떨까요. 당신도 그녀를 그리워한다는 걸 알게 해주는 거예요." 나는 잠시 말을 멈춘다. "왜냐면, 내가 잘못 짚었을지도 모르지만, 내 생각에는 당신도 그녀를 그리워하거든요."

그는 어깨를 으쓱하고는 시선을 아래로 내리는데, 이번에는 소리를 끈 게 아니다. "예전의 우리가 그립긴 해요." 그가 말한다.

지금 그의 얼굴에 담긴 표정은 화가 아니라 슬픔이다. 대부분의 사람들이 쉽게 화를 내는 이유는 그게 외부를 향하는 감정이기 때문이다. 화를 내면서 남을 탓하면 속이 시원하고 통쾌할 수 있다. 하지만 화는 빙산의 일각일 때가 많고, 수면 아래를 보면 인지하지 못했거나 드러내길 원치 않았던 감정들이 잠겨 있다. 두려움, 무력감, 질투, 외로움, 불안……. 이렇게 더 깊은 곳에 존재하는 감정들을 이해하고, 그것들이 말하는 소리에 귀를 기울일 만큼 오래 참아낼 수 있다면, 화를 보다 생산적인 방식으로 다룰 수 있을 뿐만 아니라 늘 그렇게 화가 나 있지도 않을 것이다.

물론 화는 다른 기능도 수행한다. 화는 나를 볼 수 있을 만큼 가까이 오지 못하도록 사람들을 밀어낸다. 존은 다른 사람들이 자신의 슬픔을 보지 못하도록 그들을 화나게 만들 필요가 있는 건 아닐까.

그때, 누군가 존의 이름을 큰소리로 불러서 존이 깜짝 놀란다. 휴대폰이 그의 손에서 미끄러지면서 내 얼굴이 바닥에 부딪히겠다는 느낌이 드는 순간 존의 얼굴이 나타난다. "젠장, 가야겠어요!" 그러고는 낮은 목소리로 말한다. "빌어먹을 멍텅구리들." 그리고 화면이 꺼진다.

오늘의 치료는 이것으로 끝인 모양이다.

다음 예약까지 시간이 좀 남아서 간식을 먹으러 탕비실로 향한다. 동료 두 명이 먼저 와 있다. 힐러리는 차를 끓이고, 마이크는 샌드위치를 먹는 중이다.

"이건 가설이야." 내가 이야기를 시작한다. "내 환자의 아내가 내 심리 치료사를 만나고 있는데, 내 환자가 내 심리 치료사를 멍청이라고 생각한다면 어떨 것 같아?"

두 사람은 눈썹을 치켜들고 나를 바라본다. 탕비실의 가설은 가설인 적이 없다.

"나라면 심리 치료사를 바꾸겠어." 힐러리가 말한다.

"나는 내 심리 치료사는 놔두고 환자를 바꿀래." 마이크가 말한다.

그러고는 둘이 웃음을 터뜨린다.

"아이, 진짜로." 내가 말한다. "자기들이라면 어떻게 할 거야? 상황이 심각해졌다고. 나더러 내 심리 치료사한테 자기 부인 얘기를 하라는 거야. 그의 부인은 그가 치료를 받는지도 모르기 때문에 아직은 문제가 아니지만, 언제든 그걸 부인한테 털어놓고 그의 부인도 자문 구하는 걸 동의한다면? 그러면 그가 내 심리 치료사라는 사실을 털어놔야 해?"

"물론이지." 힐러리가 말한다.

"꼭 그런 건 아니야." 마이크가 동시에 말한다.

"이렇다니까." 내가 말한다. "명확하지가 않아. 그리고 왜 안 명확한지 알아? 왜냐면 이런 일은 절대로 일어나지 않거든. 이런 일이 있었던 적이 있어?"

힐러리가 내게 차를 따라준다.

"한 번은 헤어진 두 사람이 따로따로 심리 치료를 받으러 찾아온 적이 있어." 마이크가 말한다. "성이 달랐고 헤어져서 주소도 달랐기 때문에 두 사람을 각각 두 번씩 만나기 전까지는 그들이 부부였다는 걸 몰랐어. 그러다가 같은 얘기를 서로 다른 시각에서 듣고 있다는 걸 깨달았지. 내 환자였던 사람이 두 사람을 모두 아는 친구였고, 둘에게 나를 소개한 거야. 나는 결국 그들에게 다른 곳을 추천해야 했어."

"그래, 하지만 이건 이해가 상충하는 두 환자의 경우가 아니라고. 내 심리 치료사가 얽혀 있다니까. 그럴 확률이 얼마나 되겠어?"

힐러리가 다른 곳으로 눈을 돌린다. "뭐야?" 내가 묻는다.

"아무것도 아니야."

마이크가 그녀를 쳐다본다. 그녀의 얼굴이 붉어진다. "털어놔." 그가 말한다.

힐러리가 한숨을 쉰다. "알았어. 한 20년 전에, 막 개원을 했을 때인데, 우울증 때문에 찾아온 젊은 남자가 있었어. 호전이 되는 느낌이었는데 그러다가 고착 상태에 빠진 것 같은 거야. 그가 앞으로 나갈 준비가 안 됐다고 생각했지만 실은 내가 경험이 없었고 그 차이를 알기엔 너무 초보자였던 거지. 아무튼, 그는 떠났고, 1년쯤 있다가 내 심리 치료사의 사무실에서 그와 마주쳤어."

마이크가 씩 웃는다. "당신의 환자가 당신을 떠나서 당신의 심리 치료사에게 갔다고?"

힐러리가 고개를 끄덕인다. "웃기는 건, 내가 심리 치료를 받으면서 그 환자가 떠났을 때 무력감을 느꼈다는 말을 했다는 거야. 그 환자도 내 심리 치료사에게 이전의 서툰 심리 치료사에 대해서 말했을 테고, 어느 시점에선 내 이름도 나왔을 거야. 내 심리 치료사는 2에다

2를 더하면 4라는 걸 알지 않았겠어?"

나는 이걸 웬델의 상황에 대입해본다. "그런데 당신의 심리 치료사는 아무 말도 안 했어?"

"한마디도." 힐러리가 말한다. "그래서 어느 날 내가 얘기를 꺼냈어. 하지만 그녀는 자신이 이 사람을 치료하고 있다는 걸 말할 수 없잖아. 그래서 우리는 계속 초보 심리 치료사로서 내가 느끼는 불안감을 어떻게 극복할지에 초점을 맞췄지. 쳇. 내 감정? 그게 뭐든 알게 뭐야. 나는 그 환자의 심리 치료가 어떻게 진행되는지, 그녀가 뭘 어떻게 하기에 더 효과가 있었는지 알고 싶어 죽을 지경이었는데."

"그건 결코 알 수 없지." 내가 말한다.

힐러리가 고개를 젓는다. "나는 결코 알 수 없을 거야."

"우리는 지하 금고야." 마이크가 말한다. "결코 깨트릴 수 없는."

힐러리가 나를 쳐다본다. "그래서 심리 치료사한테 말하려고?"

"그래야 해?"

둘 다 어깨를 으쓱한다. 마이크가 시계를 쳐다보더니 쓰레기를 정리한다. 힐러리와 나는 남은 차를 마저 마신다. 환자를 맞을 준비를 해야 할 시간이었다. 탕비실의 녹색 패널 등이 차례로 켜졌고, 우리는 대기실의 환자들을 데리러 차례로 탕비실을 빠져나갔다.

22. 감옥

"흠." 마침내 책 문제를 털어놓았을 때 웬델의 첫마디였다. 이 이야기를 꺼낼 용기를 내는 데 왜 그렇게 시간이 걸렸을까.

모든 걸 고백할 마음으로 두 주에 걸쳐 소파 B로 자리까지 옮겼지만, 막상 그와 얼굴을 맞대고 앉아서 나는 또 미적거린다. 아들의 선생님 이야기와 아버지의 건강에 대해, 최근의 꿈과 초콜릿에 대해, 그리고 이마에 생긴 주름살과 인생의 의미에 대해 주절주절 이야기를 늘어놓는다. 웬델은 초점을 돌리려 하지만, 내가 이 얘기에서 저 얘기로 워낙 재빠르게 옮겨 다니는 통에 따라잡을 수가 없다.

그러다가 느닷없이 웬델이 하품을 한다. 나 보란 듯이, 입을 크고 과장되게 쩍 벌리는 가짜 하품이다. 마음속 진짜 이야기를 하지 않으면, 지금 상태를 벗어나지 못할 거라고 말하는 하품. 그러고는 등을 기대고 앉아 나를 유심히 관찰한다.

"할 얘기가 있어요." 내가 말한다.

놀랍지도 않다는 표정이다.

그리고 모든 이야기가 단번에 쏟아져 나온다.

"그래서 이 책을 쓰고 싶지 않은 거예요?"

나는 고개를 끄덕인다.

"그런데 원고를 넘겨주지 않으면 금전적으로나 작가로서도 심각한 타격을 입게 되고요?"

"맞아요." 이제 내가 얼마나 엉망진창인지 알겠죠? 나는 이런 뜻을 담아 어깨를 으쓱한다. "자녀 교육 책을 썼더라면 이런 상황에 빠지지 않았을 거예요." 지난 몇 년간 매일, 가끔은 한 시간이 멀다고 혼자서 반복해온 후렴구 같은 말이다.

웬델은 어깨를 으쓱하더니 미소를 짓고 기다린다.

"알아요." 한숨이 나온다. "엄청난, 돌이킬 수 없는 실수를 저질렀어요." 다시 한 번 공포가 밀려드는 느낌이다.

"내 생각은 그렇지 않은데요." 그가 말한다.

"그럼, 당신 생각은 뭔데요?"

그가 노래를 부르기 시작한다. "인생의 절반이 지나갔네. 오, 내 인생의 절반이 가버렸어."

나의 의아한 눈빛에도 그는 계속 노래를 부른다. 블루스풍의 저 곡조를 어디서 들었었는지 생각해보려 한다.

"시간을 되돌릴 수 있다면, 과거를 바꿀 수 있다면. 몇 년만 더 시간이 있어서 제대로 살아볼 수 있다면……."

그제야 그게 기존의 유명한 노래가 아니라는 걸 깨닫는다. 웬델 브론슨이 즉석에서 가사를 붙인 즉흥곡이다. 가사는 형편없지만, 목소리는 썩 좋았다.

노래는 이어지고 그는 아주 흥이 났다. 발을 구르고 손가락도 튕긴
다. 바깥 세상에서라면 카디건을 입은 얼간이라고 생각했겠지만, 이
곳 진료실에서 그의 자신감과 즉흥성은 인상적이다. 바보 같고 전문
가답지 않아 보일 수 있지만, 온전히 집중하려는 의지가 보인다. 나
는 내 환자들 앞에서 저럴 수 있을까?

"왜냐면 내 삶의 절반이 지났으니까 —." 노래가 막바지에 이르고,
그는 재즈 가수 같은 제스처를 짓는다.

노래를 멈춘 웬델은 다시 나를 진지하게 쳐다본다. 나는 말해주고
싶다. 그가 짜증난다고. 그가 실제로 내 불안의 원천이 되고 있는 문
제를 하찮은 것으로 치부한다고. 하지만 그 전에, 어디서 왔는지 모
를 묵직한 슬픔이 내려앉는다. 머릿속에서 그의 노래가 맴돈다.

"메리 올리버의 시 같네요." 나는 웬델에게 말한다. "'한 번의 거침
없고 소중한 인생을, 당신은 어떻게 살아갈 계획인가요?' 그 계획을
안다고 생각했었는데, 이제 모든 게 달라졌어요. 남자친구와 함께하
며, 의미 있는 책을 쓸 계획이었는데. 정말 꿈에도,"

"이럴 줄은 몰랐겠죠." 웬델의 표정이 익숙하다. '또 시작인가요?'
이제 우리는 오래된 부부처럼 한 사람이 시작한 문장을 다른 사람이
마무리하는 지경에 이르렀다.

그런데 이번엔 웬델이 입을 다물었다. 그 동안에 봐왔던 의도적인
침묵 같지는 않다. 내가 나의 환자에게 가끔 그러듯, 아마 그도 해줄
말을 찾지 못해 난처할지 모른다. 그는 하품도 하고 노래도 부르면서
이야기의 방향을 틀고 중요한 질문을 던졌다. 그런데 나는 같은 곳으

로 되돌아와서 상실의 서사시를 읊는다.

"당신이 여기서 원하는 게 뭘지 생각해봤어요." 그가 말한다. "당신이 보기엔 내가 당신을 도울 수 있을 것 같은가요?"

그의 질문은 당황스럽다. 동료로서 도움을 구하는 건지, 환자에게 묻는 건지 모르겠다. 어느 쪽이든 잘 모르겠다. 심리 치료를 통해 내가 원하는 건 뭘까?

"모르겠어요." 이렇게 말하는 순간 덜컥 겁이 난다. 어쩌면 웬델이 나를 도울 수 없을지도 몰라. 나를 도울 수 있는 건 아무것도 없을지도 몰라. 그냥 내가 선택한 삶을 사는 법을 배워야 하는 걸지도 몰라.

"나는 도울 수 있을 거라고 생각해요." 그가 말한다. "하지만 당신이 상상하는 그런 방식은 아닐 거예요. 당신의 남자친구를 다시 데려다 놓을 수 없고, 과거를 다시 살게 할 수도 없어요. 이제 책과 관련된 곤경에서도 당신을 구해주길 바라는데, 그것도 나는 할 수 없어요."

그의 말이 너무 터무니없어서 콧방귀가 나온다. "당신이 구해주길 원하는 게 아니에요. 나는 한 집안의 가장이고, 곤경에 빠진 소녀가 아니라고요."

그가 내 눈을 응시한다. 나는 시선을 돌린다.

"아무도 당신을 구해주지 않을 거예요." 그가 조용히 말한다.

"하지만 나는 누가 구해주길 원하는 게 아니라니까요!" 다시 한 번 말해보지만, 이번에는 한편으로 의구심이 든다. 아니, 그걸 원하는 건가? 어떤 면에서는 누구나 그렇지 않나? 사람들은 기분이 좋아지길 기대하며 심리 치료를 받으러 오지만, 기분이 좋아진다는 건 뭘 의미하는 걸까?

탕비실 냉장고에 누가 이런 문구가 적힌 자석을 붙여놓았다. '평화. 그것은 소음과 근심과 노고가 없는 곳에 머무는 것을 의미하지 않는 다. 그런 것들 속에 있으면서도 여전히 평온한 것을 뜻한다.' 환자들 이 평화를 찾도록 도와줄 수는 있지만, 아마도 그건 그들이 치료를 시작했을 때 상상했던 것과는 다른 종류의 평화일 것이다. 작고한 심 리 치료사 존 위크랜드의 유명한 말처럼, '성공적인 심리 치료를 받 기 전에는 똑같은 빌어먹을 일이 반복된다. 성공적인 심리 치료를 받 은 후에는 서로 다른 빌어먹을 일들이 일어난다."

심리 치료가 모든 문제를 사라지게 하거나, 새로운 문제의 발생을 막아주거나, 늘 현명하게 행동하도록 만들어주지 않는다는 건 나도 안다. 심리 치료사는 성격 이식 수술을 해주지 않는다. 그저 날카로 운 가장자리를 잘라내도록 도와줄 뿐이다. 그런 과정을 통해 환자는 반동적이거나 비판적인 면이 줄어들고, 더 개방적이 되어서 다른 사 람을 받아들이게 될 수 있다. 한마디로, 심리 치료의 핵심은 자신의 자아를 이해하는 것이다. 하지만 알고 있던 자신을 지우는 것도 자신 을 이해하는 일의 일부다. 스스로를 가둬왔던 스토리를 지워서 더 이 상 그것에 발목 잡히지 않도록, 자신의 인생이라고 내내 말해왔던 그 스토리가 아닌 자신의 삶을 살 수 있도록 하는 것이다.

하지만 그렇게 할 수 있도록 어떻게 도울지는 또 다른 문제다.

내 문제를 머릿속으로 다시 정리해본다. '먹고 살려면 책을 써야 한다. 몇 년 동안 먹고 사는 문제를 해결할 만한 책의 집필 기회를 거 절했다. 생각할수록 비참해지는 멍청한 책은 쓸 수 없을 것 같다. 멍 청하고 비참한 행복에 대한 책을 쓰도록 스스로를 다그치지만, 결국

페이스북을 뒤지며 제 앞가림하며 잘 사는 사람들을 부러워하는 게 전부다.'

아인슈타인의 명언이 떠오른다. "어떤 문제도 그것을 야기했을 때와 동일한 의식 수준으로는 해결할 수 없다." 맞는 말이란 건 안다. 그러나 대부분의 사람들처럼 나도, 내가 어떻게 그 상태에 빠졌는지 곱씹다보면 문제에서 벗어날 길을 생각해낼 수 있을 거라고 믿는다.

"빠져나갈 길이 안 보여요." 내가 말한다. "책뿐만이 아니라, 전부. 지금까지 벌어졌던 모든 일에서."

웬델이 등을 기대고 다리를 꼬았다가 풀었다를 반복하더니 눈을 감는다. 생각을 정리하는 모양새다.

그가 다시 눈을 떴을 때 우리는 한동안 아무 말 없이 앉아 있었다. 긴 침묵 속에서 두 명의 심리 치료사는 서로 편안하다. 나는 등을 기대고 이 호사를 즐기며 생각한다. 모든 사람들이 일상 속에서 이런 시간을, 전화도 노트북도 TV도 잡담도 없이 그냥 이렇게 함께 앉아 있는 시간을 더 많이 즐기면 좋겠다고. 오롯한 실존. 이렇게 앉아 있자니 긴장이 풀리는 동시에 에너지가 채워지는 기분이다.

마침내 웬델이 입을 연다.

"유명한 카툰 하나가 생각났어요. 한 죄수가 밖으로 나가고 싶은 간절한 마음으로 철창을 흔들고 있는데, 그 좌우로는 철창이 없이 뻥 뚫려 있는 그림이에요."

이미지를 떠올릴 시간을 주려는 듯이, 그는 잠시 말을 멈춘다.

"옆으로 돌아 나오기만 하면 되는 거예요. 그런데도 죄수는 철창만 죽어라 흔들어대죠. 그게 우리의 모습이에요. 감정의 감옥에 갇힌 채 옴짝달싹할 수 없다고 느끼지만, 빠져나올 길은 있어요. 볼 의지만 있다면."

사람들은 대부분 갇혔다는 느낌을 갖고 심리 치료를 받으러 온다. 우리를 가둔 것은 우리 자신의 생각, 행동, 결혼 생활, 직업, 두려움, 또는 과거이다. 때때로 우리는 자기 징벌의 서사로 자신을 가둔다. 두 가지 선택 가능한 믿음이 있고 둘 다 나름의 근거가 있을 때, 우리는 불행한 쪽을 택할 때가 많다. 어째서 우리는 잡음만 들끓는 라디오('남들은 다 나보다 잘 살아 방송국', '믿을 사람이 없어 방송국', '나는 뭘 해도 안 돼 방송국')를 계속 듣는 걸까? 방송국을 옮기자. 철창을 돌아 나가자. 우리 자신 말고 누가 우리를 막을 것인가?

나는 미소를 짓는다. 웬델이 미소로 화답한다. 그 미소에는 이런 뜻이 담겨 있다. '속지 말아요. 이제 시작일 뿐이니까.' 물론 나는 앞날에 놓인 난관에 대해 잘 안다. 웬델은 물론이고. 우리는 또 다른 것도 알고 있는데, 그건 자유에는 책임이 따른다는 것, 그리고 거의 대부분의 사람들이 한편으로 그 책임을 두려워한다는 것이다.

감옥에 그대로 있는 게 안전하지 않을까? 철창과 뻥 뚫린 좌우를 그려본다. 마음 한편에서는 남아 있자고 하고 다른 쪽은 나가자고 한다. 나는 나가는 쪽을 택한다. 하지만 마음속에서 철창을 돌아 나가는 것과 실제에서 그러는 건 다르다.

'심리 치료에서 통찰력은 멍청이에게 주는 상 같은 것이다.' 나는 이 말을 참 좋아한다. 즉, 세상의 모든 통찰력을 지녔더라도 현실에서 바뀌지 않으면 그 통찰력(그리고 심리 치료)은 아무 가치도 없다는 뜻이다. 통찰력이 생기면 이렇게 묻게 된다. 이건 나한테 일어난 일 인가, 내가 자초한 일인가? 대답에 따라 선택의 여지가 생기지만, 변화를 이끌어내는 건 자기 몫이다.

"당신이 치르고 있는 싸움에 대해 얘기할 준비가 됐나요?" 웬델이 묻는다.

"남자친구와의 싸움을 말하는 건가요? 아니면 나 자신과?"

"아니요, 죽음과의 싸움이요."

잠시 어리둥절하지만, 쇼핑몰에서 남자친구를 만나는 꿈이 떠오른다. '그래서 책은 썼어? 무슨 책? 당신의 죽음에 대한 책 말이야.'

아이고. 맙소사.

일반적으로 심리 치료사들은 환자보다 몇 걸음 앞서 간다. 더 똑똑하거나 현명해서가 아니라 밖에서 그들의 삶을 들여다볼 수 있기 때문이다. 반지를 사놓고도 여자친구에게 프러포즈할 타이밍을 못 잡는 환자에게 '그녀와 결혼하고 싶다는 확신이 없는 것 같다'고 말하자 그는 아니라고 펄쩍 뛴다. "뭐라고요? 천만에요. 이번 주말에 할 거예요!" 그러고는 또 하지 않는데, 해변에서 하고 싶었지만 날씨가 나빴기 때문이란다. 우리는 몇 주가 지나도록 같은 대화를 반복하고, 마침내 어느 날 그가 와서 이렇게 얘기한다. "아무래도 그녀와 결혼하고 싶지 않은가 봐요." 많은 사람들이 '아니, 나 때문이 아니야'라고 말하지만 일주일이나 한 달, 또는 1년 뒤에는 이렇게 말한다. "그래, 사실은 나 때문이야."

웬델이 이 질문을 미리 준비해 놓고 때를 기다렸던 것 같다. 심리 치료사들은 신뢰할 수 있는 관계를 구축하는 것과 환자가 계속 고통

받지 않도록 실질적인 치료에 돌입하는 것 사이에서 늘 균형을 추구한다. 처음부터 우리는 느긋하면서도 재빨리 움직이는데, 이야기의 속도는 늦추면서 관계 설정에는 속도를 높이고 그러는 와중에 전략적으로 씨앗을 뿌린다. 자연에서와 똑같이, 씨앗을 너무 일찍 뿌리면 발아가 되지 않는다. 너무 늦게 뿌리면 싹이 나오긴 해도 가장 풍성한 때를 놓친다. 딱 적당한 때에 뿌린 식물은 자양분을 듬뿍 흡수하며 잘 자란다. 우리의 일은 지지와 대치를 오가는 섬세한 춤이다.

웬델은 딱 적당한 때에 죽음과의 싸움에 대해 물어보지만, 거기에는 그가 생각하는 것보다 더 많은 이유가 숨어 있다.

23. 트레이더 조스

토요일 아침 트레이더 조스(대형 마트 체인)에는 사람들이 북적이고, 아들이 초콜릿바 진열대를 보러 간 사이에 나는 줄이 가장 짧은 계산대가 어딘지 훑어본다. 그 혼란 속에서도 출납 직원들은 동요가 없다. 양팔에 문신이 빼곡한 젊은 남자가 바코드를 찍으면 레깅스 차림의 포장 담당자가 음악에 맞춰 춤을 추며 물건을 담는다. 옆줄에서는 모호크 머리의 멋쟁이가 가격 확인을 부탁하고, 맨 끝에서는 금발의 예쁘장한 출납 직원이 오렌지로 저글링을 하며 유모차에서 빽빽 울어대는 아이를 달래고 있다.

저글링을 하는 그 사람이 내 환자 줄리라는 걸 알아차리기까지는 시간이 걸린다. 새로 맞췄다는 금색 가발에 대해서는 듣기만 했지 본 적은 없었다.

"조금 과한가요?" 그녀는 적정선을 넘을 경우 얘기해주겠다고 한 약속을 일깨우며 금발에 대해 의견을 물었다. 그녀는 동네 밴드에 가

입하고, 퀴즈 프로그램에 출연하고, 일주일간의 묵언 수행에 참가하는 것에 대해서도 내 의견을 구했다. 모두 신약이 종양에 기적적인 효과를 일으키기 전의 일이다.

평생을 유지해온 위험-기피 태도를 벗어나려는 그녀의 모습을 보는 게 좋았다. 그녀는 늘 종신 교수가 되면 자유로워질 거라고 생각했는데, 이제 전혀 기대하지 않았던 자유를 맛보고 있었다.

"이건 너무 별난가요?" 그녀는 새로운 아이디어를 얘기하고선 이렇게 덧붙이곤 했다. 정해진 경로에서 벗어나고 싶어 했지만, 길을 잃을 만큼 멀리까지는 아니었다. 그런데 사실 그녀가 제안한 것 중에 그렇게 놀랄 만한 것은 없었다.

그러다가 마침내 허를 찌르는 아이디어가 나왔다. 자신이 머잖아 죽을 거라고 믿고 있었을 때, 그녀는 트레이더 조스에서 계산을 기다리다가 출납원들의 모습에 매료되었다. 소소하지만 사람들의 삶에서 큰 자리를 차지하는 음식이며 교통 체증, 날씨 같은 것들에 대해 고객에게 묻기도 하고 자기들끼리 이야기를 주고받는 모습이 무척 자연스러워 보였다. 그건 줄리의 일, 좋아하지만 연구 결과를 내고 성과를 입증해야 하는 압박감에 끝없이 시달리는 그 일과 전혀 달라 보였다. 미래가 싹둑 잘려나간 상황에서 그녀는 매 순간 실체적인 결과를 확인할 수 있는 일, 고객의 물건을 포장하고 힘을 주는 인사말을 건네고 상품을 진열하는 그런 일을 해보고 싶었다. 하루를 정리하면서 뭔가 확실하고 유용한 일을 했다는 느낌이 들 것 같았다.

줄리는 앞으로 살날이, 예를 들어, 1년 정도 남았다면 트레이더 조스의 주말 출납 직원을 해보겠다고 결심했다. 그 일을 이상적으로 보고 있다는 건 그녀도 모르지 않았다. 그래도 확실한 목표 의식, 연대감, 많은 사람들의 삶에서 작으나마 한 부분을 차지하는 느낌을 경험해보고 싶었다. 그게 비록 식료품점에서 물건 가격을 계산하는 일일지라도.

"어쩌면 트레이더 조스가 저에게는 네덜란드일 수도 있는 거죠." 그녀는 생각했다.

나는 그 아이디어에 반발을 느꼈고 잠시 앉아서 왜 그런지를 따져봤다. 그건 줄리를 치료하면서 직면해온 딜레마와 관련이 있을 것 같았다. 줄리가 암에 걸리지 않았다면, 오랫동안 억제된 느낌을 받아왔던 부분을 들여다볼 수 있도록 도와줬을 것이다. 그녀는 숨 쉴 틈 없이 닫아두었던 어떤 측면들의 뚜껑을 여는 것처럼 보였다.

하지만 죽음을 앞둔 사람에게 심리 치료를 한다는 게, 또는 그저 응원을 하는 게 의미가 있을까? 줄리를 건강한 사람처럼 취급하면서 야심찬 계획을 세우도록 놔둬야 할까? 아니면 그저 편안하게 해주면서 계획을 그르치지 않게 해야 할까? 죽음의 공포에 직면하지 않았다면 과연 줄리는 인식의 수면 밑에 숨어 있던 모험이나 안전, 정체성에 대해 스스로에게 질문을 던졌을까?

더 평온하기는 하겠지만 이건 우리 모두가 마주하는 질문이다. 우리는 얼마나 알고 싶을까? 어느 정도가 되어야 지나치게 많은 걸까? 그리고 죽음을 앞둔 사람에게는 또 어느 정도가 지나친 걸까?

트레이더 조스의 판타지는 일종의 탈출을 상징하는 것 같았고, 이 판타지가 암에 걸리기 전의 줄리와 어떤 식으로 연결되는지 궁금했다. 하지만 무엇보다 그녀의 몸이 그 일을 감당할 수 있을지 의문이였다. 신약 치료는 그녀의 피로를 가중시켰다. 그녀에게는 휴식이 필요했다.

"남편은 정신이 나갔다고 생각해요." 그녀는 말했다.

"살날이 얼마 남지 않았는데, 트레이더 조스에서 일하는 게 꿈이야?" 그는 물었다.

"그래서, 당신은 살날이 1년 남짓이면 뭘 할 건데?" 줄리가 따졌다.

"나는 일을 줄일 거야." 그가 말했다. "늘리는 게 아니라."

줄리에게서 매트의 반응을 전해 듣자니, 줄리가 즐겁기를 바라면서도 우리는 그녀를 응원하고 있지 않다는 생각이 들었다. 물론 현실적인 우려도 없지는 않지만, 우리가 주저하는 건, 꿈을 좇는 그녀의 확신에 찬 모습을 질투해서는 아닐까? 심리 치료사들은 환자에게 질투심을 쫓아가라고 말한다. 그러면 자신이 원하는 바를 알 수 있다는 것이다. 줄리가 꽃을 피우는 모습은 우리가 너무 두려운 나머지 우리만의 트레이더 조스를 실천하지 못하고 있다는 사실을 도드라지게할까? 그래서 우리는 줄리가 우리처럼 그저 꿈만 꾸기를, 열린 감옥에 갇혀 있기를 바랐던 걸까?

어쩌면 나는 그랬는지도 모른다.

"게다가," 매트는 줄리에게 이렇게 말했다. "당신은 나랑 함께 시간을 보내고 싶지 않아?"

줄리는 당연히 그렇다고 대답했다. 하지만 트레이더 조스에서도 일하고 싶었고, 그건 일종의 집착이 되었다. 그래서 기어이 이력서를 넣었고, 종양이 사라졌다는 소식을 들은 날 토요일 오전 파트에 일을 해보라는 소식도 함께 들었다.

줄리는 휴대폰을 꺼내서 두 개의 음성 메시지를 들려주었다. 하나는 종양학과 주치의였고, 하나는 트레이더 조스의 점장이었다. 그녀는 로토라도 당첨된 것처럼, 그것도 대박 로토에 당첨되기라도 한 것처럼 환하게 웃었다.

"하겠다고 했어요." 그녀는 트레이더 조스의 음성 메시지를 들려준 뒤 이렇게 말했다. 종양이 다시 생길지는 아무도 모르는 일이고, 버킷 리스트에 항목만 추가하며 살고 싶지는 않다고 했다. 그녀는 항목을 지워나가고 싶었다.

"줄여나가야 해요." 그녀는 말했다. "아니면 쓸모없는 짓에 불과할 테니까."

그래서 여기 마트에서 나는 어느 계산대로 가야할지 고민이다. 줄리가 트레이더 조스에서 일을 시작했다는 건 알고 있었지만 이 매장일 줄은 몰랐다.

그녀는 아직 나를 보지 못했고, 나는 멀리 서 있었지만 자꾸만 그쪽으로 눈길이 간다. 그녀는 가격을 찍은 물건을 포장 담당자에게 넘겨주고, 아이에게 스티커를 주고, 어떤 고객과 얘기를 주고받으며 웃는다. 그녀는 모두가 원하는 계산대의 여왕 같다. 사람들은 그녀를 아는 눈치이고, 어찌나 효율적인지 줄이 쑥쑥 줄어드는 건 놀랍지 않다. 눈가가 촉촉해지는 느낌인데 아들이 나를 소리쳐 부른다. "엄마, 이쪽이요!" 아들은 어느새 줄리의 계산대 앞에 서 있다.

나는 망설인다. 어쨌거나 심리 치료사의 물건을 계산해주는 건 그녀로서도 어색할 것 같다. 그리고 솔직히 말하면, 나도 어색할 것 같다. 그녀는 나에 대해 거의 아는 게 없는데 쇼핑한 물건들을 늘어놓는 것만으로도 어쩐지 나를 지나치게 드러내는 것 같다. 하지만 무엇보다 아이를 가질 방법을 연구하면서 친구들의 아이를 볼 때면 슬퍼진다고 했던 그녀의 말이 떠오른다. 아들과 함께 있는 나를 보면 어떤 기분이 들까?

"이쪽으로 와!" 나는 다른 계산대를 가리키며 잭을 부른다.

"하지만 이쪽이 더 짧아!" 아이가 소리쳐 대답하고 그건 누가 보기에도 명백한데 줄리는 대단히 효율적이기 때문이다. 그때 줄리가 내 아들을 쳐다보고, 아이의 시선을 따라가다가 나를 발견한다.

딱 걸렸다.

내가 미소를 짓고 그녀도 미소를 짓는다. 나는 다른 줄로 향하지만 줄리가 말한다. "저기요, 손님. 아이 말을 들으세요. 이쪽 줄이 더 짧아요!" 나는 잭 옆으로 간다.

순서를 기다리는 동안 애써 쳐다보지 않으려 하지만 잘 안 된다. 나는 지금 그녀가 심리 치료 중에 묘사했던 판타지의 실사판을 보고 있다. 그야말로 꿈의 실현이다. 잭과 내가 계산대 앞에 이르자 줄리는 다른 고객에게 하던 것처럼 가벼운 농담을 건넨다.

"조스오스?" 그녀가 내 아들에게 말한다. "아침 식사로 좋지."

"그건 우리 엄마 거예요." 아이가 대답한다. "기분 나쁘게 듣지 마세요. 하지만 전 치리오스를 더 좋아해요."

줄리는 누가 듣는지 주위를 살펴보고는 아이에게 장난스럽게 윙크를 하며 속삭인다. "아무한테도 얘기하지 마. 사실은 나도 그래."

그러고는 계산이 끝날 때까지 아들이 골라온 다양한 초콜릿의 장점에 대해 열띤 토론을 벌인다. 물건을 전부 담아 카트를 밀고 떠날 때 잭은 줄리가 준 스티커들을 들여다본다.

"저 아줌마 마음에 들어." 아이가 말한다.

"나도 그래." 내가 말한다.

나는 30분 후에 부엌에서 물건들을 정리할 때에야 영수증 뒤에 뭔가 적혀 있는 걸 발견한다.

'저 임신했어요.' 거기에는 그렇게 적혀 있다.

24. 헬로, 패밀리!

진료 기록: 리타

우울증으로 내원한 이혼 여성. '잘못된 선택들'이라고 믿는 것들과 제대로 살지 못한 인생에 대한 회한을 토로. 한 해 동안 삶이 나아지지 않으면 '끝낼' 계획이라고 함.

"보여줄 게 있어요." 리타가 말한다.

대기실에서 사무실로 이어지는 통로에서 그녀가 휴대폰을 건넨다. 리타는 지금까지 내게 핸드폰을 보여주기는커녕 자리를 잡고 앉기 전에 이야기를 시작한 적도 없었던 터라 그 행동은 조금 놀랍다. 그녀는 내가 봐야 할 곳을 가리켰다.

휴대폰 화면에는 범블이라는 데이트 앱의 회원 프로필이 떠 있다. 리타는 얼마 전부터 이 앱을 쓰기 시작했는데, 틴더 같은 앱들과 달리 범블은 여자만 남자에게 연락할 수 있다. 우연찮게 젠도 이 앱에 대한 기사를 내게 보내준 적이 있다. '언제든 다시 데이트할 준비가 될 때를 대비해서'라는 메시지에 나는 이렇게 답문을 보냈다. '아직 언제든이 안 됐어.'

나는 휴대폰에서 리타에게로 시선을 옮긴다.

"어때요?" 그녀가 기대에 찬 목소리로 묻는다.

"뭐가요?" 나는 휴대폰을 그녀에게 돌려주며 되묻는다. 무슨 의도인지 알 수가 없다.

"보면 몰라요?" 믿을 수 없다는 말투다. "여든두 살이잖아! 나도 영계는 아니지만, 이게 뭐야. 여든 살이 홀딱 벗었을 때 어떤지는 내가 아는데, 그것 때문에 일주일 동안 악몽에 시달렸다고. 미안하지만 일흔다섯이 상한선이야. 나를 설득해볼 생각일랑 하지도 마요."

여기서 밝히자면, 리타는 예순아홉 살이다.

몇 달을 권한 끝에 리타가 데이트 앱을 사용해보기로 결심한 건 몇 주 전이었다. 어쨌거나 일상에서는 독신 노인을 마주칠 일이 없었고, 지적이고 다정하며 경제적으로 안정적이고 체력이 좋은 사람('여전히 적절한 타이밍에 세울 수 있는 사람')이라는 이상형에 부합하는 사람은 더 드물었다. 머리카락은 선택 사항이지만 치아는 그렇지 않다고 그녀는 고집했다.

바로 전에는 같은 나이의 신사를 만났는데, 그 신사가 별로 신사적이 아니었다. 둘은 저녁을 먹으며 데이트를 했고, 두 번째 데이트를 앞둔 전날 밤에 리타는 그가 만들어보고 싶다던 메뉴의 사진과 레시피를 문자로 보냈다. '으으음.' 답장이 이렇게 왔다. '맛있을 것 같네.' 리타가 다시 답장을 하려는데 '으으음'이 한 번 더 뜨더니 섹스팅에서나 볼 법한 내용이 이어졌다. 그리고 1분 후에 '미안해요, 허리 때문에 딸한테 문자를 보낸다는 것이 그만'이라고 문자가 왔다.

"허리 때문은 염병, 변태 새끼!" 리타가 소리를 빽 질렀다. "무슨 짓을 하고 있었는지 몰라도, 그게 내가 보내준 연어 요리 얘기가 아닌 건 틀림없지!" 두 번째 데이트는 없던 일이 되었고, 그 여든두 살을 만나기 전까지는 데이트가 아예 없었다.

리타가 나를 찾아온 건 봄이 시작될 무렵이었다. 처음 만났을 때부터 우울감이 어찌나 심한지 자기 상황을 이야기하는 것이 마치 부고를 읽는 것 같았다. 인생이 소설이라면 자기 인생은 이미 마지막 줄까지 다 완성된 비극이라고 그녀는 믿었다. 세 번을 이혼하고, 자식 넷은 다 문제투성이로 자랐으며, 손주 한 명 찾아오는 일 없이 혼자 살면서, 지긋지긋하던 직장에서마저 은퇴한 리타는 아침에 일어나야 할 이유를 찾지 못했다.

그녀가 말하는 실수의 목록은 길었다. 남편들을 잘못 선택했고, 아이들의 필요를 자신의 그것보다 우선하지 못했고(알코올 중독자 아버지로부터 지켜주지 못한 것을 포함해서), 재능을 전문적으로 활용하지 못했고, 젊을 때 친구를 만들려고 노력하지 않았다. 그녀는 최선을 다해 현실을 부정하며 자신을 무기력하게 만들었다. 그러다가 최근에야 그 방법이 효력을 상실했다. 심지어 그녀가 즐기고 잘하는 유일한 활동인 그림마저 좀처럼 흥미가 없었다.

일흔 번째 생일을 앞두고 그녀는 잘 살아보든지 아니면 끝장을 내자고 자신과 담판을 지었다.

"누가 도와줄 수 있는 단계를 넘은 것 같아요." 그녀는 이렇게 단정했다. "그래도 확실히 하는 차원에서 마지막 시도를 해보고 싶어요."

'압박감은 없네.' 나는 생각했다. 우울증에서 자살에 대한 생각(이걸 자살 관념화라고 하는데)은 흔하지만, 대부분은 치료에 반응하여 절망적인 충동을 행동으로 옮기지 않는다. 사실, 자살 위험이 증가하는 건 환자의 상태가 나아지기 시작할 때다. 이 짧은 기간에는 더 이상 예전만큼 우울하지는 않더라도 고통은 모든 걸 끝내고 싶을 정도로 큰데, 남아 있는 고통에 새롭게 찾은 에너지가 결합되기 때문이다. 그러나 일단 우울감이 걷히고 자살 생각이 잦아들면 새로운 시기가 열린다. 이때가 되면 장기간에 걸쳐 삶을 크게 개선시킬 변화를 시도할 수 있다.

언급한 사람이 누구든, 자살 얘기가 나오면 그 때마다 심리 치료사는 상황을 분석해야 한다(자살 얘기를 꺼내는 것이 흔히 우려하는 것처럼 환자의 머릿속에 그 생각을 '심는' 것은 아니다). 확고한 계획이 있는가? 계획을 실행에 옮길 방법이 있는가? 이전에 시도했던 적이 있는가? 특별한 위험 요인이 있는가? 사람들이 자살에 대해 얘기하는 건 죽고 싶어서가 아니라 고통을 끝내고 싶어서일 때가 많다. 고통을 끝낼 방법만 찾을 수 있다면 그들도 얼마든지 살고 싶어 한다. 우리는 상황을 최대한 정확하게 분석하고, 긴급한 위험이 아닐 경우 상황을 예의주시하며 우울증 치료를 위해 노력한다. 하지만 자살 생각이 확고한 경우에는 곧바로 일련의 조치를 취해야 한다.

리타는 끝장을 내겠다고 말했지만, 일흔 번째 생일까지는 아무 짓도 하지 않겠다는 뜻을 분명히 했다. 그녀는 죽음이 아닌 변화를 원했다. 비록 내면은 이미 죽어 있었어도 당분간 자살은 내가 우려할 일이 아니었다.

내가 우려하는 건 리타의 나이였다.

이걸 인정하려니 민망하지만, 처음에 나는 리타의 암울한 시각에 동조하게 될까봐 걱정이 됐다. 실제로 그녀는 도와줄 수 있는 단계를, 최소한 그녀가 원하는 도움을 받을 수 있는 단계는 넘은 것 같았다. 심리 치료사는 우울증에 걸린 사람이 스스로 품을 수 없는 희망을 담아주는 그릇이어야 하는데, 이렇다 할 희망이 보이지 않았다. 보통은 우울증이더라도 계속 살아가게 할 뭔가가 있기 마련이다. 아침마다 자리에서 일어나게 하는 일이든(그 일을 특별히 좋아하지 않더라도), 유대감을 형성하고 있는 친구든(한두 사람이라도 속을 털어놓을 수 있다면), 아니면 연락을 하고 지내는 가족이든(골칫거리라도 가족이 있다는 게 중요하다). 아이들이 있거나 반려동물을 키우거나 종교를 믿는 것도 자살을 막아줄 수 있다.

무엇보다 내가 봤던 우울증 환자들은 나이가 어렸다. 더 순응적이었다. 지금 당장은 삶이 피폐해 보일지라도 상황을 반전시켜서 뭔가 새로운 걸 시도할 시간이 있었다.

그런데 리타는 그렇지가 못했다. 고령, 극심한 고독, 목적의식의 결여와 팽배한 회한. 그녀의 얘기에 따르면, 그녀는 한 번도 누군가로부터 진정한 사랑을 받아본 적이 없었다. 냉담한 부모의 늦둥이 외동으로 태어났고, 자식들과는 연락을 하지 않으며, 친구도 친척도 사교 모임도 없었다. 아버지가 세상을 뜬 건 벌써 수십 년 전이고, 어머니는 알츠하이머를 앓다가 아흔 살에 돌아가셨다.

그녀는 내 눈을 똑바로 쳐다보며 난제를 투척한다. '현실적으로 이 나이에 뭘 바꿀 수 있나요?'

1년쯤 전에 70대 후반의 저명한 정신과 의사가 자기 환자를 봐줄 수 있겠냐고 전화를 걸어왔다. 파트너를 찾는 동안 난자 냉동을 고려하고 있는 30대 여성이라고 했다. 그 의사는 자신이 요즘 삼십대의 데이트나 출산에 대한 관점을 잘 모르기 때문에 내가 봐주는 게 그 여성에게 도움이 될 거라고 말했다. 나는 그 심정을 이제 이해할 수 있었다. 노인들이 느끼는 노년의 정서를 내가 온전히 이해할 수 있을지 자신이 없었다.

수습 기간에 우리는 고령자만의 특별한 어려움에 대해 배웠다. 이 연령대는 정신 건강을 대수롭지 않게 여긴다. 일부에게는 심리 치료가 티보(디지털 비디오 녹화기)만큼이나 낯선 개념이고, 이 세대는 대체로 뭐든지 혼자 힘으로 '헤쳐나갈 수 있다'고 믿으며 자랐다. 그런가 하면 은퇴 연금으로 생활하면서 저렴한 클리닉을 찾는 사람들은 이십대 인턴 심리 치료사가 대부분인 그런 곳이 편치 않고 얼마 안 가 발길을 끊는다. 또 다른 노인들은 자신들이 느끼는 감정을 노화의 일환으로 여겨서 치료가 도움이 될 거라고 생각하지 못한다. 그런 탓에 노인 환자는 상대적으로 적다.

그런데 한 사람의 삶에서 노령이 차지하는 비중이 예전에 비해 증가했다. 몇 세대 전과는 달리 요즘의 예순 살은 기술이나 지식 그리고 경험 면에서 최고 기량을 발휘하는 나이다. 그러나 일터에서는 젊은 세대에게 밀려나기 바쁘다. 현재 미국의 평균 기대 수명은 80세 전후이고 90대까지 사는 것이 일반적인 추세가 되고 있는데, 남은 몇십 년 동안 이 60대들의 정체성에는 어떤 변화들이 벌어질까? 나이가 들면 아무래도 많은 것을 잃게 된다. 건강, 가족, 친구, 일, 그리고 목적의식을.

하지만 나는 리타가 경험하는 상실의 주된 원인이 노화가 아니라는 걸 깨달았다. 그보다는 평생 품고 살아왔던 상실감을 나이가 들면서 인식하게 된 것이다. 그리고 이제 두 번째 기회를 바라지만, 그 기회를 실현하기까지 스스로에게 단 1년의 말미만을 주었다. 이미 너무 많은 것을 잃었기 때문에 더 이상 잃을 것도 없다는 게 그녀의 생각이었다.

그건 나도 대체로 동의하는 부분이었다. 하지만 그녀에겐 아직 건강과 미모가 남아 있었다. 큰 키에 날씬하고, 커다란 녹색 눈동자와 높은 광대뼈, 새치가 살짝 섞인 풍성한 붉은 머리를 지닌 리타는 좋은 유전자를 타고 난 덕분에 안색은 마흔 같다. 아침마다 YMCA에 운동을 하러 가는 건 '자리에서 일어날 이유가 필요하기' 때문이다. 그녀를 나에게 보낸 의사는 리타가 '자신이 본 그 연령대 사람 가운데 가장 건강한 사람'에 속한다고 말했다.

하지만 다른 모든 측면에서 리타는 생기라곤 없이, 이미 죽은 사람 같았다. 움직임조차 기운이 없었는데, 소파까지 슬로 모션처럼 어슬렁거리며 걸어가는 모습은 정신 운동 지연psychomotor retardation이라고 부르는 우울증의 징후였다(내가 웬델이 던져준 티슈 상자를 번번이 놓친 것도 이런 현상으로 설명할 수 있을지 모른다).

나는 상담을 시작하면서 지난 24시간을 어떻게 보냈는지 최대한 자세히 말해달라고 요청할 때가 많다. 그렇게 하면 소통의 수준과 소속감, 어울리는 사람들, 책임을 지는 영역과 스트레스의 요인, 관계가 순탄한지 격렬한지의 여부, 시간을 보내는 방식에 이르기까지 환자의 현재 상태를 어느 정도 감지할 수 있다. 하루를 시간 단위로 나눠서 그걸 소리 내어 얘기해보기 전까지는 자신이 시간을 어떻게 보내는지 제대로 모르는 사람들이 많다.

리타의 하루는 이런 식이다. 일찌감치 일어나서('환경 때문에 잠이 망가졌다') 차를 몰고 YMCA에 간다. 집에 돌아와서는 「굿모닝 아메리카」를 보며 아침을 먹는다. 그 후엔 그림을 그리거나 낮잠을 잔다. 신문을 읽으면서 점심을 먹는다. 다시 그림을 그리거나 낮잠을 잔다. 냉동 식품을 데워서 저녁을 먹고, 건물 계단에 나가 앉아 있다가 실없는 TV 프로를 보다가 잔다.

리타는 인간적인 교제가 거의 없는 것처럼 보였다. 아무하고도 얘기를 나누지 않은 채 지나는 날들이 많았다. 하지만 그녀의 삶에서 가장 놀라웠던 점은 고독의 수준을 넘어, 그녀가 하는 거의 모든 말과 행동에서 죽음의 이미지가 떠오른다는 것이었다. 앤드루 솔로몬이 『한낮의 우울』에서 말했듯이 '우울의 반대말은 행복이 아니라 활력'이다.

활력. 리타가 평생 우울증에 시달리며 굴곡진 삶을 살아오긴 했지만, 치료의 초점을 과거에 맞춰야 할지 확신이 들지 않았다. 그녀가 1년이라는 데드라인을 설정하지 않았더라도 아무도 변경할 수 없는 또 하나의 데드라인이 있었으니, 그건 바로 필멸의 운명이었다. 줄리의 경우처럼, 리타도 무엇을 목표로 치료를 해야 할지가 고민이었다. 리타는 다만 얘기할 사람, 고통과 외로움을 덜어줄 사람이 필요한 걸까? 아니면 이런 상황을 만드는 데 기여한 자신의 역할을 이해할 의지가 있는 걸까? 이건 내가 웬델의 상담실에서 고민한 문제이기도 했다. 내 삶에서 뭘 받아들이고 뭘 바꿔야 할까? 하지만 나는 리타보다 스무 살 이상 젊었다. 그녀는 삶을 만회하기에 너무 늦었을까? 그러기에 너무 늦은 나이라는 게 과연 있을까? 그리고 그 과정에서 초래되는 감정적인 불편함을 그녀는 어디까지 감내할 의지가 있을까?

후회는 두 가지 방향으로 작동할 수 있다. 과거에 옭아매는 족쇄가 되거나, 변화를 추진하는 엔진이 되거나.

리타는 일흔 번째 생일 이전에 삶이 나아지길 원한다고 말했다. 그렇다면 지난 칠십 년을 훑기보다 그녀의 삶에 약간의 활력을 불어넣는 것으로 시작하는 게 좋겠다고, 나는 생각했다. 지금에 초점을 맞춰야 했다.

"교우 관계?" 일흔다섯 미만의 남자와 교우 관계를 추구하는 걸 반대하지 않겠다고 했더니 리타가 되묻는다. "자기, 너무 순진한 거 아니야? 내가 원하는 건 교우 관계 이상이야. 나 아직 안 죽었어. 나도 아파트에서 남들 모르게 이런저런 걸 주문하는 법을 안다고."

점이 연결되면서 그림이 완성되기까지 시간이 걸린다. '바이브레이터를 산단 말인가? 대단한 걸!'

"내 몸에 누군가의 손길이 닿았던 게 언제였는지 알아?"

리타는 데이트를 하러 나가보면 얼마나 실망스러운지 모른다고 말을 잇는다. 최소한 이 점에 대해서만큼은, 이렇게 생각하는 게 리타만은 아니다. 나이를 불문하고 싱글 여성들이 가장 흔하게 불러대는 후렴구는, '데이트는 구리다'는 말이다.

하지만 그녀의 경우에는 결혼 생활도 썩 좋지 않았다. 첫 남편을 만난 건 고리타분한 집에서 벗어나고 싶어 안달하던 스무 살 때였다. 집에서 대학을 다니며 '권태와 침묵으로 죽어가는 세계'에서 '흥미진진한 생각과 사람들이 가득한 세계'를 오갔다. 하지만 그녀는 일을 해야 했고, 수업이 끝난 후에는 부동산 사무실에서 지루하기 짝이 없는 서신을 타이핑하느라 사교 생활을 갈망하면서도 누릴 수 없었다.

이때 등장한 사람이 리처드였다. 영문학 세미나에서 만난 세련된 선배와는 대화가 통했고, 그는 그녀를 덥석 안아 그토록 원했던 삶을 선사했다. 2년 후에 첫 아이가 태어나기 전까지는 그랬다. 리처드의 근무 시간이 길어지고 술을 마시기 시작한 건 그 무렵이었다. 머잖아 리타는 부모님 집에서 살던 어린 시절 만큼이나 지루하고 외로워졌다. 네 아이를 낳고, 무수한 부부 싸움을 벌이며, 술에 취한 리처드가 그녀와 아이들을 때리는 날들이 반복되자 리타는 떠나고 싶었다.

하지만 어떻게? 그녀가 뭘 할 수 있지? 대학도 중퇴했는데 무슨 수로 아이들을 먹여 살릴까? 리처드 밑에서 아이들은 옷과 음식과 좋은 학교와 친구들을 누릴 수 있었다. 그녀가 혼자 힘으로 아이들에게 뭘 해줄 수 있을까? 리타는 어린아이가 된 것처럼 무기력한 기분이었다. 그리고 얼마 지나지 않아, 리타도 술을 마시기 시작했다.

유난히 끔찍한 일을 겪고서야 리타는 간신히 떠날 용기를 냈다. 그러나 아이들은 이미 십대에 접어든 지 오래였고, 집안은 아수라장이었다.

두 번째 남편과는 5년 후에 결혼했다. 에드워드는 리처드와 정반대였다. 그는 얼마 전에 아내를 잃은 친절하고 다정한 홀아비였다. 리타는 서른아홉에 이혼을 하고 따분한 비서 일을 시작했는데(똑똑한데다 예술적인 소질도 있었건만, 그녀가 내세울 수 있는 기술은 이것뿐이었다), 에드워드는 리타가 일하던 보험 회사의 고객이었다. 두 사람은 만난 지 6개월 만에 결혼했지만, 에드워드는 아내를 여읜 슬픔에서 완전히 벗어나지 못했고 리타는 죽은 아내를 향한 남편의 사랑을 질투했다. 말다툼이 끊이지 않았다. 결혼 생활 2년 만에 에드워드가 손을 들었다. 리타 때문에 아내를 버렸던 세 번째 남편은 5년이 지났을 때 리타를 버리고 다른 여자에게로 떠나갔다.

그때마다 리타는 혼자라는 현실에 충격을 받았지만, 내겐 그녀의 이력이 놀랍지 않았다. 사람들은 미해결 과제와 결혼한다.

리타는 이후 10년 동안 데이트를 피했다. 남자라고는 만나지도 않고, 아파트에 칩거하면서 YMCA에서 에어로빅 정도만 했다. 그러다가 얼마 전에 여든 살 먹은 몸의 현실을 접했는데, 이혼 당시 쉰다섯에 불과했던 마지막 남편의 몸에 비해 너무 쭈글쭈글하고 축 늘어졌다. 그래도 데이트 앱을 통해 '처진 남자'를 만난 건 '누군가의 손길을 느끼고 싶었기 때문'이었다. "한 번 시도는 해볼 수 있다고 생각했지." 그는 나이에 비해 젊어 보였고(거의 일흔 살처럼) 생기기도 잘 생겼다. 그러니까 옷을 입혀 놨을 때는 그랬다는 얘기다.

섹스를 하고 나서 그가 포옹을 하려 했지만 리타는 욕실로 피신을 했고, 거기서 '약국을 방불케 하는 수많은 약'을 발견했는데 그중에는 비아그라도 있었다. 그 모든 게 '역겨웠던' 리타는(그녀는 역겨워하는 게 많다) 남자가 곯아떨어지길 기다렸다가 택시를 잡아타고 집으로 돌아왔다.

"다시는 안 해." 그녀는 이제 이렇게 말한다.

여든 살 남자와 자는 걸 상상해보려 하면서, 나는 노인들이 파트너의 몸을 싫어하는지 어떤지 궁금했다. 그 전까지 늙은 몸을 보지 못했던 사람에게만 충격일까? 50년쯤 함께 살았다면 점진적인 변화에 익숙해져서 잘 모르지 않을까?

60년 넘게 해로한 부부에게 행복한 결혼 생활의 비결을 묻는 기사를 본 적이 있다. 소통과 양보 같은 평범한 조언 끝에, 남편이 요즘도 오럴 섹스를 즐긴다고 덧붙였다. 이 기사는 온라인에서 들불처럼 번졌는데, 역겹다는 댓글이 대부분이었다. 나이든 몸에 대한 대중의 이런 본능적인 반응을 감안할 때, 노인들이 누군가의 손길을 많이 느끼지 못하는 건 이상한 일이 아니다.

하지만 그건 인간의 심원한 욕구다. 신체적 접촉이 죽을 때까지 우리의 웰빙에 중요한 요인이라는 것은 여러 연구를 통해 입증되었다. 신체 접촉은 혈압과 스트레스를 낮추고 면역력을 높여준다. 사람의 손길이 닿지 않으면 아기들은 죽을 수도 있고, 그건 어른도 마찬가지다(신체 접촉을 일상적으로 경험하는 사람이 더 오래 산다). 이런 상태를 일컫는 용어까지 있는데, 바로 스킨십 허기라는 말이다.

리타는 자신이 페디큐어에 돈을 펑펑 쓰는 건 발톱에 색을 칠하는 게 중요해서라기보다 오직 이때만 누군가의 손길을 느낄 수 있기 때문이라고 했다. 몇 년째 그녀의 페디큐어를 담당하고 있는 코니는 영어는 잘 못하지만 발마사지만은 '천국'이라고 리타는 말했다.

세 번째 이혼을 했을 때만 해도 누군가의 손길 없이는 일주일도 못 살 것 같았다. 안달이 났다. 그러다 한 달이 되었다. 그렇게 한 해 두 해 세월이 흘러 십 년이 지났다. 누가 보지도 않는 페디큐어에 돈을 쓰고 싶진 않지만, 달리 방법이 없다. 이렇게라도 사람 손길을 느끼지 않으면 미쳐버릴 터라 리타에게 페디큐어는 필수다.

"만져달라고 돈을 낸다는 점에서 매춘부를 찾아가는 것과 비슷하지." 리타는 말한다.

'존이 나를 찾아오는 것처럼.' 나는 생각한다.

"요는," 리타는 여든 살 남자에 대해 얘기하고 있다. "남자의 손길을 다시 느끼면 좋을 거라고 생각했는데, 그냥 페디큐어나 받아야겠다는 거야."

선택이 이것 아니면 저것일 필요는 없지 않겠냐고 말해보지만, 나를 쏘아보는 눈길에서 그녀의 생각을 읽을 수 있다.

"당신이 어떤 사람을 만나게 될지는 나도 몰라요." 내가 한 발 물러선다. "하지만 당신이 아끼고 또 당신을 아껴주는 누군가의 손길, 몸뿐만 아니라 마음의 손길을 느끼게 될지도 모르잖아요. 완전히 새로운 방식, 기존의 그 어떤 관계보다 더 만족스러운 방식의 손길을 느끼게 될지도 모르고요."

혀를 끌끌 찰 줄 알았는데(존이 눈을 굴린다면 리타는 혀를 차는 스타일이다), 리타는 아무 말이 없고 녹색 눈동자가 촉촉해진다.

"얘기 하나 해줄까요." 바로 옆 탁자에 티슈 상자가 있는데도 그녀는 굳이 가방 깊숙한 곳에서 이미 사용했던 티가 역력한 휴지 뭉치를 꺼내며 말한다. "우리 집 맞은편에 어떤 가족이 살아요. 이사온 지는 한 1년쯤 됐어요. 이 도시는 처음이고, 집을 살 돈을 모으는 중이래요. 어린 아이가 둘 있고, 남편은 집에서 일을 하면서 아이들을 돌봐요. 마당에서 목말도 태우고 공놀이도 해요. 나는 한 번도 해보지 못했던 것들이죠."

그녀는 휴지를 더 꺼내려고 가방을 뒤지지만 찾을 수 없자 코까지 푼 휴지로 눈가를 닦는다. 바로 옆에 있는 깨끗한 티슈를 왜 사용하지 않는지, 나는 그게 늘 궁금하다.

"아무튼," 그녀가 말을 잇는다. "매일 오후 5시쯤 되면 엄마가 퇴근해서 집에 와요. 그리고 매일 똑같은 일이 일어나죠."

리타는 목이 메는지 말을 멈춘다. 코를 더 풀고 눈가를 닦는다. 제발 새 휴지를 쓰라고 소리를 치고 싶은 심정이다. 상처가 많은 이 여자는, 말을 거는 사람도 만져주는 사람도 없는 이 여자는 스스로에게 깨끗한 휴지조차 허락하지 않을 모양이다. 코 묻은 휴지를 손에 움켜쥔 채 눈가를 닦은 리타가 숨을 크게 들이마신다.

"그 엄마는 매일 문을 활짝 열면서 이렇게 외쳐요. '헬로, 패밀리!' 이게 엄마의 인사말이에요. 헬로, 패밀리!"

그녀의 목소리가 떨리고, 마음을 추스르는 데 시간이 걸린다. 그러면 아이들이 좋아서 소리를 지르며 달려 나오고, 남편은 아내에게 입을 맞춘다고 리타는 설명한다. 리타는 남몰래 문구멍으로 이 모든 걸 지켜본다.

"그러면 나는 어쩌는지 알아요?" 그녀가 묻는다. "말도 못하게 옹졸하다는 걸 알지만, 나는 화가 나서 부글부글 끓어요." 이제 그녀는 흐느껴 울고 있다. "나한테는 '헬로, 패밀리!'가 한 번도 없었거든."

인생의 이 시점에서 리타가 어떤 가정을 꾸릴 수 있을까. 아마도 연인과 함께하거나, 어른이 된 자녀와 화해를 하는 정도일 것이다. 하지만 다른 가능성도 따져본다. 예술에 대한 열정을 발휘하거나 새로 친구를 사귈 수도 있지 않을까. 어려서 그녀가 겪은 방치와 그녀의 자식들이 경험한 트라우마를 생각해본다. 다들 하나 같이 박탈당한 느낌에 분노로 가득 차서, 실제로 있는 것은 보지 못하고 자신들이 여전히 꾸릴 수 있는 삶이 무엇인지 알지 못한다. 그리고 나 역시 한동안은 리타에게 열려 있는 가능성을 보지 못했다.

티슈 상자를 리타에게 건네주고 그녀의 옆에 앉는다.

"고마워요." 그녀가 말한다. "이거 어디서 났어요?"

"계속 저기 있었어요." 내가 말한다. 그런데도 그녀는 새 휴지를 뽑아 쓰지 않고 여전히 콧물 범벅으로 얼굴을 닦는다.

집으로 가는 차 안에서 나는 젠에게 전화를 건다. 그녀도 아마 집으로 가는 중일 것이다.

그녀가 전화를 받았을 때 내가 말한다. "은퇴해서도 내가 여전히 데이트를 하고 있지는 않을 거라고 말해줘."

젠이 웃는다. "모르겠는데. 어쩌면 나는 은퇴해서도 데이트를 할지 몰라. 옛날 사람들은 배우자가 죽으면 관뒀지만 요즘은 데이트를 하잖아." 그녀가 말을 잇기 전에 빵빵거리는 소리가 들린다. "그리고 요즘은 이혼하는 사람들도 워낙 많고."

"지금 결혼 생활에 문제가 있다는 말을 하려는 거야?"

"응."

"남편이 또 방귀를 뀌어?"

"응."

이건 둘이 주고받는 농담이다. 젠은 남편한테 그렇게 계속해서 유제품을 먹어대면 다른 방에 가서 자겠다고 으름장을 놓지만, 그녀는 남편을 사랑하기 때문에 그런 일은 없다.

진입로에 들어서면서 나는 그만 끊자고 말한다. 주차를 하고 현관문을 연다. 아들은 베이비 시터인 시저가 봐주고 있다. 엄밀히 말하면 고용 관계지만, 아들에게 시저는 형이나 다름없고 내게는 또 다른 아들 같다. 시저의 부모님, 그의 형제나 사촌들과도 가깝게 지내고, 내 아들을 봐주는 사이에 어느새 대학생으로 자라는 모습을 쭉 지켜봐왔다.

나는 문을 열고 이렇게 외쳐본다. "헬로, 패밀리!"

잭이 방에서 소리친다. "안녕, 엄마!" 부엌에서 저녁을 차리고 있던 시저도 이어폰을 빼면서 대답한다. "안녕하세요!"

신나서 달려오는 사람은 없고, 기쁨의 환호도 없지만 리타 같은 헛헛함은 없다. 오히려 반대다. 방으로 가서 편한 옷으로 갈아입고 나왔더니 하루를 어떻게 보냈는지 얘기가 쏟아진다. 서로 놀리기도 하고 말을 끊기도 하면서 접시를 놓고 음료를 따른다. 두 녀석은 상을 차리며 툭탁거리고 더 많이 먹겠다고 경쟁을 한다. '헬로, 패밀리!'

내게 결정 징크스가 있다고, 원하는 줄 알았던 것이 상상했던 것과 다를 때가 많다는 얘길 웬델에게 한 적이 있다. 그런데 주목할 만한 예외가 두 번 있었고, 그 두 가지 모두 내 인생 최고의 결정이었다. 둘 다 마흔이 다 되어서야 내린 결정이었다.

하나는 아이를 갖기로 한 것이었다.

그리고 또 하나는 심리 치료사가 되기로 한 것이었다.

25. UPS 배달부

잭이 태어나던 해에 나는 UPS 배달부에게 적절치 못한 행동을 하기 시작했다.

그를 유혹하려 했다는 뜻은 아니다(분유 얼룩이 묻은 티셔츠 차림으로 누군가를 유혹하기란 쉽지 않다). 그가 물건을 배달할 때마다 이야기를 나누고 싶은 마음에 그를 붙잡아두려 했을 뿐이다. 나는 어른 대화 상대가 너무 절실했다. 내가 날씨나 뉴스, 심지어 택배의 무게를 들먹이며 대화를 시도하면 배달부는 어정쩡한 미소를 짓고 고개를 끄덕이다가 슬그머니랄 것도 없이 트럭으로 꽁무니를 뺐다.

당시에 나는 집에서 글을 썼고, 그 말인즉슨 하루 종일 분유를 먹이거나 기저귀를 갈거나 아무튼 사랑스럽기는 해도 손이 많이 가고 빽빽 울어대는 재주가 탁월한 4.5킬로그램의 인간을 돌보지 않을 때면, 파자마 차림으로 컴퓨터 앞에 혼자 앉아 있었다는 뜻이다. 내가 상대하는 존재는 기본적으로 '폐가 달린 소화관(이건 기분이 바닥을 칠 때 사용했던 표현이지만)'이었다. 아기가 태어나기 전에는 출근하지 않아도 되는 자유를 만끽했었다. 그런데 이제는 매일 옷을 차려입고 언어를 제대로 구사하는 어른들과 어울리고 싶은 마음이 간절했다.

이렇게 고립된 생활에 에스트로겐 저하까지 맞물린 최악의 상황에서 의대를 그만둔 게 실수였을지 모른다는 생각이 들기 시작했다. 저널리즘은 내게 잘 맞았다. 수십 군데에 달하는 매체에 다채로운 내용의 글을 썼지만, 그 모두를 관통하는 맥락은 내가 매료됐던 인간의 심리였다. 글 쓰는 걸 중단하고 싶지는 않았지만, 토한 분유 냄새를 풍기며 한밤중에 깨어 있으면서 나는 다시금 겸업의 가능성을 고려했다. 정신과 의사가 된다면 유의미한 방식으로 사람들과 소통하며 그들이 더 행복해지도록 돕고, 글을 쓰면서 가족과 시간을 보낼 여유도 있을 거라는 게 내 논리였다.

이 생각을 몇 주 동안 붙들고 있다가 결국 스탠퍼드 시절의 학장님께 전화를 걸어서 내 계획을 말씀드렸다. 어느 봄날의 아침이었다. 저명한 학자인 그분은 따뜻한 성품과 현명한 직관으로 모두를 살피는 대모 같은 존재였다. 생각의 흐름을 잘 설명하면 선생님도 내 계획을 지지해주실 거라고 확신했다.

"왜 그렇게 하려는 건데?" 대신 이런 질문이 돌아왔다.

그리고는 이런 말씀도 하셨다. "게다가, 정신과 의사는 사람들을 행복하게 만들어주지 않아!"

의대 시절에 들었던 말이 떠올랐다. "정신과 의사는 사람들을 행복하게 만들지 않는다. 그렇게 해주는 건 처방약이다!" 불현듯 정신이 들면서 선생님의 말뜻을 이해할 수 있었다. 정신 의학을 존중하지 않는다는 뜻이 아니라 요즘의 정신 의학이 삶의 곡절보다는 약물과 신경 전달 물질의 미묘한 차이들에 집중하는 경향이 있다는 말씀이셨고, 이 모든 걸 내가 모를 리 없다는 걸 그분은 아셨다.

아니, 정말 갓난애를 끼고 레지던트 3년을 하려는 거냐고 선생님은 물었다. "아이가 유치원에 가기 전까지 함께 시간을 보내고 싶지 않아? 의대 시절에 현재의 의료 모델이 감당할 수 있는 수준 이상으로 환자들과 더 의미 있는 관계를 맺고 싶다고 했던 얘기 기억나?"

수화기 너머에서 고개를 흔드는 선생님을 상상하면서 전화를 걸기 전으로 시간을 되돌리고 싶었던 그때, 그분 말씀이 내 삶을 바꿔놓았다. "너는 대학원에 가서 임상 심리학을 공부해야겠다." 임상 심리학을 하면 내가 바라는 대로 사람들과 소통할 수 있을 거라는 말씀이었다. 진료 시간은 15분이 아니라 50분이고, 더 깊이 더 오랜 기간에 걸쳐 치료를 하게 될 테니까.

전율이 일었다. 요즘은 이 말을 느슨하게 사용하지만, 나는 정말로 전율이 일면서 소름이 돋았다. 내 삶의 계획이 마침내 공개된 것처럼 정곡을 찔린 기분이 놀라웠다. 저널리즘은 사람들의 이야기를 전할 수는 있어도 그 이야기를 바꿀 수는 없다고, 나는 생각했다. 그런데 심리 치료사가 되면 사람들이 자신의 이야기를 바꾸도록 도와줄 수 있었다. 두 가지 일을 병행한다면 그야말로 완벽한 조합이었다.

"심리 치료사가 되려면 인지 능력과 창의력을 함께 발휘해야 해." 선생님 말씀이 이어졌다. "그 둘을 결합하는 요령이 필요한데, 너의 능력과 관심사를 이보다 더 잘 섞어놓은 일이 어디 있겠니?"

이 대화를 나누고 얼마 지나지 않아 나는 학부 졸업반 학생들과 함께 대학원 수학 능력 시험인 GRE를 봤다. 현지 대학원에 원서를 넣고, 이후 몇 년 동안 공부해서 학위를 땄다. 그러는 동안에도 살아가는 이야기를 듣고 공유하기 위해 계속 글을 썼고, 내 삶이 바뀐 것처럼 사람들의 삶을 바꿀 수 있도록 돕는 법을 배웠다.

그 사이에 내 아들은 말을 하더니 걷기 시작했고, UPS 배달부가 전해주는 물건도 차츰 기저귀에서 레고로 넘어갔다. 그리고 마침내 졸업을 앞뒀을 때 그 소식을 UPS 배달부에게 말했다.

그가 트럭으로 슬그머니 내빼지 않은 건 그때가 처음이었다. 그러는 대신 몸을 앞으로 기울여 나를 안아주었다.

"축하해요!" 그의 팔이 내 등을 감쌌다. "와, 어느새 그걸 해냈군요. 그것도 아이를 키우면서? 내가 다 자랑스럽네요."

담당 UPS 배달부와 포옹을 하고 있는 내 심정은 놀랍고 감동적이었다. 그는 자신도 전할 소식이 있다고 했다. 더 이상 이 지역을 담당하지 않는다는 것이었다. 그도 나처럼 학교로 돌아가기로 결심했고, 집세를 아끼기 위해 부모님 댁으로 들어가게 됐는데 그곳은 여기서 몇 시간 거리였다. 그는 인테리어 전문가가 되고 싶어 했다.

"당신이야말로 축하를 받아야겠네요!" 이번에는 내가 그를 안아주었다. "저도 당신이 자랑스러워요."

남들이 보기엔 희한했겠지만('대단한 물건이 배달되었나보네!') 우리는 서로를 기특해하며 한참을 그러고 있었다.

"그나저나, 나는 샘이에요." 포옹이 끝난 후에 그가 말했다.

"나는 로리예요." 내가 말했다. 그는 늘 '고객님'이라는 호칭을 사용했다.

"알아요." 그는 택배에 적힌 내 이름을 턱으로 가리켰다.

우리는 함께 웃음을 터뜨렸다.

"저기요, 샘. 내가 응원할게요."

"고맙습니다. 그게 필요할 거예요."

그의 말에 나는 고개를 저었다. "안 그래도 잘 할 것 같지만, 그래도 응원할게요."

샘은 마지막으로 수령인 서명을 받고 운전석에 앉아 양손 엄지를 들어 보이고는 커다란 갈색 트럭을 몰고 떠났다.

2년 뒤에 나는 샘이 보낸 명함을 받았다. '주소를 저장해뒀었죠.' 명함에 붙은 포스트잇에는 이렇게 적혀 있었다. '주변에 인테리어 업자를 찾는 분이 있으면 소개 부탁드립니다.' 나는 인턴을 하는 중이었고, 그의 서비스가 언제 필요할지 구체적으로 알고 있었기 때문에 나중을 위해 명함을 서랍에 넣어두었다.

내 사무실에 있는 책장?

바로 샘이 짜준 것이다.

26. 어색한 만남

연애 초기에 남자친구와 요거트 가게에서 줄을 서서 기다리는데, 내 환자가 들어왔다.

"어머, 안녕하세요." 케이샤는 우리 뒤에 서면서 말했다. "여기서 만나다니 너무 재미있네요." 그녀는 고개를 오른쪽으로 돌렸다. "이쪽은 루크예요."

케이샤처럼 서른줄에 매력적인 루크가 미소를 지으며 악수를 청했다. 만난 적은 없었지만, 나는 그를 너무나 잘 알았다. 그는 최근에 바람을 피웠는데, 그녀가 그 사실을 알아차린 건 발기가 안 됐기 때문이다. 그가 바람을 필 때마다 같은 일이 반복됐다. "죄책감을 거기로 느끼나 봐." 그녀가 한 번은 이렇게 말했다.

케이샤가 그와 헤어질 생각이라는 것도 나는 알고 있었다. 처음에 그에게 끌렸던 이유를 이해하게 된 케이샤는 더 신경 써서 믿음직한 파트너를 고르고 싶어 했다. 마지막으로 상담을 했을 때 그녀는 이번 주말에 헤어질 계획이라고 말했었다. 그리고 우리가 만난 건 토요일이었다. 그냥 계속 사귀기로 한 건지, 아니면 일요일에 끝내기로 한 건지 궁금했다. 그녀는 아파트에서 얘기를 꺼냈을 때 두 번이나 그랬던 것처럼 그가 진상을 부리며 매달리지 못하도록 이번에는 공공장소에서 말할 생각이라고 했다. 이번에는 번드르르한 말에 넘어가서 다시 주저앉고 싶지 않았다.

요거트 가게에서 남자친구는 자길 소개시켜주길 기다렸다. 밖에서 환자와 마주칠 경우 사생활 보호 차원에서 환자가 아는 척을 하지 않으면 내가 먼저 아는 척하지 않는다는 원칙을 설명해주기 전이었다. 예를 들어 내가 인사를 했다가 그 환자의 동행이 누구냐고 물으면 입장이 곤란해질 수 있다. 그 동행이 직장 동료거나 상사, 또는 첫 데이트 상대라고 생각해보라.

그리고 환자가 먼저 인사를 했을 때도 그를 내 동행에게는 소개하지 않았다. 내가 환자를 어떻게 알게 됐는지에 대해 거짓말을 하지 않는 이상, 그것도 기밀 유지 서약 위반이 될 터였기 때문이다.

그래서 남자친구는 나를 보고, 루크는 남자친구를 보고, 케이샤는 남자친구가 잡고 있는 내 손을 흘깃 쳐다봤다.

남자친구는 몰랐지만 나는 이미 그와 함께 있는 상황에서 환자를 마주친 일이 있었다. 며칠 전에 커플 치료를 받으러 오는 남자가 길에서 우리 옆을 지나갔다. 그는 걸음을 멈추지 않은 채 인사를 건넸고, 나도 인사를 하면서 스쳐 지나갔다.

"누구?" 그때 남자친구가 물었다.

"응, 그냥 일하면서 아는 사람이야." 나는 가볍게 대답했다. 남자친구보다 그의 성적 환상을 더 많이 안다는 건 구태여 말할 필요도 없었다.

토요일 밤에 요거트 가게에서 나는 케이샤와 루크에게 미소를 지어 보이고는 카운터 쪽으로 고개를 돌렸다. 줄은 길었고 눈치를 챈 남자친구가 요거트 맛에 대해 이런저런 얘기를 하는 동안, 나는 케이샤와 신이 나서 휴가 얘기를 하는 루크의 목소리에 신경을 쓰지 않으려고 노력했다. 그는 날짜를 정하려고 하는 반면에 케이샤는 은근하게 발을 뺐고, 루크가 다음 달이 좋겠냐고 묻자 케이샤는 나중에 얘기하자며 화제를 바꿨다.

두 사람 때문에 괜히 내 몸이 움츠러들었다.

요거트를 받아든 나는 남자친구를 데리고 입구 근처의 테이블로 갔고, 케이샤와 내가 각자의 공간을 가질 수 있도록 안쪽을 등지고 앉았다.

몇 분 후 루크가 사나운 기세로 우리 옆을 지나 밖으로 나갔고, 케이샤가 그 뒤를 따랐다. 유리창 너머로 보자니 케이샤가 루크에게 사과하는 것 같은 몸짓을 했고, 차에 올라탄 루크는 그녀를 밀어버릴 기세로 차를 몰고 가버렸다.

남자친구는 퍼즐 조각을 맞춘 모양이었다. "그러니까, 그렇게 아는 사이였군." 그는 심리 치료사와 만나는 게 꼭 CIA요원과 데이트하는 것 같다고 농담을 했다.

나는 웃었고, 심리 치료사가 된다는 건 때때로 과거와 현재의 모든 사례와 동시다발적으로 바람을 피는 느낌이라고 말했다. 누구보다 속속들이 아는 사람을 늘 모르는 척하기 때문이다.

하지만 바깥의 세계가 서로 충돌할 때 불편함을 느끼는 건 심리 치료사 쪽일 때가 많다. 어쨌거나 우리는 환자들의 실제 삶을 봤다. 반면 그들은 우리의 삶을 본 적이 없다. 사무실을 벗어나면 우리는 안 유명한 연예인과 비슷한데, 우리를 아는 사람은 거의 없지만 몇 안 되는 사람들에게 우리를 보는 건 대단한 사건이라는 뜻이다.

심리 치료사가 공공장소에서 할 수 없는 일들이 몇 가지 있다. 레스토랑에서 친구와 얘기하며 울기, 배우자와 말다툼하기, 엘리베이터 버튼을 무통 주사 버튼인 양 정신없이 눌러대기. 출근길에 마음이 급하더라도 주차장 입구를 막고 있는 느림보 차량을 향해 경적을 울릴 수도 없다. 환자가 보고 있을지 모르기 때문에. 또는 그 운전자가 바로 환자일지도 모르니까.

내 동료처럼 유명한 아동 심리학자라면 빵집에서 쿠키를 하나 더 주지 않는다는 이유로 네 살짜리 아들이 떼를 쓰다가 급기야 '엄마는 세상에서 제일 나쁜 엄마야!'라고 고래고래 소리칠 때, 그걸 여섯 살짜리 환자와 그 아이의 엄마가 놀란 표정으로 쳐다보고 있으면 아주 곤란해진다. 그리고 이건 내가 겪은 일인데, 백화점 속옷 가게에서 점원이 낭랑한 목소리로 이렇게 말할 때 예전 환자를 마주쳐도 난감하다. "기쁜 소식이에요, 고객님. 75A 사이즈의 기적의 브라를 찾아냈어요."

화장실에 가더라도 다음 예약 환자 옆 칸은 피하는 게 좋고, 둘 중에 누구라도 향기롭지 못한 일을 볼 때에는 더 말할 나위가 없다. 사무실 건너편의 약국을 이용한다면 콘돔이나 탐폰, 변비약, 성인용 기저귀, 질염 크림과 치질약, 또는 성병이나 정신과 처방약을 구입하는 모습은 보여주지 않는 게 좋다.

하루는 독감에 걸린 것처럼 기운이 없어서 길 건너 약국에 갔다. 약사가 약을 주기에 당연히 항생제겠거니 하고 받았는데 항우울제였다. 몇 주 전에 류머티즘 내과에서 만성 피로가 섬유 근육통 때문일지 모른다며 오프라벨(식약처에서 허가한 용도 이외의 증상에 약을 처방하는 것)로 항우울제를 처방해줬는데, 의논 끝에 부작용 가능성을 고려해서 먹지 않는 게 좋겠다고 결정한 적이 있었다. 그 처방전은 타지 않았고 의사는 그걸 취소했다. 그런데 어찌된 영문인지 전산 기록에는 그대로 남아 있었고 매번 그 약을 내주면서 큰소리로 말하는 통에 나는 내 환자들이 거기 있을까봐 조마조마했다.

심리 치료사의 인간적인 면을 볼 경우 환자들은 떠날 때가 많다.

존이 나를 만나러 오고 얼마 지나지 않았을 때 레이커스 경기장에서 그와 마주쳤다. 쉬는 시간에 아들과 함께 유니폼을 사려고 기다리던 중이었다.

"너무하네." 누군가 툴툴거렸고, 소리가 난 곳을 두리번거렸더니 우리 옆줄 앞쪽에 존이 보였다. 그의 옆에는 또 다른 남자와 딸로 보이는 여자아이 둘이 있었다. 아버지와 딸의 데이트인 모양이었다. 존은 앞 줄의 어떤 부부가 시간을 잡아먹는다며 불평을 하는 중이었다. 점원이 매진된 사이즈를 말해주는데도 그 부부는 자꾸 딴소리를 하고 있었다.

"진짜 너무하네." 존의 그 부부를 향해 외쳤고, 쩌렁쩌렁 울리는 목소리에 주변 사람들이 모두 그를 쳐다봤다. "코비 블랙은 스몰을 제외한 전 사이즈가 매진인데 스몰은 누가 봐도 당신 사이즈가 아니고, 화이트 코비는 어린이용만 남았는데 그것도 당신 사이즈가 아니죠. 그런데 그건 이제 4분 후면(여기서 그는 보란 듯이 시계를 쳐들었다) 시작할 레이커스 게임을 보러 온 이 애들 사이즈라고요."

"침착해요, 친구." 부부 중에서 남편이 존에게 말했다.

"침착? 그러는 댁은 좀 지나치게 침착한 거 아닙니까. 하프타임은 15분이고 당신 뒤에 엄청난 인파가 있다는 걸 아셔야지. 어디 보자, 스무 명에 15분이면 한 사람당 1분도 안 되는데, 아이고 이런, 너무 침착하면 곤란하지!"

존은 그 남자를 향해 환하게 웃어 보였고, 내가 자신을 보고 있다는 사실을 알아차린 것도 바로 그때였다. 그는 자신의 심리 치료사, 자기 부인도 어쩌면 친구나 딸도 알기를 원치 않는 바로 그 사람을 보고는 놀라서 몸이 굳어버렸다.

우리는 서로를 모른 체하며 고개를 돌렸다.

하지만 유니폼을 구입한 후 자리로 달려가는 우리를 멀리서 바라보는 존의 얼굴에 알 수 없는 표정이 어리는 걸 나는 놓치지 않았다.

이따금 밖에서 사람들을 마주치면, 특히 그런 일이 처음일 경우에는, 나중에 느낌이 어땠는지 물어보곤 한다. 그래서 다음 시간에 존에게 레이커스 경기장에서 나를 봤을 때의 느낌을 물어봤다.

"뭔 놈의 질문이 그래요?" 존은 이렇게 말했고, 한숨을 내쉬더니 투덜거렸다. "그 시합을 보러 온 사람이 몇 명이었는지 알아요?"

"많았죠." 내가 말했다. "그래도 밖에서 심리 치료사를 보면, 또는 그들의 자녀를 보면 이상할 때도 있으니까."

잭과 함께 뛰어가는 나를 보던 존의 표정이 뇌리에서 떠나지 않았다.

"내 심리 치료사가 아들과 함께 있는 모습을 봤을 때 어떤 기분이었는지 알고 싶어요?" 존이 물었다. "화가 치밀었어요."

존이 자신의 반응을 기꺼이 드러낸다는 게 놀라웠다. "어째서요?"

"당신 아들이 내 딸 사이즈에 해당하는 마지막 코비 유니폼을 가져갔으니까."

"그랬어요?"

"네, 그래서 화가 났어요."

나는 그가 무슨 말을 더 할지, 아니면 농담으로 마무리할지 기다렸다. 우리는 한동안 말이 없었다. 그러다가 존이 시간을 재기 시작했다. "1초, 2초, 3초……." 그는 짜증이 난 표정으로 나를 쏘아봤다. "언제까지 이렇게 아무 말도 없이 앉아 있을 건가요?"

나는 그의 짜증을 이해할 수 있었다. 심리 치료사의 침묵은 이제 진부한 영화적 클리셰가 되었지만, 침묵을 통하지 않고서는 누구도 자기 마음을 진정으로 헤아릴 수 없다. 말을 하는 중에는 머릿속에 머물면서 감정과 안전하게 거리를 둘 수 있다. 침묵은 쓰레기통을 비우는 것과 비슷하다. 그 진공 속으로 쓰레기(말, 말, 더 많은 말들)를 던져 넣는 걸 그만두는 순간, 뭔가 중요한 것이 표면으로 떠오른다. 그리고 침묵을 공유할 때, 그것은 환자 본인조차 존재하는지 몰랐던 생각과 감정의 금맥이 될 수 있다. 내가 웬델과의 상담 시간 내내 거의 한마디도 하지 않고 울기만 했던 것도 이상한 건 아니다. 심지어 엄청난 기쁨도 침묵으로 표현될 때 가장 잘 드러나기도 하는데, 어렵사리 승진을 했거나 약혼을 한 환자가 그 벅찬 감정을 표현할 말을 찾을 수 없을 때가 그렇다. 그럴 때 우리는 말없이 앉아서 환하게 웃을 뿐이다.

"당신이 할 말이 있을까 싶어서 귀를 기울이고 있어요." 내가 존에게 말했다.

"그렇군요. 그렇다면 물어볼 게 있어요."

"뭐죠?"

"당신은 나를 보니 어떻던가요?"

이런 걸 물어본 사람은 지금껏 아무도 없었다. 나는 잠시 내 반응을 떠올리며 그걸 어떻게 전달할까 궁리했다. 그가 앞에서 꾸물거리던 부부에게 말하던 태도에 짜증이 나면서도, 속으로는 동조하며 느꼈던 죄책감이 떠올랐다. 나도 후반전이 시작하기 전에 자리로 돌아가고 싶었다. 자리에 앉은 후에는 주변을 훑어서 존의 일행이 코트 근처에 앉은 것을 확인했던 것도 기억났다. 그의 딸이 그에게 휴대폰을 보여주었는데, 존이 딸의 어깨를 감싸 안고 그걸 들여다보면서 웃는 모습이 너무 감동적이어서 한참 동안 눈을 뗄 수 없었다. 나는 이런 기억들을 그와 함께 나누고 싶었다.

"그러니까," 내가 입을 열었다. "그게……."

"아이고, 거 참. 농담이에요!" 존이 내 말을 끊었다. "당신이 어땠는지 관심이 있을 리 없잖아요. 그게 내 요점이에요. 그건 레이커스의 시합이었다고요! 우리는 그곳에 레이커스를 보러 간 거예요."

"그거 잘 됐네요."

"뭐가요?"

"당신이 관심이 없다는 거요."

"바로 그거예요. 관심 없어요." 그 표정, 잭과 함께 달려가는 나를 보던 그 표정이 다시 떠올랐다. 그 날은 아무리 소통을 시도해도, 속도를 늦추고 감정을 들여다보게 하고 나에 대한 생각을 묻고 내 경험을 이야기해도, 그는 끝내 마음을 열지 않았다.

그리고 상담실을 나설 때에야 복도에서 뒤를 돌아보며 말했다. "그나저나, 귀엽더군요. 당신 아들. 엄마랑 손도 잡고. 아들은 보통 안 그러는데."

마지막 한 방을 날리겠지 하고 기다리는데, 내 눈을 똑바로 보면서 이렇게 말했다. "있을 때 즐겨요."

나는 잠시 그 자리에 그대로 서 있었다. '있을 때 즐겨요?'

딸 얘기를 하는 건가 싶었다. 이제는 딸이 다 컸다고 남들 앞에서는 손을 잡지 못하게 하는 걸까? 하지만 그는 '아들은 보통 안 그런다'는 말도 했다. 딸만 둘을 뒀으면서 아들을 키우는 것에 대해 뭘 안다는 걸까?

어머니와 자기 이야기인 모양이라고, 나는 판단했다. 그리고 나중에 그가 어머니에 대해 얘기할 준비가 됐을 때를 위해 오늘의 대화를 기억해두기로 했다.

27. 웬델의 어머니

　웬델이 어렸을 때, 해마다 팔월이면 그의 다섯 형제는 부모님과 함께 일가친척이 전부 모이는 중서부의 어느 호숫가 오두막으로 휴가를 떠났다. 사촌이 대략 스무 명이었고, 아이들은 아침부터 무리지어 어디론가 놀러 갔다가 점심 때 나타나서 어른들에게 얼굴을 보여주고 (너른 풀밭 곳곳에 깔린 담요에 흩어져 허겁지겁 배를 채운 후) 다시 사라졌다가 저녁 무렵에 돌아오곤 했다.

　자전거를 타고 놀 때도 있었는데, 제일 어렸던 웬델은 자전거 타는 게 겁이 났다. 부모님과 형들이 가르쳐주겠다고 할 때마다 그는 관심이 없는 척했다. 하지만 사실은 마을의 어떤 아이가 자전거를 타다가 넘어져서 귀가 멀었다는 얘기를 듣고 충격을 받았기 때문이라는 걸 모두가 알았다.

　다행히 호숫가에서 자전거는 대수롭지 않았다. 몇몇이 자전거를 타러 가더라도, 호수에서 헤엄을 치거나 나무를 타거나 개구리를 잡으며 같이 놀 아이들은 늘 얼마든지 있었다.

그러던 어느 여름, 열세 살이었던 웬델이 사라져서 보이지 않았다. 사촌들은 점심을 먹으러 돌아왔고 한참 수박을 먹다가 웬델이 안 보인다는 사실을 알아차렸다. 오두막을 살펴봤다. 안에는 아무도 없었다. 친척들은 흩어져서 호숫가와 숲속, 마을 주변까지 찾아다녔다. 하지만 웬델은 어디에도 없었다.

악몽같은 네 시간이 지난 후, 웬델이 자전거를 타고 돌아왔다. 들자니 호숫가에서 만난 예쁜 여자아이가 자전거를 같이 타자고 했고, 그는 그 길로 자전거 가게에 가서 사정을 설명했다. 진지한 표정의 비쩍 마른 열세 살짜리 아이의 마음을 곧바로 이해한 주인은, 문을 닫아걸고 공터에서 자전거 타는 법을 가르쳐주었다. 그리고 자전거도 공짜로 빌려주었다.

그는 그 자전거를 타고 오두막으로 돌아왔다. 부모는 안도의 눈물을 흘렸다.

남은 휴가 기간 동안 웬델은 그 소녀와 매일 자전거를 탔고, 집에 돌아온 후에도 여러 달 동안 편지를 주고받았다. 그러던 어느 날 학교에서 새로운 남자친구를 사귀었고 이제 더 이상 편지를 쓰지 않을 거라며 미안하다는 소녀의 편지를 받았다. 웬델의 어머니는 휴지통을 비우다가 찢어진 편지를 발견했다.

웬델은 아무렇지 않은 듯 굴었다.

"그해는 자전거와 사랑을 속성으로 배운 해였어요." 웬델의 어머니는 나중에 그때를 이렇게 회상했다. "산다는 건, 모험을 감수하고 넘어지고 다시 일어나는 걸 반복하는 과정이죠."

웬델은 다시 일어났다. 그리고 이번에는 더 이상 아무렇지 않은 듯 굴지 않았다. 대학을 졸업하고 가업에 합류한 그는, 더 이상 심리학에 대한 관심이 단지 취미인 것처럼 굴 수 없었다. 그래서 일을 그만두고 심리학 박사 학위를 땄다. 이번에는 그의 아버지가 아무렇지 않은 것처럼 굴 차례였다. 그리고 웬델처럼 그의 아버지도 결국 은유의 자전거에 다시 올라탔고 아들의 결정을 받아들였다.

아무튼, 웬델의 어머니가 설명한 바에 따르면 그랬다.

물론 내가 직접 들은 이야기는 아니다. 내가 이 모든 걸 알게 된 건 인터넷 덕분이다.

이런 정보를 우연히 접했다고, 수표를 보내기 위해 웬델의 주소가 필요해서 검색창에 그의 이름을 입력했더니 첫 페이지에 그의 어머니 인터뷰가 올라왔다고 말할 수 있으면 좋았으련만. 여기서 유일한 진실은 내가 그의 이름을 검색창에 입력했다는 것뿐이다.

위안을 삼을 만한 건, 나만 심리 치료사를 검색하는 건 아니라는 사실이다.

줄리는 내가 글에서 언급한 적이 있는 과학자(줄리와 같은 대학의)에 대해 우리가 함께 얘기를 나눴던 것처럼 얘기했지만, 우리는 그런 적이 없다. 리타는 우리가 둘 다 로스앤젤레스에서 자랐다는 사실을 암시했지만, 나는 그녀에게 내가 어디 출신이라고 얘기한 적이 없다. 존은 스탠퍼드를 갓 졸업한 신입 직원을 '멍청이' 중 하나로 결론 내리면서 '서부의 하버드 좋아하시네'라고 비꼬았다. 그러고선 어정쩡한 표정으로 '별 뜻이 있는 말은 아니'라고 덧붙였는데, 내가 스탠퍼드 출신인 걸 알지 않고서는 나올 수 없는 반응이었다. 존은 아내의 심리 치료사에 대해 알아보기 위해 웬델도 검색했을 텐데, 웹사이트는커녕 사진 한 장이 없다면서 그게 바로 그가 수상쩍은 증거라고 불평한 적이 있기 때문이다. "그 멍청이는 뭘 숨기려는 거야? 아, 물론 자신의 무능함이겠지."

이렇듯 환자들은 자신의 심리 치료사를 검색한다. 그러니까 나도 그래도 된다는 뜻은 아니지만. 사실, 남자친구에 대한 사이버 스토킹이 사라진 미래에 집착하는 행위라는 웬델의 이야기를 듣기 전까지만 해도 그를 검색해봐야겠다는 생각을 하진 않았다. 나는 과거에 발이 묶인 채 남자친구의 미래가 펼쳐지는 걸 지켜보고 있었다. 그의 미래와 나의 미래, 그의 현재와 나의 현재가 이제 별개이며, 공통점이라곤 흘러간 과거뿐이라는 사실을 받아들여야 했다.

나는 노트북 앞에 앉아 웬델의 설득력 있는 이야기를 떠올리고 있었다. 그러다가 그를 소개시켜준 캐럴라인과 함께 수습 생활을 했다는 것 말고는 웬델에 대해 아는 게 거의 전무하다는 생각이 들었다. 어디서 학위를 받고 뭘 전공했는지, 심리 치료사를 찾아가기 전에 인터넷에서 확인하는 기본적인 정보조차 아는 게 없었다.

심리 치료사는 환자에 대한 어떤 시도가 효과가 없다면 다른 걸 시도하라고 배운다. 우리는 환자들에게도 똑같이 얘기한다. '유용하지 않은 행동을 계속 반복하는 이유가 뭔가요?' 온라인에서 남자친구를 따라다니는 게 내 발목을 잡는다면 뭔가 다른 걸 해봐야 한다고, 웬델은 제안했다. 하지만 뭘 한담? 그래서 눈을 감고 심호흡을 했다. 그건 강박을 가라앉히는 데 어느 정도 효과가 있었다. 눈을 뜬 나는 검색창에 웬델의 이름을 입력했다.

존의 말이 맞았다. 웬델은 거의 투명 인간이나 마찬가지였다. 웹사이트도 없고, 링크드인에도 없고, 사이콜로지투데이 리스트에도 없고, 페이스북이나 트위터에 공개 계정도 없었다. 사무실 주소와 전화번호가 적힌 링크 하나뿐이었다. 우리 세대의 개업의치고 웬델은 이례적으로 구식이었다.

검색 결과를 다시 한 번 훑어봤다. 웬델 브론슨은 여러 명이었지만 그중에 내 심리 치료사는 없었다. 나는 계속 훑었고, 두 페이지를 넘어가서야 웬델의 옐프(지역 정보 검색 서비스) 정보가 떴다. 리뷰가 한 건 있기에 그걸 클릭했다.

리뷰 작성자는 안젤라 L.이었고, 5년 연속 '엘리트' 리뷰 작성자로 선정된 사람이었다. 그럴 만도 한 것이 그녀는 레스토랑과 세탁소, 매트리스 할인점, 반려견 공원, 치과 의사, 산부인과, 네일숍, 지붕 수리업자, 꽃집, 옷가게, 호텔, 방역업체, 이삿짐센터, 약국, 자동차 딜러, 타투 아티스트, 신체 상해 전문 변호사, 심지어 형사 사건 전문 변호사에 대해서도 리뷰를 달았다.

하지만 안젤라 L.과 관련해서 무엇보다 인상 깊은 점은 리뷰의 숫자가 아니었다. 거의 모든 리뷰가 호전적으로 느껴질 만큼 부정적이라는 사실이었다.

'실패!' 그녀는 이렇게 적었다. 아니면 '머저리!' 안젤라 L.은 모든 것에 말도 못하게 실망한 것처럼 보였다. 큐티클을 정리하는 방식. 안내 데스크에서 고객을 응대하는 방식. 심지어 휴가지에서조차 그녀의 예리한 눈초리를 벗어나는 건 아무것도 없었다. 렌터카 사무실이나 호텔의 프론트, 호텔방에 처음 들어가서도, 여행 중에 식사를 하고 음료를 마신 거의 모든 곳에서, 심지어는 해수욕장에서도(실크처럼 부드러운 모래여야 할 곳에서 돌멩이를 밟는 바람에 발바닥을 다쳤다며) 그녀는 리뷰를 올렸다. 그녀가 만나는 사람들은 하나같이 게으르거나 무능하거나 멍청했다.

그녀를 보고 있자니 존이 떠올랐다. 그러다가 안젤라 L.이 어쩌면 마고일지도 모른다는 생각이 들었다! 그녀가 빈정상하거나 부당한 대우를 받았다고 느끼지 않은 사람은 세상에 단 한 명, 웬델뿐이었기 때문이다.

그는 안젤라 L. 최초의 별 다섯 개 리뷰를 받았다.

많은 심리 치료사들을 만나봤지만(놀랄 일도 아니었다), 이번에는 실질적인 효과가 있는 것 같다고 그녀는 적었다. 웬델의 공감 능력과 지혜에 대해 열변을 토하며 웬델 덕분에 자신의 행동이 결혼 생활에 걸림돌이 됐다는 걸 깨달을 수 있었다고 덧붙였다. 별거했던 남편과 화해를 할 수 있었던 것도 웬델 덕분이었다고 했다(그렇다면 마고는 아닌 걸로).

그 리뷰를 쓴 건 1년 전이었다. 이후에 올린 글들을 보자니 어떤 경향을 감지할 수 있었다. 별 한두 개의 혹평이 차츰 별 서너 개의 호평으로 바뀌었다. 세상을 향한 안젤라 L.의 분노는 잦아들고 자신의 불행을 남의 탓으로 돌리는 경향(이걸 외면화라고 한다)도 줄었다. 고객 센터의 직원에게 분풀이하는 일도 줄고, 자기를 무시한다고(개인화) 받아들이는 일도 줄었으며, 자기 인식은 증가했다(한 리뷰에서는 자신을 만족시키는 게 쉬운 일은 아니라고 인정했다). 게시 글의 양도 뚝 떨어져서 강박 경향이 줄었다. 그녀는 '감정 절제'에 도달하고 있었는데, 이는 자가 처치(그것이 약물이든, 방어 기제나 바람, 또는 인터넷이든) 없이 감정을 조절할 수 있는 능력을 의미한다.

'웬델에게 경의를.' 이런 생각이 절로 들었다. 옐프에 올린 리뷰의 변천사는 안젤라 L.의 감정적인 진전을 보여주었다.

그렇게 웬델의 솜씨에 감탄하고 있는데 안젤라 L.이 발끈해서 별하나를 준 리뷰가 나타났다. 셔틀버스에 대한 리뷰였는데, 이전에 같은 회사에 줬던 별 네 개에서 점수가 깎였다. 안젤라 L.은 버스에 설정된 큰 소리의 배경 음악을 운전기사가 끌 수도 없게 만들어놓은 것에 분노한 것 같았다. '탑승객을 어떻게 이런 식으로 '공격'할 수 있는가?' 대문자와 느낌표를 남발해가며 세 문단에 걸쳐 분노를 쏟아낸 안젤라 L.은 이런 문장으로 리뷰를 마쳤다. '이 회사를 몇 달이나 이용했지만 더 이상은 못하겠다. 우리 관계는 끝났다!!!'

이런 극적인 결별은 어쩌면 예측할 수 있는 일이었을지도 모른다. 많은 사람들처럼 그녀도 분명 다시 나빠지고, 후회하고, 바닥을 쳤음을 깨닫고, 절제로는 충분치 않다는 판단을 내렸을 것이다. 그녀는 옐프를 완전히 끊어야 했다. 여기까지가 그녀의 상태였다. 6개월 전에 올린 그 글이 안젤라 L.의 마지막 리뷰였다.

하지만 나는 사이버 스토킹을 끊을 준비가 되어 있지 않았다. 30분 후에 나의 마우스 커서는 웬델의 어머니의 인터뷰 기사 위를 맴돌았다. 내가 아는 웬델은 소신이 뚜렷하면서도 인습에 얽매이지 않고, 터프하면서도 다정하고, 자신만만하면서도 서투른 사람처럼 보였다. 그를 그렇게 키운 사람은 누구였을까? 그 답을 찾은 느낌이었다.

당연히, 나는 그 기사를 클릭했다.

인터뷰는 알고 보니 열 페이지에 걸친 가족사였고, 중서부의 그 도시에서 반세기 넘게 살아온 저명한 여러 집안에 대해 기록을 남기려는 한 지역 단체의 블로그에 실려 있었다.

웬델의 부모는 둘 다 가난하게 자랐다. 외조모가 출산 중에 돌아가셨기에 그의 어머니는 고모의 작은 아파트에서 함께 살았다. 고모네 가족이 곧 그녀의 가족이었다. 한편 웬델의 아버지는 집안에서 처음으로 대학에 진학해서 자수성가한 사람이었다. 아버지는 주립대에서 어머니를 만났는데, 어머니 역시 집안에서 여자로는 처음으로 대학 학위를 받았다.

결혼 후에 아버지는 사업을 시작했고, 어머니는 아이 다섯을 줄줄이 낳았다. 웬델이 십대가 되었을 무렵에는 집안이 상당히 부유했고, 인터뷰가 진행된 데에는 그만한 이유가 있었다. 웬델의 부모가 적잖은 돈을 자선 단체에 기부한 모양이었다.

웬델의 형제, 그들의 배우자와 아이들 이름까지 알게 되자 나는 안젤라 L. 만큼이나 폭주했다. 나는 웬델의 온 가족이 뭘 하고 어디에 살며 아이들은 몇 살이고 누가 이혼했는지를 조사했다. 이런 것들을 알아내기란 결코 쉽지 않았다. 몇 시간에 걸쳐 대대적으로 교차 확인을 해야 했다.

물론 웬델이 전략적으로 흘린 말을 통해 그에 대해 알게 된 정보들도 있기는 했다. 내가 남자친구에 대해 말하면서 '하지만 그건 공정하지 않아요!'라고 불평했을 때 웬델은 나를 쳐다보며 다정하게 말했다. "당신은 꼭 우리 집 열 살짜리 같군요. 무슨 근거로 삶이 공정하다고 생각하는 거죠?"

나는 그가 말하고자 하는 핵심을 이해하는 한편으로 이렇게 생각했다. 아, 그에게 우리 아들 또래의 아이가 있군. 그가 이런 정보를 한 조각씩 던져줄 때마다 그것들이 내게는 마치 뜻밖의 선물 같았다.

하지만 그날 밤 인터넷에서는 검색의 줄기가 계속 이어지고, 링크는 또 다른 링크로 연결되었다. 부인은 친구 소개로 만났고, 그의 가족은 스페인풍 저택에 살았는데 질로우(미국의 부동산 웹 사이트)에 의하면 구입했을 당시에 비해 집값이 두 배로 뛰었다. 얼마 전에 그가 예약 시간을 변경해야 했던 건 컨퍼런스에 참석해야 했기 때문이었다.

마침내 노트북을 닫았을 때는 날이 밝았고, 나는 허무감과 극심한 피로 속에 죄책감까지 느꼈다.

인터넷은 연고인 동시에 중독이 될 수 있는데, 고통을 차단하는 방법(연고)인 동시에 그걸 유발(중독)한다. 사이버 마약의 약효가 떨어지면 기분이 좋아지는 게 아니라 더 나빠진다. 환자들은 심리 치료사에 대해 알고 싶다고 생각하지만, 막상 알고 나면 후회한다. 그 지식이 관계를 오염시켜서 의식적으로든 아니든 상담 시간에 하는 말을 검열하게 만들 여지가 있기 때문이다.

내가 한 행동이 파괴적이라는 건 나도 알았다. 웬델에게는 말하지 않을 것도 알았다. 자신의 심리 치료사를 스토킹했다고 고백하기란 쉽지 않다. 나는 웬델의 사생활을 침해하고 그런 식으로 저녁 시간을 허비한 것이 부끄러웠고 두 번 다시 그러지 않겠다고 맹세했다(어쩌면 안젤라 L.처럼).

어쨌든 엎질러진 물이었다. 그 다음 수요일에 웬델을 만나러 갔을 때는 새로 얻은 지식이 묵직하게 나를 짓누르는 느낌이었다. 이러다 말실수를 하는 건 시간문제일 거라는 생각을 하지 않을 수 없었다. 내 환자들처럼.

28. 중독

> **진료 기록: 샬럿**
>
> 나이는 스물다섯. 지난 몇 달 동안 '불안'을 느꼈다고 호소. 최근에 특별한 사건이 있었던 건 아니라고 함. 일이 '싫증' 난다고 말함. 부모와의 관계가 어렵고, 사교 생활은 바쁘지만 진지하게 연애를 한 적은 없음. 긴장을 풀기 위해 밤마다 '와인 한두 잔'을 마신다고 함.

"이 얘길 들으면 나를 죽이려고 들 거예요." 샬럿은 이렇게 말하면서 어슬렁어슬렁 상담실로 들어와 내 오른쪽으로 대각선 방향에 놓인 커다란 의자에 천천히 앉더니 쿠션을 무릎에 놓고 그 위에 담요를 덮는다. 소파에는 절대로 앉지 않는데 처음부터 그랬다. 그녀는 늘 의자를 자신의 왕좌로 삼는다. 그녀는 여느 때처럼 가방에서 소지품을 하나씩 꺼내놓는다. 왼쪽 팔걸이에는 전화기와 만보계, 오른쪽에는 물병과 선글라스를 올린다.

오늘은 화장을 하고 립스틱을 발랐는데, 나는 이게 뭘 의미하는지 안다. 대기실에서 마주치는 남자와 또 썸을 타는 중이었다.

우리가 공동으로 사용하는 사무실에는 환자들을 위한 커다란 대기실이 있다. 진료가 끝나고 나가는 길은 조금 사적이다. 건물 복도로 이어지는 길이 따로 있다. 대기실에서는 보통 서로 말을 걸지 않는다. 그런데 샬럿에게는 다른 꿍꿍이가 있다.

264   마음을 치료하는 법

샬럿이 그치라고 부르는(이름은 우리 둘 다 모른다) 썸의 상대는 내 동료인 마이크의 환자이고, 같은 시간에 상담을 받는다. 샬럿에 따르면 그치가 처음 나타났을 때 둘은 단번에 서로를 알아봤고, 각자 휴대폰을 보는 척하면서 서로를 힐끔거렸다. 그렇게 몇 주가 지났고, 끝나는 시간도 같기 때문에 밖으로 나가서 엘리베이터를 타고 내려가는 동안에도 서로를 조금 더 힐끔거리다가 각자의 길을 가곤 했다.

그러던 어느 날, 샬럿이 마침내 새로운 소식을 가져왔다.

"그치가 나한테 말을 걸었어요!" 샬럿은 벽 너머에서 그가 듣기라도 할 것처럼 작은 목소리로 속삭였다.

"뭐라던가요?" 내가 물었다.

"'그래서 당신 문제는 뭡니까?' 이랬어요."

'근사하네.' 저렴하기는 하지만 그래도 인상적이라고 나는 생각했다.

"나를 죽이려고 들 내용은 지금부터예요." 샬럿은 그날 이렇게 말을 잇고 크게 심호흡을 한다. 하지만 이 후렴구는 전에도 들은 적이 있다. 저번 주에는 술을 너무 많이 마셨고 들어오자마자 이 말부터 했다. "나를 죽이려고 들 거예요." 어떤 남자와 엮였다가 후회할 때에도(종종 있는 일이었다) 같은 말로 얘기를 시작했다. "나를 죽이려고 들 거예요." 심지어 대학원 전형에 대해 알아보는 걸 미뤘다가 원서 마감을 넘겼을 때에도 나는 그녀를 죽일 뻔했다. 이런 발언의 이면에 깊은 수치심이 존재한다는 얘기를 나누기도 했다.

"좋아요. 죽이지는 않겠죠." 그녀가 한 발 물러났다. "하지만 음, 뭐라고 해야 할지 모르겠어서 그냥 얼어버렸어요. 완전히 무시하고 문자를 보내는 척했죠. 아휴, 이런 내가 너무 싫어."

　바로 그 순간에 조금 떨어진 내 동료의 상담실에서 같은 일에 대해 얘기하고 있을 그치를 상상해봤다. '대기실에서 그 여자한테 마침내 말을 걸었는데, 나를 완전히 무시하더군요. 아! 얼마나 바보 같이 들렸을까. 아휴, 이런 내가 너무 싫어.'

　그런데 그 다음 주에도 썸은 계속됐다. 남자가 대기실에 들어왔을 때 샬럿은 한 주 내내 연습한 대사로 말을 걸었다.

　"내 문제가 뭔지 알고 싶어요?" 샬럿이 그에게 물었다. "대기실에서 모르는 사람이 뭘 물어보면 얼어버린답니다." 그 말에 그치는 웃음을 터트렸고, 내가 샬럿을 맞기 위해 문을 열었을 때 두 사람은 웃고 있었다.

　나를 보더니 그치는 얼굴을 붉혔다. '뭔가 찔리나?'

　샬럿과 함께 걸어가는데 그치를 맞으러 가는 마이크가 우리 옆을 지나쳤다. 마이크와 나는 눈을 마주쳤다가 곧바로 시선을 돌렸다. '했네.' 나는 생각했다. '그치도 마이크한테 샬럿 얘기를 했어.'

　그 다음 주에는 대기실에서 농담이 꽃을 피웠다. 샬럿이 이름을 물어봤더니 그는 '말할 수 없다'고 대답했다.

　"왜요?" 샬럿이 물었다.

　"여기서는 모든 게 비밀이니까." 그가 말했다.

　"아하, 비밀." 샬럿은 쏘아붙였다. "내 이름은 샬럿이고, 조금 있다가 내 심리 치료사에게 당신 얘기를 할 거예요."

　"치료비만큼 얻어가는 게 있길 바라요." 그는 이렇게 말하면서 섹시하게 씩 웃었다.

나도 그치를 여러 번 봤지만 샬럿의 말이 옳았다. 그는 죽여주는 미소를 가졌다. 그것 말고는 그에 대해 아는 게 하나도 없었지만 어쩐지 샬럿에게 위험한 인물이라는 느낌이 들었다. 그녀의 남자 이력을 감안했을 때 좋지 않게 끝날 것 같은 예감이 들었다. 두 주가 지났을 때 샬럿이 새로운 소식을 전했다. 그치가 웬 여자랑 함께 상담을 받으러 왔다는 것이었다.

'그럼 그렇지. 임자 있는 남자였네.' 딱 샬럿의 타입이었다. 실제로 샬럿도 그치를 언급할 때마다 똑같은 표현을 사용했다. '딱 내 타입이에요.'

타입이라고 말할 때 대부분의 사람들이 의미하는 건 매력이다. 관심을 불러일으키는 유형의 외모나 성격. 하지만 타입의 이면에는 사실상 '익숙한 느낌'이 자리잡고 있다. 다혈질 부모를 둔 사람이 결국 다혈질의 파트너를 만나고, 알코올 중독자 부모 밑에서 자란 사람이 과음하는 사람에게 끌리고, 과묵하거나 비판적인 부모의 자녀가 똑같이 과묵하거나 비판적인 배우자를 얻게 되는 건 우연이 아니다.

그들은 왜 이런 선택을 자초할까? '집'이라는 느낌이 발휘하는 인력으로 인해, 어른으로서 원하는 것과 어린 시절의 경험을 분리하기 힘들기 때문이다. 그들은 어떤 식으로든 자신에게 상처를 준 부모와 같은 특징을 공유하는 사람에게 설명할 수 없는 매력을 느낀다. 관계를 시작하는 초반에는 이런 특징을 거의 알아차릴 수 없지만, 무의식에게는 의식이 접근하지 못하는 매우 정밀한 레이더가 있다. 사람들이 다시 상처받길 원하는 건 아니다. 어려서 무력감을 느꼈던 그 상황을 제압하고 싶은 것이다. 프로이트는 이걸 '반복 강박'이라고 불렀다. 무의식은 이렇게 상상하는 것이다. '어쩌면 이번에는, 비슷한 사람을 만나서 오래 전에 받은 상처를 치유할 수 있을 거야.' 문제는 그러한 선택이 정반대의 결과를 보장한다는 점이다. 해묵은 상처가 도지고, 사랑받을 자격이 없는 존재가 된 느낌은 그때보다 심해진다.

이 모든 것이 인지 영역의 바깥에서 벌어진다. 샬럿의 경우만 보더라도 말로는 친밀감을 나눌 수 있는 믿음직한 남자친구를 원한다고 하지만, 자기 타입이라는 사람을 만날 때마다 번번이 혼란과 좌절을 겪는다. 반면에 얼마 전엔 이상형의 자질을 두루 갖춘 것처럼 보이는 남자를 만났지만, '안타깝게도 전혀 느낌이 오지 않았다'고 했다. 그녀의 무의식이 보기에 그 남자의 감정적인 안정감은 너무 이질적이었다.

몸에 밴 이런 습성을 테리 릴이라는 심리 치료사는 '내면화된 원가족'이라는 개념으로 설명하면서, 그것이 '관계라는 주제에서 반복되는 레퍼토리'라고 말했다. 굳이 말로 하지 않더라도, 사람들은 언제나 자신을 보여주는 행동을 하기 마련이다. 이들은 때로 심리 치료사에게 부정적인 기대를 투사할 때가 많다. 그러나 심리 치료사가 이러한 기대에 부합하지 않을 경우, 이러한 믿을 만하고 호의적인 사람과의 '올바른 감정 경험'이 환자를 변하게 만든다. 그들은 세상이 자신들의 원가족이 아니란 걸 깨닫게 된다. 나와 함께 부모에게 갖고 있던 복잡한 감정을 정리할 수 있다면, 샬럿은 다른 타입, 익숙치 않은 경험을 안겨줄 열정적이고 믿음직하고 성숙한 파트너에게 더 매력을 느끼게 될 것이다. 하지만 그 전에는, 자신을 사랑해줄 건실한 남자를 만나더라도 무의식이 그의 그런 상태를 '흥미롭지 않다'고 거부할 것이다. 아직 사랑받는 느낌을 평온함이나 기쁨이 아닌 불안과 동일시하기 때문이다.

그런 까닭에, 이름만 다른 같은 남자들과 같은 결과를 반복한다.

"그 여자 봤어요?" 샬럿은 그치와 함께 상담을 받으러 온 여자에 대해 내게 물었다. "여자친구겠죠?" 재빨리 내다봤더니 옆자리에 나란히 앉아 있을 뿐 어떤 식으로든 소통하는 것 같지는 않다. 젊은 여자도 남자처럼 키가 크고 짙은 색 머리가 풍성하다. 가족 치료를 위해 동행한 여동생일 수도 있지만, 샬럿의 말이 맞을지도 모른다. 여자친구일 공산이 더 컸다.

그리고 그치의 여자친구가 대기실에 고정 출연한 지 두 달이 지난 오늘, 샬럿의 그 말이 또 나왔다. "나를 죽이려고 들 거예요." 무엇 때문일까, 속으로 가능성을 따져본다. 여자친구가 있건 말건 그치와 잤다는 게 첫 번째다. 그치와 여자친구가 대기실에 샬럿과 함께 앉아 있는데 여자친구는 샬럿이 자기 남자친구와 잤다는 걸 까맣게 모른다. 그러다가 여자친구가 이상한 낌새를 차리고 그치를 차버리면 샬럿과 그치는 커플이 될 수 있다. 하지만 샬럿은 관계의 패턴(친밀함의 회피)을 반복하고, 뭔지 모르지만 그치도 자신의 패턴(이건 마이크만 알고 있다)을 반복해서 이야기가 끝이 난다.

하지만 내 상상은 빗나갔다. 오늘 샬럿이 그 말을 한 이유는 어제 퇴근하고 생전 처음 알코올 중독자 치료 모임에 참가하려고 했는데 회사 동료들의 한잔하자는 말에 인맥도 쌓을 겸 그러자고 해버렸기 때문이다. 그리고는 모순적이라는 기색은 전혀 없이, 알코올 중독자 모임에 가지 않은 자신에게 화가 나서 술을 너무 많이 마셔버렸다고 했다.

"아휴, 이런 내가 너무 싫어." 그녀는 말한다.

예전에 한 수퍼바이저가 심리 치료를 하다 보면 누구나 자신과 너무 비슷해서 도플갱어처럼 느껴지는 환자를 만나게 된다고 말한 적이 있다. 샬럿이 찾아왔을 때 나는 그녀가 바로 (거의) 그런 환자라는 걸 알았다. 그녀는 스무 살의 나와 쌍둥이처럼 닮은꼴이었다.

생긴 게 닮았거나, 버릇이나 사고방식이 비슷한 수준이 아니었다. 샬럿은 대학을 졸업하고 3년이 지났을 때 나를 찾아왔는데, 겉으로는 모든 게 좋아 보였다(친구도 많고 번듯한 직장에 다니며 부모에게 경제적으로 의존하지 않았다). 그러나 앞날에 대한 확신이 없고, 부모와 갈등을 겪었으며, 전체적으로 길을 잃은 느낌이었다. 물론 나는 폭음을 하지 않았고 아무하고나 자지도 않았지만, 나 역시 20대 시절을 그렇게 맹목적으로 지나왔다.

환자와 자신을 동일시할 경우 직관적으로 이해할 수 있어서 치료가 수월할 거라고 보는 게 논리적일 것 같지만, 이런 식의 동일시는 여러 가지 면에서 상황을 더 어렵게 만든다. 돌아가서 바로잡을 수 있는 젊은 시절의 내가 아닌, 별개의 존재로서 샬럿을 대하기 위해서는 정신을 바짝 차려야 했다. "우리 부장님 너무 비합리적이지 않아요?" "제 룸메이트가 이런 말을 했다는 게 어이없지 않아요?" 밑도 끝도 없는 일화를 늘어놓다가 이런 식의 어떤 요구를 담은 질문으로 이야기를 마치면, 당장 달려들어서 그녀를 바로 교정하고 싶은 충동을 억눌러야 했다.

하지만 스물다섯인 샬럿에겐 고통은 있어도 심각한 후회는 없다. 나와는 달리 중년의 심판도 없다. 리타와 달리 아이들에게 상처를 주지 않았고, 폭력적인 사람과 결혼하지도 않았다. 현명하게 사용한다면, 시간은 그녀에게 선물이다.

우울과 불안을 호소하며 처음 상담을 받으러 왔을 때 샬럿은 자기가 중독이라고 생각하지 않았다. 그녀는 '긴장을 풀기 위해' 밤마다 와인을 '두 잔쯤' 마실 뿐이라고 주장했다(그 말을 듣는 순간 나는 약물과 알코올에 방어적인 태도를 보이는 사람한테 사용하는 표준 공식을 적용했는데, 그건 본인이 말하는 총량에 2를 곱하는 것이다).

그리고 결국 샬럿이 매일 밤 마시는 알코올의 양이 평균 와인 3/4병이며, 칵테일이 한 잔(또는 두 잔) 추가될 때도 있다는 걸 알게 되었다. 본인 말로는 낮에는 절대로 마시지 않고(주말은 예외인데, SNS에 올릴 브런치 때문에), 좀처럼 남에게 취한 모습을 보이지 않으며, 주량도 늘었다고 했다. 그러나 다음 날 기억이 세세하지 않을 때도 있었다.

그녀는 자신의 '사교 음주'가 전혀 비정상이 아니라면서 '진짜' 중독에 집착했다. 상담이 계속될수록 점점 더 그녀를 괴롭히는 그 중독의 대상은 바로 나였다. 할 수만 있다면 매일 심리 치료를 받고 싶다고 그녀는 말했다.

시간이 다 됐다고 하면 샬럿은 늘 과장되게 한숨을 쉬며 놀란 듯이 물었다. "정말요? 진짜예요?" 그러고는 내가 문가에 서 있는 동안 늘 어났던 물건들(선글라스, 휴대폰, 물병, 헤어밴드)을 하나씩 느릿느릿 챙겼고, 뭔가를 빠트렸다가 다시 찾으러 오는 일도 다반사였다.

"거봐요." 물건을 빠트리는 게 여기서 떠나지 않으려는 방편이라고 지적하면 그녀는 이렇게 말하곤 했다. "심리 치료에 중독됐다니까." 그녀는 나를 개인적으로 지목하기보다 더 일반적인 의미의 심리 치료라는 말을 사용했다.

심리 치료는 샬럿 같은 사람, 관계 맺기를 갈망하면서도 그걸 회피하는 사람에게는 완벽한 장치였다. 우리의 관계는 친밀함과 거리 두기의 이상적인 조합이었다. 즉, 가까우면서도 지나치게 가까워질 일은 없었는데 한 시간이 지나면 좋든 싫든 집에 가기 때문이다. 이런 관계는 평일이라고 다르지 않아서, 그녀는 인터넷에서 본 기사나 사건, 흥미로운 사진(희한한 자동차 번호판 같은 것)을 내게 이메일로 보내곤 했다.

그런데 막상 그런 것들에 대해 얘기해보려 하면 샬럿은 손을 내저었다. "그냥, 재미있다고 생각했어요." 그녀 세대에 유행병처럼 번지는 고독 문제에 관한 기사를 보내왔을 때 그녀의 생각을 물었다. "전혀, 아무 생각 없어요." 그녀는 어리둥절한 표정으로 말했다. "그냥 문화적인 측면에서 흥미로워 보였을 뿐이에요."

물론 환자들은 진료가 없을 때도 자신의 심리 치료사를 생각한다. 그러나 샬럿의 경우 그것은 안정적인 관계 맺기의 차원을 넘어 통제력 상실에 가까웠다. 나에게 지나치게 의존하는 것이면 어떻게 해야 할까?

이런 두려움 때문에, 그녀는 번번이 자신이 해결책이라고 부르는 것을 멀리하려고 발버둥치면서 이미 두 번이나 치료를 중단했다가 돌아왔다. 그리고 두 번 모두 사전 통보는 없었다.

처음에는 상담 중에 '그만 둘 필요가 있는데 그러려면 방법은 내가 얼른 가는 것뿐'이라면서 그대로 일어나서 나가버렸다(그녀가 가방 속의 물건을 팔걸이에 늘어놓지 않고 담요도 등받이에 그대로 놔뒀을 때 나는 무슨 일이 있다는 걸 짐작했다). 두 달 후에 사촌과의 문제 때문에 '상담을 한 번만' 받을 수 있느냐고 연락이 와서 만나보니 우울증이 재발한 게 분명했고 그 후로 석 달 동안 치료를 받으러 나왔다. 그래서 기분이 나아지고 긍정적인 변화가 시작되려는데, 예약 시간을 한 시간 남겨놓고 이번에는 확실하게 끊어야겠다며 이메일을 보내왔다.

물론 그녀가 끊은 건 심리 치료였고, 음주는 계속되었다.

그리고 어느 날 밤, 생일 파티에 참석했다가 집으로 가던 길에 전봇대를 들이받았다. 그녀는 음주 운전으로 적발된 다음 날 아침에 내게 전화를 해왔다.

"전혀 못 봤어요." 그녀는 깁스를 하고 나타나서 말했다. "전봇대를 의미하는 게 아니에요." 자동차는 완전히 박살이 났는데 팔 한쪽만 골절되는 것으로 끝난 건 기적이었다.

"어쩌면," 그녀는 그때 처음으로 이렇게 말했다. "내 문제는 심리 치료사가 아니라 술인가 봐요."

하지만 그후로 1년이 지나 그치를 만날 때도 그녀는 여전히 술을 마시고 있었다.

29. 감정의 강간범?

존의 예약 시간이 되어서 문 옆의 파란 등에 불이 켜진다. 대기실로 갔더니 존이 늘 앉던 의자는 비어 있고 테이크아웃 봉투만 덩그러니 놓여 있다. 화장실에 간 모양이라고 생각하지만 공용 화장실 열쇠가 그대로 걸려 있다. 늦는 걸까(어쨌거나 점심을 주문했으니), 아니면 지난주에 있었던 일 때문에 오늘은 오지 않기로 한 걸까.

지난주에도 시작은 일상적이었다. 평소처럼 중국식 치킨 샐러드가 배달됐고, 존은 드레싱과 젓가락에 대해 불평을 늘어놓고는 먹기 시작했다.

"생각을 해봤는데." 존이 말을 꺼냈다. "심리 치료사라는 단어 말이죠." 그는 샐러드를 한 입 먹었다. "알아요? 그 단어를 둘로 쪼개면……."

물론 알고 있었다. 심리 치료사라는 영어 단어를 둘로 나누면 강간범(the rapist)이 된다. 우리 사이에서는 흔한 농담이다.

나는 미소를 지었다. "여기 있는 게 힘들다는 말을 하려는 건가요." 웬델과 함께 있을 때면 나는 확실히 그런 느낌이었는데, 그의 시선이 나를 꿰뚫어서 어디에도 숨을 곳이 없는 느낌이 들 때는 더 말할 나위가 없었다. 심리 치료사들은 매일 사람들의 비밀과 환상, 그들의 수치와 실패에 대한 얘기를 들으며, 대체로 잘 공개하지 않는 공간을 침범한다. 그러다가, 땡땡땡! 시간이 종료된다. 느닷없이.

우리는 감정의 강간범일까?

"여기 있는 게 힘드냐고요?" 존이 물었다. "전혀. 당신이 성가실 때도 있지만, 여기가 최악은 아니에요."

"나를 성가신 존재로 생각한단 말이죠?" 나라는 말에 방점을 찍지 않으려니 힘이 들었다. 아니, 나를?

"당연하죠." 존이 말했다. "빌어먹을 질문을 너무 많이 하잖아요."

"그래요? 이를테면?"

"이를테면 그런 거요."

나는 고개를 끄덕였다. "왜 그런 게 거슬리는지 알겠네요."

존의 얼굴이 환해졌다. "그래요?"

"네. 내가 당신을 더 알려고 할 때면, 당신은 나와 거리를 벌리려고 하죠."

"또, 또 시작이네." 존이 과장되게 눈을 굴렸다. 나는 상담중에 최소한 한 번은 우리의 패턴을 거론한다. 내가 관계 맺기를 시도하고 그는 도망치려는 패턴. 지금은 그가 이걸 인정하길 꺼릴지 모르지만, 이런 저항은 환영할 일인데 저항이야말로 치료의 핵심을 알려주는 단서, 심리 치료사가 관심을 기울여야 하는 지점을 알려주는 신호이기 때문이다. 수습 기간에 수퍼바이저 선생님들은 이렇게 조언해주시곤 했다. "저항은 심리 치료사의 친구야. 그것과 싸울 게 아니라 따라가야 해." 말하자면, 애초에 왜 저항을 하는지 알아내야 한다는 뜻이다.

그런가 하면, 존이 한 말의 뒷부분도 내 흥미를 자극했다. "더 성가시게 굴려면 또 다른 질문을 해야겠네요." 내가 말을 이었다. "여기가 최악이 아니라고 했는데, 그럼 어디가 최악이죠?"

"그걸 몰라요?"

나는 어깨를 으쓱했다.

존의 눈이 튀어나올 것처럼 커졌다. "정말이요?"

나는 고개를 끄덕였다.

"아이, 왜 그래요. 알잖아요." 그가 말했다. "한 번 맞춰봐요."

존과 힘겨루기를 하고 싶지 않았고, 그래서 시도를 해봤다.

"사람들이 당신을 이해하지 못한다고 느끼는 직장? 마고의 기대를 충족시키지 못한다고 느끼는 집?"

존은 퀴즈에서 틀렸을 때 울리는 효과음 소리를 냈다. "땡!" 그는 샐러드를 한 입 떠서 삼킨 다음, 자기 말을 강조하려는 듯이 젓가락을 들어 올렸다. "기억하는지 모르겠지만 내가 여기 온 건 잠을 못 자기 때문이었어요."

어쩐지 빈정거리는 투다.

"기억해요." 내가 말했다.

그는 간디 수준의 인내심을 발휘한다는 듯이 크게 한숨을 내쉬었다. "그렇다면, 셜록 양반, 잠이 내 문제라면 지금의 나에게 어디가 힘들겠어요?"

'여기!' 나는 말하고 싶었다. '여기 있는 걸 힘들어 하잖아요.'

"침대?" 내가 말했다.

"빙고!"

우쭐댈 줄 알았더니 그냥 샐러드를 먹기 시작했다. 그는 그대로 앉아 음식을 먹으며 젓가락에 대해 계속 투덜댄다.

"아무 말도 안 할 거예요?"

"나는 더 듣고 싶은데요." 내가 말했다. "잠을 청할 때는 무슨 생각을 하나요?"

"이런 세상에! 오늘 당신의 기억력에 무슨 문제라도 있나요? 내가 무슨 생각을 한다고 생각해요? 매주 여기 와서 당신한테 말하는 모든 것들이지! 일, 우리 애들, 마고……."

존은 내친 김에 그 전날 큰딸의 열한 번째 생일을 맞아 휴대폰을 사줄지를 놓고 마고와 싸운 얘기를 늘어놓았다. 마고는 이제 그레이스가 친구들과 걸어서 집에 오니까 안전을 위해 휴대폰을 사주고 싶어 했고, 존은 마고가 과잉 보호를 한다고 생각했다.

"두 블록이야!" 존은 마고에게 말했다. "뿐만 아니라 누가 아이를 납치하려 한들, 그레이스가 이렇게 말하겠어? '저기, 납치범 아저씨, 실례지만 잠깐 기다려주시겠어요? 제 핸드폰이 배낭에 있는데 엄마한테 전화 좀 할게요!' 그리고 납치범이 똥멍청이가 아니고서야, 물론 그럴 수도 있겠지만 아마 그냥 미친놈이겠지. 아무튼 아이를 납치할 생각이라면 위치 추적을 못하도록 제일 먼저 아이의 휴대폰을 어디다 버리든지 망가뜨리지 않겠어? 그렇다면 전화기가 무슨 소용인데?" 존은 얼굴까지 빨개졌다. 제대로 흥분한 상태였다.

마고가 떠날 수 있다는 뜻을 비친 다음 날 영상 통화를 한 후로 상황은 잠잠해졌다. 본인 말에 따르면 존은 더 많이 들으려고 노력했다. 집에도 일찍 들어가려고 노력했다. 그의 말마따나 존은 '그녀를 달래려고' 한 반면, 그녀가 원한 건 아마 여기서 존과 내가 드잡이를 하는 바로 그 문제, 마음으로 함께하는지의 여부였다.

존은 남은 음식을 봉지에 담아서 던졌고, 봉지는 쿵 소리를 내며 휴지통에 들어갔다.

"그러니까 그래서 잠을 못자는 거예요." 그가 말을 이었다. "열한 살짜리한테는 휴대폰이 필요하지 않으니까. 그런데 이거 알아요? 어쨌든 아이는 휴대폰을 갖게 된다는 거죠. 내가 단호하게 나가면 마고가 샐쭉해서 떠나겠다는 뜻을 또 비칠 테니까. 그리고 그건 왜 그런지 알아요? 아내의 그 멍청한 심리 치료사 때문이라고요!"

웬델.

웬델이 마고의 버전으로 같은 얘기를 듣는 모습을 상상해봤다. 그레이스한테 생일 선물로 휴대폰을 사주자는 얘기를 하던 중이었는데, 존이 냅다 화를 내는 거예요. 카키색 바지와 카디건 차림으로 C자리에 앉아 고개를 살짝 기울인 채 마고를 쳐다보는 웬델을 상상한다. 존이 완강한 반응을 보이는 이유가 궁금하지 않았냐며 선문답하듯 물어보겠지. 남자친구의 행동을 소시오패스라고 보던 내 입장이 완화됐던 것처럼, 마고도 상담이 종료될 쯤에는 존의 동기에 대해 조금 다른 입장을 갖게 됐을 테지.

"그리고 아내가 그 멍청한 심리 치료사한테 또 무슨 얘기를 할지 알아요?" 존은 얘기를 계속했다. "빌어먹을 남편이 자기와 섹스도 못하게 됐다고 말할 거예요. 내가 보내야 할 이메일을 쓰는 대신 그녀가 침대에 가는 시간에 함께 침대로 가면, 아무튼 이것도 그녀를 행복하게 해주려는 노력의 일환인데, 짜증이 나서 섹스할 마음이 안 생기거든요. 아내가 다가와도 피곤하고 기분이 안 좋다고 말하죠. 두통에 시달리는 50대 주부처럼 말이에요. 이런 세상에. 알겠어요?"

"가끔은 우리의 감정이 몸에도 영향을 미칠 수 있죠." 나는 존을 대신해서 그 상황을 정상적인 것으로 만들려고 한다.

"내 페니스 얘긴 이쯤 해두죠. 그건 핵심이 아니에요."

사랑이 그렇듯이, 섹스는 거의 모든 환자의 이야기에 등장한다. 부부 사이에 문제가 있다고 했던 초기에 마고와의 섹스가 어떤지 존에게 물었다. 부부 사이가 좋으면 섹스도 좋고 그렇지 않으면 섹스도 좋지 않다는 게 일반적인 믿음이다. 물론 꼭 그런 건 아니다. 문제가 많은데도 섹스는 환상적인 커플이 있는가 하면, 너무나 사랑하지만 침대에서의 열정은 잘 맞아떨어지지 않는 경우도 있다.

당시에 존은 그들의 섹스를 '오케이'라고 표현했다. '오케이'가 무슨 뜻이냐고 물었더니, 마고에게 끌리고 섹스도 좋지만 잠자리에 드는 시간이 다르기 때문에 예전만큼 자주 하지 않는다고 했다. 하지만 자기 말을 스스로 뒤집을 때도 많았다. 한 번은 자기가 주도하려고 했는데 마고가 원치 않는다고 말했고, 그 다음에는 주로 마고가 주도하지만 '존이 낮에 마고 말을 잘 들었을 때만' 그런다고 했다. 성적인 욕망과 필요에 대해 대화를 나눈다더니 또 이렇게 말하기도 했다. "우리는 십 년 넘게 섹스를 해왔어요. 얘기할 게 뭐가 있겠어요? 서로 뭘 원하는지 다 아는데." 이런 얘기들을 종합해봤을 때, 나는 존에게 발기 문제가 있고 그것에 대해 굴욕감을 느낀다는 결론을 얻었다.

"요점은, 우리 집에 이중 잣대가 존재한다는 거예요. 마고가 너무 피곤해서 섹스를 할 수 없으면 나는 그냥 넘어가요. 다음 날 아침에 이를 닦는 그녀를 몰아붙이면서 이렇게 말하지 않는다고요." 여기서 그는 또 한 번 오프라 흉내를 냈다. "당신이 어젯밤에 기분이 별로였다니 유감이야. 오늘 밤에 다시 소통할 시간을 내볼 수 있겠지."

존은 천장을 올려다보며 고개를 저었다.

"남자들은 그런 식으로 말하지 않아요. 사소한 것까지 전부 해부하면서 거기에 어떤 '의미'가 있다고 생각하지 않는다고요." 그는 의미라는 말을 하면서 따옴표를 그리는 것처럼 손가락을 까딱거렸다.

"그건 그냥 아물도록 놔둬야 할 흉터의 딱지를 후벼 파는 기분이죠."

"정확해요!" 존이 고개를 끄덕였다. "그리고 이제는 모든 결정을 그녀 뜻대로 하지 않으면 나는 나쁜 놈이 되는 거예요! 만약 내가 다른 의견을 내면 마고의 '필요'가 뭔지를 '알지' 못하는 게 되죠." 그는 여기서도 손가락 따옴표를 그렸다. "그런데 그레이스까지 가세해서 나더러 비합리적이라느니, '다들' 휴대폰이 있다느니 하면서 2대 1이 되어 버리고 여자들이 이기는 거죠! 이건 그녀가 실제로 한 말이에요. 여자들이 이긴다고."

따옴표를 더 그릴 일이 없는 그는 팔을 아래로 내렸다. "그리고 그제야 알게 되요. 집안에 에스트로겐이 넘치고 내 입장을 이해해주는 사람이 아무도 없다는 사실도 내가 돌아버릴 것 같고 잠을 제대로 못

자는 한 이유라는 걸 말예요. 루비는 내년에야 초등학교에 들어가지만 벌써부터 제 언니처럼 굴어요. 그리고 게이브는 마치 십대처럼 너무 감정적으로 굴죠. 내 집에서조차 나는 열세고, 다들 나한테 끊임없이 뭔가를 원할 뿐이지 나한테도 뭔가, 이를테면 평온과 고요와 발언권 같은 것들이 필요할지 모른다는 걸 이해하는 사람은 아무도 없어요!"

"게이브?"

존이 자세를 고쳐 앉는다. "뭐라고요?"

"방금 게이브가 너무 감정적으로 군다고 했잖아요. 그레이스 얘기였나요?" 나는 얼른 기억을 더듬는다. 그의 네 살짜리 딸의 이름은 루비고 큰 딸은 그레이스였다. 조금 전에 그레이스가 생일 선물로 휴대폰을 원한다고 하지 않았나? 내가 잘못 들은 건가? 가브리엘라였나? 요즘은 여자라도 샬럿을 찰리라고 부르기도 하니까 개비를 줄여서 게이브라고 할 수도 있으려나? 저번에 루비를 강아지인 로지와 혼동한 적은 있지만 그레이스의 이름은 제대로 들은 게 분명했다.

"내가 그랬나요?" 그는 당황한 것처럼 보였지만 금세 평정을 되찾았다. "그러니까 그레이스 얘기였어요. 아무래도 잠이 부족한 모양이네요. 내가 뭐랬어요."

"하지만 게이브라는 아이를 알아요?" 존의 반응에서 이게 단순히 불면증이 아니라는 촉이 왔다. 게이브는 그의 인생에서 중요한 인물일 것 같았다. 형? 어린 시절의 친구? 아버지의 이름일까?

"멍청한 대화네요." 존은 이렇게 말하면서 시선을 돌렸다. "그레이스 얘기였어요. 가끔은 담배가 그냥 담배일 때도 있다고요, 프로이트

박사님."

우리는 잠시 조용히 앉아 있었다.

"게이브가 누구예요?" 내가 부드러운 목소리로 물었다.

존은 한동안 말이 없었다. 폭풍의 영상을 빠르게 돌릴 때처럼 그의 얼굴에 일련의 표정이 순식간에 지나갔다. 전에 없던 일이었다. 그의 기분은 보통은 두 가지, 분노와 농담조뿐이었다. 급기야 그는 신발을 내려다봤고 가장 안전한 중립 모드로 기어를 옮겼다.

"게이브는 내 아들이에요." 목소리가 너무 작아서 거의 들리지 않을 정도였다. "사건의 반전으로 아주 그럴듯하죠? 셜록 양반?"

그러곤 휴대폰을 움켜쥐더니 그대로 밖으로 나가버렸다.

그리고 일주일 후, 나는 텅 빈 대기실에서 점심 봉투만 도착하고 존은 보이지 않는 이 상황을 어떻게 이해해야 할지 알 수가 없다. 그때 이후로 그에게서는 아무 연락이 없었지만, 나는 줄곧 그를 생각했다. '게이브는 내 아들이에요.' 이 소리가 뜬금없는 순간에, 특히 자려고 누웠을 때, 불쑥 튀어나오곤 했다.

이건 투사적 동일시의 고전적인 사례처럼 느껴졌다. 투사란 환자가 자신의 믿음을 다른 사람 탓으로 돌리는 것이고, 투사적 동일시는 그걸 타인한테 보내버린다. 예를 들어 어떤 남자가 상사 때문에 화가 났는데 집에 가서 아내에게 '당신 화난 것처럼 보여'라고 말하는 식이다. 이게 투사인 이유는 아내가 화난 상태가 아니기 때문이다. 반면에 투사적 동일시는 상사 때문에 화가 났는데 집에 가서 자신의 분노를 아내에게 주입해서 실제로 아내를 화나게 만든다. 투사적 동일시는 뜨거운 감자를 상대방에게 던지는 것과 같다. 남자는 더 이상 분노를 느끼지 않아도 되는데, 이제 그 감정이 아내에게 옮겨갔기 때문이다.

나는 금요일 자문 모임에서 존의 이야기를 했다. 그가 침대에 누워 머릿속으로 은유의 서커스를 펼쳤듯이, 이제 나도 그런다고 말했다. 존이 던지고 간 이 폭탄을 어떻게 해야 할까? 존에게 아들이 있다고? 젊었을 때 낳은 아들일까? 이중 생활을 하고 있나? 마고도 알고 있을까? 레이커스 시합에서 내가 아들과 손을 잡았던 것에 대해 그가 했던 말이 떠올랐다. '있을 때 즐겨요.'

존의 행동, 최소한 중간에 나가버린 부분은 이례적이지 않다. 특히 커플 치료의 경우 감정이 격해지면 중간에 나가버리기도 한다. 그러면 오히려 심리 치료사의 전화를 받는 수혜자가 되는데, 뛰쳐나간 이유가 오해나 상처와 관련이 있을 때는 더 그렇다. 하지만 환자가 자신의 감정을 견디고 상황을 이해해서 그 다음 상담 시간에 그걸 정리하는 편이 최선인 건 물론이다.

자문 그룹에서는 존이 이미 주변 사람들로 인해 궁지에 몰린 느낌인데 나까지 전화를 거는 건 너무 과할지도 모른다고 조언했다. 다들 한목소리였다. '한 발 물러서. 몰아붙이지 마. 돌아올 때까지 기다려.'

그런데 오늘 그는 오지 않았다.

나는 대기실에 아무 표시도 없이 놓여 있는 테이크아웃 봉투를 들고 그게 우리 건지 확인한다. 치킨 샐러드 2인분과 존의 콜라가 들어 있다. 취소하는 걸 잊어버린 걸까? 아니면 음식을 매개로 삼아 자신의 부재를 알리려는 걸까? 가끔 나타나지 않는 것으로 심리 치료사를 벌하는 사람들도 있다. 이런 메시지를 보내는 것이다. '당신은 나를 화나게 했어.' 그런데 가끔은 그게 심리 치료사가 아닌 자신을 피하려는 것일 때도 있다. 얘기해야 한다는 걸 알고 있는 수치심이나 고통, 진실과의 대면을 피하려는 것이다. 어떤 사람들은 이런 식으로 소통을 한다. 제 시간에 도착하거나 지각하거나, 한 시간 전에 취소하거나 아예 나타나지 않는 것으로.

음식을 냉장고에 넣고 한 시간 동안 진료 기록을 정리하기로 한다. 책상에 도착했더니 음성 메시지가 와 있다.

첫 번째는 존이다.

"안녕, 나예요." 그의 메시지는 이렇게 시작한다. "젠장, 지금 막 휴대폰 알람이 울릴 때까지 우리의, 음, 약속을 취소한다는 걸 까맣게 잊고 있었어요. 보통은 비서가 일정을 알려주는데, 이건 나 혼자 알고 있는 일이라……. 아무튼 오늘은 못 가겠네요. 일이 너무 많아서 빠져나갈 수가 없어요. 미안하게 됐어요."

존에게는 공간이 필요하고 다음 주에는 나올 거라는 생각이 든다. 갈지 말지를 놓고 막판까지 씨름하는 그가 떠오르고, 미리 전화를 하지 못한 건 그 때문일 것이다. 먹을 사람도 없이 미리 주문했던 음식만 도착한 이유도.

다음 메시지를 튼다.

"안녕, 또 나예요. 그래서 음, 사실은 전화하는 걸 잊은 게 아니에요." 그러고는 한참 말이 없는데, 침묵이 너무 길어서 전화를 끊었나 싶다. 삭제 버튼을 누르려는데 그가 말을 잇는다. "무슨 말을 하려고 했냐면, 그러니까 심리 치료를 더 이상 받지 않을 거예요. 하지만 걱정 말아요. 당신이 멍청이라서 그런 건 아니니까. 잠을 못 자면 수면제를 먹어야 한다는 걸 깨달았어요. 당연하죠. 그래서 그렇게 했더니 문제 해결! 역시 약이 최고라니까, 하하. 그리고 음, 우리가 얘기했던 다른 문제들, 온갖 스트레스는, 뭐 인생이 그런 거 아니겠나 싶고, 잠을 좀 자면 그것 때문에 짜증나는 일도 줄어들 것 같아요. 멍청이들이야 늘 멍청할 테고, 그건 약도 없을 테니까. 안 그래요? 그런 약이 있다면 이 도시 사람들 중에 절반은 먹어야겠지." 그러고는 자신의 농담에 웃음을 터트린다. 그에게 웃음은 일종의 엄폐물이다.

"아무튼," 그의 말이 이어진다. "늦게 얘기해서 미안해요. 그리고 오늘 비용을 내야 하는데, 그건 걱정 말아요. 신용은 확실한 사람이니까." 그는 다시 웃고는 전화를 끊는다.

나는 전화기를 멍하니 바라본다. 이게 다야? 고맙다거나 잘 있으라는 말도 없이, 그냥…… 끊은 거야? 처음 몇 번까지는 이런 일이 있을지 모른다고 예상했지만, 거의 6개월이 되어가는 마당에 갑작스런 중단은 놀랍다. 존도 나름대로 나에게 애착을 형성하는 것처럼 보였는데. 어쩌면 내가 그에게 애착을 형성하는 중이었거나. 나는 존에게 진정한 애정을 느끼게 되었고, 밉살스런 겉모습 뒤에서 이따금씩 드러나는 인간미를 발견했다.

존과 그의 아들이라는 게이브를 생각해본다. 아버지의 존재를 알 수도 있고 모를 수도 있는 소년. 아니면 이미 다 자랐을까. 어쩌면 자신이 더 빨리 나아지도록 돕지 못한 것에 대해 골탕 한 번 먹어보라고 이 미스터리를 투척하고 떠나는 건 아닐까? '받아라, 셜록. 이 멍청아.'

존에게 내가 여기 있다는 걸 알게 해주고 싶다. 여기서 무슨 얘기를 풀어놓든 그가 (그리고 내가) 얼마든지 감당할 수 있다는 걸 어떻게든 전달하고 싶다. 상황이며 관계가 아무리 까다롭더라도 여기서는 게이브 얘기를 해도 안전하다는 걸 알려주고 싶다. 그러는 한편으로 지금 그의 상태를 존중해주고 싶다.

감정의 강간범이 되고 싶지는 않다.

하지만 이런 얘기는 직접 만나서 하는 편이 훨씬 낫다. 치료를 시작하기 전에 환자들에게 받는 사전 동의서에서는 최소한 2회의 종료 상담을 권한다. 새로운 환자가 올 때마다 맨 처음에 이 얘기를 하는 까닭은 그래야 치료 중에 어떤 이유로든 화가 나더라도 충동적으로 행동하지 않기 때문이다. 중단이 최선이라는 생각이 들더라도 충분히 고려해야 신중하고 사려 깊은 선택을 했다고 느낄 수 있다.

다른 환자의 진료 기록을 꺼내는데 무심코 게이브의 이름이 나왔을 때 존이 하던 얘기가 떠오른다. '집안에 내 입장을 이해해주는 사람이 아무도 없어요……' '나한테도 뭔가, 이를테면 평온과 고요와 발언권 같은 것들이 필요할지 모른다는 걸 이해하는 사람이 아무도 없어요!'

이제야 이해가 된다. 게이브라면 에스트로겐을 어느 정도 상쇄해줄 수 있을 테니까. 어쩌면 존은 게이브가 자신을 이해한다고, 아무튼 그가 지금 옆에 있다면 그럴 거라고 믿는 것이다.

나는 펜을 내려놓고 존에게 전화를 건다. 음성 메시지로 넘어간다. "안녕, 존. 로리예요. 메시지 들었어요. 알려줘서 고마워요. 점심은 냉장고에 넣어뒀어요. 지난주에 아무도 당신을 이해하지 못하는데 당신도 뭔가 필요할지 모른다는 얘기를 했던 게 생각났어요. 누구에게나 뭔가 필요하죠. 많은 게 필요할 때도 있어요. 당신에게 뭐가 필요한지 듣고 싶네요. 당신은 평온과 고요가 필요하다고 말했는데, 당신의 머릿속에 가득한 소음 속에서 평온과 고요를 찾는 일이 게이브와 관련이 있을지도 몰라요. 어쩌면 아닐 수도 있지만 당신이 원한다면 게이브 얘기는 하지 않아도 돼요. 마음이 변해서 다음 주에 얘기를 마저 하고 싶다면, 설사 그게 마지막이 되더라도 내 방문은 언제든 열려 있어요. 그럼 이만."

존의 진료 기록에 메모를 하고 캐비닛을 열지만 그걸 종료 환자 칸에 넣지는 않는다. 의대 시절, 우리에게 누군가 죽어서 더 이상 우리가 할 수 있는 일이 없다는 사실을 받아들이는 게, '일단락을 짓는' 사람이 되는 게, 그 끔찍한 사망 추정 시각이라는 말을 입 밖으로 내뱉는 게 얼마나 힘들었는지가 기억난다. 문득 시계를 본다. 3시 17분.

한 주만 더 기다려보자. 나는 생각한다. '아직 끝낼 준비가 안 됐어.'

30. 고장난 시계

대학원의 마지막 1년은 임상 실습이었다. 이건 나중에 자격증을 얻기 위해 수료해야 하는 인턴 3,000시간의 걸음마 단계라고 보면 된다. 필수 과목을 모두 이수하고 역할극 시뮬레이션 수업에도 참가하고 유명 심리 치료사의 실제 상담 동영상을 무수히 시청한 후였다. 반투명 거울 뒤에서 더없이 노련한 교수님들의 실시간 심리 치료도 참관했다.

그리고 이제 환자와 한 방에 들어가야 할 때였다. 대부분의 실습생들은 보건소에서 수퍼바이저들의 감독하에 치료를 진행하는데 의대생들이 부속 병원에서 실습을 하는 것과 비슷했다.

오리엔테이션을 받고 곧바로 실전에 투입된 첫 날, 수퍼바이저가 한 뭉치의 진료 기록을 넘겨주며 맨 위에 놓인 것이 내 첫 번째 환자라고 알려줬다. 진료 기록에는 기본 정보, 즉 이름과 생일, 주소와 전화번호만 적혀 있다. 미셸이라는 환자의 나이는 서른 살이고, 보호자란에는 한 시간 안에 도착할 수 있다는 남자친구의 연락처를 올려놓았다.

심리 치료 경력이 그야말로 제로인 내게 누군가의 치료를 맡기는 게 이상해 보이겠지만, 심리 치료사는 바로 그런 방식, 즉 실전을 통해 훈련을 받는다. 의대 시절도 단련의 시간이었다. 의대생들은 '보고, 하고, 가르치는' 방식으로 과정을 익힌다. 다시 말해서 의사가 하는 것, 이를테면 복부 촉진을 지켜보고 그 다음 직접 만져서 촉진한 후에 다른 학생에게 복부 촉진법을 가르친다. 속성으로! 그러면 이제 복부 촉진을 할 수 있다고 간주된다.

하지만 심리 치료는 다르게 느껴졌다. 내게는 한 명의 환자가 보일 수 있는 수백 가지 시나리오에 지난 몇 년 간 공부했던 수많은 추상적인 심리학 이론을 어떻게 적용할지 궁리하는 것보다, 일정한 단계에 따라 진행되는 구체적인 업무, 이를테면 복부 촉진이나 정맥 주사 같은 것이 덜 어려운 일처럼 보였다.

그렇지만 미셸을 만나러 대기실로 향하면서 많이 걱정이 되지는 않았다. 첫 50분은 이른바 수용의 시간인데, 환자의 이력을 수집하고 일정한 신뢰를 쌓는 시간이다. 지침에 정해진 일련의 구체적인 질문을 통해 정보를 수집한 후, 그 결과를 수퍼바이저에게 가져가서 함께 치료 계획을 수립하면 된다. 나는 저널리스트로서 다년간 심도 깊은 질문을 해왔고, 모르는 사람과도 편안하게 얘기를 나눌 수 있었다.

'힘들어 봐야 얼마나 힘들겠어?' 나는 생각했다.

미셸은 큰 키에 지나치게 말랐다. 옷은 구겨졌고, 머리는 산발이며,

피부는 퍼석하다. 자리에 앉은 후에 어떻게 오셨냐는 질문을 건넸더니, 그녀는 얼마 전부터 우는 것 말고는 도통 아무것도 할 수가 없다고 대답한다.

그러고는 큐 사인이라도 떨어진 것처럼 울기 시작한다. 그것도 사랑하는 사람이 죽었다는 소식을 들은 사람처럼 울부짖는다. 준비 과정 같은 건 없다. 눈가가 촉촉해지고 눈물이 가볍게 흐르다가 차츰 폭우로 변하는 단계를 거치지도 않는다. 처음부터 4단계 쓰나미다. 온몸을 들썩이고 콧물까지 흘려가며 목에서는 씩씩거리는 소리가 나는데, 솔직히 말하면 숨은 어떻게 쉬고 있는지도 알 수가 없다.

이제 30초가 지났는데. 학교에서 배운 수용 단계 시뮬레이션과는 전혀 거리가 멀다.

조용한 방에서 흐느껴 우는 사람과 단 둘이 앉아 있어본 적이 없다면, 이게 얼마나 어색한 동시에 친밀한 느낌을 주는지 제대로 이해할 수 없다. 폭풍처럼 터져 나온 이 눈물의 맥락을 전혀 모른다는 게 상황을 더 희한하게 만들었는데, 아직 이력 파악도 하지 못했기 때문이다. 1미터 남짓한 거리에 앉은 이 가련한 사람에 대해 나는 아직 아는 게 하나도 없다.

뭘 해야 하는지, 심지어 어디를 쳐다봐야 하는지도 모르겠다. 정면으로 마주 보면 너무 민망하려나? 그렇다고 시선을 돌린다면 무시당하는 느낌이 들지 않을까? 뭐라도 말을 걸어야 할까, 아니면 울음을 멈출 때까지 기다려야 할까? 어찌나 불편한지, 긴장해서 헛웃음이 튀어나올까 걱정이다. 질문할 목록을 생각하며 집중하려고 노력한다. 이런 느낌이 언제부터 시작되었는지, 얼마나 심했는지, 계기가 된 일이 있었는지 같은 질문을 해야 한다는 걸 알고 있다.

하지만 나는 아무것도 하지 않는다. 수퍼바이저가 여기 있었으면 하는 마음뿐이다. 천하에 쓸모없는 사람이 된 느낌이다.

쓰나미는 멈출 기색도 없이 계속된다. 어렸을 때 아들이 떼를 쓰고 나면 그랬던 것처럼 이제 곧 기력이 다해서 얘기할 수 있는 상태가 될 거라고 생각하며 기다려본다. 그런데 도무지 멈추지 않는다. 끝이 없다. 결국 무슨 말이든 해야겠다고 결심하지만, 그 말을 입 밖에 내는 순간 심리 치료 역사상 가장 멍청한 말을 했다는 확신이 든다.

"네, 우울해 보이시네요. 맞아요." 이게 내가 한 말이다.

그 말을 하면서 앞에 있는 여자에게 너무 미안하다. '무슨 장난도 아니고, 그걸 말이라고 해.' 가련하고 우울한 이 서른 살의 여자는 극심한 고통을 느끼고 있고, 현장에 처음 투입된 실습생이 내뱉는 빤한 말이나 듣자고 여기에 온 게 아닐 텐데. 이 실수를 어떻게 바로잡을까 궁리하는 한편으로, 그녀가 다른 심리 치료사를 요구할지도 궁금해진다. 나 같은 사람은 원치 않을 게 틀림없다.

그런데 이게 웬일인가. 미셸이 울음을 멈춘다. 시작했을 때만큼이나 순식간에 티슈로 눈물을 닦고는 길게 심호흡을 한다. 그러고는 어정쩡한 미소를 짓는다.

"그래요." 그녀는 말한다. "정말 지독하게 우울해요." 그 말을 소리 내어 하려니 거의 현기증이 난다는 눈치다.

그녀는 자신이 유명한 여러 건물을 설계한 팀의 일원으로 적잖은 성공을 거둔 건축가라고 소개한다. 예전부터 침울한 성격이었지만, 전반적으로 인간 관계가 넓고 바쁘기 때문에 그걸 제대로 아는 사람은 아무도 없었다. 그런데 1년쯤 전부터 어떤 변화가 감지되었다. 기력이 쇠하고 식욕도 줄었다. 아침에 침대에서 일어나려면 엄청난 노력이 필요했다. 잠도 잘 자지 못했다. 같이 살던 남자친구에 대한 애정이 식었지만, 그게 그냥 기분 탓인지 자신과 맞지 않는 사람이어서인지 확신이 없었다. 벌써 몇 달째 남자친구를 깨우지 않기 위해 화장실에서 혼자 울었다. 지금 내 앞에서 울었던 것처럼 다른 사람 앞에서 눈물을 흘린 적은 한 번도 없었다.

그러더니 그녀는 조금 더 울고, 눈물을 흘리면서 이렇게 말한다. "이건 뭐랄까……. 감정의 요가 같네요."

클리닉을 찾아온 이유는 그녀의 업무가 허술해지기 시작했고 그걸 상사가 알아차렸기 때문이라고, 그녀는 털어놓는다. 일에 집중을 못하는 이유는 울음을 참는 데 온힘을 쏟기 때문이다. 우울증 증상을 찾아봤더니 전부 해당이 되었다. 심리 치료를 받아본 적은 없었지만, 자신에게 도움이 필요하다는 건 알았다. 그녀는 내 눈을 똑바로 쳐다보며 말한다. 아무도, 친구들도, 남자친구도, 가족조차 자신이 얼마나 우울한지 모른다고. 나 말고는 아무도.

'나.' 심리 치료라곤 난생 처음인 실습생 말이다.

사람들이 인터넷에 올리는 것들이 실생활을 더 예쁘게 꾸민 버전이라는 데 증거가 필요하다면, 심리 치료사가 되어 인터넷에서 환자를 검색해보면 된다. 나는 걱정스러운 마음에 미셸을 검색해봤다가 두 번 다시 그러지 말자고, 환자의 이야기는 오로지 환자의 입을 통해서만 듣자고 결심했다. 인터넷에는 그녀가 권위 있는 상을 수상하는 사진, 어떤 행사에서 잘 생긴 남자와 함께 서 있는 사진, 세련되고 당당하게 세상을 흔쾌히 받아들이는 사진들이 올라와 있었다. 그녀는 그 방에서 내 앞에 앉아 있던 사람과 조금도 닮지 않았다.

그날 나는 미셸과 그녀의 우울증에 대해 이야기하고, 자살을 생각하는지, 본인이 얼마나 제 역할을 다한다고 생각하는지, 주변에 의지할 사람이 누가 있는지, 현재의 고민거리는 무엇인지 등을 알게 된다. 이력을 수퍼바이저에게 보고해야 한다는 걸 알고 있지만(보건소는 그걸 기록으로 남겨야 한다), 질문을 할 때마다 미셸의 이야기는 완전히 다른 방향으로 흘러간다. 은근하게 방향을 바꿔보지만 예외 없이 다른 주제로 넘어가고, 이력을 파악하는 건 좀처럼 진척이 없다.

잠시 경청을 하자고 결심하지만, 이런 생각을 완전히 차단할 수는 없다. '다른 실습생들은 이런 상황에 어떻게 대처하는지 알까? 첫날부터 이런 일로 징계를 받아서 해고될 수도 있을까? 미셸이 다시 울기 시작하면, 내가 무슨 말이나 행동을 해야 그녀에게 조금이라도 도움이 될까? …… 그런데 잠깐, 몇 분이나 남았지?'

소파 옆 테이블에 놓인 시계를 힐끗 본다. 10분이 지났다.

'말도 안 돼,' 나는 생각한다. 이렇게 앉아 있은 게 확실히 10분은 더 됐을 텐데! 20분이나 30분은 된 것 같은데. 겨우 10분이 지났다고? 이제 미셸은 자신이 인생을 어떻게 망가뜨리고 있는지 세세하게 늘어놓고 있다. 나는 다시 듣는 데 집중하고, 그러다가 또 시계를 힐끗 쳐다본다. 여전히 10분밖에 지나지 않았다.

그제야 깨닫는다. 시계가 움직이지 않는다! 건전지가 나간 모양이다. 내 휴대폰은 다른 방에 있고, 미셸은 가방에 휴대폰이 있기야 하겠지만 그렇다고 얘기를 하는 도중에 몇 시냐고 물어볼 수는 없는 노롯이다.

'대박이네.'

이제 어쩌지? 그냥 임의대로, 20분이 지났는지 40분이 지났는지, 아니면 60분이 지났는지도 모른 채 '시간 다 됐습니다'라고 해야 하나? 곧바로 두 번째 환자를 봐야 하는데. 그 환자가 벌써 도착해서 내가 약속을 잊어버렸다고 생각하고 있으면 어쩌지?

이런 걱정 때문에 더 이상 미셸의 말에 집중하지 못한다. 그때 이런 말이 귀에 들어온다.

"벌써 다 됐나요? 생각보다 시간이 빨리 지났네요."

"음?" 미셸이 내 뒤쪽 어딘가를 가리키고, 나는 그쪽을 돌아본다. 환자가 시간을 알 수 있도록 내 뒤쪽 벽에 시계가 걸려 있었다.

나는 전혀 몰랐고, 내가 몰랐다는 걸 그녀가 모르기만 바라는 심정이다. 내가 아는 것이라곤 내 심장이 빠르게 뛰고 있으며, 미셸에겐 금방 지나간 시간이 나한테는 영원처럼 느껴졌다는 것뿐이다. 시간의 포물선을 3등분해서 가장 집중해야 할 중간을 알고, 환자의 상태와 주제 그리고 맥락에 따라 몇 분 정도 추스를 시간을 배려하는 등, 시간의 리듬을 채득하려면 연습이 필요할 것이다. 정해진 시간 안에서 최대한의 성과를 얻기 위해 언제, 그리고 어떤 방식으로 어떤 이야기를 꺼내고 또 꺼내지 말아야 하는지를 배우는 데는 몇 년이 걸릴 것이다.

나는 부끄러운 마음으로 미셸을 배웅했다. 당황하고 산만해서, 보고해야 할 환자의 이력도 제대로 파악하지 못했기 때문이다. 대학원 시절 내내 우리는 심리 치료사로서 첫발을 딛는 그날을 기다려왔는데, 이제 나의 그날은 짜릿함보다는 치욕으로 남게 되었다.

그날 오후 수퍼바이저 선생님과 진료에 대해 의견을 나눴다. 서투르기는 했어도 잘 해냈다는 격려가 위안이 됐다. 미셸이 힘들어 하는 동안 나는 옆을 지켜줬는데, 그건 많은 사람들에게 힘이 되는 경험이다. 이젠 뭔가를 해야 한다는 걱정에 노심초사하지 않을 것이다. 나는 미셸이 우울증이라는 묵직한 비밀을 털어놓아야 했을 때 그 얘기를 들어주었다. 심리 치료 이론에서 사용하는 표현으로는 '환자가 위치한 그 자리에서 환자를 만났다.' 이력 수집은 핵심이 아니다.

몇 년이 지나 첫 상담을 수천 번쯤 하고 이력 수집이 제2의 천성이 되면 상담을 평가하는 또 다른 기준을 갖게 된다. '환자가 이해받는다는 느낌을 받았는가?' 생전 처음 보는 낯선 사람으로 방에 들어왔다가 50분 만에 이해받았다는 느낌으로 떠난다는 건 늘 놀라운데, 그런 일이 거의 매번 일어난다. 그렇지 않았을 경우 그 환자는 돌아오지 않는다. 그리고 미셸이 다시 왔다는 건 뭔지 모르지만 하여간 제대로 됐다는 뜻이다.

하지만 선생님은 시계와 관련된 잘못에 대해서는 애둘러 말하지 않는다. "환자에게 거짓말을 하면 안 돼."

뭔가 모르는 게 있을 때에는 그냥 사실대로 '모르겠다'고 말하라는 것이다. 시간을 모르겠다면, 집중이 분산되지 않도록 미셸에게 잠깐 나가서 제대로 작동되는 시계를 가지고 와야겠다고 말해야 한다. 그리고 이번 실습을 통해 배워야 할 것 하나를 강조하셨는데, 그건 '그 방에서 나부터 신뢰할 만한 사람이 되지 않고서는 아무도 도와줄 수 없다'는 것이었다. 나는 미셸의 행복을 염려했고, 도와주고 싶었고, 귀를 기울이려고 최선을 다했는데, 모두 관계를 시작하는 핵심 요소들이다.

나는 감사하다는 말씀을 드리고 자리에서 일어선다.

"그래도," 선생님이 덧붙인다. "2주 안에 이력을 정리해서 가져오도록 해."

이후 몇 번의 상담을 통해 보건소에서 요구하는 수용 양식을 채우지만, 그건 어디까지나 양식일 뿐이다. 어떤 사람의 이야기를 듣고, 그 사람이 그 이야기를 하기까지는 시간이 걸린다. 대부분의 이야기가 그렇듯이 플롯을 파악하기 전까지 이야기는 온통 사방으로 튀기 마련이다.

Part Three

우리 마음이 절망으로 캄캄해질때,
희망의 별이 나타난다.
— 빅토르 위고

31. 움직이는 자궁

내게는 비밀이 있다.

내 몸에 뭔가 이상이 있다. 죽을병일 수도 있고, 아무것도 아닐지도 모른다. 어느 쪽이든 이건 비밀이어야만 한다.

이 의문의 병이 시작된 건 2년 전쯤, 남자친구를 만나기 몇 주 전이었다. 어쨌든 내가 알기로는 그렇다. 그때 나는 아들과 부모님까지 모시고 하와이로 여름 휴가를 가서 일주일 동안 느긋한 시간을 보냈다. 그런데 돌아오기 전날 밤에 느닷없이 벌겋게 성이 나서 욱신거리는 뾰루지가 온몸을 뒤덮었다. 항히스타민제를 먹고 코르티손 크림을 잔뜩 바르고도 비행기를 타고 오는 내내 어찌나 벅벅 긁어댔는지 착륙할 즈음에는 손톱 밑이 피로 얼룩졌을 정도였다. 며칠이 지나자 뾰루지는 진정됐고, 병원에서는 몇 가지 검사를 해보더니 원인을 알 수 없는 알레르기라는 진단을 내렸다. 하지만 어쩐지 내게는 그 뾰루지가 불길한 전조, 앞으로 닥칠 뭔가를 예고하는 신호였던 것 같다.

내가 딴 데(그러니까 당시에는 남자친구에게) 신경이 팔린 이후 몇 달 동안, 내 속에 잠복한 뭔가가 내 몸을 공격한 것 같았다. 피로와 무기력에 더해 여러 불안한 증상들이 나타났지만, 마흔줄에 들어서면 누구나 겪는 체력적 변화라고 치부했다. 병원에서 몇 가지 검사를 더 받았고 일부 지표가 자가 면역 질환에 해당됐지만, 예를 들어 루푸스처럼 특정 질병을 의심할 만한 상황은 아니었다. 의사는 류머티즘 내과에 가보라고 했고, 거기서는 섬유 조직염을 의심했다. 그건 특정 검사로 진단할 수 없는 병이라서 증상을 치료하면서 호전이 되는지 지켜보기로 했고, 이게 항우울제가 사무실 건너편 약국의 전산 기록에 올라가게 된 계기였다. 아무튼 나는 그 약국을 뻔질나게 드나들면서 이 해괴한 뽀루지에 바를 코르티손 크림과 설명할 길 없는 염증을 위한 항생제, 그리고 불규칙한 심장 박동을 다스릴 항부정맥제를 받아왔다. 하지만 의사들은 뭐가 문제인지 파악하지 못했고, 나는 그걸 좋은 신호로 해석했다. '위험한 병이었으면 병원에서 벌써 알아냈겠지. 무소식이 희소식이라잖아.' 나는 이렇게 생각했다.

비참함을 안겨준 행복에 관한 책처럼, 나는 건강에 대한 걱정도 속으로만 품은 채 겉으로는 무던하게 지냈다. 친구들과 가족에게 건강 상태를 일부러 숨긴 건 아니었다. 차라리 나 자신에게 숨겼다고 하는 편이 옳았다. 자신의 암을 의심하면서도 차일피일 검사를 늦추는 의사처럼, 외면하는 편이 훨씬 쉬웠다. 운동할 기운도 없어지고 이유 없이 4~5킬로그램이 빠졌는데도(체중은 줄었건만 몸은 늘어지고 더 무거웠다) 하여간 별 문제 아닐 거라고, 이를테면 완경 증상일 거라고 믿어버렸다.

이 문제에 대해 진지하게 생각해볼 때면, 온라인을 뒤졌고 그러면 온갖 죽을병이 나에게 해당되었다. 그리고 의대 시절에 이른바 '의대생 증후군'에 시달렸던 기억이 났다. 이건 관련 문헌도 존재하는 실제 현상이다. 의대생들이 어떤 질병에 대해 배울 때마다 자신이 바로 그 병에 걸렸다고 믿는 것을 말한다. 림프계에 대해 배우던 언젠가, 우리는 저녁을 먹으며 서로의 림프절을 만져봤다. 한 명이 내 목을 만져보더니 외쳤다. "어이쿠!"

"뭐가 어이쿠야?" 내가 물었다.

그녀는 얼굴을 찌푸렸다. "림프종 같아서." 내가 직접 내 목을 만져봤다. 과연 그랬다. 나는 림프종이었다! 동급생 여러 명이 내 목을 만져봤고 다들 같은 의견이었다. 큰일 났네. 그들은 백혈구 수치를 확인해보는 게 좋겠다고 말했다. 조직 검사를 해보자!

다음 날 수업 시간에 교수님이 내 목을 만져봤다. 결절이 크기는 했지만 정상 범위였다. 그건 림프종이 아니라 의대생 증후군이었다. 그래서 이번에도 별거 아닐 거라고 생각했다. 하지만 달리기를 즐기던 40대가 더 이상 뛰지도 못하고 매일 앓는 느낌이 드는 게 정상은 아니란 걸 내심으론 알았다. 아침에 일어나면 몸이 저렸고, 손가락이 빨갛게 소시지처럼 퉁퉁 붓고, 입술은 벌에 쏘인 것처럼 부풀었다. 몇 가지 검사를 더 했고, 그중 일부는 비정상, 내과 의사의 표현을 빌리자면 '특이했다'. 그래서 MRI와 CT를 찍고 조직 검사를 했는데, 이번에도 일부 결과가 '특이했다'. 의사는 특이한 검사 결과와 증상 판명을 위해 나를 전문의들에게 보냈다. 얼마나 많은 전문의를 만나고 다녔는지, 나는 이 순례를 메디컬 미스터리 투어라고 이름 붙였다.

실제로 그건 미스터리였다. 어떤 의사는 희귀한 형태의 암이라 했고(일부 검사 결과에 따른 진단이었지만 CT는 그 가능성을 일축했다), 또 어떤 의사는 일종의 바이러스라고 했다(뾰루지부터 시작된). 다른 의사는 신진대사를 문제 삼은 반면, 또 다른 의사는 다발경화증이라고 했다(뇌 스캔은 그렇게 보이지 않았지만 이례적인 사례일 수도 있었다). 의사에 따라 내 병은 갑상선 질환이었다가 공피증이 되었고, 물론 림프종 얘기도 나왔다(의대 시절부터 지금까지 잠복해 있었던 걸까).

하지만 테스트 결과는 전부 음성이었다.

그렇게 1년쯤 지났을 때(어느새 턱과 손의 미세한 떨림 증상까지 나타났다) 녹색 카우보이 부츠를 신은 이탈리아 억양의 어느 신경과 의사가 내 병명을 알아냈다고 자신했다. 첫 진료에서 그는 통합 전산망에 접속해서 내가 거쳐 온 전문의 목록을 훑어보더니('아이고, 이 동네 의사들은 다 만나고 다니셨네요?'), 검사도 건너뛴 채 바로 진단을 내렸다. 그에 따르면 나는 현대판 프로이트의 여성 히스테리, 이른바 전환 장애였다.

전환 장애란 불안한 마음이 마비나 균형 상실, 실금, 시력이나 청력 상실, 떨림, 발작 같은 신경 질환으로 '전환'되는 이상 증상을 말한다. 이런 증상들은 일시적일 때가 많고, 대체로 심리적인 스트레스 요인과 관련이 있다(때로는 상징적으로). 예를 들어 트라우마가 될 만한 사건(배우자의 외도나 잔혹한 살인 사건)을 목격한 후 시력 상실을 경험할 수 있다. 추락으로 인한 트라우마가 있다면 신경 기능이 손상됐다는 증거가 없더라도 다리가 마비되는 경험을 할 수 있다.

전환 장애는 거짓으로 꾸며내는 게 아니다(그건 따로 인위성 장애라고 부른다). 인위성 장애가 있는 사람들은 주변에서 자신을 아프다고 생각해주길 원하고, 그렇게 보이기 위해 의도적으로 노력한다. 전환 장애는 실제로 증상을 경험하지만 그걸 의학적으로 설명할 길이 없을 뿐이다. 이런 증상은 환자가 전혀 의식하지 못하는 감정적인 스트레스가 원인인 것처럼 보인다.

나는 내가 전환 장애라고 생각하지 않았다. 하지만 전환 장애의 원인이 무의식적인 것이라면 그걸 내가 무슨 수로 알겠는가?

전환 장애는 그 역사가 긴데, 무려 4,000년 전 고대 이집트 시대에도 기록이 남아 있다. 대부분의 감정적인 질환과 마찬가지로 여성의 비율이 압도적으로 높다. 실제로 과거에는 여성의 자궁이 위아래로 움직이기 때문에 이런 증상이 나타난다고 생각했었는데, 이른바 '움직이는 자궁'이라고 알려진 증후군이다.

치료법은? 자궁이 원래의 위치로 돌아오도록 유인하기 위해 기분 좋은 방향제나 향신료를 자궁이 돌아다닌다고 여겨지는 곳의 반대쪽에 놓는 것이었다.

하지만 기원전 5세기에 히포크라테스는 방향제가 이 질병에 효과적이지 않은 것 같다고 지적하면서, '자궁'이라는 뜻의 그리스어에서 유래한 히스테리라는 이름을 붙였다. 그에 따라 히스테리컬한 여성에 대한 치료도 방향제와 향신료에서 운동과 마사지, 온천욕으로 바뀌었다. 이런 치료법이 한참 이어지다가 13세기 초에 이르러 여성과 마귀를 연결짓는 사고가 출현했다.

그에 따른 새로운 치료법은, 구마 의식이었다.

마침내 1600년대 말에야 히스테리가 마귀나 자궁이 아닌 뇌와 관련이 있다고 여겨지게 되었다. 지금도 실질적인 설명을 찾을 수 없는 증상들에 대한 논의는 계속되고 있다. 현재 ICD-10(세계 보건 기구의 『질병 및 관련 건강 문제의 국제 통계 분류』10차 개정판)은 '운동 증상이나 결함을 동반한 전환 장애'를 '해리 장애'로 분류한 반면(그리고 히스테리를 하위 유형으로 포함시켰다), DSM-5(미국 정신 의학 협회의 『정신 질환 진단 및 통계 편람』5차 개정판)는 전환 장애를 '신체 증상 장애'로 분류하고 있다.

흥미로운 점은 규율이 엄격하고 감정 표출의 기회가 적은 문화일수록 전환 장애가 더 만연하는 경향이 있다는 것이다. 하지만 전반적으로 지난 50년 동안 이 병에 대한 진단은 감소했는데, 그 이유로는 두 가지가 가능하다. 첫째는 의사들이 더 이상 매독 증상을 전환 장애로 오인하지 않는다는 것이고, 둘째는 과거에 전환 장애라는 진단에 쉽게 굴복했던 '히스테리' 여성들이 이제는 보편적 자유와 배치되는 억압적인 성 역할에 더 쉽게 저항하게 되었다는 점이다.

그럼에도 불구하고 카우보이 부츠를 신은 그 신경과 의사는 내가 만난 전문의들의 목록을 쭉 훑어보더니 등신같은 미소를 지으며 말했다.

"걱정이 너무 많으시네." 그러더니 스트레스로 인한 방전 상태일 거라면서 내게 필요한 건 마사지와 숙면이라고 단언했다. 나를 전환 장애로 진단한 그는 멜라토닌을 처방해주며 매주 마사지를 받으라고 말했다. 다크서클과 떨림 증세만 보면 '파킨슨병 환자처럼' 보이지만 그건 아니라고, 수면 부족으로도 같은 증상이 나올 수 있다고 했다.

잠이 부족하기는커녕 피로감 때문에 너무 많이 자서 고민이라고 했더니 의사는 또 씩 웃었다. "아, 그렇지만 수면의 질이 좋지 않아요."

내과의는 전환 장애가 아니라고 단언했다. 증상이 만성이고 점차 악화될 뿐 아니라, 내가 만난 전문의마다 어떤 이상을 발견했기 때문이었다(과팽창된 폐, 수치가 극도로 높은 혈액 내의 어떤 성분, 부어오른 편도, 눈의 침전물, 뇌 스캔에서 보이는 '여분의 공간', 그리고 그 놈의 욱신거리는 뾰루지). 그들은 다만 이 데이터들을 어떻게 종합해야 할지 몰랐다. 일부 전문의는 내 증상이 DNA와 관련이 있으며, 어떤 유전자에 사소한 문제가 있을 가능성을 거론했다. 그러면서 내 유전자 염기 서열을 통해 문제를 확인해보고 싶어 했는데, 의사들이 여러 번 요청을 했음에도 보험사는 비용 처리를 거부했다. 내게 아직 발견되지 않은 유전적 장애가 있더라도 알려진 치료법이 없을 테니 소용이 없다는 게 보험사의 논리였다.

어쨌거나 나는 여전히 아플 것이다.

이런데도 비교적 괜찮은 것처럼 굴었다는 사실이 이상하게 들리겠지만 나는 메디컬 미스터리 투어에 대한 얘기를 그 누구에게도, 심지어 남자친구에게도 거의 하지 않았다. 거기에는 내 나름대로 이유가 있었다. 일단 사람들에게 상황을 말하려 해도 어떻게 설명해야 할지 몰랐다. '나한테 X라는 병이 있어'라고 말할 수 있는 게 아니었으니까. 엄연히 이름이 있는 질병인 우울증조차 그걸 겪어보지 않은 사람들에게는 애매하고 막연하기 때문에 설명하기 어렵다. '슬프다고? 기운을 내!'

내 증상도 사람들이 보기에는 감정적인 고통만큼이나 모호했다.

사람들이 내 얘기를 들으면 그렇게 아프다면서 어떻게 병명을 모를 수 있는지 의아해할 것 같았다. '그렇게 많은 의사들이 모른다는 게 말이 돼?'

요컨대 나는 카우보이 부츠를 신은 신경과 의사에게서 그 말을 듣기 전부터 '모든 게 내 머릿속 문제'라는 얘기를 들을 걸 알고 있었다. 실제로 그를 만난 후로 내 진료 기록에는 불안이 추가되었고, 그후에 나를 만난 의사들은 통합 전산망에서 그 단어를 발견했다. 그건 엄밀한 의미에서는 사실이었지만(행복 책과 건강 문제가 불안감을 안겨준 건 틀림없었으니까), 내 증상의 원인이 되어버린 그 꼬리표를 떼어낼 길이 없고 내 말을 믿게 할 방법이 없다는 느낌이 들었다.

그래서 움직이는 자궁을 가진 여자가 되기 싫은 마음에 그 사실을 나 혼자 간직했다.

그리고 이런 일이 있었다. 데이트를 시작하고 얼마 지나지 않아 남자친구와 내가 서로에게 푹 빠져서 딱히 정해놓은 주제도 없이 몇 시간이고 대화를 주고받던 때였다. 남자친구가 나를 만나기 전에 정말 마음에 들었던 여자가 있었지만 관절에 문제가 있어서 하이킹을 하기 힘들다는 소리를 듣고 그만 만났다는 얘기를 했다. 나는 이유를 물었다. 그녀에게 심각한 병이 있는 게 아니었으니까. 그냥 일반적인 관절염처럼 들렸고, 어쨌거나 우리는 중년이었다. 게다가 남자친구는 하이킹을 즐기는 사람도 아니었다.

"언젠가 그녀가 정말로 아프게 되어서 보살펴야 되는 상황을 원치 않았어." 그는 디저트를 먹으면서 이렇게 말했다. "결혼해서 20년을 살다가 병이 났다면 그건 다른 얘기지. 하지만 이미 아프다는 걸 알면서 왜 사귀겠어?"

"하지만 누구든 아플 수 있잖아." 그땐 내가 그 카테고리로 분류된다고는 생각하지 않았다. 그게 뭐든 내 증상은 일시적이고 치료가 가능한 것이라고 생각했다. 나중에 메디컬 미스터리 투어를 시작한 후 이 부정의 태도는 마법 같은 사고로 전환되었다. '병명이 나오지 않는 한 남자친구에게 말하는 걸 미룰 수 있어. 결국 아무것도 아닌 것으로 나온다면 영원히.' 내가 (가끔씩) 검사를 받고 컨디션이 '엉망'이라는 건 그도 알았지만, 나는 피로의 원인을 카우보이 부츠를 신은 의사처럼 해명했다. 나는 정신없이 바쁜 싱글맘이니까. 혹은, 늙어서 그렇다는 농담도 했다. 내게 병이 있거나, 또는 그렇다고 믿는 정신 나간 여자라는 생각으로 그의 사랑을 시험할 마음은 없었다.

내게 일어나는 뭔지 모를 일들이 너무 두려운 나머지, 증상들이 그냥 사라지기만을 바랐다. '나는 남자친구와 미래를 함께 할 거니까, 거기에만 집중하자.' 이렇게 생각했다. 우리가 서로 맞는 짝이 아닐지도 모른다는 신호들을 무시한 이유이기도 했다. 그 미래가 사라지면 내게는 쓰지 않은 책과 쇠약한 몸만 남을 테니까.

그런데 이제 그 미래가 사라져버렸다.

나는 궁금하다. 남자친구가 떠난 건 내가 아파서, 혹은 내가 편집증 환자처럼 그렇게 믿는다고 생각하기 때문일까? 아니면 본인이 그랬던 것처럼 내가 나 자신을 솔직하게 털어놓지 않고 파트너에게 바라는 점에 대해서도 정직하지 않았기 때문일까? 알고 보면 우리 두 사람은 결국 그렇게 다르지 않았다. 그는 나와 같은 이유로 고백을 미루려 했다. 그래야 좋아하는 사람과 계속 함께 있을 수 있었으니까. 남자친구가 앞으로 10년 동안 아이와 한 지붕 밑에서 살고 싶지 않았다면, 그가 원하는 게 자유였다면, 언젠가 나를 보살펴야 하는 상황이 오더라도 그러고 싶지 않을 것이다. 그리고 나는 저녁을 먹으며 데이트를 했던 첫날 이미 그가 그런 사람이라는 걸 알았다. 그가 내게 아이가 있다는 걸 알았듯이.

나는 이제 웬델에게도 똑같은 행동(미루기)을 하고 있는데, 진실에는 대가가 따르기 때문이다. 현실을 직시해야 한다는 대가가. 줄리는 CT를 찍고 결과가 나오기 전까지 그 며칠 동안 시간을 붙들어 매고 싶다고 얘기한 적이 있다. 결과 전화를 받기 전까지는 아무 문제 없다고 말할 수 있지만, 진실을 알게 되면 모든 게 바뀔 수 있다.

웬델에게 진실을 말하더라도 그가 남자친구처럼 나를 떠나는 일은 없을 것이다. 그는 내가 이 미스터리한 질병을 외면하는 대신 정면으로 마주보게 만들 것이다. 그게 이번에 내가 치러야 할 진실의 대가일 것이다.

32. 긴급 상담

그녀가 자살 최후통첩을 한 지 한 달이 지났다. 굴곡진 과거에도 불구하고 나는 리타의 현재에 집중했다. 우울한 상태는 행동으로 타파하고, 사회적인 연결 고리를 만들고, 일상의 의미를 찾아서 아침마다 침대에서 일어날 이유를 만드는 것이 중요했다. 리타의 목표를 아는 터라 현재를 더 잘 살게 해줄 방법을 찾도록 도와주려 했지만, 내가 하는 제안마다 그녀는 번번이 퇴짜를 놓았다.

리타가 제일 먼저 거절한 건 약물 치료 상담을 해보도록 권했던 탁월한 정신과 의사였다. 그를 인터넷으로 찾아보고 70대라는 사실을 알게 된 리타는 그가 '최신 의학에 대해 알기에는 너무 늙었다'고 단언했다(그분이 지금도 의대생에게 정신 약리학을 강의한다는 사실은 상관 없었다). 젊은 의사는 '너무 어려서 이해를 못할 것 같다'고 했다. 그래서 중년의 정신과 의사를 추천했더니, 이번엔 반대는 하지 않았다('아주 매력적인 사람'이라고 리타는 말했다). 그런데 처방한 약을 복용하기 시작하자 잠이 쏟아졌다. 그래서 처방 약을 바꿨더니 불안감이 생기면서 불면증이 악화되었다. 리타는 약물은 그걸로 됐다고 결정했다.

그러는 중에 아파트 주민 자치회에 자리가 났고, 나는 이웃들과도 친해질 겸 참가해보라고 권했다. "됐어요." 그녀는 말했다. "흥미로운 사람들은 바빠서 그런 데 참가할 틈이 없거든."

그림과 예술에 관심이 많으니까 예술계나 박물관 쪽으로 자원 봉사를 하는 것에 대해서도 얘기를 나눠봤지만, 그녀는 이런 제안마저 무슨 이유를 대서라도 거절했다. 지금까지 그녀와 연을 끊고 지낸 장성한 자녀들과 연락해보는 것에 대해 얘기했을 때는 이번에도 실패하면 감당할 수 없을 것 같다고 했다. 데이트 앱도 그래서 권했던 건데 그 결과는 '80대 할아버지 군단'이었다.

이 와중에 나는 생일에 자살하겠다는 그녀의 판타지보다 더 시급한 문제는 너무나 오랫동안 품고 살아왔으며 지금도 그녀의 가슴을 짓누르고 있는 날카로운 고통이라고 판단했다. 일정 부분은 환경 탓이었다. 외로운 어린 시절, 폭력적인 남편, 힘겨운 중년, 그런 과정에서 굳어버린 관계의 패턴. 하지만 리타를 깊이 알수록 또 다른 원인이 있을 거라는 느낌이 들었고, 리타가 그걸 직시하게 만들고 싶었다. 나는 고통이 어느 정도 완화되더라도 리타가 스스로에게 행복을 허용하지 않을 거라는 결론에 도달했다. 그녀를 붙들고 놔주지 않는 뭔가가 있었다.

그때 그녀가 전화를 걸어서 긴급 상담을 요청했다.

알고 봤더니 리타에게도 비밀이 있었다. 그녀의 삶에 남자가 있었고, 그것 때문에 위기가 발생한 거였다.

　격앙된 기색에 평소와 달리 흐트러진 모습으로 긴급 상담을 받으러 온 리타는 마이런이 '예전 친구'라고 말한다. 6개월 전, 우정에 금이 가기 전까지 그는 자신의 유일한 친구였다고 그녀는 설명한다. 물론 YMCA를 오며가며 인사를 주고받는 여자들이 있기는 했지만 다들 자기보다 어려서 '늙은 여자'하고 친구가 되는 데 관심이 없었다. 그녀는 늘 그랬던 것처럼 따돌림을 당하는 기분, 투명 인간이 된 기분이었다.

　그런데 마이런이 리타를 주목했다. 그는 예순다섯이던 작년 초에 동부 해안에서 리타의 아파트로 이사 왔다. 40년을 함께 산 아내를 3년 전에 잃은 후 로스앤젤레스에 사는 장성한 자녀들의 권유로 서부행을 결심했다.

　두 사람은 건물 우편함 앞에서 마주쳤다. 그는 행사 전단지들을 훑어보고 있었는데, 평소에 리타가 보지도 않고 쓰레기통에 던져 넣는 것들이었다. 마이런은 이 도시를 잘 모른다면서 이 중에 가까운 곳에서 하는 행사가 있는지 물었다. 리타는 전단지를 들여다보고 농산물 장터가 몇 블록 떨어진 곳에서 열린다고 알려줬다.

　"잘 됐네요." 마이런이 말했다. "길을 잃어버릴까봐 그러는데 같이 가지 않을래요?"

　"나는 데이트 안 해요." 리타가 말했다.

　"데이트 요청하는 거 아니에요." 마이런이 말했다.

　리타는 민망해서 죽을 것 같았다. 그렇겠지. 펑퍼짐한 트레이닝복

바지에 구멍 난 티셔츠를 입고 있는 사람한테 반할 리가 없지. 우울증 환자답게 감지 않은 그녀의 머리는 기름기로 번들거렸고, 얼굴은 슬픔으로 늘어져 있었다. 그가 매력을 느낀 게 있다면 그건 아마도 자신의 우편물일 거라고 그녀는 추측했다. 현대 미술관 팸플릿, 뉴요커, 브릿지 게임 잡지 같은 것들. 그들의 관심사는 비슷해 보였다. 마이런은 도시에 적응 중이었고, 리타는 그의 또래로 보였다. 그는 자신에게 소개시켜줄 만한 사람들을 리타가 알지 않겠냐고 말했다(리타가 친구라곤 없는 외톨이라는 걸 그는 몰랐다).

농산물 장터에서 두 사람은 옛날 영화, 리타의 그림, 마이런의 가족과 브릿지 게임에 대해 얘기를 나눴다. 이어지는 몇 달 동안 마이런과 리타는 많은 것들을 함께했다. 산책을 하고, 박물관에 가고, 강연을 듣고, 새로 생긴 레스토랑에도 갔다. 무엇보다 같이 저녁을 만들어 먹고, 마이런의 소파에 앉아 영화를 봤으며, 그러는 내내 수다를 떨었다. 마이런이 손자의 세례식에 입고 갈 새 옷이 필요했을 때는 함께 쇼핑을 갔고, 리타는 예술가다운 뛰어난 안목으로 완벽한 옷을 골라주었다. 리타는 이따금 혼자 쇼핑몰에 갔다가도 마이런에게 어울릴 것 같은 셔츠를 골라왔다. 리타가 마이런이 집 꾸미는 걸 도와줬고, 그에 대한 보답으로 마이런은 내진 설계 건물용 공구로 벽을 뚫어서 그림을 걸게 해줬다. 컴퓨터가 고장나거나 와이파이 신호가 잡히지 않을 때 긴급 출동 기사 역할도 해주었다.

데이트는 아니었지만 많은 시간을 함께 보냈다. 처음에 리타는 마이런의 외모가 그저 '나쁘지 않은 편'이라고만 생각했는데(리타는 쉰 살이 넘은 남자는 좀처럼 매력적이라고 여기지 않았다), 어느 날 그가 손자들 사진을 보여줄 때 그녀의 마음이 요동쳤다. 처음에는 화목한 가족에 대한 질투라고 여겼지만, 뭔가 다른 느낌이 드는 걸 부인할 수 없었다. 생각하지 않으려 해도 그 느낌이 자꾸만 떠올랐다. 우편함 앞의 민망했던 첫 만남 이후 마이런과는 플라토닉한 관계라는 걸 그녀는 알고 있었다.

그랬건만. 그렇게 6개월이 지나는 사이 두 사람은 누가 봐도 데이트를 하는 것처럼 행동했다. 오죽했으면 마이런과 얘기를 해봐야겠다고 생각했을 정도였다. 아무래도 그래야겠다고 그녀는 생각했다. 어둠 속에서 영화를 보면서, 그가 테이블에 와인 잔을 내려놓느라 무심코 그녀의 무릎을 건드릴 때 아무렇지 않은 척할 수가 없었기 때문이었다(그건 정말 우연이었을까? 그녀는 궁금했다). 마이런이 처음 접근했을 때 데이트를 하지 않겠다고 말한 건 그녀였다. 그때 그가 데이트 신청이 아니라고 말한 건 어쩌면 체면 때문은 아니었을까?

칠십을 바라보는 나이에 대학생처럼 강박적으로 남자의 행동을 따지고 있는 게 넌더리가 났다. 누군가에게 반한 소녀처럼 바보 같고 무기력하고 혼란스러운 그 느낌이 싫었다. 전부 꺼내서 입어보느라 벗어던진 옷들로 어지러운 침대는 불안과 과민 반응을 보여주는 증거 같아서 염증이 났다. 이런 감정을 밀어둔 채 그냥 우정을 즐기고 싶었지만, 팽팽한 긴장감을 감당할 수 없을까봐 걱정스러웠다. 이렇게 계속 지내다간 마이런에게 키스를 퍼붓게 될 것 같았다. 용기를 내서 무슨 말이든 해봐야 했다.

조만간. 빠른 시일 내에.

그런데 그때 마이런이 다른 사람을 만나기 시작했다. 그것도 하필이면 틴더를 통해서('역겨워!')! 그 여자는, 역겹게도, 꽤 젊었다. 이제 50대였다! 맨디? 브랜디? 샌디? 캔디? 아무튼 디로 끝나는 김빠진 이름이었다. 리타는 기억도 나지 않았다. 그녀가 아는 것이라곤 마이런이 사라지면서 자기 삶에 큰 구멍이 생겼다는 것뿐이었다.

리타가 심리 치료를 받고 일흔 번째 생일까지 나아지는 게 없으면 다 끝내기로 결심한 건 그때였다.

얘기를 마친 리타가 고개를 들고 나를 쳐다본다. 심리 치료의 실질적인 추동력이었는데도 지금까지 마이런의 이름을 한 번도 언급하지 않았다는 사실이 흥미롭다. 그리고 지금 이걸 얘기하는 이유와 오늘의 긴급 용건이 뭔지도 궁금하다.

리타가 긴 한숨을 내쉰다. "잠깐만요." 그녀의 목소리가 침울하다. "아직 더 남았어요."

마이런이 그 여자와 데이트를 하는 동안에도 그는 수영을 하고 그녀는 에어로빅을 하느라 YMCA에서 마주치곤 했다. 하지만 더 이상 같이 차를 타고 다니지는 않았다. 이제는 그가 그 여자의 집에서 잤기 때문이다. 그래도 오후에 우편함 앞에서 볼 때가 있었는데, 마이런이 말을 걸어도 리타는 차갑게 굴었다. 리타에게 아파트 자치회에 들어오라고 한 사람도 마이런이었지만, 그걸 퉁명스럽게 거절한 이유도 초대를 한 사람이 마이런이기 때문이었다. 한 번은 심리 치료를 받기 위해 집을 나섰다가 마이런과 단 둘이 엘리베이터에 타게 됐다. 그가 예쁘다며 칭찬을 했다(그녀에게 심리 치료 시간은 유일한 외출이었고, 그래서 늘 잘 차려 입었다).

"오늘 아주 멋진데." 리타는 그의 말에 쌀쌀맞게 '고마워'라고 대꾸하고는 내려오는 내내 정면만 응시했다. 저녁에 생선 요리를 해서 냄새가 진동하는데도 이미 몇 차례 목격했던 것처럼 그 맨디인가 뭔가가 마이런의 팔짱을 끼고 웃거나, 심지어 입을 맞추는 모습('역겨워!')을 보게 될까봐 음식물 쓰레기를 버리러 나가지도 않았다.

"사랑은 고통이야." 실패한 결혼에 대해 털어놓았을 때, 그리고 여든 살 노인을 만난 얘기를 할 때에도 리타는 이렇게 말했다. "그걸 뭐하러 해?"

하지만 그건 마이런이 그 여자와 헤어지기 전 일이다. 리타가 몇 주 동안이나 마이런의 전화를 받지도 문자에 답하지도 않자, 급기야 YMCA 주차장에서 그가 리타를 막아서기 전의 일이었다. 그녀가 오래 전에 듣고 싶어 했던 말, 랜디(이게 그 여자의 이름이었다!)와 사귄 지 3개월이 지나서야 깨달았다는 그 말을 그가 하기 전의 일이었다.

마이런은 뭘 깨달았을까. 그는 리타가 그리웠다. 몹시. 아내와 그랬던 것처럼 그녀와 이런저런 얘기를 나누고 싶었다. 계속해서, 매일매일. 리타는 그를 웃게 했고, 휴대폰에 손주 사진이 뜨면 마이런은 그걸 리타에게 보여주고 싶었다. 랜디와는 이런 것들을 하고 싶은 마음이 들지 않았다. 그는 리타의 예리한 지성과 더 예리한 유머 감각, 그녀의 창의력과 다정한 마음씨를 사랑했다. 식료품 가게에서 그가 가장 좋아하는 치즈를 어떻게 그렇게 단번에 골라낼 수가 있는지.

리타의 세속적인 취향과 삐딱한 시선, 조언을 구할 때마다 들려주던 현명한 충고도 좋았다. 걸걸한 웃음소리, 햇볕 속에서는 녹색이다가 실내로 들어오면 갈색이 되는 눈동자, 밝은 빨간색 머리와 그녀의 가치관도 좋았다. 그녀와 어떤 주제에 대해서든 얘기를 나누는 게 좋았다. 그녀의 그림과 조각을 보면 전율이 일었다. 그는 그녀가 궁금했고, 그녀의 자녀들과 가족, 그녀의 인생, 무엇보다 그녀 본인에 대해 더 알고 싶었다. 그녀가 이런 얘기들을 편하게 해주길 바랐고, 좀처럼 과거를 드러내지 않고 암호처럼 숨기는 이유도 궁금했다.

아, 그리고 그는 그녀가 아름답다고 생각했다. 한없이 눈부셨다. '하지만 제발 누더기처럼 보이는 그 티셔츠는 그만 입으면 안 될까?'

마이런과 리타는 YMCA의 주차장에 서 있었다. 마이런은 마음속에 있던 말들을 한꺼번에 쏟아내느라 가쁜 숨을 내쉬었고, 리타는 현기증이 나면서 다리가 휘청거렸지만, 무엇보다, 화가 났다.

"당신이 외로움을 해소하는 데 나는 관심 없어." 그녀는 말했다. "돈이나 노리고 남자를 사귀는 그 아무개랑 헤어졌기 때문이든. 부인을 그리워하고 혼자가 된 걸 견디지 못해서든."

"그래서 내가 이런다고 생각하는 거야?" 마이런이 물었다.

"딱 봐도 그렇잖아." 리타는 거만하게 대답했다. "맞아."

그러자 그가 그녀에게 입을 맞췄다. 강렬하고 부드럽고 허기지고, 영화에서나 나올 법한 키스, 영원히 계속될 것 같은 키스였다. 그 키스는 리타가 마이런의 뺨을 때리고 자동차로 달려가는 것으로 끝이 났고, 리타는 곧바로 내게 전화를 걸어서 긴급 상담을 요청했다.

"흥미롭네요!" 리타가 얘기를 마쳤을 때 내가 말한다. 이런 반전이 있으리라고는 예상하지 못했는데, 내가 다 짜릿한 기분이다. 하지만 리타는 콧방귀를 뀌고, 나는 그녀가 나무를 보느라 숲을 보지 못했다는 걸 깨닫는다.

"그가 한 말은 아름다워요." 내가 말한다. "그리고 그 키스는……." 리타는 얼굴에 미소가 번지는 걸 애써 참더니 어느새 딱딱하고 차가운 표정을 짓는다.

"뭐, 그건 멋지고 좋았어요. 그래도 마이런하고는 두 번 다시 얘기하지 않을 거야." 그녀는 가방을 열더니 뭉쳐 넣었던 티슈를 꺼내며 단호하게 덧붙였다. "나는 사랑이랑은 완전히 끝냈으니까."

리타가 전에 했던 말이 떠오른다. '사랑은 고통이야.' 마이런 사태가 그녀를 완전히 뒤집어놓은 이유는 수십 년 동안 단단하게 얼어 있던 심장이 마이런을 만나면서 마침내 녹기 시작했는데, 희망을 맛보려는 순간 그걸 잃어버렸기 때문이다. 리타가 나를 처음 만나러 왔을 때 그토록 절망적이었던 이유는 그녀가 내세웠던 것처럼 1년만 있으면 일흔 살이 되기 때문이 아니었다. 마이런이라는 존재가 사라지면서 내가 웬델을 처음 만나러 갔을 때와 똑같은 의문을 품게 된 것이었다. 리타도 더 큰 무언가를 애통해하고 있었던 것이다.

그런데 이제 그 키스가 리타에겐 또 다른 위기, 가능성이라는 이름의 위기를 안겨주었다. 그것은 리타에게 고통보다 더 참을 수 없는 느낌이었을지 모른다.

33. 업보

샬럿이 오늘 예약 시간보다 늦게 도착한 이유는 회사 주차장에서 다른 차가 그녀의 차를 박았기 때문이다. 다친 데도 없고 범퍼만 살짝 들어갔을 정도로 경미한 충돌이었지만, 컵홀더에 있던 뜨거운 커피가 내일 프레젠테이션할 자료를 준비하던 노트북 위로 쏟아졌고, 자료는 백업을 해두지 않았다.

"이걸 사실대로 말해야 할까요, 아니면 밤을 새서 다시 만들어야 할까요?" 그녀가 묻는다. "시간을 들여서 제대로 준비하고 싶지만, 허점투성이로 보이고 싶진 않아요."

지난주에는 체육관에서 웨이트를 떨어트리는 바람에 발가락을 찧었다. 멍은 점점 심해졌고, 그 부위가 아직도 아팠다. "엑스레이를 찍어봐야 할까요?" 그녀가 물었다.

그 전에는 가장 가까웠던 교수님이 캠핑 사고로 돌아가셨고('상사가 싫어하더라도 휴무를 내고 장례식에 가야 할까요?'), 또 그 전에는 지갑을 도둑맞아서 며칠을 고생했다('운전 면허증을 자동차에 보관해야 할까요?').

샬럿은 '나쁜 카르마'의 파도가 닥쳤다고 믿었다. 한 주 걸러 한 번 꼴로 위기(교통 위반, 임대 문제)가 닥쳤고, 처음에는 나도 안타까운 마음에 도와주려고 애썼지만 정작 심리 치료는 완전히 중단됐다는 걸 차츰 깨달았다. 그러니 어떻게 해야 할까? 계속되는 외부의 재앙에 집중하느라 샬럿은 삶의 진짜 위기인 내면의 재앙에는 관심이 없어졌다. 가끔은 아무리 유쾌하지 않더라도 '드라마' 같은 일들이 자가 처치의 일환, 내면에서 부글거리는 위기를 피함으로서 마음을 가라앉힐 수 있는 방편이 될 수 있다.

그녀는 프레젠테이션과 관련해서 조언을 해주길 기다리고 있지만, 내가 처방전 같은 충고를 해주지 않는다는 걸 이제 그녀도 안다. 심리 치료사로서 놀라웠던 일 가운데 하나는 마치 내가 정답을 알기라도 하는 것처럼, 또는 일상의 수많은 선택에 정답과 오답이 존재하기라도 하는 것처럼, 지침을 하달받고 싶어 하는 사람들이 많다는 것이었다. 나는 파일철 옆에 '울트라크레피대리어니즘ultracrepidarianism'이라는 단어를 테이프로 붙여놓았는데, '자신의 지식이나 전문 분야가 아닌 문제에 의견이나 조언을 하는 버릇'이라는 뜻을 가진 말이다. 심리 치료사로서 사람들을 이해하고 그들이 원하는 것을 파악할 수 있도록 도와줄 수는 있지만 그들의 선택을 대신해줄 수 없다는 걸 잊지 않으려는 나름의 방책이다.

하지만 이 일을 처음 시작했을 때는 때때로 선의의(아무튼 나는 그렇다고 믿는) 조언을 해줘야 한다는 압박감을 느끼곤 했다. 그런데 곧 사람들이 누가 이래라 저래라 하는 걸 싫어한다는 사실을 깨달았다. 물론, 말해달라고 부탁하기도 한다. 반복해서, 집요하게. 그런데 정작 부탁에 응하면 처음의 안도감을 밀어낸 자리에 분개심이 자리를 잡는다. 이런 일은 상황이 순조로울 때도 벌어진다. 인간은 궁극적으로 자신의 삶을 통제하고 싶어 하고, 아이들이 뭐든 자기가 결정하겠다고 떼를 쓰는 이유도 그 때문이다(그러다가 어른이 되면 그 자유를 빼앗아 달라고 간청한다).

가끔 심리 치료사가 답을 알고 있으면서 말해주지 않는다고, 그걸 감추고 있다고 지레짐작하는 환자들이 있다. 하지만 우리의 목적은 사람들을 고문하는 게 아니다. 우리가 대답을 주저하는 이유는 환자들이 실제로는 그걸 듣고 싶어 하지 않을뿐더러, 우리의 얘기를 곡해하는 경우가 많기 때문이다(속으로 이렇게 외치게 될 때가 있다. '내가 언제 당신 어머니한테 그렇게 말하라고 했어!'). 가장 중요한 건 우리가 환자들의 독립성을 지지하고 싶어 한다는 것이다.

그런데 웬델의 사무실에서는 이런 것들을 까맣게 잊고, 여러 해에 걸쳐 조언과 관련해서 배운 것들도 전부 잊어버린다. 환자들이 제시하는 정보는 그들만의 렌즈를 통해 왜곡된다는 것. 시간이 흐르면 왜곡의 정도가 완화되고 정보의 내용도 달라진다는 것. 그들의 딜레마는 아직 드러나지 않은 전혀 다른 문제일지도 모른다는 것. 환자들이 이따금 구체적인 선택을 지지하라고 을러대기도 하며, 관계가 깊어질수록 그런 경향이 더 뚜렷해진다는 것. 그리고 환자들이 다른 사람에게 선택을 맡기고 싶어 하는 이유는 일이 잘못되더라도 책임질 필요가 없기 때문이라는 것.

다음은 내가 웬델에게 물어본 질문들이다. "냉장고를 10년 쓰면 고장 나는 게 보통인가요? 이걸 그대로 써야 할까요, 아니면 돈을 주고 수리를 해야 할까요?" (웬델: 당신은 정말로 시리한테도 물을 수 있는 것들을 묻기 위해 여기 온 건가요?) "내 아들을 이 학교에 보내야 할까요, 아니면 저 학교에 보내야 할까요?" (웬델: 이 결정이 왜 그렇게 힘든지 이해한다면 당신에게 더 큰 도움이 될 거예요.) 한 번은 그가 이렇게 말했다. "내가 아는 건 나라면 어떻게 할지뿐이에요. 당신이 어떻게 해야 하는지는 내가 모르죠." 나는 그의 말뜻을 이해하지 않고 이렇게 대꾸했다. "좋아요, 그렇다면 말해보세요. 당신이라면 어떻게 할 건데요?"

저 질문들 뒤에는 웬델이 나보다 더 유능한 인간이라는 가정이 자리잡고 있다. 가끔 이런 생각이 든다. '내가 뭐라고 삶의 중요한 문제들에 결정을 내리지? 나한테 그럴 자격이 있을까?'

누구나 어느 정도는 이런 내면의 갈등을 겪는다. '아이냐, 어른이냐?' '안전이냐, 자유냐?' 하지만 그 연속선 위 어디에 존재하건 모든 결정의 토대는 두 가지인데, 바로 두려움과 사랑이다. 이 둘을 구분하는 법을 가르쳐주는 게 바로 심리 치료다.

한 번은 샬럿이 자기를 울게 만든 텔레비전 광고 얘기를 했다.

"자동차 광고였어요." 그녀는 이렇게 말하고는 건조하게 덧붙였다. "어떤 차였는지는 기억이 나지 않는데, 그 점에서는 그렇게 효과적인 광고였다고 할 수 없겠죠."

광고의 배경은 밤이고, 운전석에는 개가 앉아 있다. 개가 차를 몰고 교외를 달리는 모습이 나오다가 카메라가 내부를 비추는데, 뒷좌석 카시트에 강아지 한 마리가 앉아서 짖고 있다. 엄마 개는 후방 거울을 보며 운전을 계속하고, 부드러운 승차감에 강아지는 결국 스르르 잠이 든다. 엄마 개가 사랑스러운 눈길로 자고 있는 강아지를 바라보며 진입로에 들어선다. 하지만 엔진을 끄는 순간 강아지는 잠이 깨어 다시 짖기 시작한다. 엄마 개는 체념한 표정으로 다시 시동을 걸고 운전을 시작한다. 광고를 보는 사람들은 엄마 개가 한동안 동네를 돌아다닐 거라고 생각한다.

얘기를 마치면서 샬럿은 흐느껴 울었는데, 그녀에겐 이례적인 일이었다. 샬럿은 실제의 감정을 전혀는 아니더라도 거의 드러내지 않는 편이다. 그녀의 얼굴은 가면이고 말은 주의를 돌리려는 시도다. 그녀가 자기 감정을 숨기는 건 아니다. 본인이 그걸 파악할 수 없을 뿐이다. 이런 식의 감정적 무지 상태를 감정 불능증alexithymia이라고 한다. 그녀는 자신이 뭘 느끼는지 모르거나 그걸 표현할 말을 모른다. 상사에게 칭찬을 들어도 단조롭게 사실을 전할 뿐이고, 내가 캐묻고 캐묻고 또 캐물어야 간신히 자랑스러운 기색을 내비친다. 대학 시절의 성폭행에 대해서도 똑같이 단조로운 목소리로 얘기한다. 엄마와 나눈 심란한 대화를 이야기할 때도 국기에 대한 맹세를 외우는 것처럼 들린다.

사람들이 스스로의 감정을 알아차리지 못하는 건 어렸을 때 표현에 제재를 받았기 때문일 수 있다. 아이가 '나 화났어'라고 말하면 부모들은 보통 이렇게 얘기한다. "정말? 그렇게 사소한 일에? 너무 예민하구나!" 또 아이가 슬프다고 하면 부모들은 말한다. "슬퍼하지 마.

어머, 저것 좀 봐, 풍선이네!" 그리고 아이가 무섭다고 하면 또 이렇게 말한다. "걱정할 것 하나도 없어. 아기처럼 굴지 마." 하지만 심원한 감정을 영원히 봉인해놓을 수 있는 사람은 아무도 없다. 결국, 전혀 예상치 못한 순간에, 이를테면 광고를 보고 있을 때, 봉인이 해제된다.

"이게 왜 그렇게 슬픈지 모르겠어요." 샬럿은 자동차 광고에 대해 말했다.

그녀가 우는 모습을 보면서 나는 그녀의 고통과 함께, 번번이 자신의 결정을 내게 떠맡겼던 이유를 이해한다. 샬럿의 삶에는 운전석에 앉은 엄마 개가 없었다. 엄마는 우울감에 젖어 늦게까지 파티를 전전하며 술을 마셨고, 아빠는 출장으로 자주 집을 비웠다. 샬럿의 문제 많은 부모는 툭하면 싸우며 욕도 서슴치 않았고 가끔은 이웃에서 불평을 할 정도로 언성을 높였다. 그런 상황에서 샬럿은 너무 일찍 어른처럼 굴 수밖에 없었는데, 이를테면 면허도 없이 삶의 운전대를 잡은 미성년 운전자였던 셈이다. 그녀는 엄마나 아빠가 친구네 부모님처럼 어른스럽게 행동하는 모습을 거의 보지 못했다.

어린 시절의 샬럿을 상상해봤다. '몇 시에 학교를 가야 할까? 오늘 나한테 나쁜 말을 한 친구한테는 어떻게 해야 하지? 아버지의 책상 서랍에서 마약을 발견했을 때에는 어떻게 해야 해? 자정이 되도록 엄마가 집에 오지 않는다는 건 무슨 뜻이야? 대학 원서는 어떻게 준비해야 해?' 그녀는 자기 자신의, 그리고 남동생의 부모 노릇을 해야 했다.

하지만 아이들은 능력을 초과해서 발휘해야 하는 걸 좋아하지 않는다. 그러니 이제 와서 샬럿이 내게 자기 엄마 노릇을 원하는 것도 놀랍지 않다. 나는 사랑스러운 표정으로 안전하게 자동차를 운전하는 '평범한' 부모가 될 수 있고, 그녀는 한 번도 겪어보지 못한 방식으로 보살핌을 받는 경험을 누릴 수 있다. 하지만 내게 능력을 발휘하는 역할을 맡기기 위해 샬럿은 스스로 무능력한 역할을 맡아서 내게 자신의 문제만을 보여줘야 한다고 믿는다. 말하자면, 언젠가 웬델이 내 행동을 빗대어 한 말처럼 '자신의 비참함으로 나를 유혹'하는 것이다. 이렇게 하는 환자들이 많다. 자신이 뭔가 긍정적인 언급을 하더라도 심리 치료사가 자신의 고통을 잊지 않도록 말이다. 샬럿의 인생에도 좋은 일은 있지만 그런 얘기는 좀처럼 들을 수 없다. 하더라도 스치듯 언급하거나 일어난 지 몇 달 후에나 듣게 된다.

샬럿과 나, 그리고 어린 샬럿과 부모 사이의 비참함-유혹의 역학 관계를 생각해본다. 샬럿이 뭘 어떻게 해도(술을 마시고 늦게까지 집에 들어가지 않고 방탕하게 굴어도) 바라던 효과는 발생하지 않았다.

노트북에 커피를 쏟은 문제에 이어 이제 샬럿은 대기실의 그치를 어떻게 할지 묻는다. 그는 몇 주째 보이지 않다가 여자친구를 대동하고 나타나더니 오늘은 다시 혼자다. 몇 분 전에, 대기실에서, 그가 샬럿에게 데이트를 신청했다. 아무튼 그녀는 그게 데이트 신청이라고 생각한다. 그는 오늘 밤에 '같이 놀자'고 했고, 그녀는 승낙했다.

나는 샬럿을 쳐다본다. '도대체 왜 그러겠다는 거야?'

물론 이 생각을 입 밖에 내지는 않는다. 하지만 가끔은, 꼭 샬럿이 아니더라도, 환자가 하는 말을 듣다 보면 이렇게 외치고 싶은 충동을 애써 억눌러야 한다. '아니야! 하지 마!'

그렇다고 기차가 탈선하는 걸 그냥 지켜볼 수만은 없다.

샬럿과도 결정의 결과를 예측하는 것에 대해 얘기를 나눴지만 이 것이 단순히 지적인 과정이 아니라는 걸 나는 알고 있다. 반복 강박 은 가공할 괴물이다. 샬럿에게는 안정성과 그에 따르는 기쁨이란 믿 지 못할 물건이다. 오히려 속이 메스껍고 불안해진다. 어려서 자신을 사랑해주고 잘 놀아주던 아버지가 한동안 사라졌다가 다시 돌아와서 아무 일도 없었던 것처럼 군다면, 그리고 이런 상황이 반복된다면, 기쁨은 변덕스럽다는 걸 학습하게 된다. 우울증인 엄마가 갑자기 학 교에서 어땠는지 물어보며 여느 집 엄마처럼 굴어도 차마 즐거움을 느낄 엄두를 낼 수 없는데, 그것이 곧 사라질 거라는 걸 경험을 통해 배웠기 때문이다. 그리고 실제로 그렇다. 지나치게 안정적인 것은 기 대하지 않는 편이 낫다. 예외가 없다.

"여자친구랑 어떻게 된 건지는 모르겠어요." 샬럿이 말을 잇는다. "좋은 생각이 아닌 것 같아요?"

"본인이 느끼기엔 어때요?"

"모르겠어요." 샬럿이 어깨를 으쓱한다. "신난다? 겁난다?"

"뭐가 겁이 나는데?"

"모르겠어요. 대기실을 벗어나면 나를 안 좋아할까봐, 여자친구와 헤어진 데 따른 반발심일까봐. 아니면 애초에 여자친구와 문제가 있 었기 때문에 망가진 상태일까봐. 그렇잖아요, 그렇지 않다면 심리 치 료를 왜 받겠어요?"

샬럿은 팔걸이에 올려놓은 선글라스를 만지작거리며 초조한 기색 을 보이기 시작한다.

"아니면," 그녀가 계속한다. "아직 여자친구가 있고, 이건 데이트가 아니라 그냥 잠깐 어울리는 것일 뿐이고, 앞으로도 매주 그를 대기실에서 보게 되는 걸까요? 아무 일도 없던 것처럼?"

샬럿이 그치에 대해 말하는 방식을 듣자니 부모님과 소통하기 전의 (어렸을 때뿐만 아니라 어른이 된 지금도) 마음 상태를 묘사하던 게 떠오른다. '순조롭게 진행될까요? 두 분이 어른스럽게 행동할까요? 말다툼을 하게 될까요? 재미있을까요? 창피할까요?'

"그래요, 안 나갈래요." 샬럿은 말한다. 하지만 그게 말뿐이라는 걸 나는 안다.

시간이 다 되고 샬럿은 정해진 의식을 거행한다(시간이 벌써 다 됐다는 걸 믿을 수 없다고 말하고는 물건들을 천천히 챙기고 나른하게 기지개를 편다). 설렁설렁 걸어가다가 문가에서 멈추는데, 이렇게 문가에서서 뭔가를 묻거나 상담중에 했어야 할 말을 할 때가 많다. 존처럼 샬럿도 이른바 '문고리 폭로' 형이다.

"그나저나," 가볍게 얘기를 시작하지만, 무슨 말이 이어지든 결코 즉흥적인 말은 아니다. 상담 시간 내내 변죽만 울리다가 마지막에 중요한 얘기를 쏟아내는 일은 드물지 않다. 이유는 다양하다. 민망해서. 심리 치료사에게 말할 기회를 주지 않으려고. 불안정한 상태라는 느낌을 안겨주고 떠나기 위해 그럴 수도 있다(특별한 소포입니다! 저의 모든 혼란이 여기 들어 있어요. 한 주 내내 끌어안고 계세요. 아셨죠?). 아니면 자신을 기억해달라는 바람일 수도 있다.

그런데 이번에는 아무것도 나오지 않는다. 샬럿은 그냥 서 있기만 한다. 말을 꺼내기가 유난히 어려운가보다 생각하는데 그녀가 불쑥 묻는다. "그 윗도리 어디서 샀어요?"

보기엔 단순한 질문 같다. 우버 기사와 스타벅스의 바리스타, 길에서 지나치던 어떤 사람도 이 옷(내가 제일 좋아하는 옷)에 대해 똑같은 질문을 했고 그때마다 나는 주저 없이 말해주었다. "앤스로폴로지, 세일해서 샀어요!" 뛰어난 안목과 행운에 의기양양해서 대답하곤 했다. 하지만 샬럿의 경우 뭔가가 나를 막아섰다. 나랑 똑같이 입을까 봐 걱정한 건 아니었다(환자 중에 그런 사람이 있었다). 왜 이걸 묻는지 직감적으로 알 수 있었기 때문인데, 이 옷을 사서 그치와 데이트를 할 때 입으려는 것이었다. 나가지 않겠다던 그 데이트에.

"앤스로폴로지." 어쨌든 대답은 해준다.

"예뻐요." 그녀가 웃으면서 말한다. "다음 주에 만나요."

우리는 둘 다 앞으로 일어날 일을 알고 있다.

34. 그냥 놔둬요

수습 과정이 절반 정도 지났을 때 미용실에서 심리 치료에 대한 얘기를 나누게 되었다.

"왜 심리 치료사가 되고 싶은 거예요?" 내 머리를 담당하는 코리가 코에 주름을 잡으며 물었다. 그러면서 하루 종일 손님들의 고민을 듣다 보면 자신도 심리 치료사가 된 것 같은 느낌이 들 때가 있다고 했다. "안물안궁이라고 알아요? 나는 머리를 해줄 뿐인데. 왜 그런 얘기들을 나한테 하는 거야?"

"정말로 그렇게 개인적인 얘기까지 다 해요?"

"그런 사람들도 있어요. 진짜 심리 치료사들은 그걸 어떻게 하는지 몰라. 그건 너무," 그는 가위를 위로 쳐들고 적당한 말을 찾았다. "진이 빠지는 일이야."

그러고는 다시 머리를 자른다. 내 앞머리를 다듬는 그를 지켜봤다.

"그럼 뭐라고 말해줘요?" 내가 물었다. 비밀을 털어놓는 사람들도 지금 우리처럼 이렇게 거울을 보면서 얘기를 나눌 텐데, 그편이 더 쉬울지도 모르겠다는 생각이 들었다.

"손님들이 고민을 털어놓으면 뭐라고 해주냐고?" 그가 물었다.

"네. 조언을 해주나요? 의견을 달아서?"

"아니요." 그가 말했다.

"그럼요?"

"'그냥 놔둬요.'" 그가 말했다.

"네?"

"그렇게 말해요. '그냥 놔둬요.'"

"그렇게 말한다고요?" 나는 웃기 시작했다. 상담실에서 그렇게 말하는 걸 상상해본다. '문제가 있어요? 그냥 놔둬요.'

"환자들한테 한 번 그렇게 말해봐요." 그는 이렇게 말하며 나를 향해 웃어 보였다. "도움이 될지도 몰라."

"당신 손님들한테는 그게 도움이 되나요?" 내가 물었다.

코리는 고개를 끄덕였다. "이런 식이에요. 내가 손님의 머리를 잘라줬는데 다음에 와서는 뭔가 다른 스타일을 원해요. 내가 '왜요'라고 묻겠지. '지난번 스타일에 무슨 문제라도 있었나요?' 아니래. 지난번 스타일은 환상적이었대. 그냥 뭔가 다른 걸 해보고 싶대. 그래서 내가 지난번이랑 완전히 똑같이 잘라주잖아요? 그러면 다른 줄 안다니까. 너무 마음에 들어 해."

그의 말이 이어지길 기다렸지만 그는 갈라진 내 머리 끝에 신경을 집중한다. 머리카락이 바닥에 떨어진다.

"그건 좋은데, 그게 그들의 문제와 무슨 상관이죠?"

코리가 가위질을 멈추고 거울 속의 나를 쳐다본다.

"불평하는 것들이 사실은 문제가 아닐 수도 있다는 거죠! 지금 그대로도 괜찮을지 모른다는 거야. 심지어 너무 좋을지도 몰라. 머리 스타일처럼. 바꾸지 않는 편이 더 행복할 수도 있어요. 그냥 놔두라는 거지."

그의 말을 곰곰이 생각해본다. 진실이 담겨 있는 것은 분명했다. 가끔은 자기 자신이나 상대방을 있는 그대로 받아들일 필요가 있었다. 하지만 가끔은 거울을 대줘야 하는데, 예쁘게 보이는 그런 거울이 아니라 지금 내가 보고 있는 그런 거울이 필요할 때도 있다.

"심리 치료 받아본 적 있어요?" 내가 코리에게 물었다.

"없지." 그는 머리를 절레절레 흔든다. "나한테는 안 맞아요."

안물안궁이라면서도 몇 년째 내 머리를 잘라주는 동안 그도 자기 자신에 대해 많은 얘기를 해주었다. 사랑에 크게 데었던 일화, 커밍아웃을 했을 때 가족들이 잘 받아들이지 못했던 일, 게이라는 사실을 평생 숨기고 살면서 남자들과 바람을 피웠지만 아직도 커밍아웃을 하지 않은 아버지. 나는 코리가 성형 수술을 여러 번 받았으며 아직도 자기 외모에 만족하지 못하고 조만간 또 수술대에 누울 작정이라는 것도 알았다. 우리가 얘기를 하는 동안에도 그는 거울로 자신의 외모를 점검하며 만족스럽지 않은 부분들을 찾아냈다.

"외롭거나 슬플 때는 어떻게 해요?" 내가 물었다.

"틴더." 그는 당연하다는 투로 말한다.

"그리고 섹스?"

그는 미소로 대답을 대신한다. '당연하지.'

"그리고 그 남자들은 다시 안 봐요?"

"대체로."

"그러면 기분이 나아져요?"

"물론."

"그러니까 또 외롭거나 슬퍼져서 앱을 다시 켜고 기분 전환을 할 때까지?"

"맞아요." 그는 가위를 내려놓고 드라이어를 든다. "어쨌거나, 기분 전환을 위해 매주 심리 치료를 받으러 오는 사람들하고 그게 뭐 다른 가?"

달랐다. 너무나 많은 점에서 달랐다. 일단, 심리 치료는 단순히 한 주에 한 번씩 기분 전환을 하는 차원이 아니다. 언젠가 한 저널리스트는 적절한 인터뷰가 사람의 머리를 잘라주는 것과 비슷하다고 했다. 가위를 손에 들기 전까지는 쉬워 보인다는 뜻이었다. 아직 배워가는 중이었지만 심리 치료도 마찬가지였다. 하지만 그를 전도할 마음은 없었다. 심리 치료가 모든 사람에게 다 맞는 것도 아니었다.

"맞아요." 나는 코리에게 말했다. "그냥 놔두는 데에도 여러 가지 방법이 있죠."

그가 드라이어를 켰다. "심리 치료를 받고 싶은 사람은 그렇게 하고," 그러고는 고갯짓으로 자신의 핸드폰을 가리켰다. "나는 내 방식 대로 하고."

35. 양자택일 게임

　줄리는 신체 부위를 나열하며 뭘 간직하고 뭘 포기할지를 따지는 중이다.

　"대장? 자궁?" 눈썹을 치켜올린 표정이 농담이라도 하는 투다. "그리고 이건 정말 말이 안 돼. 질. 요컨대 선택의 문제인 거지. 똥을 쌀지, 아기를 가질지, 아니면 섹스를 할지."

　목에 뭔가 걸린 것처럼 불편하다. 줄리는 몇 달 전 트레이더 조스에서의 모습, 심지어 의사로부터 연명을 위해 더 많은 부위를 떼어낼 필요가 있다는 얘기를 들은 몇 주 전과도 달라 보인다. 첫 번째 암 치료, 재발, 집행 유예로 끝난 사형 선고, 그리고 희망을 품었던 임신까지 그녀는 꿋꿋하게 잘 버텨왔다. 하지만 운명의 장난은 너무 심했고 우주의 농담에 웃어주는 일도 이제 지쳤다. 얼굴은 까칠해 보이고 주름이 졌으며 눈에는 핏발이 섰다. 요즘 우리는 함께 울기도 하고, 헤어질 때는 그녀가 나를 포옹해 준다.

트레이더 조스의 동료 중에는 그녀가 아프다는 걸 아는 사람이 아무도 없고, 그녀는 할 수 있으면 끝까지 그렇게 하고 싶다. 암 환자가 아닌 평범한 사람으로 비치길 원한다. 그건 심리 치료사들이 환자를 대하는 태도와 비슷한데, 우리는 문제를 알기 전에 그 사람을 먼저 알고 싶어 한다.

"어려서 파자마 파티에서 하던 '양자택일' 게임과 비슷해요." 그녀는 오늘 이렇게 말한다. "비행기 사고로 죽는 것과 화재로 죽는 것 중에 어느 쪽을 택할래? 장님과 귀머거리 중에 어느 쪽을 택할래? 평생 악취를 풍기는 쪽과 평생 남의 악취를 맡는 쪽 중에 뭘 택할래? 한 번은 내가 어느 쪽도 안 택하겠다고 했더니 다들 이렇게 말했어요. '안 돼, 하나를 택해야 해.' 그래서 내가 말했죠. 어느 쪽도 '아닌 것'을 택하겠다니까! 그랬더니 다들 빵 터졌는데, 두 가지 대안이 다 형편없다면 어느 쪽도 '아닌 것'을 택하는 게 방법일 수 있다는 걸 알게 된 거예요."

그래서 고등학교 졸업 앨범에도 그녀의 이름 밑에는 이렇게 적혔다. '나는 어느 쪽도 아닌 걸로 할래.'

어른이 되어서도 그녀는 이런 논리를 삶에 적용했다. 장학금은 적지만 유명한 대학원과 전액 장학금이 지원되지만 흥미는 훨씬 떨어지는 곳 중에 어디를 갈래? 사람들마다 의견이 달랐다. 하지만 모두의 조언에도 불구하고 그녀는 어느 쪽도 안 택했다. 그리고 그건 잘한 결정이었다. 얼마 안 가 동생과 같은 도시에 있는 대학원에 더 좋은 조건으로 진학할 수 있었고, 거기서 지금의 남편을 만났다.

하지만 병을 앓은 후에는 안 택하는 전략을 고수하기가 힘들어졌다. 가슴을 포기하고 사는 쪽과 가슴을 놔두고 죽는 쪽, 어느 쪽을 택할래? 그녀는 사는 쪽을 택했다. 비슷한 결정들이 많았고, 답은 어려우면서도 명백했으며, 그때마다 줄리는 당당하게 상황을 받아들였다. 하지만 이번의 양자택일 게임, 몸의 부위를 놓고 벌이는 룰렛에서는 뭘 선택할지 알 수 없었다. 게다가 최근에 겪은 유산의 충격에서도 아직 벗어나지 못한 상태였다.

그녀의 임신은 8주에 그쳤는데, 공교롭게도 같은 시기에 여동생 니키도 둘째를 가졌다. 첫 3개월을 넘긴 후에 소식을 공개하고 싶었던 자매는 서로의 비밀을 지켜주며 온라인에 공동 캘린더를 개설하고 진행 상황을 표시하며 즐거워했다. 줄리는 아들일 거라는 생각에 태명도 훈남이라는 뜻의 BB라고 짓고 글자 색도 파란색을 골랐다. 니키는 아이의 방을 노란색으로 칠할 예정이라 노란색을 선택했다(태명: 베이비 Y). 첫째 때처럼 성별은 모른 채로 남겨 두었다.

그런데 8주를 채웠을 때 줄리가 하혈을 했다. 여동생이 막 6주에 돌입했을 무렵이었다. 줄리가 응급실에 가고 있는데 니키의 문자가 도착했다. 초음파 사진 밑에 이런 글이 달려 있었다. '안녕, 나 심장이 뛰어! 우리 사촌 BB는 어떻게 지내? 키스와 포옹을 보내며, 베이비 Y.'

베이비 Y의 사촌은 상태가 썩 좋지 않았다. 베이비 Y의 사촌은 생존하지 못했다.

'그래도 최소한 이제 나는 암은 아니야.' 줄리는 어느새 너무 익숙해진 병원을 나서며 생각했다. 이번에 병원을 찾은 이유는 비슷한 또래의 '평범한' 문제였다. 임신 초기에는 유산이 되는 경우가 많다고, 산부인과 의사는 설명했다. 워낙 많은 일들을 겪은 몸이기도 했다.

"살다보면 일어날 수 있는 일이에요." 의사는 이렇게 말했다.

평생을 이성적인 설명 속에서 살아온 줄리는 태어나서 처음으로 이런 대답에 만족했다. 어쨌거나 의사들이 이유를 댈 때마다 그 이유란 것들은 번번이 참담했다. 운명, 불운, 확률. 어느 것도 우울한 마음을 달래주는 것 같지 않았다. 이젠 컴퓨터가 고장나거나 부엌의 수도관이 터져도 그녀는 이렇게 말하곤 한다. '살다보면 일어날 수 있는 일이야.'

그렇게 말하고 나면 미소가 지어졌다. 어느 쪽으로도 쓸 수 있는 말이라고 그녀는 생각했다. 좋은 일이 일어나도 그 이유를 설명할 수 없는 경우가 얼마나 많은가? 트레이더스 조스에서 일하다보면 주차장에 앉아 있던 노숙인 여자를 데려와서 이렇게 말하는 사람들이 가끔 있었다. "저기 저 여자 보이죠? 저 사람한테 먹을 걸 좀 사라고 했어요. 저 사람이 계산대에 오면 날 불러줘요. 내가 돈을 낼 테니까." 나중에 매트에게 이 얘기를 할 때에도 줄리는 고개를 흔들며 말했다. '살다보면 일어날 수 있는 일이야.'

그리고 실제로 줄리는 다시 임신을 했다. 베이비 Y에게 이번에는 사촌 동생이 생겼다. '살다보면 일어날 수 있는 일이야.'

징크스를 피할 요량으로 이번엔 태명을 짓지 않았다. 노래를 불러주고 말도 걸었지만, 아무도 볼 수 없는 다이아몬드처럼 비밀로 간직했다. 이 비밀을 그녀와 공유한 건 줄리의 남편과 여동생, 그리고 나뿐이었다. 심지어 엄마에게도 알리지 않았다. "엄마는 좋은 소식을 혼자 간직하지 못하는 성격이라서." 줄리는 이렇게 말하며 웃었다. 그래서 그녀가 내게 진행 과정을 전했다. 첫 심장 박동 초음파를 확인하던 날 매트가 하트 모양의 풍선을 들고 왔더라는 얘기를 했고, 그 다음 주에 다시 유산을 하고 검사 결과 유섬유종으로 인해 자궁이 '태아를 담지 못하는' 상태가 됐다는 사실을 알았을 때에도 내게 전화를 걸어 알렸다. 유섬유종을 제거해야 했지만 이번에도 반가운 문제였는데, 워낙 흔하고 또 바로잡을 수 있는 문제였기 때문이었다.

"그래도 최소한 암은 아니에요." 줄리와 매트에게 이 말은 또 다른 후렴구가 되었다. 무슨 일이 벌어져도, 사람들이 불평을 늘어놓는 일상의 크고 작은 골칫거리들 앞에서, 최소한 줄리는 암은 아니었기 때문에, 문제가 되지 않았다. 간단한 수술로 유섬유종만 제거하면 되었고, 그 다음에는 다시 임신을 시도해볼 수 있었다.

"또 수술을 해야 해?" 매트는 말했다.

그는 줄리의 몸이 더 이상의 시도를 감당할 수 있을지 걱정이었다. 입양을 하거나 대리모를 구해서 냉동 보관한 배아를 착상하게 하는 방법을 고려해야 하지 않겠냐고 그는 제안했다. 매트도 줄리만큼이나 위험을 회피하는 성향이었고, 이건 처음 만났을 때부터 두 사람의 공통점이었다. 유산을 여러 번 한 만큼 그게 더 안전한 방법이 아니었을까? 게다가 대리모를 선택할 경우 염두에 둔 적당한 사람도 있었다.

최근의 유산으로 응급실에 가던 줄리는 트레이더 조스에서 함께 일하는 엠마에게 대신 일을 맡아줄 수 있는지 물어보려고 전화를 걸었다. 줄리는 몰랐지만 엠마는 대학 등록금을 마련하기 위해 얼마 전에 대리모 협회에 등록을 한 터였다. 스물아홉 살이고 결혼해서 아이가 있는 엠마는 학사 학위를 취득하고 싶었는데, 학업의 꿈을 실현해줄 방법이 어떤 가정에게는 희망을 될 수 있다는 생각이 좋았다. 줄리가 자궁 문제를 털어놓자 엠마는 그 자리에서 자기가 해주겠다고 제안했다. 벌써 몇 달째 나란히 서서 일해왔고, 엠마가 공부를 계속하도록 격려하며 입학 신청서 작성도 도왔지만, 줄리는 엠마가 자기 아이를 임신하게 될 줄은 꿈에도 생각하지 못했다. 지금까지 줄리는 줄곧 '왜?'를 따져 물었지만 이번에는 달랐다. '왜 안 돼?'

그래서 줄리와 매트는 결혼했을 때부터 수없이 그랬던 것처럼 이번에도 새로운 계획을 세웠다. 유섬유종을 제거하고 임신을 시도해본다. 그 방법이 통하지 않으면 엠마에게 대리모를 부탁한다. 그리고 그 방법도 통하지 않으면 입양을 통해 부모의 꿈을 이룬다.

"그래도 최소한 암은 아니에요." 아기와 관련된 계획의 차질과 새로운 시도에 대한 설명을 마쳤을 때도 줄리는 이렇게 말했었다. 그런데 유섬유종 제거 수술을 준비하던 중에 유섬유종만이 문제가 아니라는 사실이 드러났다. 암이 돌아왔고, 확산되는 중이었다. 손쓸 방법이 없었다. 기적의 신약도 더는 없었다. 그녀가 원한다면 연명 기간을 최대한 늘이기 위해 모든 노력을 기울이겠지만, 그 과정에서 많은 걸 포기해야 할 거라고 병원에서는 말했다.

그래서 그녀는 뭘 간직하고 뭘 포기할지, 그리고 언제까지 그렇게 살지를 결정해야 했다.

처음 이 얘기를 들었을 때 진료실의 플라스틱 의자에 나란히 앉아 있던 줄리와 매트는 웃음을 터뜨렸다. 진지한 산부인과 의사 앞에서 그들은 웃었고, 다음 날에는 엄숙한 종양학과 의사 앞에서 웃었다. 그렇게 일주일이 지나기 전에 소화기 내과 의사와 비뇨기과 의사, 그리고 자문을 구하기 위해 찾은 두 명의 외과 의사 앞에서도 그들은 웃음을 터트렸다.

심지어 의사를 만나기 전에도 그들은 키득거렸다. "오늘은 좀 어떠세요?" 진료실로 안내하면서 간호사들이 의례적으로 묻는 인사말에도 줄리는 천연덕스럽게 대답했다. "글쎄요, 나는 죽어가고 있는데, 안녕하시죠?" 간호사들은 뭐라고 대꾸할 말을 찾지 못했다.

그녀와 매트에게는 이것도 우습기 짝이 없었다.

의사들이 암세포가 가장 공격적으로 자라는 부위를 제거할 가능성을 제시했을 때에도 그들은 웃었다.

"우리한테는 이제 자궁이 필요 없어요." 진료실에 줄리와 함께 앉아 있던 매트가 대수롭지 않다는 듯이 말했다. "개인적으로는 질을 놔두고 대장을 제거하는 쪽에 한 표를 던지고 싶지만, 대장과 질은 아내에게 맡기도록 하죠."

"대장과 질은 아내에게 맡기도록 한대!" 줄리는 폭소했다. "제 남편 너무 다정하지 않아요?"

또 다른 의사 앞에서 줄리는 이렇게 말했다. "모르겠어요, 선생님. 대장을 제거하고 똥 주머니를 몸에 차게 된다면 질을 유지하는 게 무슨 의미가 있나요? 그래서야 성욕을 자극할 수 없잖아요." 이때도 매트와 줄리는 웃었다.

의사는 다른 조직으로 질을 만들 수 있다고 설명했고, 줄리는 다시

한 번 웃음을 터뜨렸다. "맞춤 질이네!" 그녀가 매트에게 말했다. "어떻게 생각해?"

그들은 웃고, 웃고, 또 웃었다.

그러다가 울었다. 그들은 신나게 웃었던 만큼 펑펑 울었다.

줄리가 이 얘기를 했을 때 나는 앞으로 10년 동안 아이와 같은 지붕 밑에서 살고 싶지 않다던 남자친구의 말을 듣고 웃음을 터뜨렸던 기억이 났다. 사랑하는 어머니가 돌아가셨을 때 신경질적으로 웃었다는 환자, 아내가 다발경화증이라는 사실을 알고 웃음이 났다는 또 다른 환자도 떠올랐다. 그리고 그 환자들처럼, 지난 몇 주 동안 줄리가 그랬던 것처럼 상담 시간 내내 웬델 앞에서 울었던 기억도 났다.

그건 슬픔이었다. 웃다가 운다. 그게 반복된다.

"질을 놔두고 대장을 버리는 쪽으로 기울고 있어요." 줄리는 오늘 어깨를 들썩이며 이렇게 말하는데, 마치 일상적인 대화를 나누는 투다. "아니, 얼마 전에 가짜 가슴을 달았는데 거기에 가짜 질까지 달게 된다면 나랑 바비 인형이 다를 게 없어지잖아요."

그녀는 얼마나 떼어내야 더 이상 자기 자신이 아니게 될지 궁금해했다. 살아 있다고 한들, 삶을 이루는 건 뭘까? 연로한 부모님에 대해서는 이렇게 말하는 사람들이 거의 없다. 부모를 두고 양자택일 게임을 하지는 않는다. 뿐만 아니라 직접 경험하기 전까지는 머릿속의 놀이일 뿐이다. 어디가 우리의 마지노선일까? 운동 능력을 상실할 때? 사고 능력을 상실할 때? 운동 능력은 어디까지? 인지 능력은 얼마나? 실제로 그런 상황에 닥쳐도 그건 여전히 마지노선일까?

줄리는 음식을 더 이상 먹지 못하거나, 암이 뇌로 전이되어 조리 있는 생각을 못하게 된다면 차라리 죽겠다는 입장이었다. 전에는 배에 구멍을 뚫어 배변을 해야 한다면 차라리 죽겠다고 했었지만, 지금은 인공 항문 주머니를 걱정할 뿐이다.

"매트가 보기에 역겹겠죠?"

의대 시절에 처음 인공 항문 주머니를 봤는데, 전혀 아무렇지 않아서 오히려 놀라웠다. 꽃과 나비, 평화를 상징하는 문양, 하트와 보석 등으로 치장한 예쁜 주머니도 판다. 어떤 속옷 디자이너는 그 주머니에 '빅토리아의 또 다른 시크릿'이라는 이름을 붙이기도 했다.

"물어봤어요?" 내가 말한다.

"네, 하지만 행여 내 감정을 상하게 할까봐 걱정해요. 나는 알고 싶은데. 그가 이걸 역겨워할까요?"

"역겨워할 거라고 생각하지 않아요." 나 역시 그녀의 감정을 상하게 할까봐 조심하고 있다는 걸 깨닫는다. "하지만 익숙해지는 데에는 시간이 걸릴 수 있겠죠."

"그는 많은 것에 익숙해져야 했어요." 그녀가 말한다.

그러면서 며칠 전 밤에 다툰 얘기를 들려준다. 매트는 텔레비전을 보고 있었는데 줄리는 얘기를 하고 싶었다. 매트는 건성으로 대답을 하며 듣는 시늉을 했고, 줄리는 발끈했다. '내가 인터넷에서 뭘 찾았는지 좀 봐. 의사한테 물어볼 수 있을 것 같단 말이야.' 그녀의 말에 매트가 대답했다. '오늘 밤 말고 내일 볼게.' 줄리는 고집을 부렸다. '하지만 이건 중요하고 우리한테는 시간이 많지 않아.' 그랬더니 매트는 지금까지 한 번도 본 적이 없는 화난 표정을 지었다.

"하룻밤만 암에서 자유로우면 안 돼?" 매트가 소리를 질렀다. 늘 다정하고 힘이 되어주던 그의 그런 모습은 처음이었고, 깜짝 놀란 줄리가 되받아쳤다. "나는 하룻밤도 못 자유로워! 암에서 하룻밤만 자유로워질 수 있다면 나는 못할 게 없는 사람이야!" 그녀는 방에 들어가서 문을 닫아버렸고, 금방 따라 들어온 매트는 소리를 질러서 미안하다고 사과했다. "스트레스를 받았나 봐." 그가 말했다. "이 상황이 나에겐 엄청난 스트레스야. 하지만 자기가 겪는 것만큼은 아니겠지. 그래서 미안해. 내가 무신경했어. 인터넷에서 찾았다는 것 좀 보여줘." 하지만 그의 말이 그녀의 마음을 뒤흔들었다. 그녀는 자신의 삶의 질만 달라진 게 아니라는 걸 알았다. 매트의 삶에도 변화가 일어나고 있었다. 그런데 미처 거기까지는 신경을 쓰지 못했다.

"인터넷에서 찾은 것에 대해서는 얘기하지 않았어요." 줄리가 말한다. "너무 이기적이라는 느낌이 들었거든요. 그는 암에서 하룻밤 정도는 자유로울 수 있어야 해요. 이러려고 나랑 결혼한 게 아니니까."

나는 그녀를 쳐다본다.

"뭐, 물론, 혼인 서약에는 '아플 때나 건강할 때나' 그리고 '기쁠 때나 슬플 때나'라는 말이 나오지만 그건 앱을 다운받거나 신용 카드를 발급받으면서 아무 생각 없이 하는 동의 같은 거예요. 그게 자신한테 해당될 거라고는 생각하지 않죠. 설사 생각을 하더라도 신혼여행 직후에, 결혼 생활을 즐길 틈도 없이 그런 상황에 처하리라고는 예상하지 않아요."

줄리가 자신의 암이 매트에게 미치는 영향에 대해 생각한다는 게 반갑다. 매트에게도 이 상황이 쉽지 않을 거라고 말할 때마다 줄리는 화제를 바꾸며 얘기하길 피했었다.

줄리는 고개를 젓곤 했다. "네, 그는 대단해요. 너무나 듬직하고, 늘 내 옆을 지켜주죠. 그건 그렇고……."

매트가 느끼는 고통의 깊이를 줄리가 인식했더라도 아직 그걸 직시할 마음의 준비가 되어 있지 않았던 것이다. 그런데 매트가 폭발하면서 뭔가를 건드렸고, 줄리는 팽팽한 압박감을 인정하지 않을 수 없었다. 이 안타까운 여행을 둘이 함께하고 있지만, 그러면서도 두 사람이 별개의 존재라는 사실을.

줄리는 이제 엉엉 울고 있다. "그는 계속해서 자신이 한 말을 취소하고 싶어 했지만 이미 엎질러진 그 말은 우리 사이에 가로놓여 있어요. 그가 왜 하룻밤쯤 암에서 자유롭고 싶어 하는지 이해해요." 그녀는 잠시 말을 쉬었다. "아마 내가 이미 죽었기를 바랄 거예요."

'아마 가끔은 그럴 거야.' 이런 생각이 순간적으로 내 머리를 스쳐간다. 서로가 바라는 것과 필요한 것을 주고받으며 조율하는 것만으로도 결혼 생활은 충분히 힘든데, 이들의 경우에는 저울이 한쪽으로 기울어져서 불균형이 심각하다. 하지만 그보다 훨씬 복잡하리라는 것도 나는 알고 있다. 매트는 시간의 덫에 걸린 느낌일 것이다. 젊은 나이에 신혼이고, 평범하게 살면서 가정을 꾸리고 싶을 텐데 줄리와 함께 할 수 있는 시간이 제한적이라는 사실을 그는 알고 있다. 홀아비가 될 테고, 30대가 아닌 40대에야 아버지가 될 자신의 미래를 상상할 것이다. 아마도 이런 생활이 5년 더 지속되기를 바라지는 않을 것이다. 인생의 황금기인 5년을 병원에서 몸의 부분부분이 떨어져나가는 젊은 아내를 보살피며 보내고 싶지는 않을 것이다. 그와 동시에 이런 경험으로 인해 그는 속속들이 바뀌었을 게 틀림없다. 30년을 해로한 아내를 먼저 보낸 어떤 남자의 말처럼, 어떤 면에서는 '완전히 달라졌고 역설적으로 살아 있는' 느낌일 것이다. 그 남자처럼 매트도 시간을 되돌려서 다른 사람과 결혼하는 쪽을 선택하지는 않을 거라고 나는 확신한다. 하지만 매트의 나이는 인생에서 전진하는 시기이다. 30대는 미래의 토대를 구축하는 시기다. 그런데 또래들의 흐름에서 벗어나 독자적으로, 그것도 슬픔의 시간을 보내야 하는 그는 철저하게 혼자인 느낌일 것이다.

이런 것들을 속속들이 아는 게 줄리에게 도움이 될 거라고는 생각하지 않지만, 그 과정 속에서도 매트에게 인간적인 면모를 더 드러낼 여지가 주어진다면 그들이 함께하는 시간이 더 풍성해질 거라고 나는 믿는다. 그리고 남은 시간 동안 서로를 더 깊이 경험할 수 있다면, 그녀가 떠난 뒤에도 줄리는 매트의 마음속에서 더 충만하게 기억될 것이다.

"하룻밤쯤 암으로부터 자유롭고 싶다는 매트의 말이 무슨 뜻이라고 생각해요?" 내가 묻는다.

줄리는 한숨을 쉰다. "온갖 병원 예약, 몇 번의 유산, 나도 하룻밤쯤 자유롭고 싶은 그 모든 것들. 그는 자신의 연구 상황에 대해, 동네에 새로 생긴 타코집에 대해 얘기하고 싶어 해요. 우리 또래의 사람들이 얘기하는 평범한 것들. 그런데 내가 이런 상황을 겪는 동안 우리는 온통 내가 살 수 있을 방법에 대해서만 신경을 썼죠. 하지만 이제 그는 심지어 1년 후의 계획도 나와 함께 세울 수 없는데 나가서 다른 사람을 만날 수도 없죠. 그가 앞으로 전진할 방법은 내가 죽는 것뿐이에요."

나는 그녀가 의미하는 바를 이해한다. 그들의 시련 밑에는 근본적인 진실이 도사리고 있다. 매트의 삶은 아무리 변했더라도 결국에는 일정 부분 평범함을 회복할 것이다. 그리고 내가 짐작하기에, 줄리는 그것 때문에 약이 오르는 것 같다. 매트에게 화가 나는지, 질투가 나는지 물어본다.

"네." 그녀는 부끄러운 비밀을 털어놓는 것처럼 낮게 속삭인다. 나는 충분히 그럴 수 있다고 말한다. 그가 계속 살아갈 거라는 사실을 어떻게 부러워하지 않을 수 있겠냐고.

줄리가 고개를 끄덕인다. "그에게 이런 상황을 안겨줘서 죄책감이 들고, 그에게는 미래가 있다는 사실에 질투가 나요." 그녀는 등 뒤의 쿠션을 조정하며 말한다. "그러다 질투를 한다는 것 때문에 또 죄책감을 느껴요."

일상적인 상황에서도 배우자에게 질투를 느끼는 게 얼마나 흔하고, 그런 얘기를 하는 게 얼마나 금기시되는지를 생각한다. '서로의 행운에는 기뻐해야 마땅하잖아? 그런 게 사랑 아니야?'

어떤 커플의 경우, 아내가 꿈에 그리던 직장에 들어간 날 남편은 해고를 당하는 바람에 밤마다 말할 수 없이 어색한 기운이 저녁 식탁을 짓눌렀다. 아내는 어떻게 해야 본의 아니게 남편에게 상처를 주지 않으면서 직장에서 있었던 얘기를 할 수 있을까? 남편은 어떻게 해야 아내의 기분에 찬물을 끼얹지 않으면서 질투를 다스릴 수 있을까? 자신은 간절히 원했지만 얻지 못했던 것을 파트너가 성취했을 때 얼마만큼 기품 있게 행동하길 기대하는 게 합리적인 수준일까?

"어제는 매트가 체육관에 갔다 왔어요." 줄리가 말한다. "운동을 잘

했다고 하기에 멋지다고 말해주면서도 너무 슬펐는데, 예전에는 체육관에 함께 다녔었거든요. 매트는 만나는 사람마다 내가 마라톤을 해서 체력이 더 강하다고 말하곤 했죠. '아내는 슈퍼스타예요, 나는 딸랑이고!' 그래서 체육관에서 사귄 사람들은 우리를 다 그렇게 불렀어요.

아무튼 전에는 체육관에서 돌아온 날 섹스를 많이 했고, 어제도 매트가 집에 돌아왔을 때 은근히 다가와서 키스를 하기에 나도 호응을 하면서 섹스를 하기 시작했는데 도중에 전에 없이 숨이 차는 거예요. 하지만 티를 내지 않았고, 매트가 일어나서 샤워를 하러 가는데 그의 근육을 보자니 이런 생각이 들더라고요. 체력이 더 강한 건 나였는데. 그때 내가 죽어가는 걸 지켜보는 사람은 매트만이 아니라는 걸 깨달았어요. 나도 마찬가지예요. 나도 내가 죽어가는 걸 지켜보고 있어요. 그리고 앞으로 살날이 많은 모든 사람에게 너무나 화가 나요. 우리 부모님이 나보다 오래 사실 거예요! 어쩌면 할아버지 할머니도 그럴지 몰라요! 여동생은 둘째 아이를 가졌어요. 그런데 나는?"

그녀가 물병을 집어 든다. 1차 암 치료를 받을 때 의사들은 물을 마시면 독소가 배출된다고 말했고, 그래서 줄리는 1.8리터짜리 병을 가지고 다니기 시작했다. 이제는 소용없지만 어느새 습관이 되었다. 어쩌면 기도이거나.

"아직 남아 있는 것들을 알아차리기란 쉽지 않죠." 내가 말한다. "그리고 자기 자신의 삶을 애도하면서 그런 마음을 갖기란 어려워요."

우리는 잠시 말없이 앉아 있다. 마침내 그녀가 눈가를 닦고 입술에 미소를 한 조각 머금는다. "좋은 생각이 있어요."

나는 기대에 찬 표정으로 그녀를 바라본다.

"너무 터무니없다 싶으면 얘기해줘요."

나는 고개를 끄덕인다.

"그냥 생각해본 건데," 그녀가 얘기를 시작한다. "세상 사람들을 전부 부러워하면서 시간을 보내는 대신, 사랑하는 사람들이 앞으로 전진할 수 있게 돕는 걸 남은 시간의 목표로 삼을 수 있지 않을까 싶어서요."

그녀는 신이 나서 자세를 고쳐 앉는다. "매트와 나를 보세요. 우리는 함께 늙어갈 수 없어요. 함께 중년을 맞을 수도 없어요. 매트에겐 내가 죽어도 결혼 생활이 끝났다는 느낌보다 그냥 헤어진 것 같은 기분이 들지 않을까 싶기도 해요. 암 환자 모임에서 남편을 두고 떠나는 얘기를 하는 여자들은 대부분 60대나 70대이고, 40대인 한 여자도 15년 동안 결혼 생활을 했고 아이도 둘이나 있어요. 나는 전 여자친구가 아니라 아내로 기억되고 싶어요. 전 여자친구가 아닌 아내처럼 행동하고 싶어요. 그래서 생각해봤죠. 아내라면 어떻게 할까? 모임에 나오는 아내들이 남편에게 뭘 남기고 가겠다고 얘기하는지 알아요?"

나는 고개를 젓는다.

"다들 남편이 잘 지냈으면 좋겠다고 얘기해요." 그녀는 말한다. "그의 미래에 질투를 느끼지만 나도 매트가 잘 지내기를 원해요." 줄리는 이쯤 얘기했으면 알아들었을 거라는 표정으로 나를 쳐다보지만 나는 감을 잡지 못한다.

"어떻게 해야 그가 잘 지낼 거라는 느낌이 들까요?" 내가 묻는다.

그녀가 씩 웃으며 나를 쳐다본다. "생각하면 속이 울렁거리지만, 새 아내를 찾을 수 있게 도와주고 싶어요."

"다시 사랑을 해도 괜찮다는 걸 알려주고 싶군요." 내가 말한다. "조금도 터무니없지 않은데요." 죽음을 앞둔 사람이 남은 배우자에게 이런 축복의 말을 해주는 경우는 많이 있다. 가슴 속에 한 사람을 품고 또 다른 사람을 사랑해도 괜찮다고, 우리의 가슴은 두 사람을 사랑할 수 있을 만큼 품이 넓다고.

"그게 아니에요." 줄리는 고개를 젓는다. "축복의 말을 해주고 싶은 게 아니라 실제로 아내를 찾아주고 싶은 거예요. 그 선물을 내 유산으로 남기고 싶다고요."

줄리가 트레이더 조스에서 일하겠다고 했을 때처럼 나는 움찔한다. 이미 힘든 상황에 일종의 고문을 가하는 것처럼 가학적으로 느껴진다. 줄리도 이걸 보고 싶지 않을 거라는, 이걸 참을 수 없을 거라는 생각이 든다. 매트의 새 부인은 그의 아이들을 낳을 것이다. 그와 함께 하이킹을 즐기고 산에 오를 것이다. 그의 품에 안겨 함께 웃고, 한때 줄리가 그랬던 것처럼 열정적인 섹스를 나눌 것이다. 물론 사랑에서 우러나온 이타적인 행동이지만, 줄리도 사람이다. 그리고 매트도 마찬가지다.

"왜 그가 이런 선물을 원할 거라고 생각해요?" 내가 묻는다.

"미친 짓이라는 거, 알아요." 줄리가 말한다. "하지만 우리 암 환자 모임에 친구가 이렇게 했다는 사람이 있어요. 그녀는 살날이 얼마 남지 않았었는데, 절친한 친구의 남편도 같은 처지였대요. 그녀는 자신의 남편이나 절친한 친구가 혼자 남는 걸 원치 않았고, 둘이 얼마나 잘 맞는지도 알고 있었죠. 그들은 수십 년째 좋은 친구로 지내왔으니까요. 그래서 죽어가는 그녀가 남긴 소원은 두 사람이 장례식 후에 데이트를 하라는 것이었어요. 한 번의 데이트. 그래서 두 사람은 그렇게 했죠. 그리고 지금은 약혼을 했대요." 줄리는 또 다시 엉엉 울고 있다. "미안해요." 그녀가 말한다. 여자 환자들은 거의 대부분 감정을 드러낼 때, 특히 눈물을 보일 경우 사과를 한다. 나도 웬델에게 사과를 했던 게 기억난다. 어쩌면 남자들은 눈물을 참음으로써 선제적으로 사과를 하는 건지도 모른다.

"그러니까 미안한 게 아니라, 그냥 슬퍼요." 줄리가 이렇게 말하는 건 우리가 이런 얘기를 나눈 적이 있었기 때문이다.

"매트가 많이 그리울 거예요." 내가 말한다.

"그럴 거예요." 그녀의 목소리가 꺽꺽거린다. "그의 모든 것이요. 라떼나 책의 한 구절처럼 작은 것들에 흥분하던 모습, 내게 해주던 키스, 너무 일찍 일어날 때면 눈을 뜨는 데 10분이나 걸리던 것도. 침대에서 내 발을 따뜻하게 해주던 것, 내가 얘기하는 모든 걸 귀로 듣는 동시에 눈으로도 빨아들이겠다는 듯이 쳐다보던 그 눈길." 줄리는 잠시 말을 멈추고 가쁜 숨을 고른다. "그런데 그중에서도 제일 그리울 게 뭔지 알아요? 그의 얼굴이에요. 그의 아름다운 얼굴이 너무 보고 싶을 거예요. 내가 세상에서 제일 좋아하는 그 얼굴."

줄리는 소리가 막혀서 나오지 않을 정도로 슬프게 운다. 매트가 여기 함께 있었으면 좋았겠다는 생각이 든다.

"그에게 말해봤어요?" 내가 묻는다.

"항상 해요." 줄리가 말한다. "그가 내 손을 잡을 때마다 나는 말해요. '당신의 손이 그리울 거야.' 그가 집에서 휘파람을 불어도, 그는 휘파람을 참 잘 불거든요, 그 소리가 그리울 거라고 말해요. 그러면 그는 늘 이렇게 얘기하곤 했어요. '줄리, 당신 아직 여기 있잖아. 내 손을 잡을 수 있고 내가 부는 휘파람 소리도 들을 수 있고.' 그런데 이 제는……." 여기서 줄리의 목소리가 또 갈라진다. "이제는 이렇게 말해요. '나도 당신이 그만큼 그리울 거야.' 이번에는 내가 정말 죽을 거라는 사실을 받아들이기 시작한 것 같아요."

줄리가 입술을 훔친다.

"그런데 이거 알아요?" 그녀가 말을 잇는다. "나는 나도 그리울 거예요. 살면서 줄곧 바뀌길 원했던 그 모든 불안감? 이제야말로 나 자신을 정말 좋아하게 되었는데. 나는 내가 좋거든요. 매트가 그립고, 가족과 친구들이 그립겠지만, 나는 나도 그리울 거예요."

그녀는 아프기 전에 그 가치를 충분히 깨닫지 못해서 아쉬운 것들을 나열한다. 충분히 크지 않다고 생각했던 가슴. 마라톤을 뛸 수 있게 해줬지만 가끔은 너무 굵다고 생각했던 강인한 다리. 지루하다는 소리를 들을까봐 늘 걱정이었던 조용히 경청하는 자세. 5학년 때 어떤 남자애가 '꽥꽥거린다'고 놀렸던 말이 가슴에 박혀 있었지만, 사람들로 꽉 찬 방에서 매트가 곧장 다가와 인사를 건네게 만들었던 독특한 웃음소리도 그리울 것이다.

"그리고 빌어먹을 대장도." 그녀는 이렇게 말하면서 웃음을 터트렸다. "전에는 이게 고마운 줄 몰랐어요. 화장실에 앉아서 똥 싸는 것도 그리울 거예요. 내가 똥 싸는 걸 그리워할 거라고 누가 생각했겠어요?" 그리고 다시 눈물을 흘렸는데, 이번에는 화가 나서 흘리는 눈물이었다.

사라지기 전까지 당연시했던 것들은 하루하루 늘어났다. 어떤 커플은 심지어 결혼 생활이 파탄에 이르고서야 서로를 당연시해왔다는 걸 깨달았다. 생리하는 걸 지겨워하다가 완경이 되면 그걸 아쉬워하는 여자들도 많다. 똥 싸는 게 그리울 거라는 줄리처럼 그들은 피 흘리던 걸 그리워했다.

그러더니 줄리는 거의 속삭이는 목소리로 이렇게 덧붙였다. "나는 삶이 그리울 거예요."

"씨발, 씨발, 씨발, 씨발, 씨발!" 조용히 시작하지만 점점 커지면서 나중에는 본인 목소리에 본인이 놀란다. 그녀는 민망한 표정으로 나를 쳐다본다. "미안해요, 이럴 생각은 아니었는데."

"괜찮아요." 내가 말한다. "나도 동감이에요. 정말 씨발이죠."

줄리가 소리 내어 웃는다. "내가 이젠 심리 치료사한테 씨발이란 말을 하게 만들었네요! 이런 식으로 욕을 해본 적은 한 번도 없어요. 내 부고에 '그녀는 뱃사람처럼 욕을 했다'고 적히는 건 원치 않아요."

그렇다면 부고에 어떤 내용이 담기길 원하는지 궁금하다. 하지만 그건 다음에 물어보기로 한다.

"아유, 무슨 상관이에요. 기분 좋은데. 우리 한 번 더 해요." 줄리가 말한다. "같이 할래요? 아직 1분 남았죠?"

처음에는 무슨 소린지 못 알아듣는다. 그녀가 다시 한 번 장난스러운 표정을 짓고, 그제야 나는 알아차린다.

줄리가 고개를 끄덕인다. 규칙을 준수하는 모범 시민이 나한테 함께 욕을 하자고 청하고 있다. 얼마 전에 자문 그룹에서 안드레아는 환자들을 위해 희망을 품어야 하지만 옳은 것을 희망해야 한다고 말했다. 줄리가 오래 사는 걸 더 이상 희망할 수 없다면 다른 희망을 품어야 한다는 뜻이다. "그녀가 바라는 방식으로는 도와줄 수가 없어." 그때 나는 이렇게 답했다. 하지만 최소한 오늘만큼은 그럴 수 있겠다는 생각이 든다.

"좋아요," 내가 말한다. "준비됐어요?"

우리는 함께 목청껏 외친다. "씨발, 씨발, 씨발, 씨발, 씨발, 씨발, 씨발!" 그러고는 유쾌한 기분으로 숨을 고른다.

나는 그녀를 문까지 배웅하고, 그녀는 언제나처럼 포옹으로 작별인사를 한다.

다른 방에서도 상담을 마친 환자들이 나올 시간이다. 줄리가 떠날 때 다른 동료들이 무슨 일이냐는 표정으로 나를 바라본다. 우리 목소리가 다른 방까지 들린 모양이다. 나는 어깨를 으쓱하고는 문을 닫고 웃기 시작한다. 처음이 어렵지, 나는 생각한다.

그러다가 눈물이 차오른다. 웃음에서 눈물로. 슬픔이다. 줄리가 그리울 테고, 나는 또 다른 슬픔으로 힘든 시간을 보내고 있다.

가끔은 그저 '씨발!'이라고 외쳐야 할 때도 있다.

36. 바람의 속도

　실습이 끝난 후 우리는 세련된 사무용 건물 지하의 비영리 클리닉에서 인턴 생활을 시작했다. 위층의 환한 사무실에서는 로스앤젤레스를 둘러싼 산줄기와 해변이 눈에 들어왔지만, 아래층은 사정이 달랐다. 동굴처럼 창문도 없고 오래된 의자와 고장난 램프, 찢어진 소파가 비좁게 들어찬 상담실에서 인턴들은 쉴 새 없이 환자를 맞았다. 새로운 환자가 오면 서로 맡으려고 했는데, 그래야만 더 많이 배우고 인턴 시간도 더 일찍 채울 수 있었기 때문이다. 연이은 상담과 클리닉의 감독, 산더미 같은 서류 작업 속에서 우리는 지하 생활 자체는 별로 신경을 쓰지 않았다.

　팝콘과 해충 퇴치 스프레이 냄새가 뒤섞인 휴게실에 앉아 점심을 욱여넣으며 우리는 시간 부족을 한탄했다. 하지만 이런 푸념에도 불구하고 첫발을 내딛은 심리 치료사로서 의기양양했는데, 한편으로는 가파른 학습 곡선과 현명한 수퍼바이저 선생님들 덕분이었고, 또 한편으로는 이 시간이 다행히도 곧 지나가리란 걸 알았기 때문이다.

여러 해 동안 걸어온 긴 터널의 끝에 빛이 보였는데 그건 바로 면허증이다. 마침내 면허를 따면, 합리적인 시간 동안 비교적 덜 정신없는 속도로 우리가 사랑하는 일을 하면서 사람들의 삶을 개선시킬 수 있을 거라고 상상했다. 그러나 지하실에 쪼그리고 앉아 수기로 진료 기록을 작성하고 휴대폰으로 환자의 도착 여부를 확인하는 동안, 지상에서는 속도와 편리, 즉각적인 만족 따위를 추구하는 혁신이 진행중이라는 사실을 알지 못했다. 우리가 배우고 있던 것, 즉 더디지만 지속적인 결과를 위해 애써 노력을 기울이는 과정은 점점 시대에 뒤쳐진 구식이 되어가고 있었다.

환자들에게서도 이런 변화의 조짐이 보였지만, 내 곤궁한 상태에 정신이 팔린 나머지 더 큰 그림을 보지 못했다. '이 환자들은 당연히 생활의 속도를 늦추거나 주의를 기울이거나 현재에 집중하는 게 힘들겠지. 그러니까 심리 치료를 받으러 온 것일 테고.' 나는 이렇게 생각했다.

물론 내 삶도 크게 다르지 않았다. 일을 더 일찍 마칠수록 더 빨리 아들에게 갈 수 있었고, 아들을 더 일찍 재울수록 나도 더 일찍 잠자리에 들어서 다음 날 또 하루를 바쁘게 보낼 수 있었다. 그리고 급하게 움직일수록 볼 수 있는 것은 더 적었는데, 속도전 속에서는 모든 것이 흐릿해지기 때문이다.

어쨌든 이 시기는 금방 지나갈 거라고, 나는 속으로 되뇌었다. 인턴 기간만 끝나면 진짜 내 삶이 시작될 거라고 생각했다.

하루는 동료들과 휴게실에 앉아 여느 때처럼 남은 시간을 따져보면서 면허증을 손에 넣었을 때 몇 살이 될지 계산하기 시작했다. 남은 시간이 길수록 속상해했다. 그때 60대인 수퍼바이저 한 분이 지나다가 우리가 하는 얘기를 들었다.

"시간을 채우든 못 채우든 자네들은 어쨌거나 서른이 되고, 마흔이 되고, 쉰이 될 거야." 선생님은 말씀하셨다. "그때 몇 살인 게 뭐가 중요하지? 어쨌든 오늘은 다시 돌아오지 않아."

우리는 모두 조용해졌다. '오늘은 다시 돌아오지 않아.'

서늘한 생각이었다. 뭔가 중요한 이야기라는 건 알았지만, 우리에겐 그걸 생각하고 있을 시간이 없었다.

속도는 시간에 관한 것이지만, 지구력이나 노력과도 밀접한 관련이 있다. 속도가 빠를수록 지구력과 노력이 덜 필요하다는 게 일반적인 생각이다. 반면에 인내는 지구력과 노력을 요구한다. 인내란 '괴로움이나 어려움, 불운, 또는 고통을 불평하거나 화를 내거나 짜증을 부리지 않고 참아내는 태도'라고 정의된다. 물론 인생은 많은 부분이 괴로움과 어려움과 불운, 그리고 고통으로 이루어져 있다. 심리학에서 인내란 이런 어려움을 헤쳐나갈 수 있을 만큼 오랫동안 참아내는 것이라고 생각할 수 있다. 슬픔이나 불안도 자신과 자신이 처한 세계에 대한 본질적인 정보를 줄 수 있다.

내가 지하실에서 면허증을 손에 넣기 위해 바쁘게 뛰어다니는 동안, 미국 심리학회지에는 「그 많던 심리 치료는 어디로 사라졌는가?」라는 논문이 실렸다. 그 논문은 2008년에 심리 치료를 받은 환자의 수가 10년 전에 비해 30퍼센트 감소했으며, 1990년대 이후 관리 의료 업계(의대 시절에 교수님들이 우리에게 경고했던 바로 그 시스템)가 약물 치료 외의 대화 치료의 방문과 급여를 점점 더 제한해왔다고 밝혔다. 2005년 한 해 동안 제약 회사가 광고에 지출한 돈은 42억 달러였고, 의사들에 대한 판촉 홍보비로는 72억 달러를 집행했는데, 이는 연구 개발비의 약 두 배에 달한다는 내용도 있었다.

물론 자기 내면을 들여다보는 묵직한 노력에 비하면 약을 삼키는 게 훨씬 쉽다. 그리고 빠르다. 약물로 기분을 호전시키는 것을 반대하는 것은 아니다. 오히려 그 반대였다. 실제로 나는 적절한 상황에서 약의 엄청난 효과를 확신하는 쪽이었다. 하지만 미국인 가운데 정신과 처방 약물을 복용할 필요가 있는 사람이 정말 26퍼센트나 될까? 어쨌거나 심리 치료가 효과가 없는 건 아니었다. 다만 오늘날의 환자들, 이제는 시의적절하게도 '고객'이라고 불리는 그들이 느끼기에 충분히 빠르지 않을 뿐이다.

여기에 암묵적인 아이러니가 담겨 있었다. 사람들은 문제를 빠르게 해결해줄 해답을 원했지만, 애초에 속도전 때문에 기분이 저하된 건 아닐까? 그들은 나중의 삶을 즐기기 위해 지금 서두르는 것이라고 생각하지만, 그 나중은 결코 오지 않을 때가 많다. 정신 분석학자인 에리히 프롬은 이미 50년 전에 이걸 설파했다. '현대인들은 일을 빠르게 처리하지 않으면 뭔가(시간)를 잃는다고 생각하지만, 그렇게 얻은 시간을 어떻게 사용할지 몰라 그저 허비할 뿐이다.' 프롬은 옳았다. 사람들은 그렇게 얻은 여분의 시간을 휴식하거나 가족과 소통하는 데 사용하지 않는다. 대신 더 많은 시간을 짜내려고 노력할 뿐이다.

하루는 다들 맡고 있는 환자가 넘치는데도 새 환자를 배당해달라고 아우성인 우리를 보며 한 수퍼바이저가 고개를 저었다.

"빛의 속도는 옛날 말이야." 선생님은 건조한 말투로 말씀하셨다. "이제는 다들 바람want의 속도로 움직이고 있어."

실제로 나는 속도전을 벌였다. 머잖아 나는 인턴을 끝냈고, 면허 시험을 통과했으며, 바깥 풍경이 보이고 통풍이 잘 되는 위층의 사무실로 올라왔다. 두 번의 잘못된 출발(할리우드와 의대) 끝에 이제야말로 열정을 느끼는 일을 시작할 준비가 되었고, 동료들보다 나이가 많다는 사실이 나를 조급하게 만들었다. 우회로로 돌아오는 바람에 출발선에 늦게 도착했고, 이제야 마침내 속도를 늦추고 힘들게 얻은 노동의 과실을 누릴 수 있게 되었지만, 나는 여전히 인턴 시절만큼이나 마음이 급했다. 이제는 그것을 빨리 즐겨야 할 것 같았다. 개업을 알리는 이메일을 발송하고, 인맥을 만들기 시작했다. 6개월 후에는 드문드문 환자들이 찾아왔지만, 그 숫자는 좀처럼 늘지 않는 것처럼 보였다. 주변의 동료들도 대체로 비슷했다.

새로운 심리 치료사들을 위한 자문 그룹에 가입했고, 하루는 서로의 사례를 논의한 후에 개업의들의 상황으로 주제가 넘어갔다. 실제로 우리 세대의 심리 치료사들이 위기에 처한 것일까? 아니면 우리 상상에 불과한 것일까? 그때 누군가 심리 치료사를 전담하는 브랜드 전문가에 대한 얘기를 들었다고 말했다. 속도와 편리함을 원하는 문화적인 필요와 우리가 배운 것 사이의 간극을 좁혀줄 전문가라는 얘기였다.

우리는 모두 웃음을 터트렸다. 심리 치료사를 위한 브랜드 컨설턴 트라고? 어처구니가 없네. 우리가 존경하는 저명한 심리 치료사들이 무덤에서 돌아누울 일이야! 하지만 속으로는 호기심이 동했다.

그리고 한 주 후에 나는 심리 치료사 전문 브랜드 컨설턴트라는 사람과 전화 통화를 하고 있었다.

"이제 심리 치료를 원하는 사람은 아무도 없습니다." 컨설턴트는 당연하다는 듯 말했다. "사람들은 문제에 대한 솔루션을 구매하고 싶어 해요." 그러면서 새로운 시장에 맞춰 몇 가지 제안을 했지만(이를테면 '문자 심리 치료') 그 모든 것이 나는 불편하기만 했다.

하지만 그녀가 옳았다. 크리스마스를 한 주 앞두고 삼십 대 초반이라는 어떤 남자가 심리 치료를 받고 싶다며 전화를 걸어왔다. 여자친구와의 결혼에 대해 생각해보고 싶은데 밸런타인데이에 반지를 주지 않으면 그녀가 떠나버릴 게 틀림없기 때문에 그 전에 빨리 '이 문제를 해결'하고 싶다고 했다. 나는 문제를 파악할 수 있도록 도와줄 수는 있지만 시간을 장담할 수는 없다고 설명했다. 인생이 달린 중요한 문제인데, 그에 대해 아는 바가 하나도 없었기 때문이다.

일단 예약을 잡았지만, 그는 예약 전날 문제 해결을 도와줄 다른 사람을 찾았다고 전화로 알려왔다. 그 사람은 네 번 만에 해결을 약속했고, 그러면 그의 데드라인을 맞출 수 있었다.

이는 '바람의 속도'의 보여주는 사례인데, 여기서의 바람은 욕망을 뜻했다. 하지만 나는 조금 다른 식으로도 생각하기 시작했다. 즉, 부족과 결핍의 다른 표현으로 말이다.

막 첫발을 디딘 심리 치료사로서 환자들이 찾아오는 가장 큰 이유가 뭐였냐는 질문을 받는다면, 나는 불안이나 우울감을 줄이고 관계 문제를 해결하고 싶어 하는 사람들이 많았다고 대답할 것이다. 그런데 개개인의 환경이 무엇이든 늘 공통적으로 드러나는 요소는 외로움이었다. 인간적인 관계라는 강력한 감정의 결여, 그리고 그것에 대한 갈구였다. 바람이었다. 사람들이 외로움을 그런 식으로 표현하는 경우는 드물었지만, 그들의 삶을 들여다볼수록 그걸 느낄 수 있었고, 나 역시도 그것을 느꼈다.

언젠가 환자를 기다리던 대기 시간 동안 MIT의 사회학자 셰리 터클이 외로움에 대해 강연하는 동영상을 온라인에서 발견했다. 그녀는 1990년대 말에 요양원을 방문했다가 자녀를 잃은 어느 노인을 로봇이 위로하는 모습을 보게 되었다. 새끼 바다표범 모양의 그 로봇은 가죽과 속눈썹까지 완벽했고, 적절한 반응을 나타낼 만큼 언어를 잘 처리했다. 노인은 로봇에게 각별한 애정을 쏟았고, 로봇은 노인의 시선을 따라 움직이며 노인의 말에 귀를 기울이는 것처럼 보였다.

이 로봇을 탁월한 발전으로 여기며 사람들의 삶을 더 편리하게 만들어줄 것으로 생각하는 동료들과 달리, 터클은 이 경험이 대단히 우울했다고 털어놓았다.

나도 같은 마음이었다. 바로 전날 나는 동료에게 이런 농담을 했었다. "차라리 아이폰으로 심리 치료를 받지 왜?" 그때는 머잖아 스마트폰 심리 치료사, '언제 어디서든, 몇 초만에 기분을 호전시켜줄' 심리 치료사와 연결해주는 앱이 실제로 등장할 줄 몰랐다. 그 앱에 대한 내 기분은 터클이 바다표범 로봇을 안고 있는 노인에 대해 느꼈던 마음과 같았다.

"우리를 사람으로 정의해주는 역할들을 사실상 외부에 위탁하는 이유는 뭘까요?" 동영상에서 터클은 이렇게 물었다. 그리고 그녀의 질문은 내게 이런 의문을 안겨주었다. '사람들은 혼자인 걸 감당하지 못하는 걸까, 아니면 다른 사람들과 함께 있는 걸 감당하지 못하는 걸까?' 친구들과 커피를 마실 때나 회사에서 회의중일 때, 학교에서 점심을 먹을 때, 대형마트에서 계산을 기다리고 가족들과 저녁 식탁에 둘러앉아서도 사람들은 문자를 보내고 트위터를 하고 온라인 쇼핑을 한다. 가끔은 눈을 마주치는 시늉이라도 하지만 어떨 땐 그런 노력마저 하지 않는다.

심지어 심리 치료 중에도, 비용을 지불하고 거기 와 있는 사람들조차 휴대폰이 울리면 누군지 궁금해서 그걸 힐끗거린다. 나는 주의가 산만해지는 걸 피하기 위해 상담 중에는 휴대폰을 끄자고 제안했고 그건 효과가 있었지만, 상담이 끝나면 사람들은 문을 나서기도 전에 휴대폰을 꺼내서 메시지를 확인했다. 1분 만이라도 방금 나눈 대화를 돌이켜보는 게 시간을 더 알차게 쓸 수 있는 방법이 아닐까?

나는 사람들이 혼자라고 느끼는 순간 전자 기기를 꺼내 들고 그 감정으로부터 도망친다는 걸 알게 되었다. 끊임없이 산만한 상태에서 사람들은 다른 사람과 어울리는 능력을 상실하고 자기 자신과 함께하는 능력마저 상실하는 것처럼 보였다.

두 사람이 방해받지 않고 50분 동안 함께 앉아 있을 공간이 이제 심리 치료실 말고는 그리 많지 않은 것처럼 보인다. 전문적이라는 베일이 드리워져 있기는 해도, 일주일에 한 번씩 '나와 당신'으로 대면

하는 의식은 그들이 경험하는 가장 인간적인 만남일 때가 많다. 나는 잘 나가는 심리 치료사가 되겠다고 결심했지만, 그 목적을 이루기 위해 이 의식을 두고 타협할 마음은 없었다. 불편까지는 아니더라도 특이해 보일 수 있는 이런 자세가, 나를 찾아온 환자들에게는 엄청난 이익이라는 것을 나는 알았다. 공간을 조성하고 거기에 시간을 투입한다면, 우리는 기다릴 만한 가치가 있는, 우리의 인생을 정의하는 그런 이야기들을 발견하게 된다.

그렇다면 내 이야기는 어땠을까? 나는 사실상 내 이야기에 그런 시간과 공간을 허용하지 않았다. 다른 사람들의 이야기를 듣느라 갈수록 바빠졌기 때문이다. 하지만 환자를 보고, 아이를 통학시키고, 병원 진료를 받고, 연애를 하는 정신없는 일상 아래 오랫동안 억눌려 있던 진실은, 내가 웬델을 찾아갔을 무렵 표면 위로 실체를 드러내기 시작했다. 나는 밑도 끝도 없이 내 인생의 절반이 끝났다고, 그것도 첫 시간에 말했는데, 웬델은 그 말을 놓치지 않고 낚아챘다. 그는 오래 전 나의 수퍼바이저가 던졌던 말씀을 다시 집어들었다.

'오늘은 다시 돌아오지 않아.'

37. 궁극적인 관심사

웬델의 상담실로 향하는 길, 주차장에서 그의 건물로 걸어가는 그 짧은 사이에 올 겨울 첫 비가 예고도 없이 쏟아진다. 우산도 우비도 없었던 나는 면 자켓을 머리에 뒤집어쓰고 달린다.

자켓에서는 물이 뚝뚝 떨어지고 머리는 부스스해진데다 화장도 흘러내리고, 젖은 옷은 거머리처럼 몸에 들러붙는다. 너무 축축해서 앉지도 못하고 대기실 의자 옆에 선 채 이래서야 오늘 어떻게 일을 할까 고민하는데, 웬델의 방문이 열리더니 저번에 봤던 예쁜 여자가 나온다. 이번에도 눈물을 훔치고 있다. 그녀는 고개를 숙인 채 칸막이 뒤를 서둘러 지나가고, 복도에는 그녀의 부츠 소리가 울려 퍼진다.

마고일까?

아니다. 마고가 웬델에게 상담을 받는다는 것만으로도 엄청난 우연인데, 한 주에 한 번 오는 상담 시간마저 앞뒤로 붙어 있다? 그건 거의 망상에 가깝다. 하지만 필립 K. 딕이 말했듯이, '망상이 이따금 얼마나 현실과 맞아떨어지는지 놀라운 노릇'이다.

웬델이 비 맞은 강아지처럼 떨며 서 있던 나를 맞으러 나온다.

무거운 걸음을 옮겨 소파 B에 앉는다. 익숙한 짝짝이 쿠션도 늘 해왔던 대로 조정한다. 조용히 문을 닫고 걸어온 웬델이 큰 키를 접듯이 자리에 앉더니 곧바로 다리를 꼰다. 우리는 우리만의 의식, 말없는 인사로 상담을 시작한다.

하지만 오늘은 나 때문에 소파가 축축해지고 있다.

"수건 드릴까요?" 그가 묻는다.

"수건이 있어요?"

웬델은 미소를 지으며 대형 옷장으로 다가가서 수건 두 장을 꺼내 내게 건넨다. 한 장으로는 머리를 말리고 한 장은 깔고 앉는다.

"고마워요." 내가 말한다.

"천만에요." 그가 말한다.

"어떻게 사무실에 수건이 다 있네요?"

"사람들은 비에 젖기도 하니까요." 웬델은 어깨를 으쓱하며 수건이 사무 용품이라도 되는 것처럼 대답한다. 희한하다고 생각하면서도 보살핌을 받는 기분이 든다. 나도 사무실에 수건을 비치해둬야겠다고 머릿속에 메모를 한다.

우리는 다시 한 번 서로를 쳐다보며 말없는 인사를 나눈다.

어디서부터 시작해야 할지 모르겠다. 요즘 들어 나는 거의 모든 것에 불안을 느끼고 있다. 작은 약속 같은 사소한 일마저 나를 마비시켰다. 모험을 하고 실수를 저지르는 게 두려워서 조심하게 되었는데, 이미 너무 많은 실수를 저질렀고 더 이상 뒤처리를 하고 있을 시간이 없을까봐 두려웠기 때문이다.

전날 밤에는 침대에 누워 소설책을 읽으며 기분 전환을 시도했다. 소설에는 자신의 끝없는 걱정을 '종결되지 않은 순간에서 도망치려는 가열찬 욕구'로 묘사하는 인물이 나왔다. '정확하네.' 나는 생각했다. 지난 몇 주 동안 매순간 걱정이 꼬리를 물었다. 그 앞쪽에는 불안이 있었는데, 그걸 아는 건 지난 진료를 마무리하면서 웬델이 한 말 덕분이었다. '무슨 싸움요?' '죽음과의 싸움이요.'

오늘 느닷없이 비가 쏟아진 것(하늘이 열린 것)도 아주 적절하게 느껴졌다. 나는 심호흡을 하고, 돌아다니는 자궁 이야기를 시작한다.

이 얘기를 온전히 다 하는 건 오늘이 처음이다. 전에는 민망했다면, 이제 그 얘기를 입 밖에 내려니 내가 얼마나 겁에 질렸었는지 실감이 난다. 웬델이 초반에 언급한 슬픔(내 인생의 절반이 끝난 것에 대한) 위에는 줄리처럼 예상보다 빨리 죽을지도 모른다는 두려움이 얹혀 있었다. 싱글맘에게 어린 아이를 혼자 두고 떠난다는 생각보다 더 두려운 건 없다. 일찍 발견하면 치료할 수 있었을 증상을 의사들이 놓쳤으면 어쩌지? 원인은 찾아냈는데 치료를 할 수 없는 병이면 어쩌지?

그게 아니라 이 모든 게 내 머릿속에만 있는 거라면? 내 몸의 증상을 치료할 수 있는 사람이 바로 지금 나와 함께 있는 사람, 웬델이라면?

"대단한 이야기네요." 웬델은 고개를 젓고 한숨을 내쉬면서 말한다.

"이게 '이야기'라고 생각하는 거예요?"

"네, 그래요." 웬델이 말한다. "지난 2년간 당신에게 일어난 어떤 겁나는 일에 대한 이야기죠. 하지만 그와 동시에 뭔가 다른 것에 대한 이야기이기도 해요."

웬델이 할 말을 예상해본다. 이를테면, 회피에 대한 얘기군요. 상담을 받기 시작한 후로 내가 그에게 말한 모든 것은 회피에 대한 이야기였고, 회피는 거의 언제나 두려움 때문이라는 걸 우리는 둘 다 알고 있다. 남자친구와 내가 조정의 여지없이 다르다는 걸 보지 않으려 했던 회피. 행복 책을 쓰지 않으려는 회피. 행복 책을 쓰지 않고 있다는 것에 대해 말하지 않으려는 회피. 부모님이 늙어가고 있다는 생각을 하지 않으려는 회피. 내 아들이 성장하고 있다는 사실을 인정하지 않으려는 회피. 미스터리한 내 질병에 대한 회피. 인턴 시절에 들었던 얘기가 기억난다. "회피는 문제를 대처할 필요가 없는 것으로 만들어서 대처하는 단순한 방법이다."

"회피에 대한 얘기라는 거죠?" 내가 말한다.

"음, 어떤 면에서는 그래요." 웬델이 대답한다. "하지만 내가 말하려 했던 건 불확실성이에요. 이건 불확실성에 대한 이야기기도 합니다."

'당연하지.' 나는 생각한다. '불확실성.'

내가 불확실성을 생각하는 건 늘 환자에 대해서였다. 존과 마고는 함께 살까? 샬럿이 술을 끊을까? 그런데 이제는 내 인생도 불확실성 투성이였다. 나는 다시 건강해질까? 내게 맞는 짝을 찾게 될까? 작가로서의 내 인생은 이제 끝난 걸까? 내 인생의 후반부(그때까지 산다면)는 어떤 모습일까? 나는 웬델에게 감옥을 나갈 수 있다는 걸 알아도, 어디로 가야 할지 모른다면 소용 없다는 얘길 한 적이 있다. 나는 자유로울지 모른다. 그렇지만 어디로 가야 한단 말인가?

하루 일과를 마치고 차고에 주차를 하다가 권총 강도를 만났던 어느 환자가 기억난다. 그녀는 곧 강도의 공범이 집에서 아이들과 베이비 시터를 인질로 잡고 있다는 걸 알게 되었다. 끔찍한 시간을 겪었지만 이웃에서 경찰을 부른 덕분에 목숨을 구할 수 있었다. 그 환자는 허상이었을지언정 자신이 안전하다고 생각했던 알량한 믿음이 깨진 게 가장 안타깝다고 말했다.

하지만 그녀는 그 허상을 버리지 않았다.

"새 차고에 들어갈 때 걱정되지 않나요?" 그녀가 새로운 집으로 이사를 간 후에 내가 물었다.

"걱정을 왜 해요." 우스꽝스런 질문이라는 투였다. "그런 일이 두 번 일어날까봐? 그럴 확률이 얼마나 되겠어요?"

이 얘기를 들은 웬델은 고개를 끄덕인다. "그 환자의 반응을 어떻게 생각해요?" 그가 묻는다.

심리 치료사로서의 활동에 대해서는 웬델과 얘기를 주고받는 일이 거의 없어서 어쩐지 신경이 쓰인다. 가끔 웬델이라면 내 환자에게 어떻게 할지, 리타나 존에게 뭐라고 말해줄지 궁금하다. 심리 치료는 사람에 따라 완전히 다른 경험이 된다. 심리 치료는 각각이 다 다르다. 그리고 웬델이 나보다 이 일을 훨씬 오래 했기 때문에, 마치 요다와 루크 스카이워커처럼, 선생님을 대하는 학생 느낌이 든다.

"사람들은 세상이 합리적이기를 바라죠. 그리고 그게 불확실한 삶을 통제하는 그녀의 방식이었다고 생각하고요." 나는 말한다. "일단 진실을 알고 난 후에는 그걸 모르는 상태로 되돌릴 수 없지만, 그러면서도 자신을 보호하기 위해 강도를 또 당할 일은 없다고 스스로를 설득하는 거죠." 나는 한숨을 쉬면서 묻는다. "이만하면 테스트에 통과한 건가요?"

"이건 테스트가 아닌데요."

"당신이 생각하고 있던 게 그거 아닌가요?" 내가 말한다. "그녀가 보여주는 불확실성에 맞선 확신을 당신은 어떻게 생각하세요?"

"당신이 그녀를 이해하는 방식으로," 그는 말한다. "나도 당신을 이해하는 것이죠."

웬델은 내가 그에게 털어놓은 관심사를 나열한다. 이별, 책, 나의 건강, 아버지의 건강, 아들의 성장. 내가 하는 얘기에는 전부 불확실성의 그림자가 드리워져 있다. 언제까지 살게 될까? 죽기 전에 무슨 일이 일어날까? 그중에 내가 통제할 수 있는 일은 얼마나 될까? 그런데 웬델에 따르면, 나도 내 환자처럼 나만의 대처 방식을 만들어냈다. 내가 내 손으로 인생을 망친다면, 그것이 일어나길 기다리지 않고 내가 직접 죽음을 설계할 수 있다는 것이다. 꼭 그걸 원한다는 게 아니라, 최소한 그걸 선택하겠다는 것. 나무에 복수하기 위해 내가 앉아 있는 가지를 잘라버리는 것처럼. '맛 좀 봐라, 불확실성아!'

통제력의 한 형태로서의 자기 파괴, 나는 이런 역설로서 내 마음을 감싸려 했다. 죽음이 일어나기 전에 죽음을 설계하는 것처럼, 끝이 빤한 관계를 지속한다면, 작가로서의 이력을 엉망으로 만든다면, 몸의 이상을 직시하는 대신 두려움 속에 숨어 버린다면, 나는 살아 있는 죽음을 만들어낼 수 있다. 내가 지배하는 죽음을.

정신과 의사이자 학자인 어빈 얄롬은 심리 치료가 자각의 실존적인 경험이라는 말을 자주 했는데, 심리 치료사들이 치료의 초점을 문제가 아닌 개인에게 맞추는 이유이기도 하다. 두 환자에게 같은 문제가 있더라도(이를테면 관계에서의 취약성) 내가 취하는 접근법은 각각 다르다. 저마다 특유의 과정이 필요한 이유는 심원한 수준의 실존적인 두려움(이걸 얄롬은 '궁극적인 관심'이라고 불렀다)을 헤쳐나가도록 도울 판에 박힌 방법이 존재하지 않기 때문이다.

네 개의 궁극적인 관심은 죽음과 고립, 자유 그리고 무의미다. 죽음이야 말할 것도 없이 우리가 억누르더라도 나이가 들수록 증가하게 되는 본능적인 두려움이다. 우리가 두려워하는 것은 문자적인 의미의 죽음만이 아니라 본인의 정체성, 더 젊고 역동적인 자아의 상실에 따른 소멸감으로서의 죽음이다. 이 두려움에 어떻게 맞설 것인가? 때로는 성장을 거부한다. 때로는 자기 파괴를 동원한다. 그리고 때로는 임박한 죽음을 단호히 부인한다. 하지만 얄롬이 『실존적 심리 치료Existential Psychotherapy』에서 썼듯이, 죽음을 인식하는 것은 삶을 보다 충만하게 살 수 있도록 도와준다. 그리고 그럴 때 불안은 늘어나지 않고 오히려 줄어든다.

'터무니없는' 모험을 감행하는 줄리가 좋은 예라고 할 수 있다. 불가사의한 병 이전의 나는 죽음에 대해 신경 써본 적이 없고, 그 후에는 남자친구 덕분에 절멸의 두려움으로부터 주의를 돌릴 수 있었다. 그는 또 다른 궁극적인 관심사인 고립의 두려움에 대해서도 해독제가 되어주었다.

그리고 자유, 그리고 자유에 따른 모든 실존적 어려움이다. 표면적으로는 자유가 넘칠 지경이다(웬델의 지적처럼 철창을 돌아나갈 의향만 있다면). 하지만 나이가 들수록 더 많은 한계에 직면하는 게 현실이다. 진로를 변경하거나, 다른 도시로 이주하거나, 새로운 사람을 만나서 결혼하는 것이 더 힘들어진다. 삶의 경계가 뚜렷해지고, 그래서 젊은 시절의 자유를 갈망하기도 한다. 비록 부모의 규칙에 갇혀 있지만 아이들은 사실상 한 가지 차원, 즉 감정적인 차원에서만은 완전히 자유롭다. 아이들은 최소한 한동안은 남의 눈을 신경쓰지 않고 울거나 웃거나 떼쓸 수 있다. 꿈도 마음껏 꾸고 욕망을 표출하는 데도 거리낌이 없다. 비슷한 연령대의 많은 사람들처럼 나 또한 자유를 느끼지 못하는데, 그건 이런 감정적 자유와의 접점을 잃었기 때문이다. 그리고 심리 치료에서 내가 추구하는 것이 바로 이것이다. 다시 한번 감정적으로 나 자신을 자유롭게 하는 것이다.

어떤 면에서 중년의 위기는 닫는 것보다 여는 것, 축소보다 확장, 죽음보다 재생과 더 관련이 있을 수 있다. 웬델은 나더러 구원받길 원한다고 말했다. 하지만 웬델의 역할은 나를 구원하거나 내 문제를 해결하는 게 아니다. 내가 스스로를 파괴하지 않고 불확실성이라는 확실성을 감당할 수 있도록, 있는 그대로의 삶을 헤쳐나가도록 이끌어주는 것이다.

불확실성이 희망의 상실을 의미하지 않는다는 걸 나는 이제야 깨닫기 시작했다. 그건 오히려 가능성이 있다는 뜻이다. '이제 무슨 일이 일어날지 몰라. 그게 얼마나 흥미진진해!' 병이 있든 없든, 파트너가 있든 없든, 유수처럼 흐르는 시간에 상관없이, 내가 가진 삶을 최대한 활용할 방법을 찾아내야 할 것이다.

다시 말해서 네 번째의 궁극적 관심사를 더 면밀히 들여다봐야 한다는 뜻인데, 그건 바로 무의미이다.

38. 레고랜드

"내가 왜 늦었는지 알아요?" 대기실 문을 열기 무섭게 존이 말한다. 정각에서 15분이 지났고, 아무래도 오지 않을 모양이라고 생각했다. 그는 내가 메시지를 남기고도 한 달이 지나서야 다시 가도 되겠느냐고 불쑥 연락을 해왔다. 하지만 정시에 오지 않아서 어쩌면 겁을 먹은 모양이라고 생각했다. 함께 치료실로 향하며 말하길, 존은 건물 주차장에 들어와서 운전석에 앉은 채로 올라갈지 말지 고민했다고 했다. 관리인이 그걸 보더니 차를 출구쪽으로 옮겨달라고 했고, 결국 올라가자고 마음을 먹었을 땐 주차할 자리가 없었다. 그래서 두 블록 떨어진 주차장에 차를 세우고 달려와야 했다.

"자기 차에서 생각을 정리할 시간조차 없다니!" 존은 말한다.

나는 그가 얼마나 궁지에 몰린 느낌을 받았을지 생각한다. 오늘 그는 초췌하고 피곤해 보인다. 수면제도 효과가 없나 보다.

존은 소파에 앉더니 신발을 차듯이 벗고는 발을 쭉 뻗고 누워 머리를 받친 쿠션을 매만진다. 보통은 책상다리를 하고 앉는데, 눕는 건 처음이다. 그러고 보니 오늘은 점심도 없다.

"좋아요, 당신이 이겼어요." 그가 한숨을 쉬며 말한다.

"이기다뇨?"

"나와 함께하는 기쁨을 차지했다고요." 시치미를 뚝 뗀 표정이다.

나는 눈썹을 치켜올린다.

"미스터리에 대한 설명," 그가 말을 잇는다. "그 얘길 해줄 작정이거든. 그러니 얼마나 운이 좋아. 당신이 이겼다고요."

"우리가 경쟁을 하고 있는 줄은 몰랐네요." 나는 말한다. "하지만 당신이 와서 기뻐요."

"아이고, 작작 좀 합시다." 그가 말한다. "모든 걸 그렇게 분석적으로 접근하지 말자고요, 네? 그냥 해요. 지금 시작하지 않으면 2초 뒤에 여기서 나가버릴 테니까."

그는 등받이를 향해 돌아눕더니 소파에 대고 아주 조용하게 얘기를 시작한다. "그러니까, 음, 우리는 레고랜드로 가족 여행을 가던 길이었어요."

존과 마고는 주말을 맞아 아이들을 데리고 여행에 나섰다. 칼즈배드에 있는 놀이공원인 레고랜드를 가기 위해 캘리포니아 해안 도로를 달리는 중이었는데 두 사람 사이에는 이견이 있었다. 아이들 앞에서는 언쟁을 하지 않는다는 게 둘의 원칙이었고, 그때까지는 두 사람 모두 그 약속을 잘 지켰다.

당시 존은 처음으로 드라마를 맡아 총괄했고, 그건 매주 새로운 에피소드를 송출하기 위해 밤낮없이 전화를 받아야 한다는 뜻이었다. 마고도 어린 두 아이를 돌보며 그래픽 디자이너로서 고객들을 상대 하느라 지친 상태였다. 존이 하루 종일 어른들을 상대해야 했다면, 마고는 그녀의 말마따나 '엄마 랜드'에 있거나, 컴퓨터 앞에서 일을 해야 했다.

마고는 존이 퇴근하고 돌아오기만을 기다렸지만, 그는 저녁을 먹 다가도 전화를 받기 일쑤였고 그러면 그녀는 '죽음의 눈초리'로 그를 쏘아봤다. 일이 너무 바쁠 때는 제시간에 퇴근도 하지 못했고, 그래 서 마고는 침대에서만이라도 방해받지 않고 얘기를 나누면서 쉴 수 있도록 휴대폰을 끄라고 부탁했다. 하지만 연락 두절 상태만은 안 된 다는 게 존의 입장이었다.

"드라마가 실패하는 걸 보자고 그동안 그렇게 열심히 일해서 기회 를 잡은 게 아니야." 그는 말했다. 실제로 출발은 순탄하지 않았다. 시 청률은 실망스러웠지만 리뷰는 호의적이었고, 방송국에서는 시청자 들이 반응할 때까지 조금 더 지켜보기로 결정했다. 하지만 유예 기 간은 짧았다. 시청률이 얼른 호전되지 않으면 중단될 처지였다. 존은 노력을 배가했고, 몇 가지 변화를 단행했다(멍청이들 몇 명을 해고하는 것을 포함해서). 그러자 드라마가 비상하기 시작했다.

방송국은 히트 프로그램을 손에 쥐었다. 그리고 존에게는 화가 머 리끝까지 난 부인이 있었다.

드라마의 성공으로 존은 더 바빠졌다. "아내가 있다는 건 기억해?" 마고가 그에게 물었다. 마고가 '아빠다!'라고 외치면 화면 속의 아빠 와 얘기하는 것에 더 익숙하기 때문에 현관 대신 컴퓨터로 달려가는 아이들은? 막내는 심지어 컴퓨터를 아빠라고 부르기 시작했다. 물론, 주말에는 존이 아이들과 공원에서 몇 시간씩 놀아주고, 집에서도 함께 시간을 보낸다는 걸 마고도 인정했다. 하지만 그때조차 툭하면 울려대는 전화기는 그의 손을 떠나지 않았다.

존은 마고가 그걸로 난리를 치는 이유를 이해할 수 없었다. 아빠가 되는 순간부터 그는 스스로도 놀라울 정도의 유대감을 느꼈다. 아이들과의 끈이 강력하게, 아니 맹렬하게 느껴졌다. 아이들은 엄마가 돌아가시기 전에 느꼈던 어린 시절의 사랑을 일깨워주었다. 의견 충돌이 있기는 하지만 깊이 사랑하는 마고에게서조차 느껴보지 못했던 종류의 사랑이었다. 존이 그녀를 처음 본 건 어느 파티에서였다. 그녀는 건너편에서 웬 얼간이가 하는 얘기에 웃어주고 있었는데, 존은 그게 공손하면서도 '뭐 이런 멍청이가 다 있어!'라는 뜻의 웃음이라는 걸 멀리서도 알 수 있었다.

존은 그녀에게 첫눈에 반했다. 그는 곧장 마고에게 다가갔고, 그녀를 진심으로 웃게 만들었으며, 두 사람은 1년 후에 결혼했다.

하지만 아내를 사랑하는 마음과 아이들에 대한 사랑은 달랐다. 아내에 대한 사랑이 낭만적이고 따뜻했다면, 아이들에 대한 사랑은 화산 같았다. 그가 『괴물들이 사는 나라*Where the Wild Things Are*』를 읽어줬을 때, 아이들은 왜 괴물이 아이를 먹고 싶어 하느냐고 물었다. "괴물들이 아이를 너무 사랑하기 때문이지!" 그는 이렇게 말하면서 아이들을 삼켜버리는 시늉을 했고, 아이들은 숨도 못 쉴 정도로 웃어댔다. 그렇게 모든 것을 삼켜버리는 사랑을 그는 이해할 수 있었다.

그러니 아이들과 함께 있을 때 전화를 받은들 그게 뭐 어떻단 말인가? 그는 아이들과 함께 시간을 보냈고, 아이들은 아빠를 너무 사랑했고, 어쨌거나 자신이 어려서 누리지 못했던 경제적 안정을 아이들에게 안겨줄 수 있는 것도 그가 거둔 성공 덕분이었다. 업무에 따른 압박감은 대단했지만, 작가로서 인물을 창조하고 완전히 새로운 세상을 만드는 일을 그는 사랑했다. 그의 아버지가 늘 열망했던 바로 그런 일이었다. 운이든 능력이든, 아니면 그 둘의 조합이든, 그는 자신과 아버지의 꿈을 모두 이뤘다. 그리고 한 번에 두 장소에 있을 수는 없었다. "휴대폰은 축복이라고." 그는 마고에게 말했다.

"축복?" 마고가 말했다.

"응, 축복." 덕분에 그는 일터와 집에 동시에 있을 수 있었다.

마고는 바로 그게 문제라고 생각했다. "나는 당신이 일터와 집에 동시에 있는 걸 원치 않아. 우리는 당신의 직장 동료가 아니야. 우리는 당신의 가족이라고." 얘기를 하다 말고, 또는 키스를 하다 말고, 뭐가 됐든 데이브 아니면 잭 아니면 토미 때문에 그게 중단되는 걸 마고는 원치 않았다. "나는 밤 아홉 시에 그들을 우리 집으로 초대하지 않았어." 그녀는 말했다.

레고랜드로 여행을 떠나기 전날 마고는 휴가중에는 휴대폰을 손에서 놓으면 안 되냐고 물었다. "가족이 함께 떠나는 여행이잖아. 겨우 사흘이라고."

"누가 죽는 일이 아니라면, 이번 여행 중엔 제발 전화를 받지 마." 마고는 이렇게 간청했고, 존은 그걸 긴급한 상황이라는 뜻으로 이해했다.

다시 싸움이 벌어지는 걸 피하기 위해 존은 그러겠다고 동의했다.

아이들은 얼른 레고랜드에 가고 싶어 조바심을 쳤다. 몇 주 전부터 그 얘기뿐이었다. 차를 타고 가는 동안 아이들은 몸을 비틀며 몇 분마다 한 번씩 물었다. "얼마나 남았어?" "이제 거의 다 왔어?"

가족은 고속도로 대신 경치가 좋은 해안 도로를 타기로 했고, 존과 마고는 바다를 지나는 선박의 수를 세기도 하고 차례로 가사를 지어 부르며 함께 우스꽝스러운 노래를 완성하는 놀이로 아이들의 조바심을 달랬다. 그들은 재미있는 노래를 만들어 부르며 다함께 웃음을 터뜨렸다.

존의 전화기는 조용했다. 그 전날 드라마 스태프들에게 전화를 하지 말라고 당부한 터였다.

"누가 죽는 일이 아니면," 그는 마고의 말을 그대로 옮겼다. "알아서 처리해." 그들도 완전한 멍청이들은 아니라고 그는 마음을 달랬다. 드라마는 잘 되고 있었다. 무슨 문제가 있더라도 처리할 수 있을 거야. 그래봐야 겨우 사흘인데.

우스꽝스런 노래를 만들어 부를 때, 존은 마고에게 시선을 던졌다. 그녀는 파티에서 그를 처음 만나 웃었을 때처럼 웃고 있었다. 그녀가 그렇게 웃는 모습이 얼마만인지 기억도 나지 않았다. 그녀는 손으로 그의 목을 감쌌고, 그렇게 녹아내리는 느낌도 정말 오랜만이었다. 아이들은 뒷자리에서 재잘거렸다. 평화로운 느낌과 함께 어떤 이미지가 그의 머릿속에 떠올랐다. 천국에서, 아무튼 어딘가에서 아래를 굽어보며 막내아들이 잘 살고 있는 모습에 미소 짓는 어머니의 이미지였다. 그는 늘 엄마가 가장 아꼈던 자식이 자신이라고 믿었다. 존에게는 아내와 아이들이 있었고, 성공한 드라마 작가였으며, 사랑과 웃음이 넘치는 차를 몰고 레고랜드로 가는 중이었다.

어렸을 때 아버지가 운전대를 잡고 어머니는 조수석에 앉았으며 자신은 형들 사이에 끼어 앉아 지금처럼 노랫말을 지어 부르며 정신 없이 웃어대던 때가 떠올랐다. 자기 차례가 되면 그는 형들에게 지지 않으려고 안간힘을 썼고, 엄마가 자신의 어휘력에 기뻐하던 것도 기 억났다.

"어쩜 저렇게 조숙하지!" 엄마는 번번이 이렇게 탄복했다.

그때만 해도 존은 조숙하다는 말의 뜻을 몰랐다. 그냥 '소중하다' 는 말의 조금 어려운 표현이라고만 생각했고, 자신이 엄마한테 가장 소중한 자식이라고, 형들이 놀리는 것처럼 '실수'가 아니라 엄마의 말대로 '특별한 선물'이었다고 확신했다. 지금 마고가 그러는 것처럼 엄마가 아버지의 목을 감싸던 모습도 기억났다. 왠지 낙관적인 느낌 이 들었다. 그와 마고가 다시 서로를 이해할 길을 찾을 수 있을 것 같 았다.

그때 존의 전화벨이 울렸다.

전화기는 그와 마고 사이에 놓여 있었다. 존은 흘낏 전화기를 쳐다 봤다. 마고는 죽음의 눈초리로 그를 쏘아봤다. 스태프들에게 긴급한 일일 때만 전화하라고 당부했던 기억이 났다. '누가 죽는 일이 아니 라면.' 오늘은 스튜디오가 아닌 외부 촬영이었다. 뭐가 잘못된 걸까?

"안 돼." 마고가 말했다.

"누군지 확인만 할게." 존이 대답했다.

"젠장." 마고가 들릴 듯 말 듯 내뱉었는데, 아이들 앞에서 그녀가 거 친 말을 하는 건 처음이었다.

"나한테 젠장이라고 하지 마." 존도 들릴 듯 말듯한 목소리로 내뱉었다.

"이제 집에서 출발한 지 겨우 두 시간이야!" 마고가 언성을 높였다. "안 그러겠다고 약속했잖아!"

아이들은 잠잠해졌고, 전화기도 마찬가지였다. 전화는 음성 사서함으로 넘어갔다.

존은 한숨을 내쉬었다. 마고에게 발신자를 확인해서 누가 걸었는지만 알려달라고 부탁했지만 그녀는 고개를 저으며 아예 시선을 돌려버렸다. 존은 오른손을 전화기를 향해 뻗었다. 그리고 그 순간 맞은편에서 달려오던 검은색 SUV 차량과 충돌했다.

어린이용 보조 의자에는 다섯 살의 그레이스와 여섯 살인 게이브가 앉아 있었다. 한 살 터울이었던 둘은 좀처럼 떨어지려 하지 않을 정도로 사이가 좋았다. 존이 목숨처럼 사랑한 아이들이었다. 그레이스는 존, 마고와 함께 목숨을 건졌다. 운전석 뒤에 앉아 충돌의 충격을 정통으로 받은 게이브는 그 자리에서 숨졌다.

나중에 경찰은 비극의 퍼즐을 맞춰보려 했다. 인근을 지나던 목격자들은 큰 도움이 되지 않았다. 한 명은 SUV가 급하게 커브를 돌면서 차선을 넘어왔다고 말했고, 또 한 명은 SUV가 커브를 돌아 다가오는데도 존의 차가 방향을 바꾸지 않았다고 말했다. SUV 차량 운전자의 혈중 알코올 농도는 법정 한도치를 초과했고 그는 구속되었다. 과실 치사였다. 하지만 존은 사면받은 느낌이 들지 않았다. SUV가 커브를 도는 순간 아주 찰나일지라도 자신이 한눈을 팔았다는 걸 그는 알았다. 마고도 SUV가 다가오는 걸 보지 못했다. 그녀는 전화기

를 대신 봐달라는 부탁을 거절한 채 씩씩거리며 창밖의 바다를 내다
보고 있었다.

그레이스는 아무것도 기억하지 못했고, 무슨 일이 일어날지 알았
던 건 게이브뿐이었던 것처럼 보였다. 존이 마지막으로 들은 아들의
목소리는 귀를 찌르는 외마디 외침이었다. "아빠아아아아!"

그리고 그건 잘못 걸려온 전화였다.

얘기를 듣는데 가슴이 너무 아팠다. 존뿐만 아니라 그의 온 가족
때문에. 간신히 눈물을 참고 있는데, 나를 향해 몸을 돌린 존의 눈에
는 물기가 보이지 않는다. 언젠가 어머니의 죽음을 얘기할 때처럼 냉
담하고 초연해 보인다.

"아, 존. 이건 너무……."

"예, 예." 그는 시큰둥한 투로 내 말을 끊는다. "너무 슬프죠. 나도
알아요. 아주 빌어먹게 슬프죠. 그 일이 일어났을 때 다들 그렇게 말
했어요. 엄마가 돌아가셨을 때도, 내 아이가 죽었을 때도요. 당연하
지. 하지만 그런다고 달라지는 건 없어요. 그들이 살아 돌아오는 것
도 아니야. 그래서 사람들에게 말하지 않는 거예요. 그래서 당신에게
도 말하지 않았던 거예요. 빌어먹게 슬프다는 얘기를 듣고 있을 필요
가 없으니까. 사람들의 얼굴에 그 슬프고 멍청한 연민의 표정이 떠오
르는 걸 보고 있을 필요가 없으니까. 지금 내가 이 얘기를 당신에게
하고 있는 이유는 순전히 간밤의 꿈 때문이에요. 당신들은 꿈을 좋아
하잖아, 안 그래요? 그 꿈을 머릿속에서 지워버릴 수가 없는데, 내 생
각에는……."

존은 말을 멈추더니 일어나 앉는다.

"어젯밤에 내가 비명을 지르는 소리를 마고가 들었어요. 나는 빌어먹을 새벽 네 시에 비명을 지르다가 깼어요. 나한테는 있을 수가 없는 일이라고요."

내 표정은 연민이 아니라고, 그건 공감과 감정 이입, 어쩌면 심지어 일종의 사랑이라고 말하고 싶다. 하지만 존은 누구한테 감동을 받으려고도 주려고도 하지 않는데, 그럼으로써 이미 고립된 상황 속에 혼자 있는 것이다. 사랑하는 사람을 잃는 건 더없이 외로운 경험, 오로지 자신만의 방법으로밖에 견뎌낼 수 없는 경험이다. 엄마가 돌아가셨을 때 여섯 살이었던 존, 어른이 되어 여섯 살 난 아들을 잃은 심정이 얼마나 참담하고 외로웠을지 생각한다. 하지만 이런 얘기를 지금은 하지 않는다. 존의 마음은 지금 심리 치료에서 홍수라고 부르는 상태인데, 신경계가 과부하되었다는 뜻이다. 마음이 홍수 상태일 때는 한 박자 기다려주는 게 최선이다. 커플 치료에서 한 사람이 분노나 상처에 압도되어 폭주하거나 마음을 닫을 수밖에 없는 상황일 때에도 우리는 늘 한 박자 기다리며 쉬어간다. 신경이 리셋되어 뭐든 받아들일 수 있는 상태가 되려면 몇 분이 필요하다.

"꿈에 대해 얘기해보세요." 내가 말한다.

놀랍게도 그는 거부하지 않는다. 지금은 존이 나를 상대로 싸우지 않고, 오늘은 전화기를 한 번도 쳐다보지 않았다. 심지어 그걸 주머니에서 꺼내지도 않았다. 그는 일어나 앉더니 다리를 접어 올리고는 심호흡을 한 번 하고 얘기를 시작한다.

"그러니까 게이브는 열여섯 살이에요. 내 말은, 꿈에서 그랬다는 거예요."

나는 고개를 끄덕인다.

"좋아요. 그래서 그 애는 열여섯 살이고 운전면허 시험을 치르려고 해요. 아이는 이 날을 기다려왔고 마침내 그 순간이 되었어요. 우리는 면허 시험장의 자동차 옆에 서 있고, 게이브는 아주 자신만만해 보여요. 아이는 면도를 하기 시작했고, 짧은 수염을 보면서 아이가 훌쩍 자랐다는 느낌이 들죠." 존의 목소리가 갈라진다.

"그렇게 훌쩍 자란 아이를 보는 심정이 어떻던가요?"

존은 미소를 짓는다. "자랑스러웠어요. 아이가 너무 자랑스러웠죠. 하지만 그러면서도 뭐랄까, 슬펐어요. 곧 대학에 진학해서 떠나갈 것처럼. 아이와 충분히 많은 시간을 보냈던가? 내가 좋은 아빠였던가? 울지 않으려고 노력했어요. 그러니까, 내 말은 꿈에서 그랬다는 거예요. 그리고 이게 자랑스러워서 흘리는 눈물인지, 후회의 눈물인지, 뭔지 알 수가 없었어요. 아무튼……."

존은 울지 않으려는 듯이 시선을 돌린다.

"그래서 시험이 끝나면 뭘 할지 얘기하고 있어요. 친구들을 만날 거라고 게이브가 말하고, 나는 누구든 술을 마셨을 땐 절대로 차에 타면 안 된다고 얘기해요. 그러자 아이는 말하죠. '나도 알아요, 아빠. 나 멍청이 아니에요.' 십대들이 하는 말투 알아요? 그리고 나는 운전할 때 문자도 하면 안 된다고 말하죠."

존은 여기서 웃음을 터뜨리는데, 음울한 웃음이다. "이 꿈, 정말 정확하지 않아요, 셜록?"

나는 웃지 않는다. 그가 다시 얘기를 시작하기를 그저 기다린다.

"아무튼," 그가 말을 잇는다. "감독관이 다가오고 게이브와 나는 서로를 향해 엄지를 치켜들어요. 처음 아이를 유치원에 데려다준 날 아이가 교실에 들어가기 전에 그랬던 것처럼. 서둘러서 너는 잘할 거야라고 말해요. 그런데 감독관이 왠지 신경이 쓰여요."

"왜 그렇죠?" 내가 묻는다.

"그냥 뭔가 느낌이 안 좋아요. 불안해요. 그녀를 믿을 수가 없어요. 왠지 그녀가 게이브를 노리는 것 같고, 게이브가 시험을 통과하지 못할 것만 같아요. 아무튼 나는 두 사람이 탄 차가 멀어지는 걸 지켜봐요. 게이브는 주행 시험의 첫 번째 우회전을 아주 잘 해내요. 그러자 긴장이 풀리기 시작하는데, 그때 마고에게서 전화가 와요. 아내는 어머니가 계속 전화를 하시는데, 그 전화를 받아야 하느냐고 물어요. 꿈속에서 우리 엄마는 아직 살아 있고, 나는 마고가 이런 질문을 하는 이유를 알 수가 없어요. 왜 그 빌어먹을 전화를 그냥 받지 않는지. '그냥 받아!' 그러자 아내가 말해요. '기억 안 나? 우리 약속했잖아, 누군가 죽는 일이 아니라면 전화를 받지 않기로.' 그러자 불현듯 마고가 그 전화를 받으면 그건 엄마가 죽는다는 뜻이라는 생각이 들어요. 엄마가 죽을 거라는. 그런데 마고가 전화를 받지 않으면 아무도 죽지 않죠. 엄마는 죽지 않아요.

그래서 내가 말해요. '당신 말이 맞아. 무슨 일이 있어도 그 전화를 받지 마. 그냥 울리게 내버려둬.'

그래서 우리는 통화를 마치고 나는 여전히 면허 시험장에서 게이브를 기다리고 있어요. 나는 시계를 봐요. 그들은 어디 있을까? 20분이면 끝난다고 했는데. 30분이 지나요. 40분. 그때 감독관이 돌아오는데, 게이브는 옆에 없어요. 그녀가 나를 향해 걸어오는 순간, 나는 알아요.

'미안합니다.' 그녀가 말해요. '사고가 있었어요. 휴대폰을 든 남자였어요.' 그리고 그제야 그 시험관이 엄마라는 걸 알아차려요. 게이브가 죽었다고 내게 말하고 있는 사람이 우리 엄마였던 거예요. 그리고 엄마가 마고에게 계속해서 전화를 걸었던 이유도 그 때문이었죠. 누군가 죽는 일이 생겼기 때문이고, 그건 게이브였어요. 전화 통화를 하던 어떤 멍청이가 운전면허 시험을 보던 아이를 죽인 거예요!

그래서 내가 물어요. '그 남자가 누구죠? 경찰을 불렀나요? 그 인간을 내가 죽여버릴 거야!' 그러자 엄마가 나를 물끄러미 쳐다봐요. 그리고 그 순간 그 남자가 나라는 걸 깨달아요. 내가 게이브를 죽인 거예요!"

존은 숨을 크게 들이마시고 얘기를 계속한다. 게이브가 죽은 후에 그와 마고는 서로를 심한 말로 비난했다. 응급실에서 마고는 존에게 소리쳤다. "축복? 전화기가 축복이라고? 게이브가 축복이지, 이 빌어먹을 등신아." 나중에, 혈액 검사 결과 상대 운전자가 술에 취했다는 사실이 밝혀진 후 마고는 존에게 사과했지만, 그는 마음 깊은 곳에서 마고가 여전히 자신을 비난한다는 걸 알았다. 그가 그걸 알았던 건 마음 깊은 곳에서 자신이 그녀를 비난했기 때문이었다. 마음 한 구석에서는 그녀의 책임이라고 느꼈다. 발신자를 확인하지 않겠다고 그렇게 고집을 피우지만 않았어도 자신이 운전대를 잘 잡았을 테고 차선을 넘어오는 음주 운전 차량에 좀 더 신속하게 대응해서 위험을 피할 수 있었을 것이다.

누구에게 책임이 있는지 끝내 알 수 없다는 건 끔찍한 노릇이라고 그는 말한다. 어떤 상황이었더라도 상대 차량과 충돌했을지도 모르고, 싸우느라 한눈을 팔지 않았더라면 상대 차량을 피할 수 있었을지도 모른다.

존을 괴롭히는 건 바로 그 '모른다'였다.

모른다가 우리 모두를 얼마나 괴롭히는지에 대해 생각해본다. 남자친구가 왜 나를 떠났는지 모른다는 것. 내 몸의 어디가 고장났는지 모른다는 것. 자신이 아들을 구할 수 있었을지 모른다는 것. 어느 시점에서는 누구나 알지 못하는 것과 알 수 없는 것을 받아들여야 한다. 가끔은 그 이유를 결코 알 수 없을 때도 있을 것이다.

"아무튼," 존은 다시 꿈 얘기로 돌아간다. "그 순간에 나는 비명을 지르면서 잠에서 깨어나요. 그리고 내가 뭐라고 했는지 알아요? '아빠아아아아.' 게이브의 마지막 외침이었죠. 마고는 이 소리를 듣고 돌아버려요. 아내는 욕실로 달려가서 엉엉 울어요."

"당신은요?" 내가 말한다.

"뭐가요?"

"울었냐고요."

존이 고개를 젓는다.

"왜죠?"

존은 빤한 걸 묻는다는 듯이 한숨을 쉰다. "왜냐면 마고가 욕실에서 정신줄을 놓고 있기 때문이죠. 그 상황에서 내가 어쩌겠어요, 같이 정신줄을 놔버리나요?"

"모르겠네요. 내가 그런 꿈을 꾸고 비명을 지르다가 잠이 깬다면 상당히 동요할 것 같은데. 온갖 기분이 들 것 같아요. 분노, 죄책감, 슬픔, 절망. 그리고 압력 밸브를 조금 열어서 그런 기분을 어느 정도 내보내야 할 것 같아요. 내가 어떻게 할지는 나도 모르겠어요. 어쩌면 당신처럼 할지도 모르죠. 그것도 감당할 수 없는 상황에 대한 합리적인 반응이에요. 감각이 마비된 상태로 내가 느낀 것들을 무시하려고 노력하면서 제정신을 지키는 것. 하지만 나는 어떤 순간에는 그냥 폭발해버릴 것 같아요."

존은 고개를 젓는다. "뭐 한 가지 얘기해줄까요." 그가 내 눈을 빤히 쳐다보며 말한다. 그의 목소리에서 강렬함이 묻어난다. "나는 부모예요. 내게는 딸이 둘 있어요. 나는 그 아이들을 실망시키지 않을 겁니다. 폐인이 되어서 그 아이들의 어린 시절을 망쳐버리지 않을 거예요. 아들의 망령에 시달리는 두 부모 밑에서 자라게 하지 않을 거라고요. 우리 애들은 그보다 나은 대우를 받을 자격이 있어요. 과거에 일어났던 일은 그 애들의 책임이 아니에요. 우리 책임이에요. 그리고 딸들의 옆을 지켜주는 것, 그 아이들을 위해 정신을 바짝 차리는 것도 우리의 책임이에요."

나는 그의 말을 곱씹는다. 그는 자신이 게이브를 망쳤으며, 다른 두 아이까지 망치고 싶지 않다고 생각한다. 그 고통을 마음 깊은 곳에 넣고 잠가버리는 것이 그들을 보호하는 방법이라고 생각한다. 그래서 나는 그에게 내 아버지의 형에 대해 얘기해주기로 마음먹는다.

아버지는 여섯 살, 그러니까 어머니를 여의였을 때 존의 나이이자 게이브가 세상을 떠났을 때의 나이가 될 때까지 자신과 여동생 외에 부모에게 다른 자식이 있을 거라고는 생각하지 않았다. 그러던 어느 날, 다락방을 뒤지다가 어떤 소년이 태어났을 때부터 학교에 들어갈 무렵까지의 사진이 잔뜩 담긴 상자를 발견했다.

"이게 누구에요?" 아버지가 그의 아버지에게 물었다. 그 소년은 다섯 살 때 폐렴으로 세상을 떠난 아버지의 형, 잭이었다. 그때까지 잭은 한 번도 언급된 적이 없었다. 아버지는 잭이 죽고 몇 년이 지나서 태어났다. 아버지의 부모는 잭을 언급하지 않는 것이 아이들을 위해 정신을 바짝 차리는 방법이라고 믿었다. 하지만 그들의 여섯 살짜리 아들은 충격을 받고 혼란에 휩싸였다. 아이는 잭에 대해 얘기하고 싶어 했다. 왜 자신에게 말해주지 않은 걸까? 잭의 옷은 다 어디로 갔을까? 그의 장난감은? 사진처럼 전부 다락방에 있을까? 왜 한 번도 잭에 대해 말하지 않은 걸까? 만약 그가, 나중에 내 아버지가 되는 그 어린 소년이, 죽는다면 그들은 그에 대해서도 모든 걸 잊을까?

"당신은 좋은 아빠가 되는 것에 너무 집중하고 있어요." 나는 존에게 말한다. "하지만 인간적인 감정의 모든 면을 보여주면서 자연스럽게 살아가는 것도 좋은 아빠가 되는 방법일 수 있어요. 비록 충만하게 사는 것이 가끔은 그렇지 않은 것보다 더 힘들 수 있더라도 말이죠. 감정을 혼자서 느끼거나, 마고에게 드러내거나, 여기서 나한테 보여줄 수도 있어요. 어른들의 공간에서만 발산하는 거예요. 그리고 그렇게 하면 아이들에게 더 활기찬 모습을 보여줄 수 있을 거예요. 그게 아이들을 위해 제정신을 유지하는 또 다른 방법일지도 몰라요. 게이브에 대한 언급을 전혀 안 하는 것이 아이들에게는 오히려 혼란스러울 수도 있어요. 그렇게 상상속의 다락방에 치워두지 말고 집에서 게이브의 언급을 허용한다면, 스스로 분노하거나 울거나 절망하는 시간을 허락하는 것도 더 감당하기 쉬워질지 몰라요."

존은 고개를 젓는다. "나는 마고처럼 되고 싶지 않아요." 그가 말한다. "아내는 아주 사소한 일에도 눈물을 흘려요. 가끔은 우는 걸 멈추지 않을 것처럼 보일 때도 있는데, 나는 그런 식으로 살 수 없어요. 그녀에게는 아무것도 변한 게 없는 것 같아요. 하지만 어떤 시점이 되면 툭툭 털고 일어나겠다고 결심해야 해요. 나는 털고 일어나는 쪽을 택했고, 마고는 그렇게 하지 않았어요."

마고가 웬델의 소파에 앉아 내가 제일 좋아하는 쿠션을 끌어안고 그에게 이런 고통을 느끼는 자신이 얼마나 외로운지, 마음의 문을 닫아걸고 있는 남편 옆에서 자신이 이 모든 걸 어떻게 혼자 감당하고 있는지 얘기하는 모습을 상상해본다. 그리고 아내의 고통을 지켜보면서 그 모습을 참을 수 없는 존은 또 얼마나 외로울지 생각한다.

"그렇게 보일 수도 있을 것 같아요." 나는 마침내 이렇게 말한다. "하지만 마고가 그런 식으로 행동하는 건 두 가지 역할을 해야 하는 탓도 있지 않을까 싶어요. 어쩌면 지금까지 그녀는 당신을 대신해서 두 사람 몫을 울고 있었는지도 몰라요."

존의 이마에 주름이 잡히고, 그가 무릎을 내려다본다. 검은색 고급 청바지 위로 눈물이 몇 방울 떨어진다. 처음에는 천천히 떨어지더니 나중에는 폭포수처럼, 미처 닦아낼 새도 없이 빠르게 떨어지고. 결국 그는 눈물을 닦으려는 시도를 중단한다. 지난 6년 동안 참아왔던 눈물이다.

어쩌면 30년 넘게 참아왔거나.

그가 우는 동안 내가 존의 주제라고 생각했던 것들, 딸에게 휴대폰을 사주는 것을 놓고 마고와 벌인 언쟁, 진료실에서의 휴대폰 사용을 두고 나와 벌인 설전에도 내가 깨달았던 것보다 훨씬 더 깊은 의미가 담겨 있다는 걸 깨닫는다. 레이커스 시합에서 아들과 손을 잡은 나에게 했던 말('있을 때 즐겨요')과 오늘 도착해서 한 말을 떠올린다('당신이 이겼어요. 나와 함께하는 기쁨을 차지했다고요'). 하지만 어쩌면 그가 나와 함께하는 기쁨을 차지한 것일 수도 있다. 어쨌거나 그는 오늘 여기 와서 이런 얘기들을 전부 털어놓는 쪽을 선택했다.

말할 수 없는 것들로부터 스스로를 지켜내는 방법이 참 많다는 생각도 든다. 자신에게서 바람직하지 못한 부분을 분리하고, 거짓된 자아 뒤에 숨어 자기애적인 특징을 개발하는 것도 한 방법이다. '그래, 이런 재앙이 일어났지만, 난 괜찮아. 아무것도 나를 건드릴 수 없어. 나는 특별하거든.' 어린 존에게 자신을 엄마의 기쁨이라는 기억으로 감싸는 것은 인생의 예측 불가능성에 대한 공포로부터 자신을 지키는 방법이었다. 어른이 되어서도 이런 방법으로, 게이브가 죽은 후에 자신은 정말 특별하다는 생각에 매달린 채 자신을 안심시켰을지 모른다. 존이 이 세상에서 의지할 수 있는 오직 하나의 확실성은 자신이 멍청이들로 둘러싸인 특별한 사람이란 것이기 때문이다.

존은 눈물을 흘리며 바로 이런 상황을 원치 않았던 거라고, 정신줄을 놓기 위해 여기 온 게 아니라고 말한다.

하지만 나는 그에게 이건 정신줄을 놓는 게 아니라고, 마음을 열고 있는 거라고 말해준다.

39. 변화의 단계

심리학에는 단계를 이용한 이론이 넘치는데, 아무래도 단계의 질서정연함과 명료함, 예측 가능성 등이 매력적이기 때문일 것이다. 기초 심리학 강의를 들은 사람이라면 프로이트와 융, 에릭슨, 피아제, 그리고 매슬로 등이 제시한 발달 단계 모델을 접해봤을 것이다.

하지만 내가 상담 시간마다 거의 매순간 유념하는 단계 모델은 바로 변화의 단계이다. 심리 치료가 사람들을 지금 있는 곳에서 그들이 있고자 하는 곳으로 이끄는 일이라면 그걸 늘 고려해야 한다. 인간은 실질적으로 어떻게 변화하는가?

1980년대에 제임스 프로차스카라는 심리학자는 나이키 광고(또는 신년 계획)와는 달리 사람들이 '저스트 두 잇'하지 않고 다음과 같은 일련의 단계에 따라 움직이는 경향이 있음을 보여주는 행동 변화의 범이론 모델TTM을 정립했다.

1단계: 무관심

2단계: 숙고

3단계: 준비

4단계: 실행

5단계: 유지

　당신이 변화를 원한다고 해보자. 운동을 더 많이 하거나, 관계를 끝내거나, 심지어 생전 처음 심리 치료를 받아보려는 것일 수도 있다. 그 지점에 도달하기 전에 일단 첫 번째의 무관심 단계를 거치게 되는데, 이때는 변화하는 것에 대해 생각조차 하지 않는다. 몇몇 심리 치료사들은 이것을 부정(否定)에 비교하는데, 자신에게 문제가 있을지도 모른다는 사실을 깨닫지 못한다는 뜻이다. 나를 처음 찾아왔을 때 샬럿은 자신의 음주가 분위기를 맞추는 사교적 수준이라고 말했다. 자기 어머니가 알코올을 자가 처방하는 경향이 있다고 말하면서도 정작 자신의 알코올 소비를 그것과 연결하지 못하는 걸 보면서 나는 그녀가 무관심 단계라는 걸 깨달았다. 내가 이런 얘기를 했을 때 그녀는 내 말을 자르며 발끈했다('내 또래 사람들은 나가서 술을 마셔요!'). 그건 이른바 '화살 돌리기'인데, 어떤 문제에 대해 얘기하는 게 힘들 때 다른 문제를 거론해서 관심을 돌리는 걸 말한다(X에 대해서는 신경 쓰지 말고, Y에 대해 얘기하는 게 어때요?).

　물론 심리 치료사는 설득하는 사람이 아니다. 우리는 거식증을 앓는 사람에게 먹으라고 설득할 수 없다. 알코올 중독자에게 술을 마시지 말라고 설득할 수도 없다. 사람들에게 자기 파괴적인 행동을 하지 말라고 납득시킬 수도 없는데, 지금 당장은 자기 파괴적인 행동이 그들에게 이롭기 때문이다. 우리가 할 수 있는 것은 그들이 스스로를 더 잘 이해하도록 돕고, 스스로에게 올바른 질문을 하는 법을 보여줌으로써, 스스로를 설득하게 되는 어떤 계기(내부적으로든 외부적으로든)가 일어나도록 만드는 것뿐이다.

샬럿이 그 다음 단계인 숙고로 넘어가게 된 계기는 자동차 사고와 음주 운전이었다.

숙고 단계에는 양면성이 가득하다. 무관심 단계가 부정이었다면, 숙고 단계는 저항에 비견할 수 있을 것이다. 이때 사람들은 문제를 자각하고 그것에 대해 이야기할 용의가 있으며 행동을 취하는 것에도 (이론적으로는) 반대하지 않지만, 아직은 그렇게 할 수 없는 것처럼 보인다. 그래서 샬럿은 음주 운전을 걱정하고 그에 따른 중독 프로그램의 강제 이수(마지못해 참가했지만 시험을 치르지 않아서 비싼 비용을 치르고 시한을 연장해야 했던)를 고민하면서도 술버릇을 바꿀 준비는 되어 있지 않았다.

숙고 단계에서 심리 치료를 시작하는 사람들이 많다. 장거리 연애를 하던 어떤 여자는 남자친구가 차일피일 이사를 미루는 걸 보면서 어쩌면 그가 이사 오지 않을지도 모른다는 걸 알았지만 그와 헤어질 마음은 없었다. 어떤 남자는 아내가 바람 피우는 걸 알았지만, 아내가 문자에 답을 하지 않을 때마다 그럴 만한 사정을 만들어내서 따져 물을 필요를 제거했다. 이 단계에서 사람들은 변화(심지어 긍정적인 변화)를 피하기 위해 능청을 부리거나 자기 파괴적 행동을 하는데, 무엇을 대신 얻게 될지 모르는 상황에서 뭔가를 포기하는 게 꺼려지기 때문이다. 이 단계의 문제는 오래된 것의 상실과 새로운 것에 대한 불안이 변화에 얽혀 있다는 것이다. 이걸 지켜보는 가족과 친구들은 울화가 치미겠지만, 이러한 쳇바퀴는 치료의 일부다. 사람들은 어처구니 없을 만큼 수없이 같은 일을 반복하고서야 변화할 준비를 갖추게 된다.

샬럿은 음주량을 '줄이려는' 노력에 대해 이야기했다. 이를테면 매일 세 잔씩 마시던 와인을 두 잔으로 줄이거나, 저녁에(그리고 물론 저녁을 먹은 후에도) 술 마실 일이 있으면 브런치에 곁들이는 칵테일을 건너뛰는 식이다. 그녀는 알코올이 자신의 삶에서 차지하는 역할, 즉 불안감을 잠재워주는 효과는 인정할 수 있었다. 그러나 감정을 다스릴 대안을 찾지는 못했는데, 그건 정신과에서 처방해준 약조차 마찬가지였다.

불안 문제를 해결하기 위해 우리는 상담 시간을 주 2회로 늘리기로 했다. 이 기간에 그녀는 술을 덜 마셨고, 한동안 이것만으로도 충분할 거라고 믿었다. 그런데 주 2회 상담은 또 다른 문제를 유발했고(샬럿은 다시 한 번 내게 중독되었다고 확신했다), 그래서 주 1회 일정으로 돌아갔다. 적절한 순간에(그녀가 데이트에서 취했던 얘길 했을 때) 외래 치료 프로그램을 추천했지만 그녀는 고개를 저었다.

"그런 프로그램은 술을 완전히 끊게 만들어요." 그녀는 이렇게 말하곤 했다. "저녁에 한 잔씩은 하고 싶단 말이에요. 다들 술을 마시는데 나만 안 마시면 사회생활 하기 힘들다고요."

"사회생활 하기 힘들 게 만드는 건 만취도 마찬가지죠." 내가 이렇게 말하면 그녀는 또 이렇게 대꾸했다. "그래요. 하지만 줄이고 있잖아요." 당시에는 그 말이 사실이었다. 실제로 음주량은 줄고 있었다. 그녀는 온라인으로 중독에 대한 정보를 검색하면서 3단계인 준비 단계에 도달했다. 샬럿에겐 평생을 계속해온 부모와의 싸움을 인정하는 게 힘들었다. '엄마, 아빠. 나는 변하지 않을 거예요, 두 분이 내가 원하는 방식으로 나를 대해주기 전까지는.' 그녀는 부모가 먼저 변해야 자신도 습관을 바꿀 거라고 무의식적으로 결정했다. 이런 말이 있는지 모르겠지만 그건 '패-패'의 거래였다. 뭔가 새로운 계기가 없다면, 부모님과의 관계는 달라질 수 없었다.

두 달 후, 샬럿이 의기양양하게 들어오더니 가방 속 물건들을 꺼내 놓고 말했다. "질문이 하나 있어요." 적당한 외래 중독 치료 프로그램을 아는 데가 있냐는 질문이었다. 그녀는 네 번째 단계, 실행에 돌입했다.

실행 단계에서 샬럿은 착실하게 매주 세 번씩 중독 치료 프로그램에 참여하면서, 그 모임을 그 시간대에 마시곤 했던 와인의 대체물로 삼았다. 그녀는 술을 완전히 끊었다.

목표는 당연히 마지막인 유지 단계에 도달하는 것인데, 이건 변화를 상당 기간 동안 고수하는 걸 의미한다. 그렇다고 해서 뱀주사위 놀이처럼 뒤로 미끄러져내리는 일이 없다는 뜻은 아니다. 스트레스, 또는 과거의 행동을 불러내는 일정한 자극(특정한 레스토랑, 오래된 술 친구의 전화)이 재발을 초래할 수 있다. 이 단계가 어려운 이유는 사람들이 교정하고 싶어 하는 행동들이 일상이라는 피륙 속에 짜여 있기 때문이다. 중독 문제가 있는 사람들은(그 대상이 약물이든 드라마든 부정적인 태도나 자기 파괴적 행동이든) 다른 중독자와 어울리는 경향이 있다. 하지만 유지 단계에 들어설 정도라면 적절한 도움이 수반될 경우 보통은 궤도를 회복할 수 있다.

와인이나 보드카가 사라지자, 샬럿은 집중력이 좋아졌고 기억력이 향상되었으며 피로감이 덜하고 의욕도 높아졌다. 그녀는 대학원에 지원했다. 평소 관심이 있었던 동물 보호 단체에 참여했다. 또 평생 처음으로 엄마와의 껄끄러운 관계에 대해 나에게 얘기할 수 있었고, 훨씬 차분하고 덜 감정적인 방식으로 엄마를 대하기 시작했다. 생일에 딱 한 잔만 하라고 권하는 친구들과 거리를 두었다. 대신 새로 사귄 친구들과 그들이 차린 맛있는 요리를 먹으며 다양하고 창의적인 무알코올 음료로 건배를 했다.

그런데 그녀가 끊어버리지 못한 중독이 한 가지 더 있었다. 그건 바로 그치였다.

툭 까놓고 말해서, 나는 그치가 싫었다. 그의 허세, 거짓된 언행, 샬럿을 희롱하는 태도. 그는 한 주는 여자친구와 함께 오고 그 다음 주에는 혼자 왔다. 이번 달에는 샬럿과 어울리고 그 다음 달에는 그러지 않았다. '내가 지켜보고 있어.' 대기실 문을 열었을 때 그가 샬럿 옆에 앉아 있는 게 보이면 나는 표정으로 그에게 이런 뜻을 전달하려 했다. 나는 자동차 광고에서 운전을 하던 엄마 개처럼 보호 본능을 느꼈다. 하지만 그 소동에 발을 들이지는 않았다.

샬럿은 최근의 일을 이야기하면서 문자를 보내듯 양손 엄지를 움찔거렸다. "그래서 내가 이렇게 말했더니……." "그는 이렇게……." "그래서 내가 또……."

"이런 대화를 문자로 나눴다고요?" 그녀가 이 얘길 처음 했을 때 나는 놀라서 물었다. 문자로 관계에 대해 얘기하는 건 한계가 있지 않겠냐는 말에(눈을 바라볼 수도 없고, 흥분한 상대의 손을 잡고 마음을 달래줄 수도 없으니까) 그녀는 이렇게 대꾸했다. "아니에요, 이모티콘도 사용해요."

무거운 침묵과 움찔거리는 발을 보고 남자친구의 마음을 짐작했던 게 떠올랐다. 우리가 그날 영화표 예매에 대해 문자로 대화를 나눴다면, 털어놓기까지 몇 달을 더 기다렸을지도 모른다. 어쨌든 샬럿에게는 내 말이 고루하게 들릴 걸 모르지 않았다. 그녀 세대가 변하지는 않을 테니까 내가 시대에 맞춰 변해야 한다.

오늘 샬럿은 눈이 빨갛게 충혈됐다. 그치가 헤어진 줄 알았던 여자친구와 다시 만난다는 걸 인스타그램을 보고 알게 되었다.

"그는 늘 변하고 싶다고 말했는데, 이런 일이 일어났어요." 그녀는 한숨을 쉬었다. "그가 과연 변할 거라고 생각하세요?"

나는 변화의 단계를 생각하고(샬럿의 단계, 그리고 그치가 도달했을 만한 단계), 끝없이 사라지곤 하는 샬럿 아버지의 행동이 그치에게서 반복되고 있다는 생각을 한다. 샬럿으로서는 자신은 변하고 있는데 다른 사람들은 그렇지 않을지도 모른다는 사실을 받아들이기 힘들다. "그는 변하지 않을 거예요, 그죠?" 그녀가 말한다.

"변화를 원하지 않을지도 모르죠." 내가 부드럽게 말한다. "그리고 당신 아버지 역시 마찬가지일지도 모르고요."

샬럿은 가능성을 따져보는 것처럼 입술을 꾹 다물었다. 원하는 방식으로 사랑을 얻기 위해 모든 노력을 기울였지만 그녀는 이 남자들을 변하게 만들 수 없는데, 그들이 변하기를 원치 않기 때문이다. 이건 심리 치료에서 자주 접하는 시나리오다. 우리가 다른 사람에게 바라는 변화는 정작 그 사람의 실행 목록에는 들어 있지 않을 때가 있다. 그 사람들이 그렇다고 말할 때조차도.

"하지만," 그녀는 말을 하려다가 입을 다문다.

나는 그녀를 바라보면서 그녀의 내면에 어떤 변화가 일어나고 있음을 감지한다.

"나는 계속 그들이 변하도록 노력할 거예요." 그녀는 거의 혼잣말처럼 말한다.

나는 고개를 끄덕인다. 그가 변하려 하지 않으니까, 그녀가 그럴 수밖에 없을 것이다.

모든 관계는 춤이다. 그치는 자신의 스텝(다가왔다/멀어지고)을 밟고, 샬럿은 자신의 스텝을 밟는다(다가갔다/상처입고). 그게 그들이 춤을 추는 방식이다. 하지만 샬럿이 스텝을 바꿀 경우 두 가지 중에 한 가지가 일어날 것이다. 발이 걸려 넘어지지 않으려면 그치가 자신의 스텝을 바꾸거나, 아니면 춤을 중단하고 다른 누군가의 발을 밟으러 가버릴 것이다.

샬럿이 금주한 지 넉 달 만에 처음 술을 마신 건 '아버지 날'이었다. 기념일을 함께 보내러 올 예정이었던 아버지가 막판에 취소를 해버린 탓이었다. 그게 석 달 전이었다. 그녀는 그 춤이 싫었고, 그래서 자신의 스텝을 바꿨다. 그리고 그 후로는 술을 전혀 마시지 않았다.

"그치를 그만 만나야겠어요." 그리고 오늘 그녀는 이렇게 말한다.

나는 미소에 이런 뜻을 담아 보낸다. '한두 번 했던 말인가요?'

"아니에요. 이번엔 진심이에요." 그녀는 이렇게 말하면서 내게 미소로 화답한다. 그건 준비 단계의 그녀에게 주문 같은 말이었다. "예약 시간을 바꿀 수 있을까요?" 그런데 이번에는 실행에 옮길 준비가 되었다.

"물론이죠." 나는 그녀에게 다른 요일과 시간을 말해주고, 그녀는 그걸 휴대폰에 저장한다.

상담이 끝나자 샬럿은 잡동사니들을 모아 담은 후 문으로 걸어갔고, 늘 그랬던 것처럼 문가에서 머뭇거린다. "그러면, 월요일에 봐요." 샬럿은 우리가 그치에게 한 방 먹였다는 듯이 속삭인다. 그치는 평소처럼 목요일에 와서 샬럿이 왜 안 보이는지 궁금해할 것이다. '실컷 궁금해하라지.' 나는 생각한다.

샬럿이 복도를 걸어갈 때 그치도 밖으로 나오고, 마이크와 나는 무표정한 얼굴로 인사를 나눈다.

어쩌면 그치가 여자친구에 대해 마이크에게 말했고, 바람피우는 문제를 의논했을지도 모른다. 또는 이런 얘기를 마이크에게 전혀 안 했을 수도 있다. 어쩌면 변화할 준비가 안 됐을지도 모르고, 변화에 전혀 관심이 없을지도 모른다.

내가 다음 자문 그룹에서 이 얘기를 꺼냈을 때, 이안은 가볍게 나를 제지했다. "로리, 한마디만 할게. 자기 환자가 아니잖아."

샬럿처럼 나도 그치를 놓아줄 필요가 있다는 걸 깨닫는다.

40. 아버지들

뒤늦게 신년 맞이 대청소를 하다가 대학원 시절에 오스트리아의 정신과 의사 빅터 프랭클에 대해 썼던 과제를 발견했다.

1905년에 태어난 프랭클은 어려서부터 심리학에 관심이 많았다. 고등학교에 진학한 후에는 프로이트와 서신을 주고받기 시작했다. 의학을 공부한 그는 심리학과 철학을 접목해서 강의를 했는데, 그 강의를 로고 테라피('로고'는 그리스어로 '의미'를 뜻한다)라고 불렀다. 프로이트가 사람들이 쾌락을 추구하고 고통을 피하려 한다고 믿었다면 (그의 유명한 쾌락 원리), 프랭클은 쾌락이 아닌 삶의 의미를 찾는 것이 사람들의 주된 원동력이라고 주장했다.

그가 30대였을 때 2차 대전이 발발했고, 유대인이었던 그는 위기에 처했다. 미국으로 이주하라는 권유를 거절한 건 부모를 저버릴 수 없었기 때문이었다. 1년 뒤에 나치는 프랭클 부부에게 임신 중절을 강요했다. 몇 달 사이에 그와 가족들이 줄줄이 강제 수용소로 추방되었고, 3년이 지나서야 풀려난 프랭클은 나치가 자신의 아내와 형, 그리고 부모를 모두 죽였다는 사실을 알게 되었다.

이런 상황에서의 자유는 절망으로 이어졌을지 모른다. 어쨌거나 프랭클과 동료 수감자들이 석방을 기다리며 품었던 희망은 이제 모두 사라졌다. 아끼는 사람들은 죽었고, 가족과 친구들은 보이지 않았다. 하지만 프랭클은 회복과 영적인 구원에 대한 탁월한 글을 집필했는데, 그게 바로 『삶의 의미를 찾아서 Man's Search for Meaning』라는 책이다. 이 책에서 그는 강제 수용소의 공포뿐만이 아닌 보다 세속적인 투쟁과 관련하여 로고 테라피 이론을 전개한다.

그는 이렇게 적었다. '한 인간에게서 모든 것을 앗아가더라도 한 가지만은 뺏을 수 없다. 인간의 마지막 자유. 어떤 상황에서도 자신의 태도를 선택할 수 있는 자유가 그것이다.'

실제로 프랭클은 재혼했고, 딸 하나를 얻었으며, 왕성한 저작 활동을 펼쳤고, 아흔두 살의 나이로 세상을 떠날 때까지 전 세계를 돌아다니며 강연을 했다.

이 노트를 다시 읽으며 웬델과 나눴던 대화를 생각했다. 대학원 시절의 스프링 노트에는 '반발 vs. 반응 = 반사 vs. 선택'이라고 적혀 있었다. 죽음의 망령 속에서조차 우리는 우리의 반응을 선택할 수 있다고 프랭클은 말하고 있었다. 어머니와 아이를 잃은 존, 줄리의 병, 리타의 후회스러운 과거, 그리고 샬럿의 어린 시절도 마찬가지였다. 그것이 극단적인 트라우마건, 까다로운 가족과의 상호 작용이건 프랭클의 주장이 적용되지 않는 환자를 단 한 명도 생각할 수 없었다. 그리고 60여 년이 훌쩍 지난 지금, 웬델은 나도 선택할 수 있다고 말한다. 감옥은 양쪽으로 뻥 뚫려 있다고.

나는 프랭클의 책에서 특히 이 구절을 좋아했다. '자극과 반응 사이에 공간이 있다. 그 공간에 반응을 선택하는 우리의 힘이 담겨 있다. 우리의 반응 속에는 우리의 성장과 자유가 놓여 있다.'

일정을 조정해야 할 때가 아니면 웬델에게 이메일을 보낸 적이 없었지만, 유사성이 너무 놀라워서 그와 공유하고 싶어졌다. 나는 이렇게 적었다. '이건 우리가 얘기했던 바로 그 내용이에요. 관건은, 좀처럼 손에 잡히지 않는 그 '공간'을 찾아내는 것이겠죠.'

몇 시간 후에 그에게서 답장이 왔다.

나는 전부터 프랭클에 감탄해왔습니다. 아름다운 인용문이네요. 수요일에 만나요.

웬델다웠다. 따뜻한 답장이었지만, 그는 심리 치료가 어디까지나 대면을 통해 이뤄지는 과정임을 분명히 한다.

어쨌거나 나는 그의 답장을 일주일 내내 머릿속에 담고 있었다. 인용문에 감탄할 만한 친구들이 있겠지만, 그들의 답장이 웬델과 같지는 않을 것이다. 웬델은 가까운 사람들조차 보지 못하는 방식으로 나를 이해했다. 우리가 다른 세계에 존재했기 때문에 가능한 일이다. 물론 가족과 친구들이 웬델은 결코 보지 못할 나의 측면을 보는 것도 사실이지만, 내 이메일에 담긴 언외의 의미를 웬델만큼 정확하게 이해할 사람은 없었다.

이어지는 수요일에 웬델이 이메일 얘기를 꺼낸다. 인용문을 아내에게 보여줬고, 아내가 그걸 강연에 활용할 계획이라고 말한다. 그가 부인을 언급한 적은 한 번도 없었지만, 나는 오래 전에 검색을 통해 그녀의 모든 것을 알고 있다.

"부인은 무슨 일을 하세요?" 나는 마치 그녀의 링크드인 프로필을 본 적이 없는 것처럼 묻는다. 그는 아내가 비영리 단체에서 일한다고 말한다.

"아, 흥미롭네요."

잠깐 동안 내가 지금 심리 치료사의 입장이라면 어떻게 할지 생각해본다. '나라면 저렇게 하지 않겠어.' 때때로 나는 이렇게 말하고 싶다. 쓸데없는 참견이란 건 알고 있다. 나는 환자가 되어야 한다. 다시 말해, 나는 통제권을 내려놔야 한다. 심리 치료의 키를 환자가 쥐고 있는 것처럼 보일 수 있다. 무슨 말을 할지 안 할지 결정하고, 어떤 안건이나 주제를 설정할지 환자가 결정하는 것처럼 보일 수 있다. 하지만 심리 치료사들은 그 나름의 방법으로 배후에서 조종을 한다. 즉, 하는 말과 하지 않는 말을 통해, 즉각적이거나 유보된 반응을 통해, 주의를 기울이는 것과 그렇지 않은 것들을 통해 환자를 조종한다.

치료 시간이 얼마간 지났을 때, 나는 아버지 얘기를 한다. 심장에 문제가 생겨서 다시 입원을 하셨고, 지금은 괜찮지만 아버지를 잃게 될까봐 겁이 난다고. 새삼 아버지의 노쇠함을 느끼고, 그가 세상에 영원히 머물지 못한다는 사실을 받아들이기 시작했다고 말한다.

"아버지가 없는 세상을 떠올릴 수가 없어요." 나는 말한다. "전화를 걸어 목소리를 들을 수도 없고 조언을 구하거나 함께 웃을 수 없다는 걸 상상할 수 없어요." 아버지와 함께 웃는 것처럼 좋은 게 뭐가 있나하는 생각이 든다. 그가 거의 모든 방면에 얼마나 해박하고, 나를 얼마나 사랑하며, 모든 사람에게 얼마나 다정한지 생각한다.

대학에 다닐 때 집이 너무 그리워서 그만두고 돌아갈까 생각한 적이 있다. 목소리에서 힘든 기색을 느낀 아버지는 비행기를 타고 4,800킬로미터를 날아와 그 추운 겨울 기숙사 앞 공원 벤치에 앉아 내 얘기를 들어주었다. 그렇게 이틀을 더 얘기를 들어주다가 내 기분이 나아진 걸 보고서야 돌아가셨다. 한참을 잊고 있던 일이다.

지난 주말 아들의 농구 시합에서 있었던 일도 들려준다. 시합에서 이긴 아이들이 승리를 축하하기 위해 몰려 나갈 때, 아버지는 나를 옆으로 부르더니 그 전날 친구의 장례식에서 30대인 친구의 딸에게 해준 얘기를 들려줬다. "네 아버지는 너를 아주 자랑스러워했단다. 말끝마다 크리스티나가 자랑스럽다고 얘기했어. 네가 하는 일에 대해 빠짐없이 말해줬단다." 그건 사실이었지만, 크리스티나는 충격을 받았다.

"저한테는 한 번도 그런 말씀을 안 하셨는데." 그녀는 이렇게 말하며 눈물을 쏟았다고 했다. 아버지는 황망해하면서 당신도 딸에게 마음을 얘기한 적이 있는지 의문이 들었다. 드러내긴 했던가? 혹은 충분했던가?

"그래서 말이다." 아버지는 말씀하셨다. "내가 너를 자랑스러워한다는 말을 너에게 확실히 하고 싶다. 네가 그걸 안다는 걸 확실히 하고 싶어." 아버지는 어찌나 수줍어하시는지 이런 식의 대화가 불편한 기색이 역력했다. 얘기를 들어주는 데는 익숙하지만 당신의 감정은 좀처럼 드러내지 않았던 탓이었다.

"알아요." 비록 내가 늘 충분히 귀를 기울이지는 않았어도 아버지는 무수한 방식으로 나에 대한 자랑스러움을 표현해왔다. 그런데 그날은 그 밑에 숨은 뜻까지도 전달되었다. '나는 조만간 죽게 될 거야.' 그래서 우리는 끌어안고 서서 엉엉 울었는데, 아버지의 작별 인사가 이렇게 시작되었다는 걸 알았기 때문이었다.

"당신은 눈을 뜨는데, 아버지의 눈은 감기기 시작하는군요." 웬델의 말은 달콤쌉쌀하면서도 정곡을 찌르는 진실이다. 나의 각성은 시의적절한 순간에 일어나고 있다.

"아버지와 이런 의미 있는 시간을 가질 수 있어서 기뻐요." 나는 말한다. "어느 날 아버지가 갑자기 돌아가신 후에 너무 늦었다고 느끼고, 좀 더 일찍 서로를 알 수 있었으면 좋았을 텐데라고 생각하고 싶진 않아요."

웬델이 고개를 끄덕이는데 나는 속이 울렁거린다. 그의 아버지가 10년 전에 급작스럽게 세상을 떠났다는 사실이 불현듯 떠오른다. 그의 어머니의 인터뷰에서 아버지가 돌아가셨다는 얘기를 읽고 부고를 찾아봤다. 보아하니 저녁 식사 자리에서 쓰러지기 전 아버지의 건강 상태는 완벽했던 모양이었다. 이렇게 내 아버지 얘기를 하는 것이 그에게 고통을 주는 건 아닐지 궁금하다. 그러나 말을 더했단 내가 뭘 알고 있는지 탄로 날까 걱정이다. 그래서 심리 치료사는 환자가 하지 않는 말을 듣는 훈련이 되어 있다는 사실을 무시한 채, 말을 멈춘다.

그 후로 몇 주가 지나고, 웬델은 지난 두 번의 상담 중에 내가 자기 검열을 하는 것처럼 보였다고 말한다. 빅터 프랭클의 인용문 메일에 대해 자신이 아내를 언급한 후에 그랬다는 것이다. 아내를 언급한 게 왜 내게 영향을 미쳤는지 궁금하다고 말한다(심리 치료사들은 궁금하다는 단어가 없었으면 민감한 얘기를 어떻게 꺼냈을까?).

"그건 잘 모르겠네요." 그건 사실이다. 나는 인터넷 검색을 숨기는 데에만 급급했으니까.

내 발을 내려다보다가 웬델의 발로 시선을 옮긴다. 오늘의 양말은 파란색 화살표 무늬다. 고개를 들었더니 웬델이 오른쪽 눈썹을 치켜든 채 나를 보고 있다.

그제야 웬델이 무슨 생각을 하고 있는지 깨닫는다. 내가 자기 부인을 질투한다고, 자길 독차지하고 싶어 한다고 생각하는 것이다! 이걸 '낭만적 전이'라고 하는데, 환자들이 심리 치료사에게 흔히 보이는 반응이다. 하지만 내가 웬델에게 반했다는 생각은 우습기 짝이 없다.

베이지색 카디건과 카키색 바지 차림에 희한한 양말을 신고 녹색 눈으로 나를 빤히 쳐다보는 웬델을 바라본다. 순간적으로 웬델과 결혼해서 살면 어떨지 상상해본다. 인터넷에서 본 어느 사진에서 자선 행사에 참가한 웬델 부부는 옷을 잘 차려입고 팔짱을 끼고 있었다. 웬델은 카메라를 향해 미소를 짓고, 그의 아내는 그런 그를 사랑스럽게 바라봤다. 그 사진을 보면서 질투심에 가슴이 저렸던 기억이 나지만, 그건 그의 아내를 질투해서가 아니라 내가 원했던 그런 관계를 그들이 누리고 있는 것처럼 보였기 때문이었다. 하지만 내가 낭만적 전이를 부정할수록 웬델은 더 믿지 않을 것이다.

상담 시간은 20분쯤 남아 있었고 계속 시치미를 떼고 있을 수는 없었다. 남은 방법은 하나뿐이다.

"인터넷에서 당신을 검색했어요." 나는 시선을 피하며 말한다. "남자친구의 사이버 스토킹은 그만뒀는데, 그러다 당신을 스토킹하게 됐어요. 부인 얘기를 했을 때는 사실 모든 걸 알고 있었어요. 당신의 어머니에 대해서도요." 잠시 멈췄다가, 나는 부끄럼을 무릅쓰고 털어놓는다. "당신 어머니의 인터뷰 기사도 읽었거든요."

뭔지는 몰라도 아무튼 나는 대비가 되어 있다. 나는 뭔가 안 좋은 일이 벌어질지 모른다고, 우리 사이가 소원해지거나 뭔가 달라질 거라고 예상한다. 그런데 정반대의 일이 벌어진다. 태풍이 몰려와서 방을 휩쓸고 지나갔는데, 폐허로 변한 게 아니라 오히려 말끔해진 느낌이다.

짐을 내려놓고 가벼워진 느낌이다. 힘겨운 진실을 공유하는 데에는 대가가 따르지만 그에 따른 보상도 있다. 자유. 진실은 우리를 수치심의 손아귀에서 풀려나게 한다.

웬델은 고개를 끄덕이고, 우리는 그에 관해 대화를 나눈다. 내 호기심에 관해. 그걸 비밀로 간직한 이유와 그 기분에 대해. 지금 기분은 어떤지. 그리고 나도 내가 자신을 스토킹했다는 사실을 알게 된 기분이 어떤지 그에게 묻는다. 내가 모르길 바랐는데 알게 된 것이 있는지. 나에 대한, 우리에 대한 느낌이 달라졌는지.

그의 대답 가운데 충격이었던 건 하나뿐이다. 그는 어머니의 인터뷰를 읽은 적이 없다! 온라인에 그 내용이 올라와 있는지도 몰랐단다. 어머니가 그 단체와 인터뷰를 했다는 건 알았지만, 내부 기록용이라고 생각했다고 했다. 환자들이 찾아볼까봐 걱정되는지 묻자, 그는 등을 기대고 앉아서 숨을 들이마신다. 그의 이마에 주름이 잡힌다.

"모르겠어요." 그는 한 박자 쉬었다가 덧붙인다. "한 번 생각해봐야 겠네요."

프랭클의 말이 다시 떠오른다. 그는 자유를 선택하기 위해 자극과 반응 사이에 공간을 만들고 있다.

시간이 다 됐고, 웬델은 평소처럼 무릎을 두 번 치고는 자리에서 일어선다. 문으로 향하지만 그 앞에서 내가 걸음을 멈춘다.

"아버님 일은 유감이에요." 내가 말한다. 어쨌거나 거짓은 밝혀졌다. 내가 다 알고 있다는 걸 그는 안다.

웬델이 미소를 짓는다. "고마워요."

"아버지가 그리우세요?" 내가 묻는다.

"매일요." 그가 말한다. "하루도 그리워하지 않고 지나는 날이 없어요."

그는 고개를 끄덕이고, 우리는 그대로 서서 각자의 아버지를 생각한다. 그가 나를 위해 문을 열어줄 때, 나는 그의 눈가에 옅게 어린 물기를 본다.

그에게 묻고 싶은 것이 너무 많다. 아버지가 쓰러진 후 그는 어떻게 평온을 되찾았을까? 보통 아버지와 아들은 기대 심리와 인정 욕구의 실타래로 엉키곤 한다. 그의 아버지는 그에게 한 번이라도 자랑스럽다는 얘기를 해주었을까? 가업을 저버리고 자신의 길을 개척했음에도 불구하고가 아니라 오히려 그랬기 때문에?

웬델의 아버지에 대해 더 알게 될 일은 없겠지만, 내 아버지에 대해서는 앞으로 많은 얘기를 하게 될 것이다. 내가 남자 심리 치료사를 원한 건 이별에 대한 객관적인 의견을 듣고 싶어서였다. 그런데 대신 나는 아버지를 대변해줄 존재를 얻은 게 분명해질 것이다.

왜냐하면 나의 아버지도 우아하다는 게 어떤 느낌인지를 알려주는 사람이기 때문이다.

41. 자아 통합 대 절망

　근사한 바지에 세련된 신발을 신고 맞은편에 앉은 리타는 자신의 삶이 왜 절망적인지 시시콜콜 늘어놓고 있다. 오늘뿐만 아니라 그녀의 상담 시간은 대체로 애도의 분위기가 짙은데, 아무것도 변하지 않을 거라고 주장하면서도 크고 작은 변화를 보여주고 있기 때문에 더 뒤죽박죽인 느낌이다.

　랜디가 등장하기 전 친구 사이였을 때 마이런은 리타가 작품을 온라인에서 정리할 수 있도록 웹사이트를 만들어주었다. 웹사이트가 있으면 사람들이 일목요연하게 정돈된 그림을 볼 수 있다고 그는 말했다. 하지만 리타는 그게 필요할까 싶었다. "그걸 누가 보겠어?" 그녀는 물었다.

　"내가 볼게." 마이런이 말했다. 3주 후에 리타의 웹사이트 방문객은 정확하게 한 명이었다. 물론 리타까지 치면 두 명이었고, 리타는 솔직히 말해서 그 웹사이트가 아주 마음에 들었다. 전문적인 느낌이었다. 그래서 처음에는 몇 시간씩 사이트에 들어가서 이런저런 것들을 클릭했고, 새로운 프로젝트를 구상하면서 온라인에 올렸을 때의 모습을 상상하곤 했다. 하지만 마이런이 랜디와 데이트를 시작하면서 흥분도 가라앉았다. 새로운 걸 올려서 뭐한담? 어차피 이걸 어떻게 관리하는지도 모르는데.

그러던 어느 날 오후 로비에서 손을 잡고 있는 마이런과 랜디를 본 리타는 기분 전환을 위해 화방에 가서 잔뜩 쇼핑을 했다. 그녀는 그걸 갖고 아파트를 올라오다가 갑자기 달려 나온 아이들과 부딪혔다. 붓과 아크릴, 과슈, 캔버스와 찰흙통이 와르르 쏟아졌고, 리타도 막 넘어지려는 걸 억센 손이 잡아 일으켰다.

그 손의 주인공은 아이들의 아빠인 카일이었고, 문구멍으로 여러 번 보긴 했어도 실제로 마주친 건 처음이었다. 리타의 맞은편 집에 사는 '헬로 패밀리'의 아빠는 이웃집 할머니를 고관절 골절에서 구해주었다.

카일은 아이들한테 앞을 잘 살피지 않은 것에 대해 사과를 하게 했고, 다 같이 물건을 리타의 아파트로 옮겼다. 그리고 거실을 가득 메운 리타의 작품을 봤다. 초상화와 추상화, 도공용 돌림판 옆의 도자기들, 벽에 걸린 미완성 목탄화……. 아이들은 천국에 온 기분이었다. 그리고 카일은 넋을 잃었다. "재능이 있으시네요." 그가 말했다. "재능이 뛰어나요. 작품을 팔아보지 그러세요."

그들은 집으로 돌아갔고 잠시 후 카일의 부인인 애나가 집에 도착했을 때, 아이들은 '화가 할머니'의 거실에 가보자고 엄마를 졸랐다. 리타는 평소처럼 문구멍 앞에 서 있었는데, 뒤로 물러날 새도 없이 노크 소리가 들렸다. 그녀는 다섯까지 센 다음에 누구냐고 물었고, 뜻밖이라는 듯 그들을 맞았다.

머잖아 리타는 다섯 살과 일곱 살인 소피아와 앨리스에게 그림을 가르쳤고, '헬로 패밀리'의 저녁 식탁에 종종 함께 앉았다. 하루는 애나가 집에 와서 '헬로, 패밀리!'라고 외쳤는데, 그때 소피아와 앨리스는 리타의 거실에서 그림을 그리고 있었다. '헬로!'라는 말로 엄마를 맞은 앨리스는 리타를 돌아보며 왜 엄마한테 인사를 하지 않냐고 물었다.

"나는 가족이 아니니까." 리타는 당연하다는 투였지만, 앨리스는 이렇게 대꾸했다. "아냐, 가족 맞아. 우리의 캘리포니아 할머니야." 찰스턴과 포틀랜드에 사는 친가와 외가의 할머니, 할아버지도 자주 찾아왔지만, 아이들이 거의 매일 보는 할머니는 리타였다.

애나는 리타의 그림을 거실 소파 위에 걸었다. 리타는 아이들의 방에 걸 그림도 그렸는데, 소피아에게는 춤추는 소녀를, 그리고 앨리스를 위해서는 유니콘을 그려주었다. 아이들은 신이 나서 어쩔 줄 몰랐다. 애나는 그림 값을 치르려고 했지만, 리타는 선물이라며 거절했다. 컴퓨터 프로그래머인 카일은 결국 리타를 설득해서 웹사이트에 온라인 주문 기능을 추가해줬다. 그러고는 소피아와 앨리스의 반 친구 부모들에게 이메일을 발송했고, 얼마 지나지 않아 아이들의 맞춤 초상화 주문이 들어오기 시작했다. 어떤 부모는 식기로 사용할 도자기도 구매했다.

이런 전개로 미루어 나는 리타의 기분이 나아졌을 거라고 예상했다. 그녀에겐 생기가 돌았고, 예전처럼 자기만의 세계에 갇혀 지내지도 않았다. 이제는 매일 얘기를 나눌 사람들도 생겼다. 예술적인 재능을 알아봐주는 사람들도 있었다. 처음 나를 만나러 왔을 때처럼 투명 인간 같은 존재가 아니었다. 그런데도 즐거움인지 기쁨인지 알 수 없는 그녀의 감정(그녀는 '좋은 것 같다'고 말하는 게 고작이었다) 위로 검은 구름이 드리워져 있었다. 그녀는 말했다. 마이런이 주차장에서 한 말이 진심이었다면 애초에 그 역겨운 랜디가 아니라 자신과 데이트를 했을 것이라고. 헬로 패밀리가 아무리 다정한들 자신의 진짜 가족은 아니라고. 어쨌든 자신은 혼자 죽게 될 거라는 얘기였다.

그녀는 심리학자 에릭 에릭슨이 말한 절망 상태에 고착된 듯 보였다.

1990년대 중반에 에릭슨이 제시한 심리 사회적 발달의 8단계는 지금도 심리 치료사들의 사고에 안내자 역할을 하고 있다. 프로이트의 성 심리 발달 단계가 사춘기에서 중단되고 이드에 초점을 맞춘 것과 달리, 에릭슨의 심리 사회적 단계는 사회적인 맥락 안에서 이루어지는 인격의 발달에 초점을 맞춘다(유아가 타인에 대해 신뢰감을 개발하는 식으로). 가장 중요한 건, 에릭슨의 단계가 전 생애를 망라하며 서로 맞물린 각 단계마다 다음 단계로 넘어가기 위해 극복해야 할 위기를 제시한다는 점이다. 그의 8단계는 다음과 같다.

유아기(희망) ― 신뢰 대 불신
초기 아동기(의지)― 자율성 대 수치심
후기 아동기(목적) ― 주도성 대 죄의식
학령기(능력) ― 근면성 대 열등감

청소년기(충실) ― 정체성 대 역할 혼돈

청년기(사랑) ― 친밀감 대 고립감

성인기(배려)― 생산성 대 침체성

노년기(지혜) ― 자아 통합 대 절망

리타의 연령대 사람들은 일반적으로 8단계에 해당한다. 의미 있는 삶을 살았다고 믿는 사람은 노년에 자아 통합의 느낌을 경험한다고 에릭슨은 주장했다. 자아 통합의 느낌은 완결된 기분을 안겨주기 때문에 다가오는 죽음을 더 잘 받아들일 수 있다. 하지만 풀지 못한 과거의 회한이 남아 있다면(어리석은 선택을 했다거나 중요한 목표를 달성하지 못했다고 생각한다면) 우울과 낙담을 느끼게 되는데, 그건 우리를 절망으로 이끈다.

내가 보기에 지금 리타가 마이런에 대해 느끼는 절망은 해묵은 절망과 이어져 있고, 삶이 확장되었음에도 그걸 제대로 즐기지 못하는 건 그 때문이다. 그녀는 세상을 결핍의 공간으로 보는 데 익숙하고, 그 결과 즐거움은 그녀에게 낯설기만 하다. 버림받은 느낌에 익숙하다면, 실망하고 퇴짜 맞는 게 어떤 느낌인지 이미 알고 있다면, 당연히 기분이 좋을 리는 없겠지만 최소한 놀랍지는 않다. 자기 나라 풍습에는 익숙한 법이니까. 그런데 이방의 땅으로 건너가면(나를 매력적으로 생각하고 관심을 보이는 믿을만한 사람들과 시간을 보낸다면) 불안과 혼란을 느낄지도 모른다. 갑자기, 익숙한 게 아무것도 없어지기 때문이다. 이정표로 삼을 만한 건물도 보이지 않고, 익숙한 세상의 예측 가능성이 모두 사라진다. 기존에 살던 곳이 대단하지 않은 곳이고 심지어 상당히 끔찍했을 수도 있지만, 거기서는 어쨌든 뭘 기대할지 정확히 알고 있었다(실망, 혼돈, 고립, 비난).

리타와 이런 얘기를 했다. 평생 투명 인간의 망토를 벗고, 주목받는 존재가 되고 싶었는데, 지금 그 일이 벌어지고 있었다. 이웃과 교류했고 사람들은 그녀의 작품을 구입했으며 마이런은 이성으로서 관심이 있다고 고백했다. 이들은 그녀와 함께 있는 걸 즐거워했고, 그녀를 높이 평가하고 원하고 주목했다. 그런데 정작 그녀는 긍정적인 일이 벌어지고 있다는 걸 알아차리지 못하는 것처럼 보였다.

"또 다른 불행이 닥치길 기다리고 있나요?" 내가 묻는다. 기쁨에 대한 비합리적인 두려움을 가리키는 케로포비아cherophobia라는 말이 있다(chero는 그리스어로 '기뻐하다'는 뜻이다. 케로포비아가 있는 사람은 즐거움에 관한 한 잘 코팅된 프라이팬 같다. 좀처럼 즐거움이 들러붙지 않는다. 고통은 기름을 두르지 않은 표면처럼 엉겨 붙지만). 트라우마의 이력이 있는 사람은 저 모퉁이 너머에서 재앙이 다가오고 있다고 예상한다. 좋은 일이 있어도 더 바짝 경계하며 늘 뭔가 잘못되길 기다린다. 새 티슈가 바로 옆에 있는데도 가방 속에 뭉쳐 넣은 더러운 휴지를 꺼내는 것도 그 때문일지 모른다. '새 티슈 상자에, 옆집에 사는 가족 같은 사람들에게, 내 작품을 구입하는 사람들에게, 주차장에서 입을 맞춘 이상형의 남자에게 익숙해지지 않는 게 좋아. 착각하지마! 지나치게 방심하는 순간, 휘리릭, 전부 사라질 테니까.' 리타에게 기쁨은 쾌락이 아니라, 선행 고통이다.

리타는 나를 쳐다보며 고개를 끄덕인다. "정확해요." 그녀가 말한다. "불행은 늘 뒤따라오니까요." 대학에 갔을 때, 알코올 중독자와 결혼했을 때, 사랑의 기회가 두 번 더 있었지만 모두 무산되었을 때가 그랬다. 아버지가 돌아가셔서 마침내 어머니와 가까워지기 시작했을 때, 어머니가 알츠하이머 진단을 받는 바람에 리타는 더 이상 자신을 알아보지도 못하는 여인을 12년이라는 긴 세월 동안 보살펴야 했다.

물론 리타가 그 기간 동안 어머니를 꼭 자기 아파트에 모셔야 했던 건 아니다. 그런데도 그런 선택을 한 건 불행이 그녀에게 잘 맞았기 때문이다. 당시에는 어린 자신을 돌보지 않았던 엄마를 돌봐야 할 의무가 있는지 따져볼 생각도 못했다. 더없이 까다로운 그 질문을 두고 씨름하지도 않았다. 나는 내 부모에게 어떤 빚이 있고, 그들은 내게 무엇을 빚졌나? 시설에 엄마를 보낼 수도 있었다. 나와의 대화에서 리타는 비로소 이걸 생각해본다. 그러나 다시 돌아가더라도 똑같이 하겠다고 말한다.

"자업자득이지." 그녀는 설명한다. 자신이 지은 죄, 아이들의 인생을 망치고, 두 번째 남편의 슬픔에 공감하지 못하고, 자신의 삶을 건사하지 못한 죄에 대한 자업자득. 근래의 행복의 기미들은 그녀에겐 오히려 끔찍하게 느껴진다. 훔친 복권이 당첨된 사람처럼 사기를 치는 기분이다. 최근 그녀의 삶에 들어온 사람들이 그녀의 실체를 알게 된다면 다들 역겨워할 것이다. 그들은 줄행랑을 칠 것이다. 한동안은 속일 수 있더라도. 몇 달, 1년쯤은 그럴 수 있더라도, 내 아이들이 나 때문에 그렇게 슬픈데 어떻게 내가 행복할 수 있겠는가. '그건 공평하지 않잖아? 그렇게 끔찍한 일을 저질러놓고 어떻게 사랑을 바랄 수 있어?'

이게 그녀가 자신에게 희망이 없다고 말하는 이유다. 그녀는 티슈를 손에 말아서 움켜쥔다. 너무 많은 일이 있었다. 너무 많은 실수를 저질렀다.

나는 이런 얘기를 하는 그녀가 참 젊어 보인다고 생각한다. 어린 시절의 그녀를, 빨간 머리를 헤어밴드로 깔끔하게 넘기고, 자신이 뭘 잘못했기에 부모님이 냉랭해진 건지 혼자 생각에 잠긴 그녀를 그려본다. '나한테 화가 나셨나? 내가 뭘 잘못했나?' 그들은 아이를 갖기까지 오래 기다렸다. 그녀가 그들의 기대에 못 미쳤던 걸까?

나는 리타의 네 자녀에 대해 생각한다. 또 변호사였다는, 너무 재미있다가도 술만 마시면 금세 폭력적으로 변했다는 아이들의 아버지에 대해서도 생각해본다. 그리고 리타, 한 발 떨어져서 그를 옹호하고 그를 위해 거짓 약속을 지어내던 그들의 엄마를 생각한다. 그 아이들의 어린 시절은 얼마나 혼란스럽고 참담했을까? 지금은 얼마나 화가 날까? 몇 년에 걸쳐 관계 회복을 애원하는 엄마에게 그들이 대꾸조차 하기 싫은 건 너무 당연했다. 그녀가 실제로 뭘 원하든, 이유는 한 가지뿐이라고 그들은 생각할 것이다. 오로지 자신만을 위해서, 늘 자기만을 위해서라고. 내가 보기에 리타의 자녀들이 그녀와 얘기하려 하지 않는 건, 비록 요청하지는 않았더라도 그녀가 원하는 것처럼 보이는 한 가지를 줄 수 없기 때문이다. 그건 바로 용서다.

리타와 나는 그녀가 아이들을 보호하지 않은 이유, 아이들을 때리는 남편의 폭력을 방치한 이유, 아이들 곁을 지켰어야 할 시간에 책을 읽거나 그림을 그리거나 테니스를 치거나 브릿지 게임을 한 이유에 대해 얘기를 나눴다. 그리고 그 세월 동안 스스로에게 했던 변명들을 넘어서자 그녀조차 인식하지 못했던 이유에 도달했다. 리타는 자신의 아이들을 질투했다.

이건 희귀한 일이 아니다. 가난한 집에서 자란 여자는 딸에게 새 구두나 장난감을 사줄 때마다 잔소리를 한다. "네가 얼마나 복 받은 아이인지 알기나 해?" 비판이라는 포장지에 싸인 선물. 그런가 하면 아들이 지망하는 명문 대학을 둘러보러 가지만 투어 내내 가이드와 학사 일정과 기숙사를 흠 잡아서 아들을 민망하게 만들고 입학 가능 성까지 위태롭게 만드는 아버지도 있다.

부모들은 왜 이럴까? 자기 자식들의 어린 시절을 질투하기 때문 일 때가 많다. 그들이 가진 기회. 부모가 제공하는 경제적, 감정적 안정. 자식에게는 창창한 미래가 펼쳐져 있고, 자신에게는 과거만이 남았다는 사실. 자신이 가져보지 못한 모든 걸 자녀들은 갖게 해주려고 노력하지만, 그러다가 자신도 모르는 사이에 그런 행운을 누리는 아이들에게 미움을 품게 되기도 한다.

리타는 형제가 있는, 수영장이 딸린 안락한 집에 사는, 박물관에 가고 여행을 다닐 수 있는 아이들을 질투했다. 그녀는 그 아이들의 젊고 에너지 넘치는 부모를 부러워했다. 자신이 누리지 못한 행복한 어린 시절을 아이들에게 허용하지 않고, 어려서 자신이 간절히 바랐던 방식으로 자신의 아이들을 구원하지 않은 것엔 이런 무의식적인 질투도 일정 부분 작용했다.

나는 자문 그룹에서 리타의 사례를 소개했다. 뚱하고 우울한 표정이지만 그녀가 얼마나 따뜻하고 흥미로운지 이야기하고, 내가 그녀를 내 부모님의 친구처럼 대할 수 있다고 말했다. 나는 그녀를 상당히 좋아했다. 하지만 그녀의 자식들이 그녀를 용서하길 기대할 수 있을까?

나라면 그녀를 용서하겠냐고, 사람들은 물었다. 누군가 내 아들을 때린다는 생각, 그런 일이 일어나도록 내버려둔다는 생각만으로도 속이 울렁거렸다.

그럴 수 있을 것 같지 않았다.

사과는 기만적일 수 있다. 사과가 내 기분 좋자고 하는 것인가, 상대의 기분을 풀어주기 위한 것인가? 자신이 한 행동 때문인가, 아니면 나는 잘못한 게 없지만 상대가 잘못했다고 주장하기 때문인가? 그 사과는 누굴 위한 것인가?

용서는 더 어렵다. 심리 치료에서 사용하는 말 중에 억지 용서라는 표현이 있다. 이따금 사람들은 트라우마를 극복하기 위해 상처를 가한 사람을 용서해야 한다고 느낄 때가 있다. 자신을 성적으로 학대한 부모, 집을 턴 강도, 아들을 죽인 폭력배 같은 사람들을 말이다. 사람들은 선의를 갖고 충고하곤 한다. 용서할 수 없다면 분노에 사로잡혀서 벗어나지 못하는 것이라고. 물론, 어떤 사람들은 용서를 하면 엄청난 해방감을 느낄 수 있다. 잘못된 행동을 용인하는 것은 아니지만, 그들을 용서하면 앞으로 나아갈 수 있다. 그러나 용서해야 한다는 압박감 속에서 그렇게 하지 못하면 자신에게 문제가 있다고 믿게 되는 경우가 너무 많다. 용서할 수 없다고 해서, 생각이 짧거나 충분히 강하지 못하거나 동정심이 부족한 것은 아닌데도 말이다.

그래서 내가 하려는 말은, 용서를 하지 않고도 연민을 가질 수 있다는 것이다. 과거를 떨치고 앞으로 나가는 데에는 여러 가지 방법이 있는데, 특정 방식으로 느끼는 척하기는 거기에 포함되지 않는다.

아버지와의 갈등 때문에 찾아온 데이브라는 환자가 있었다. 그의 표현에 따르면 아버지는 깡패였다. 천박하고 비판적이고 자신밖에 모르는 사람이었다. 두 아들과는 어려서부터 소원했고 성년이 된 후에도 서먹하고 갈등이 잦았다. 아버지가 돌아가시게 되었을 때 데이브는 결혼해서 자녀가 있었고, 아버지의 장례식에서 뭐라고 말할지가 고민이었다. 무슨 말을 해야 진정성 있게 느껴질까? 그런데 임종을 앞둔 아버지가 느닷없이 데이브의 손을 잡으며 이렇게 말했다고 한다. "너한테 더 잘할 걸 그랬다. 나는 나쁜 놈이었어."

데이브는 기가 막혔다. 이제 와서, 막판에, 면죄받자는 거야? 관계를 회복하려면 세상을 떠나기 전날이 아니라 훨씬 전에 했어야지. 임종 고해성사를 한다고 저절로 죄가 종결되거나 용서라는 선물을 받게 되는 건 아니라고.

"저는 아버지를 용서하지 않아요." 불쑥 이런 말이 나왔다. 그런 말을 하는 자신이 싫었고, 입 밖으로 말이 나온 순간 후회했다. 하지만 아버지 때문에 힘들었던 시간들을 견디고 자신을 건사하며 가정을 일구려고 모질게 노력했는데, 사탕발림 같은 말로 아버지 마음을 편하게 해줄 수가 없었다. 어렸을 때는 감정을 속이곤 했다. 그렇다고는 해도, 대체 어떻게 된 인간이면 죽음을 앞둔 아버지에게 그런 말을 할 수 있을까.

사과를 하려 했지만 아버지가 그의 말을 막았다. "이해한다. 내가 너였어도 나를 용서하지 않았을 거야."

가장 이상한 일은 그때 일어났다고, 데이브는 말했다. 아버지의 손을 잡고 앉아 있는데, 뭔가 가벼워지는 느낌이 들었다. 평생 처음으로 진정한 연민이 느껴졌다. 용서가 아니라 연민. 나름대로 고통을 겪었을, 죽어가는 한 슬픈 남자에 대한 연민. 그리고 그 연민 덕분에 데이브는 아버지의 장례식에서 진심 어린 추도사를 할 수 있었다.

내가 리타를 도울 수 있었던 것도 연민이었다. 그녀가 그녀의 아이들에게 한 행동에 대해 용서할 필요가 내겐 없었다. 데이브의 아버지가 그랬듯이, 그 문제를 해결하는 건 리타의 몫이었다. 상대방의 용서를 원하는 것이 자기만족에서 기인할 때도 있다. 자신을 용서하는 건 더 어렵다. 그걸 피하기 위해 상대의 용서를 구하는 것이다.

후회스러운 실수들을 늘어놓으며 신나게 스스로를 자책하던 내게 웬델이 해준 말이 생각났다. "그 죄의 형량이 얼마나 되어야 한다고 생각해요? 1년? 5년? 10년?" 실수를 저질렀을 때 그걸 만회하기 위해 진심으로 노력하고도 수십 년 동안 스스로를 괴롭히는 사람들이 많다. 그 형량은 과연 합당할까?

리타의 경우, 부모의 실패가 자녀들의 삶에 심각한 영향을 미친 것은 사실이다. 그녀도, 그녀의 자녀들도 공통의 과거에 따른 아픔은 언제까지라도 느끼겠지만, 어느 정도의 감형은 있어야 하지 않을까? 날이 가고 해가 가도 리타는 끝없이 벌을 받아 마땅할까? 그녀의 아이들에게 남았을 엄청난 흉터를 현실적으로 감안해야 하지만, 내가 리타의 교도관이 되고 싶지는 않았다.

옆집의 딸들과 돈독해진 그녀의 관계를 생각하지 않을 수 없다. 지금 그녀가 그 아이들에게 해주고 있는 것을 자신의 네 자녀에게 해줄 수 있었다면 어떻게 되었을까?

그래서 리타에게 물어봤다. "일흔을 앞둔 이 마당에, 이십대와 삼십대 시절에 지은 죄에 대해 어떤 처벌을 받아야 할까요? 물론 심각한 잘못이었죠. 하지만 수십 년간 참회했고, 그걸 만회하려고 노력했잖아요. 이제는 풀려나도 되지 않을까요, 최소한 가석방이라도? 본인의 죄에 합당한 형량이 얼마라고 생각해요?"

리타는 잠시 생각하더니 대답했다. "무기 징역이요."

"그래요. 그게 당신에게 내려진 선고였어요. 하지만 마이런이나 헬로 패밀리가 포함된 배심원단도 그 형량에 동의할지는 모르겠네요."

"하지만 내가 가장 아끼는 사람들, 내 아이들은 나를 결코 용서하지 않을 거예요."

나는 고개를 끄덕인다. "그들이 어떻게 할지 우리는 몰라요. 하지만 당신이 비참하다는 게 어떤 식으로든 그들에게 도움이 되는 건 아니에요. 당신의 비참함이 그들의 상황을 바꿔주진 않아요. 그들을 대신해서 그걸 느낀다고 그들의 비참함이 줄어들지도 않아요. 지금 이 시점에서 그들에게 더 좋은 엄마가 될 방법이 있어요. 스스로에게 무기 징역을 선고하는 건 그 방법이 아니에요." 리타가 내 말에 귀 기울이는 게 느껴진다. "당신이 인생의 좋은 것들을 누리지 못해서 득을 보는 사람은 이 세상 천지에 단 한 사람뿐이에요."

리타의 이마에 주름이 잡힌다. "그게 누군데요?"

"당신이요." 나는 말한다.

고통이 방패막이 될 수 있다고, 우울함을 유지하는 건 회피의 한 형태일 수 있다고 그녀에게 말해준다. 고통이라는 껍데기 안에서 그녀는 안전하다. 어떤 것도 직면할 필요가 없고, 다시 상처받을지 모를 세상 속으로 들어갈 필요도 없다. 내면의 비평가만으로 족하다. '나는 아무 행동도 취할 필요가 없어. 왜냐면 나는 쓸모 없는 인간이 니까.' 그리고 비참함이 주는 또 다른 혜택은, 자신의 고통을 보며 마음이 풀린다면 아이들이 자신을 잊지는 않을 거라고 믿을 수 있다는 것이다. 부정적인 의미로라도 누군가의 마음에 존재한다면, 완전히 잊히지는 않는 거니까.

티슈를 내리고 고개를 든 그녀의 얼굴에 수십 년 동안 마음에 담아온 고통을 새롭게 생각하는 듯한 표정이 어린다. 리타는 아마도 처음으로 자신이 처한 위기를 바라보는 듯하다. 에릭 에릭슨이 말했던 자아 통합과 절망의 대결 속에서.

그녀는 과연 어느 쪽을 택하게 될까.

42. 나의 네샤마

동료인 캐럴라인과 점심을 먹는다. 오랜만에 안부를 주고받고 상담 얘기도 하는데, 캐럴라인이 웬델을 소개받은 친구는 효과를 봤느냐고 묻는다. 그러면서 그때 나와 통화를 한 덕분에 웬델과 함께 다녔던 대학원 시절이 기억났다고 말한다. 동급생 한 명이 웬델을 무척 좋아했는데 일방적인 애정 공세였고 웬델은 다른 여자와…….

'아이쿠.' 나는 그녀의 말을 끊는다. 그를 소개받은 사람이 나였다고 털어놓는다.

캐럴라인은 잠시 충격에 빠진 표정이더니, 아이스티를 뿜으며 웃는다. "미안해." 그녀가 냅킨으로 얼굴을 닦으며 말한다. "유부남 환자를 연결해준다고 생각했거든. 자기랑 웬델이라니, 도저히 상상이 안 된다." 나는 그녀 말이 무슨 뜻인지 이해한다. 자신이 아는 누군가가 또 다른 지인, 더구나 대학원 시절부터 아는 사람의 환자가 되어 있는 모습을 상상하기란 쉽지 않다. 두 사람을 너무 잘 알기 때문이다.

당시에는 부끄러워서(헤어진 것도, 책과 관련된 실수도, 건강 문제도) 그랬다고 말했더니, 그녀도 둘째 아이를 가지려고 애쓰는 얘기를 털어놓는다. 점심시간이 끝날 무렵에는 어떤 까다로운 환자 얘기를 한다. 처음 상담할 때는 이 환자가 얼마나 힘들지, 얼마나 거슬리고 까탈스럽고, 특권 의식에 휩싸여 있는지 전혀 몰랐다고 한다.

"나도 그런 환자 있어." 내가 생각하는 사람은 존이다. "그런데 시간이 흐르면서 상당히 좋아하게 됐어. 꽤장히 아끼게 된 거 있지."

"나도 그러면 좋을 텐데." 캐럴라인은 말한다. 그러다가 문득 생각난 듯이 덧붙인다. "하지만 그렇게 되지 않으면 자기한테 보내도 될까? 시간 있지?" 듣자니 농담이다. 초반에 존과 그의 어마어마한 자의식에 대해, 끝없는 면박에 대해 자문 그룹에서 얘기했던 기억이 난다. 그때 이안은 이렇게 농담을 했다. "잘 안 풀리면 싫어하는 사람한테 보내버려."

"어머, 안 돼." 내가 고개를 저으며 말한다. "나한테 보내지 마."

"그럼 웬델한테 보내야겠다!" 캐럴라인은 말하고, 우리는 함께 웃는다.

"지난주에 캐럴라인과 점심 먹었어요." 다음 주 수요일에 웬델을 만났을 때 내가 말한다.

아무 말은 없지만 시선이 느껴진다. 나는 캐럴라인과 나눈 대화를 이야기한다. 심리 치료사가 환자에 대해 느끼는 심정에 대해, 다들 마찬가지이긴 하지만 그런데도 신경이 쓰인다고 말한다. 우리가 너무 가혹하게 사람들을 판단하는 걸까? 공감이 충분치 않은 걸까?

"이유를 콕 집을 순 없지만 그 대화가 일주일 내내 이상하게 신경이 쓰였어요. 점심을 먹을 때는 그렇지 않았는데 마음이 불편하고……."

내 생각을 따라오려고 애쓰는지 웬델의 이마에 주름이 잡힌다.

"직업적인 차원에서 모든 걸 담아둘 수는 없지만 그래도……." 나는 얘기를 명료하게 정리하려고 노력한다.

"나한테 질문이 있어요?" 웬델이 말을 끊으며 묻는다.

그제야 그렇다는 걸 깨닫는다. 묻고 싶은 게 많다. 웬델도 동료와 점심을 먹으며 내 얘기를 할까? 내가 베카와 상담을 중단하기 전에 그녀가 내게 느꼈던 심정이 이런 걸까?

그는 (질문들이 아니라) 질문이 있냐고 물었고, 그건 내 질문들이 본질적으로 한 가지 질문으로 수렴되기 때문이라는 걸 나는 알게 된다. 누군가에게 이렇게 묻는 것보다 우리를 상처받기 쉽게 만드는 게 또 있을까? '나를 좋아하세요?'

내가 심리 치료사라는 사실이 내가 웬델에게 내 환자들이 내게 그러듯 반응하지 않도록 보장하지는 않는다. 나는 웬델 때문에 좌절감을 느낀다. 몸이 좋지 않아서 예약을 취소해도 비용이 청구되면 화가 난다(물론 나도 동일한 취소 정책을 적용한다). 해야 할 말을 다 털어놓지 않고, 무의식적으로(또는 의식적으로) 그의 말을 곡해한다. 상담 중에 그가 눈을 감으면 생각을 정리하기 위해서라고 짐작했다. 그런데 지금은 리셋 버튼을 누르는 게 아닌지 궁금하다. 어쩌면 내가 존에게 그랬던 것처럼 그도 속으로 이렇게 말하고 있는지도 모른다. '연민, 연민, 연민을 갖자.'

대부분의 환자들처럼 나도 내 심리 치료사가 나와 함께 있는 걸 즐거워하길, 나를 존중해주길 원한다. 그러나 궁극적으로는 내가 그에게 중요한 존재이길 바란다. 세포 하나하나까지 중요한 존재라는 느낌은 효과적인 심리 치료에서 일어나는 화학 반응의 일부다.

인본주의 심리학자 칼 로저스는 이른바 고객 중심 심리 치료를 실시했는데, 이 방법의 핵심은 무조건적이고 긍정적인 관심이었다. 환자에서 고객으로 용어를 교체한 것에서 사람들을 향한 그의 태도를 읽을 수 있다. 로저스는 심리 치료사와 고객의 긍정적인 관계가 목적을 위한 수단에 그치는 것이 아닌 치료의 본질적인 부분이라고 믿었는데, 이는 20세기 중반에 그가 처음 도입했을 때만 해도 획기적인 개념이었다.

하지만 무조건적이고 긍정적인 관심이 곧 심리 치료사가 고객을 반드시 좋아해야 한다는 뜻은 아니다. 다만 따뜻하고, 가치 판단을 하지 않으며, 무엇보다 (고무적이고 솔직한 환경이 조성된다면) 고객이 충분히 성장할 수 있다고 진심으로 믿어주는 것을 의미한다. 이것은 고객의 선택이 나와 배치되더라도 그의 '결정권'을 높이 평가하고 존중하는 사고의 틀이다. 무조건적이고 긍정적인 관심은 감정이 아닌 태도이다.

나는 웬델의 무조건적이고 긍정적인 관심 그 이상을 원한다. 그가 나를 좋아해주길 원한다. 내가 그에게 묻고 싶은 질문이란, 알고 보니, 내가 웬델에게 중요한 존재인지를 알아내는 것에 그치지 않는다. 그와 동시에 그가 내게 얼마나 중요한 존재인지를 인정하는 것이다.

"나를 좋아하세요?" 목소리를 쥐어짜내는데 애처롭고 어색한 느낌이다. 그가 달리 뭐라고 할 수 있겠어? 아니라고는 하지 않겠지. 설사 나를 좋아하지 않더라도, '당신은 어떻게 생각하세요?'라던지 '지금 그런 질문을 하는 이유가 궁금하네요'라고 되묻는 게 고작이겠지.

그런데 웬델은 어느 쪽도 아니다.

"물론 좋아하죠." 진심이 느껴지는 말투다. 아주 담백하다. 그 담백함이 예상외로 너무 감동적이다.

"나도 당신이 좋아요." 나는 말하고, 웬델은 미소를 짓는다.

웬델은 나의 네샤마를 좋아한다고 덧붙인다. 그건 '정신,' 또는 '영혼'을 뜻하는 히브리어다.

얼마 전에 심리 치료사를 꿈꾸는 대학 졸업생이 내게 환자들을 좋아하냐고 물었는데, 그 얘기를 웬델에게 한 적이 있다. 그녀가 그렇게 물은 이유는 어쨌거나 심리 치료사들이 매일 함께 시간을 보내는 사람들은 환자들이기 때문이다. 나의 답은 이러했다. 겉보기에 환자들은 가끔 일방적인 것처럼 보일 때가 있지만, 그래도 나는 늘 환자들에게 순수한 애정을 느낀다고. 그들의 여린 마음과 용기와 영혼, 즉 웬델이 말한 것처럼 그들의 네샤마를 좋아한다고 말해주었다.

"하지만 직업적인 차원인 거죠?" 그 졸업생은 확인하듯 재차 물었고, 나는 그녀가 내 말뜻을 제대로 이해하지 못한다는 걸 알았는데, 나도 환자들을 만나기 전까지는 그걸 이해하지 못했기 때문이다. 그리고 환자로서 나도 그걸 기억하기 힘들었다. 그걸 지금 웬델이 일깨워주었다.

43. 죽어가는 사람에게 하지 말아야 할 말들

"그건 아니죠!" 줄리가 말한다. 그녀는 트레이더 조스 출납부에서 일하는 동료가 유산을 했는데 또 다른 동료가 위로한답시고 했던 말에 대해 얘기하는 중이다. '모든 일에는 다 이유가 있어. 이번 아이는 태어날 운명이 아니었던 거지.'

"모든 일에는 다 이유가 있다니, 그건 아니라고요." 줄리는 다시 한번 말한다. "유산을 하거나 암에 걸리거나 아이가 어떤 미치광이한테 목숨을 잃는 건 신의 뜻이 아니에요!" 줄리가 무슨 뜻으로 하는 말인지 나는 안다. 사람들은 온갖 불행 앞에서 엉뚱한 소리를 하고, 줄리는 아예 '죽어가는 사람에게 하지 말아야 할 말들: 대책 없는 선의를 위한 안내서'라는 제목의 책을 써볼까 생각중이다.

줄리의 목록엔 이런 말들이 있다. '정말 죽는 거 맞아?' '다른 병원에도 가 봤어?' '강해져야 해.' '죽을 확률이 얼마나 되는데?' '스트레스를 덜 받는 게 중요해.' '모든 건 태도에 달렸어.' '이겨낼 수 있어!'

'내가 아는 사람은 비타민 K를 먹고 나았다던데.' '종양을 수축시키는 새로운 치료법에 대해 읽었어. 동물 실험 단계라지만 그래도.' '가족력이 없는 거 확실해?' 일전엔 어떤 사람이 줄리에게 "당신과 똑같은 암이었던 여자를 알았었다"고 말했다. 줄리가 물었다. "알았었다고요?" 그랬더니 그 남자가 겸연쩍은 듯이 대답했다. "음, 네. 그녀는, 어, 죽었어요."

하지 말아야 할 말들에 대해 들으면서 다른 환자들이 불만을 토로했던 비슷한 언급들을 떠올린다. '애는 또 가질 수 있어.' '그래도 오래 사셨잖아.' '이제 더 좋은 곳에 갔을 거야.' '마음의 준비만 되면 언제든 또 다른 개를 키울 수 있어.' '1년이나 지났는데 툭툭 털고 일어나야지.'

물론 위로하려고 하는 말이지만, 누군가의 안 좋은 상황 앞에서 화자가 느끼는 불편한 감정을 해소하는 방법이기도 하다. 이런 상투적인 말을 하는 사람에게는 덕분에 그 상황이 더 그럴듯해지겠지만, 역경을 경험하는 사람은 외롭고 화가 난다.

"사람들은 나의 죽음에 대해 얘기하면 그게 현실이 될 거라고 생각하는데, 그건 이미 현실이에요." 줄리는 이렇게 말하며 진저리를 친다. 꼭 죽음이 아니라도 그런 경우를 나는 여러 번 봤다. 말하지 않는다고 해서 어떤 일이 조금이라도 현실이 아닌 게 되지는 않는다. 오히려 더 두려워진다. 줄리가 제일 싫은 건 침묵, 애초에 대화를 시작해서 어색한 말을 할 필요가 없도록 그녀를 피해버리는 사람들이다. 그렇게 외면당하는 것보다는 차라리 어색한 게 낫다.

"사람들이 무슨 말을 해줬으면 좋겠어요?" 내가 묻는다.

줄리는 잠시 생각한다. "'유감'이라고 할 수 있겠죠. '내가 도움이 될 만한 일이 있을까요?' 아니면 '너무 무력한 기분이지만 당신을 아낀다는 걸 알아줘요.' 같은 거."

그녀가 몸을 움직이는데, 살이 빠져서 옷이 헐렁하다. "솔직하게 말하면 돼요." 그녀가 말을 잇는다. "어떤 사람이 '이런 상황에서 할 수 있는 적당한 말이 뭔지 모르겠다'고 말했을 때 나는 정말 후련한 느낌이었어요. 그래서 나도 아프기 전까지는 무슨 말을 해야 할지 몰랐을 거라고 말했죠. 처음 내 소식을 알게 된 대학원생들은 다들 '선생님이 없으면 우리는 어떻게 하나'고 말했는데 그것도 기분 좋았어요. 나를 어떻게 느끼는지를 표현한 거니까. 사람들은 안타까워하면서 '얘기를 하고 싶거나 뭐든 재미있는 일을 하고 싶으면 언제든지 전화하라'고 말했죠. 그들은 내가 아직 나라는 걸 기억하고 있어요. 내가 그저 암 환자인 게 아니라 아직 그들의 친구이고, 연애담이나 직장에서 있었던 일이나 요즘 드라마에 대한 얘기도 나눌 수 있다는 걸요."

자신이 죽어가는 걸 지켜보던 줄리에게 놀라웠던 한 가지는 세상이 너무나 선명해졌다는 것이다. 마치 다시 어린아이가 된 것처럼, 당연하게 여겼던 것들이 새로운 깨달음으로 다가왔다. 하나같이 평범한 것들이 무한한 기쁨을 안겨줬다. 그녀는 현재에 더 집중하게 되었다. 사람들은 영원히 살 것처럼 착각하지만, 그건 게으른 생각이라는 걸 그녀는 알게 되었다.

죽음의 애도 속에서 이런 즐거움을 경험하리라고는, 그것이 어떤 식으로든 활력을 주리라고는 예상치 못했다. 하지만 비록 죽어가고 있더라도 삶은 계속된다는 걸 그녀는 깨달았다. 암세포가 온몸에 퍼지는 와중에도 그녀는 트위터를 확인한다. 처음에는 이렇게 생각했다. 왜 트위터에 시간을 허비하고 있는 걸까? 그런데 이런 생각도 들었다. '못할 게 뭐람? 나는 트위터가 좋은데!' 동시에 그녀는 상실감에 골몰하지 않으려고 노력한다. "지금은 숨 쉬는 게 어렵지 않아요. 하지만 점점 힘들어지겠죠. 그러면 슬플 거예요. 하지만 그때까지는 숨을 쉬는 거예요."

줄리는 죽음을 앞뒀다고 말했을 때 도움이 될 만한 반응들을 몇 가지 더 거론한다. "안아주는 건 참 좋아요. 사랑한다는 말도요. 사실 제일 좋아하는 건 그냥 '사랑한다'는 말이에요."

"그 말을 해준 사람이 있나요?" 내가 묻는다. 매트가 해줬다고 그녀는 말한다. 그녀가 암이라는 사실을 알게 되었을 때 그의 첫 마디는 '이겨낼 수 있어!'도 '이런 제기랄!'도 아닌, '줄리, 당신을 너무 사랑해'였다. 그것 말고 그녀가 더 알아야 할 건 아무것도 없었다.

"사랑의 승리군요." 내가 말한다.

줄리는 고개를 끄덕인다.

"이 책을 쓰게 된다면 최고의 반응은 스스로를 검열하지 않고 진정성 있는 사람들이 보여준 반응이라고 말할 거예요." 그녀는 그러면서 나를 쳐다본다. "당신처럼."

줄리에게서 시한부 소식을 들었을 때 내가 무슨 말을 했었는지 떠올려본다. 처음에는 마음이 불편하고, 두 번째는 황망했던 기억이 난다. 내가 무슨 말을 했었냐고 줄리에게 물어본다.

그녀가 미소를 짓는다. "당신은 두 번 다 똑같은 말을 했는데, 심리 치료사에게 들을 거라곤 예상하지 못했던 말이었기 때문에 결코 잊을 수 없을 거예요."

내가 고개를 젓는다. '뭘 예상했던 걸까?'

"당신은 곧바로, 조용하고 슬픈 목소리로 말했어요. '아, 줄리.' 그 것만으로도 완벽한 반응이었지만, 더 중요한 건 당신이 하지 않은 말이었죠. 당신 눈에 눈물이 고였지만, 나한테 보여주기 싫어하는 것 같아서 아무 말도 하지 않았어요."

머릿속에서 기억이 형태를 잡아간다. "당신이 내 눈물을 봤다니 기쁘네요. 무슨 말을 했어도 됐을 텐데. 앞으로는 말을 해줘요."

"네, 이젠 그럴게요. 이제 같이 부고도 썼으니까, 감출 게 뭐가 더 있겠어요."

몇 주 전에 줄리는 자신의 부고를 완성했다. 우리는 어떻게 죽고 싶은지에 대해 심각한 얘기를 나누던 중이었다. 누가 옆에 있어주길 바라는지. 어디서 죽고 싶은지. 뭐가 있으면 위안이 될지. 뭐가 두려운지. 어떤 추도식이나 장례식을 원하는지. 사람들에게는 무엇을 언제 알리고 싶은지.

암 진단을 받은 후로 자신의 숨은 면모들(즉흥성과 유연성)을 발견했다지만, 그녀의 본질은 여전히 계획적이었다. 그래서 너무 일찍 내려진 사형 선고에 맞서야 한다면 최대한 자신이 원하는 방식대로 하고 싶었다.

부고를 작성하면서 우리는 그녀에게 가장 의미 있는 것들에 대해 얘기를 나눴다. 교수로서의 성공. 연구와 학생들에 대한 열정. 토요일 아침의 '집'이 된 트레이더 조스와 그곳에서 발견한 자유. 줄리의 도움으로 학자금 융자를 신청하고 대학에 다닐 수 있도록 근무 시간을 줄인 엠마. 마라톤 동호회 친구들과 북클럽 친구들. 그리고 제일 위에는 남편, 그리고 여동생과 조카들이 있다. 부모님, 친가와 외가의 할머니, 할아버지도 빼놓을 수 없다. 조부모님들은 다들 장수하는 집안에서 줄리가 이렇게 젊은 나이에 떠나게 된 걸 이해하지 못했다.

"스테로이드 보강 요법을 받은 기분이에요." 줄리는 처음 만난 후로 벌어진 모든 일들에 대해 이렇게 말했다. "매트와 제가 우리 결혼 생활을 강화하는 방식으로요. 우린 최대한 빠르게 스테로이드를 주입해야 했죠." 그 말을 할 때 줄리는 알고 있었다. 그녀가 그녀의 너무나 짧은 인생에 화가 난 이유는, 그 인생이 너무나 아름답기 때문이란 걸.

몇 번을 고쳐 쓰고 수정한 끝에 부고를 단순하게 정리한 것도 그 때문이다. "서른다섯 해를 하루도 빠짐없이 줄리 캘러핸은 사랑받는 삶을 살았다."

'사랑의 승리!'

44. 남자친구의 이메일

책상에 앉아 행복 책의 또 한 챕터를 힘겹게 채우는 중이다. 나를 버티게 하는 힘은 이런 생각이다. 이 책을 마치면 뭔가 중요한 것(그게 뭔지는 모르겠지만)에 대해 쓸 거야. 이 책을 빨리 끝낼수록 새로운 지점에서(그게 어딘지는 모르겠지만) 다시 시작할 수 있어. 나는 불확실성을 받아들이고 있다. 그리고 실제로 책을 쓰고 있다.

젠에게서 전화가 오지만 받지 않는다. 얼마 전에 건강이 좋지 않다고 말했더니 그녀는 웬델과 같은 방식으로, 병명을 짚어주는 게 아니라 그걸 모르는 상태를 이겨낼 수 있도록 도와주었다. 나는 완전히 괜찮지 않아도 괜찮을 수 있는 법을 배우는 한편, 내 상태를 보다 진지하게 살펴보는 전문가들의 진단도 받고 있다. 움직이는 자궁 운운하는 의사들은 이제 필요없다.

하지만 지금은 이 챕터를 마쳐야 한다. 두 시간은 집필에만 집중하기로 했다. 자판을 두드리면 글자가 모니터에 나타나고, 그렇게 페이지가 채워진다. 아들이 숙제를 하듯이, 성실한 일꾼처럼 목적을 위한 수단으로, 그렇게 챕터를 해치운다. 마지막 문장을 입력한 후에는 나에게 보상을 준다. 이메일을 확인하고 젠에게 전화를 걸 수 있다! 다음 챕터를 시작하기까지 15분간의 휴식. 끝이 보인다. 이제 마지막 섹션만 남았다.

젠과 수다를 떨면서 이메일을 확인하다가 숨이 멎는다. 받은 메일함에 굵은 활자로 남자친구의 이름이 적혀 있다. 너무 놀랍다. 그에게서 연락이 온 건 8개월 만이다.

내가 메일 얘기를 하자 젠은 열어보라고 하는데, 나는 남자친구의 이름만 응시한다. 배가 팽팽하게 당겨지는 느낌인데, 그의 마음이 바뀌길 바랄 때와는 다르다. 이번에 배가 땡기는 건 그가 어떤 깨달음을 얻었다면서 혹시라도 다시 합치자고 할 경우 나는 싫다고 할 것이기 때문이다. 그가 무슨 말을 하더라도 나는 신경이 곤두설 테고, 지금은 이것 때문에 옆길로 세는 게 싫다. 나는 내가 원치 않는 이 책을 끝마쳐야 한다. 그래야 내가 원하는 뭔가를 쓸 수 있을 테니. "이메일은 책을 끝마친 다음에 열어볼까봐." 내가 젠에게 말한다.

"그럴 거면 나한테 보내. 내가 읽어볼 테니까." 그녀가 말한다. "나는 못 기다리겠어."

웃음이 터진다. "알았어. 그럼 너를 위해 열어볼게."

이메일은 충격적이지만, 너무나 남자친구답다.

내가 오늘 누구를 만났는지 믿을 수 없을 거야. 리! 그녀가 우리 로펌에 합류했어.

이메일을 젠에게 읽어준다. 리는 남자친구와 내가 각각 다른 계기로 알았던, 그러면서 은근히 거슬려하던 사람이었다. 우리가 아직 사귀는 중이었다면 그는 당연히 이 솔깃한 뉴스를 내게 전해주었을 것이다. 하지만 이 마당에? 맥락도 없고, 관계에 대한 인식도 없고, 우리의 대화가 어디서 단절됐는지도 모르는 듯하다. 남자친구는 여전히 모래에 머리를 박고 있고, 나는 이제 막 머리를 빼내는 중이다.

"그게 다라고?" 젠이 묻는다. "그게 아동 혐오자의 메일 전부야?"

그녀는 말없이 내 반응을 기다린다. 나도 모르게 소름이 돋는다. 그의 이메일은 더할 나위 없이 시적이며, 웬델의 상담을 통해 깨달은 회피에 대한 모든 것을 아름답게 응축하고 있다. 흡사 하이쿠처럼 읽힌다.

내가 오늘 누구를 만났는지
믿을 수 없을 거야. 리!
그녀가 우리 로펌에 합류했어.

하지만 젠에게는 이게 재미있지 않다. 그녀는 화를 낸다. 우리의 이별에 내 탓도 있었다고 아무리 얘기해도 젠은 여전히 그를 또라이라고 부른다. 웬델에게 그걸 납득시키려고 애쓰던 내가 떠오른다. 그런데 요즘 나는 모든 사람에게 그렇지 않다는 걸 납득시키려고 애쓰는 중이다.

"그게 대체 무슨 뜻이야?" 젠은 이메일이 불만이다. "잘 지내냐는 말도 못해? 감정 미성숙이야, 뭐야?"

"아무 의미도 없어." 내가 말한다. "의미가 없는 거라고." 그걸 분석하면서 의미를 부여하려고 노력하는 건 쓸데없는 짓이다. 젠은 격분하지만, 놀랍게도 나는 전혀 화가 나지 않는다. 오히려 마음이 놓인다. 팽팽했던 배가 편안해진다.

"답장 같은 거 하지 마." 젠은 말하지만, 나는 하고 싶다. 아주 굴뚝같다. 나랑 헤어져줘서, 내 시간을 더 이상 허비하게 하지 않아줘서 고맙다는 인사라도 하고 싶다. 어쩌면 그의 이메일에는(최소한 하필이날 그걸 받았다는 사실에는) 결국 의미가 있었다.

젠에게는 책을 써야겠다고 말하지만, 전화를 끊고서 내가 하는 건 그게 아니다. 남자친구에게 답장을 하지도 않는다. 무의미한 관계도 싫지만 무의미한 책도 쓰고 싶지가 않다. 책을 거의(3/4 정도) 마쳤다는 사실도 상관없다. 죽음과 무의미가 '궁극적인 관심사'라면, 내가 좋아하지 않는 이 책이 나를 괴롭힌 건 당연하다. 그리고 자녀 교육책을 거절했던 것도. 내게 시간이 많지 않기 때문에 그걸 어떻게 사용하는지가 중요하단 걸 느꼈기 때문일지 모른다.

지금까지는 행복에 관한 책을 끝마치는 것이 감옥을 빠져나갈 길이라고 생각했다. 하지만 남자친구의 이메일은 내가 여전히 같은 철창을 흔들고 있는 건 아닌지 의문을 갖게 한다. 남자친구와 결혼했더라면 모든 게 잘 풀렸을 거라는 시나리오처럼, 자녀 교육 책이 모든 걸 해결해줬을 거라는 시나리오를 계속 붙들고 있는 건 무의미하다. 둘 다 판타지에 불과하다. 물론 분명 뭔가 달라졌겠지만, 궁극적으로 나는 여전히 의미를, 뭔가 더 깊은 것을 갈구하고 있었을 것이다. 에이전트가 온갖 현실적인 이유를 대며 써야만 한다고 말하는 이 멍청한 행복 책을 붙들고 있는 지금처럼.

하지만 이 시나리오도 틀렸다면? 쓰지 않으면 재앙에 직면하게 될 거라는 에이전트의 경고와 달리, 이 책을 실제로 쓸 필요가 없다면? 어떤 측면에서는 그 답을 한참 전부터 알았던 것 같은 느낌이 들지만, 어쨌든 지금, 불현듯 다른 방식으로 그걸 알게 된다. 나는 샬럿과 변화의 단계를 생각한다. 이제 나는 '실행'에 돌입할 준비가 되었다.

키보드에 손을 얹고 출판사 편집자에게 메일을 쓴다. '계약을 파기하고 싶습니다.'

잠시 망설이다 심호흡을 하고 보내기 버튼을 누른다. 나의 진실이 마침내 사이버 공간을 빠르게 날아간다.

45. 웬델의 수염

    화창한 로스앤젤레스의 아침, 상쾌한 기분으로 웬델의 사무실 건너편에 차를 세운다. 심리 치료를 받는 날 기분이 너무 좋으면 왠지 싫다. 할 말이 없을 테니까!

    물론 그렇지는 않다. 그럴 때야말로 더 많은 게 드러나는 경향이 있다. 자유롭게 탐색할 공간이 허용되면 마음은 너무나 뜻밖이고 흥미로운 장소로 우리를 데려간다. 지나가던 차에서 이매진 드래곤즈의 「온 탑 오브 더 월드」가 쾅쾅 울린다. 노래를 흥얼거리며 복도를 지나 대기실 문을 여는 순간 당황해서 입을 다물고 만다.

    이런. 웬델의 대기실이 아니다. 노래 때문에 정신이 팔려서 엉뚱한 문을 열었다! 실수에 웃음이 난다.

    밖으로 나와서 문을 닫고 주변을 살핀다. 문에 걸린 팻말을 확인하는데, 실수한 게 아니다. 다시 한 번 문을 열지만 그곳 모습은 내가 알았던 방과 딴판이다. 순간적으로 꿈을 꾸는 듯한 공포를 느낀다. 여기는 어디지?

웬델의 대기실은 완전히 달라졌다. 페인트를 새로 칠하고 바닥을 새로 깔고 새 가구를 들였고 그림도 근사한 흑백 사진으로 바뀌었다. 부모님이 쓰던 물건일 거라고 추측했던 것들은 모두 사라졌다. 싸구려 조화 꽃병이 있던 자리에는 세라믹 주전자와 물컵이 놓였다. 그대로인 건 벽 너머의 소리를 들을 수 없도록 틀어놓는 백색 소음기뿐이다. 러브하우스 프로그램의 집주인처럼 탄성을 지르고 싶다. 단순하고 어수선하지 않으면서도 어딘가 독특한 것이 꼭 웬델을 닮았다.

내가 으레 앉던 의자는 없어졌고, 희한한 철제 다리에 가죽 등받이가 달린 새로운 의자가 있다. 웬델과는 두 주 동안 보지 못했다. 그가 사무실을 비우는 이유가 휴가 때문이라고, 어쩌면 어렸을 때처럼 호숫가 오두막에서 친척들과 휴가를 즐기는 모양이라고 생각했다. 온라인에서 봤던 형제와 조카들이 모두 모인 모습, 그 사이에서 아이들과 놀거나 호숫가에서 맥주를 마시며 휴식을 취하는 웬델의 모습을 상상했다.

그런데 그 사이에 리모델링도 진행되고 있었던 것이다. 즐거운 기분이 사라지면서 의문이 들기 시작했다. 내 만족감이 실제였는지, 아니면 웬델의 부재 동안 이른바 '건강 도약flight to health'을 경험했던 것이지. 건강 도약이란 환자 스스로 어떤 문제가 갑자기 해결되었다고 확신하는 현상인데, 문제를 해결하는 과정에 동반되는 불안감을 감당할 수 없기 때문이다.

예를 들어 어린 시절의 트라우마를 떠올리며 힘겨운 시간을 보낸 환자가 그 다음 주에 더 이상 심리 치료가 필요하지 않다고 선언하는 식이다. '기분이 너무 좋아요! 지난번 상담은 정말 후련했어요!' 건강 도약은 심리 치료사나 환자가 쉬는 동안 특히 빈번하게 발생하는데, 그 기간에 무의식적인 방어 기제가 발동하는 것이다. '지난 몇 주 동안 아주 잘 지냈잖아? 심리 치료는 더 이상 필요 없어!' 가끔은 정말로 변화가 일어난 경우도 있다. 그런가 하면 갑작스레 떠났다가 다시 돌아오는 환자들도 많다.

건강 도약이든 아니든 나는 갈피를 잡지 못하는 느낌이다. 대기실은 대단히 좋아졌지만 예전의 시시했던 가구들이 왠지 그리운데, 그동안 나의 내면에 일어난 변화에 대한 느낌과 비슷하다. 웬델은 나의 내면을 리모델링했고, 그래서 훨씬 나아진 느낌이지만 가끔은 이전이 묘하게 그립다.

돌아가고 싶은 건 아니지만 그걸 기억할 수 있는 건 기쁘다.

상담실 문이 열리고 새로 깐 단풍나무 바닥을 딛고 나를 맞으러 오는 그의 발자국 소리가 들린다. 고개를 들었다가 다시 한 번 눈을 의심한다. 조금 전에는 대기실을 못 알아봤는데, 이번에는 웬델을 못 알아볼 뻔한다.

자리를 비운 두 주 동안 그는 수염을 길렀다. 카디건도 벗어버리고 근사한 버튼다운 셔츠를 입었으며, 낡은 로퍼는 존이 신는 것 같은 세련된 슬립온으로 바뀌었다. 완전히 다른 사람처럼 보인다.

"안녕하세요." 그가 평소처럼 인사를 건넨다.

"와우." 나는 조금 크다 싶은 목소리로 말한다. "변화가 너무 많은데요." 몸짓은 대기실을 가리키지만 눈으로는 그의 수염을 본다. "이제 진짜 심리 치료사처럼 보이네요." 나는 일어나며 이렇게 덧붙이는데, 놀라움을 농담으로 가려보려는 시도다. 실제로 그의 수염은 유명한 심리 치료사의 오랜 전통인 짧고 두툼한 수염과는 거리가 멀다. 웬델의 수염은 세련된 느낌이다. 일부러 손질하지 않은 것처럼 흐트러진 듯하면서도 맵시가 있다.

이를테면…… 매력적이랄까?

얼마 전에 그에 대한 낭만적 전이를 부정했던 게 기억난다. 그리고 그건 사실이었다. 내 인식의 범위에서는. 그런데 지금 이토록 마음 깊숙한 곳까지 불편한 이유는 뭘까? 내 무의식이 나도 모르게 웬델과 열정적인 관계라도 맺고 있었던 걸까?

상담실도 새단장을 했다. 배치는 동일하지만 페인트와 바닥, 양탄자, 장식, 소파와 쿠션은 전부 다르다. 아주 근사하다! 놀랍고 멋있다. 그러니까 내 말은 사무실이 그렇다는 것이다.

"인테리어 업체에 맡기셨나요?" 나는 묻고, 그는 그렇다고 대답한다. 예전의 가구가 그의 솜씨였다면 이번에는 확실히 전문가의 손길이 느껴진다. 그래도 웬델과 완벽하게 잘 어울린다. 새로운 웬델. 멋지게 꾸몄지만 여전히 수수한 웬델.

나는 새로운 쿠션을 살펴보고 새로운 소파에 등을 기댄다. 처음 이 자리에서 웬델과 가까이 앉았을 때 너무 가깝고 지나치게 나를 드러내는 느낌이라 무척 당혹스러웠던 기억이 난다. 그런데 또 다시 그런 느낌이 든다. 웬델한테 매력을 느끼면 어쩌지?

이러한 이끌림은 드물지 않을 것이다. 어쨌거나 사람들은 동료나 친구의 배우자, 일상 속에서 마주치는 다양한 남녀에게 매력을 느끼는데, 심리 치료사라고 다를 이유가 뭔가? 더하면 더 했지. 상담 중에 는 성적인 느낌이 만연하고, 그런 느낌이 안 들 수가 없다. 내 삶의 세 세한 부분에까지 관심을 기울이고, 내 모습을 있는 그대로 받아들이 며, 나를 지지해주고 속속들이 알아주는 사람과의 내밀한 경험을 연 애나 섹스 같은 내밀한 경험과 동일시하기란 쉽기 때문이다. 대놓고 수작을 거는 환자들도 있는가 하면(그들에겐 심리 치료사를 당황하게 만들고, 힘든 주제를 벗어나고, 힘을 다시 쟁취하고, 각자의 이력에 따라 자 신만이 아는 방법으로 심리 치료사에게 되갚아주려는 숨은 동기가 있다), 수작을 걸기는커녕 매력을 맹렬하게 부정하는 환자들도 있다(이를테 면 존처럼).

그런데 지금은 내가 웬델에게 시답잖은 농담을 던져놓고 바보처럼 웃고 있다. 그는 수염에 대한 얘기냐고 묻는다.

"익숙하지 않아서 그래요." 내가 말한다. "하지만 잘 어울리네요. 계 속 길러야겠어요." 그리고 속으로 생각한다. '어쩌면 기르지 말아야 할지도 모르겠네. 그건 너무……, 그러니까 너무 산만하니까.'

그가 오른쪽 눈썹을 올리는데, 오늘은 눈도 달라 보이는 것 같다. 더 밝아졌나? 그리고 저 보조개는 예전에도 있었던가? "내가 이걸 묻 는 이유는 나에게 보이는 반응이 남자들에 대한 당신의 반응과 관련 이 있어서……."

"당신은 남자가 아니에요." 나는 그의 말을 끊고 웃음을 터트린다.

"아니라고요?"

"아니죠!" 내가 말한다.

웬델은 짐짓 놀란 시늉을 한다. "아니, 지난번에 내가 확인했을 때는······."

"물론 그렇지만, 내 말이 무슨 뜻인지 알잖아요. 당신은 이성이 아니에요. 심리 치료사지." 내 말이 꼭 존이 하는 말처럼 들린다는 사실을 깨닫고 나는 흠칫한다.

몇 달 전, 미스터리한 몸 상태로 인해 왼발 근육이 약해지는 바람에 결혼식에서 춤을 추는 게 힘들었다. 다들 춤을 추는 걸 지켜만 보려니 너무 슬펐다고 웬델에게 말했다. 웬델은 멀쩡한 발로 여전히 춤을 출 수 있다면서 파트너만 있으면 된다고 말했다.

"저기요." 내가 말했다. "처음 내가 여기에 오게 된 이유가 파트너를 잃었기 때문 아니었던가요?"

하지만 웬델이 말하는 파트너는 애인이 아니었다. 그는 나더러 누구한테든 부탁할 수 있다고 말했다. 춤이든 다른 일이든 도움이 필요할 경우에는 다른 사람에게 기대면 된다고 했다.

"아무한테나 그냥 부탁할 수는 없어요." 나는 반박했다.

"왜 안 되죠?"

나는 눈동자를 굴렸다.

"나한테 부탁해도 돼요." 그가 어깨를 으쓱하며 말했다. "내가 춤을 잘 추거든요." 그러면서 어렸을 때 춤을 제대로 배웠다고 덧붙였다.

"정말이요? 어떤 춤이요?" 농담인지 아닌지 알 수가 없다. 웬델이 서투르게 춤을 추는 모습을 그려봤다. 발이 엉켜서 넘어지는 모습이 떠올랐다.

"발레요." 민망해하는 기미라고는 없다.

'발레?'

"하지만 모든 종류의 춤을 출 수 있어요." 그는 믿지 못하겠다는 투의 나를 보며 웃는다. "스윙, 모던. 어떤 춤을 추고 싶은데요?"

"말도 안 돼요." 나는 말했다. "나는 심리 치료사와는 춤 안 춰요."

그가 성적인 신호를 보내거나 소름끼치게 굴까봐 걱정하는 건 아니었다. 그럴 의도가 아니라는 걸 잘 알았다. 그보다는 심리 치료 시간을 그런 식으로 쓰고 싶지 않다는 쪽에 더 가까웠다. 해야 할 얘기들이 있었다. 이를테면 몸 상태에 대한 걱정이라던가. 하지만 한편으로는 이게 변명일 뿐이며, 이런 식의 개입이 유용할 수 있고 춤을 통해 때로는 말로 표현할 수 없는 감정을 나타낼 수 있다는 걸 알았다. 우리는 춤을 출 때 묻어뒀던 감정을 표현하고, 마음이 아닌 몸으로 이야기를 한다. 그리고 그것은 머리를 벗어나 새로운 차원의 인식에 도달할 수 있도록 도와줄 수 있다. 춤 치료에는 이런 취지가 포함되어 있고, 그래서 일부 심리 치료사들이 이 방법을 사용하기도 한다.

하지만 그래도 나는 싫었다.

"나는 당신의 심리 치료사고 남자죠." 웬델은 오늘 이렇게 말하면서, 누구나 서로에게서 인지하는 다양한 것들을 기반으로 서로 다르게 소통을 한다고 덧붙인다. 정치적 올바름과는 무관하게 우리는 외모나 옷차림, 성별, 인종, 민족, 또는 나이 같은 특징에 대해 감정적인 눈을 감을 수 없다. 감정의 전이도 그런 식으로 작동한다. 내가 여자에게서 심리 치료를 받았다면 평소에 여자를 대하는 방식으로 그녀에게 반응했을 거라고 그는 말한다. 만약 웬델이 키가 작았다면 작은 사람에게 하는 식으로 반응했을 것이다. 그리고 만약……

그가 말하는 동안에도 나는 '새로운' 그를 바라보면서 적응하려는 노력을 멈출 수 없다. 그리고 깨닫는다. 내가 일찍이 웬델에게 매력을 느끼지 않았던 게 이야기의 전부는 아니란 걸. 나는 다만 어느 누구에게도 끌리지 않았다. 나는 애통해하는 상태였고, 거기서 조금씩 빠져나오면서 비로소 다시 세상에 매력을 느끼기 시작한 것이다.

새로운 환자가 내원할 때면, '어떻게 오셨느냐'를 넘어 '왜 지금 오셨는지'를 물어본다. 지금이 관건이다. '왜 올해, 왜 이번 달에, 왜 오늘, 나를 만나러 올 결심을 하셨나요?' 내게는 이별이 그 답처럼 보였지만, 사실 그 밑에는 옴짝달싹 못하게 되어버린 내 삶과 그에 대한 슬픔이 도사리고 있었다.

"그만 울 수 있었으면 좋겠어요!" 소화전이 된 것 같았던 초기에 나는 웬델에게 이렇게 말했다.

웬델의 시각은 달랐다. 그는 내가 감정을 느끼도록 허용했다. 수많은 사람들처럼 나 역시 더 적게 느끼는 걸 더 나은 느낌으로 착각했는데, 웬델은 그렇지 않다는 걸 일깨워주었다. 적게 느끼더라도 감정은 여전히 그곳에 있다. 감정은 무의식적인 행동으로, 가만히 앉아 있지 못함과 계속 되는 기분 전환의 욕구, 식욕 부진이나 폭식, 짜증 등으로 표출된다.

그런데도 사람들은 감정을 억누르려 한다. 일주일 전에 어느 환자는 하룻밤도 TV를 틀지 않고는 견딜 수 없고, 그걸 켜놓은 채 잠들었다가 몇 시간 만에 깬다고 말했다. "내 저녁은 어디로 가버렸을까요?" 그녀는 내게 물었다. 하지만 진짜 물어야 할 것은 따로 있었다. 그녀의 감정들은 다 어디로 가버린 걸까?

또 다른 환자는 이렇게 탄식했다. "생각이 많지 않은 사람, 그저 흐름을 따라가는 사람, 이것저것 따지지 않고 사는 사람이 더 낫지 않을까요?" 나는 그에게 이렇게 대답했다. 따지는 것과 골몰하는 것은 다르다고, 감정을 도려내고 매끄러운 표면을 미끄러지듯 산다면 평화나 즐거움도 없다고, 죽은 듯이 살게 될 거라고 말했다.

그러니까 내가 웬델에게 빠진 게 아니다. 내가 마침내 그를 심리치료사를 넘어 남자로 인식했다는 건, 상담 덕분에 내가 다시 인류의 일원으로 재합류할 수 있게 됐다는 증거일 뿐이다. 나는 매력이라는 걸 다시 느끼게 되었다. 심지어 나는 조심스럽게 데이트를 다시 시작하려 하고 있었다.

문을 나서려다가 웬델의 사무실 리모델링과 수염이 '왜 지금'이었는지 물어본다.

"무슨 계기가 있었나요?" 내가 묻는다.

수염은 사무실을 떠난 동안 면도를 할 필요가 없었던 결과였고, 다시 돌아올 무렵이 되자 그 모습이 마음에 들었단다. 그리고 리모델링은 그냥 '할 때가 됐다'고 대답한다.

"하지만 왜 지금이었죠?" 나는 다음 질문을 좀 우아하게 표현하려 한다. "그 가구들과 함께한 지…… 꽤 오래된 것 같던데?"

웬델은 웃음을 터트린다. "변화란 그런 것이죠." 그는 말한다.

밖으로 나오자 열기로 달아오른 아스팔트에서 아지랑이가 피어오르고, 신호등 앞에 서 있는데 머릿속에 아까 그 노래의 가사가 떠오른다. '나는 미소 지을 때를 기다려왔어. 있잖아, 오랫동안 참아 왔어.' 신호등이 바뀌고 길을 건너지만 오늘은 자동차로 향하지 않는다.

나는 계속 걸어서 살롱의 유리 문 앞에 선다.

창문에 비친 내 모습을 보며 옷매무새를 고친다. 오늘 밤의 데이트를 위해 앤스로폴로지에서 고른 옷이다. 그러고는 서둘러 안으로 들어간다.

왁싱을 예약한 시간이다.

Part Four

아름다움을 찾아 온 세상을 헤메고 다녀도
우리 마음속에 지니지 않고서는 그것을 찾을 수 없다.
— 랠프 왈도 에머슨

46. 창 밖의 벌떼

샬럿의 예약 시간을 1분 남겨놓고 엄마의 문자를 받는다. '전화 좀 해줄래.' 평소에 이런 문자를 보내는 분이 아니라서 얼른 엄마에게 전화를 건다. 벨이 한 번 울렸을 때 엄마가 전화를 받는다.

"놀라지 마라." 엄마는 말하지만 그 말은 뭔가 놀랄 일이 벌어졌다는 뜻이다. "아버지가 병원에 계셔."

전화기를 쥔 손에 힘이 들어간다.

"괜찮아." 엄마가 얼른 말한다. '괜찮은 사람을 병원에서 받아줄 리가 없잖아요.' 나는 속으로 생각한다. "무슨 일이에요?" 내가 묻는다.

엄마는 병원에서도 아직 모른다고 말한다. 점심을 먹다가 속이 안 좋다고 하더니, 몸을 떨기 시작하면서 호흡 곤란이 왔고, 그래서 병원에 왔다는 것이다. 뭔가에 감염이 된 것처럼 보이지만 다른 쪽에 문제가 있는지는 아직 모른다. "아빠는 괜찮아. 괜찮을 거야." 엄마는 같은 말을 되풀이한다. 나한테라기보다 당신에게 하는 말 같다. 우리 둘 다 아버지가 괜찮기를 원한다. 그래야 한다.

"진짜로," 엄마는 말한다. "아버지는 괜찮아. 자, 직접 들어보렴." 엄마가 아버지에게 전화기를 건네면서 뭐라고 하는 소리가 들린다.

"나는 괜찮다." 아버지는 인사말 대신 이렇게 말하지만 숨소리가 힘겹다. 항생제가 잘 들으면 내일쯤에는 나갈 수 있을 거라고 아버지는 말하지만, 다시 전화기를 건네받은 엄마와 나는 더 심각한 일이 아닐까 걱정한다(밤에 병원에 갔더니 아버지의 배는 복수가 차서 임산부 같았고, 심각한 감염이 온몸에 확산된 탓에 정맥에 여러 종류의 항생제를 꽂고 있다. 결국 일주일간 입원해서 폐에 찬 물을 흡인기로 빼낸 후에야 심박수가 안정을 찾았다).

전화를 끊은 나는 샬럿의 예약 시간이 12분이나 지났다는 걸 깨닫는다. 대기실로 향하면서 정신을 집중하려고 노력한다.

문을 열었더니 샬럿이 자리에서 벌떡 일어난다. "아휴! 시간을 잘못 알았나 했는데 그것도 아니고, 요일이 잘못됐나 했지만 오늘은 월요일이 맞고," 그녀는 그러면서 휴대폰을 들어 내게 요일을 확인시켜 준다. "그래서 그러면 도대체 뭘까 하고 있는데 이렇게 오셨네요."

이 모든 걸 한 문장으로 쏟아낸다. "어쨌든, 안녕하세요." 그녀는 이렇게 말하면서 나를 지나쳐 사무실로 들어간다.

심리 치료사가 늦을 경우 동요하는 환자들이 많다. 늦지 않으려고 노력하지만, 심리 치료사들은 누구나 이런 경험이 한 번씩은 있다. 그리고 그로 인해 배신당했거나 버려졌던 옛 경험이 되살아나면 환자는 당혹감부터 분노에 이르는 다양한 감정을 느낄 수 있다.

나는 급한 전화를 받느라 늦었다고 사과한다.

"괜찮아요." 무심하게 말하지만 기분이 좋지 않아 보인다. 어쩌면 아버지와 통화를 한 것 때문에 내 기분이 그런 건지도 모른다. 괜찮다고, 아버지도 그렇게 말했다. 둘 다 정말 괜찮은 걸까? 늘 앉는 의자에 앉아 머리카락을 돌돌 감으며 방안을 둘러보는 샬럿은 초조한 기색이다. 눈을 맞추며 안정감을 찾아주려 하지만, 그녀의 시선은 창문에서 벽에 걸린 그림으로, 늘 무릎에 올려놓는 쿠션으로 부산하게 오간다. 다리를 꼬고 앉아 위에 얹은 다리를 발길질하듯 빠르게 흔들어댄다.

"내가 어디 있는지 몰랐을 때 기분이 어땠어요." 나는 이렇게 말하면서 나 역시 몇 달 전에 웬델의 대기실에서 그가 어디 있는지 궁금해하며 똑같은 상황에 처했었던 걸 떠올린다. 그때 나는 하릴없이 전화기나 들여다보며 4분이 지났네, 8분이 지났네 하고 있었다. 10분이 지났을 때는 그가 교통사고를 당했거나 어딘가 아파서 응급실에 있을지도 모른다는 생각까지 들었다.

전화를 해서 메시지를 남길까 고민했다. 뭐라고 했을지는 모르겠다. '안녕, 로리예요. 지금 대기실에 앉아 있어요. 당신은 거기, 문 안쪽에서 진료 차트를 쓰고 있나요? 간식을 먹고 있나요? 나를 잊은 거예요? 아니면, 죽을 지경에 처한 건가요?' 이러다 새 심리 치료사를 찾아봐야 하는 건가, 심리 치료사의 죽음을 감당하는 것도 작은 일은 아닐 텐데, 하던 차에 웬델의 사무실 문이 열리고 중년의 커플이 밖으로 나왔다. 남자는 웬델에게 '고맙다'고 말하고 여자는 굳은 표정으로 미소를 지었다. 첫 상담이었군. 아니면 바람피운 게 들통났거나. 그럴 경우 상담 시간을 넘기는 경향이 있다.

나는 웬델 옆을 지나쳐서 그와 직각을 이루는 내 자리에 앉았다.

"괜찮아요." 그가 늦어서 미안하다고 했을 때 내가 말했다. "정말이에요. 저도 상담을 하다보면 시간을 넘길 때가 있거든요. 괜찮아요."

웬델은 오른쪽 눈썹을 세운 채 나를 쳐다봤다. 나도 품위를 유지하려고 애쓰면서 똑같이 눈썹을 세워봤다. '내가? 심리 치료사가 늦었다고 발끈? 말도 안 돼.' 나는 웃음을 터트렸는데, 이어서 눈물이 조금 번졌다. 그를 봤을 때 내가 얼마나 안도했고, 그가 내게 얼마나 중요한 존재가 되었는지는 우리 둘 다 알고 있었다. 기다리며 마음 졸인 그 10분은 결코 '괜찮지' 않았다.

그리고 지금, 억지웃음을 짓고 발작하듯 다리를 흔들며 샬럿은 나를 기다리는 게 아무렇지 않았다는 말을 되풀이하고 있다.

내가 나타나지 않는 동안 무슨 일이 일어났을 거라고 생각했는지 물어본다.

"걱정하지 않았어요." 그녀는 대뜸 이렇게 말한다. 그때 커다란 통유리창 너머 뭔가가 내 눈을 사로잡는다.

샬럿의 머리 오른쪽으로 1미터 남짓한 거리에서 어지럽도록 빠른 원을 그리며 날아다니는 것은 호박벌 두 마리다. 지상에서 몇 층 위인 내 창문 너머에서 벌을 보는 건 처음인데, 이 두 마리는 무슨 흥분제에 취한 것 같다. 벌들의 짝짓기 춤인 모양이라고, 나는 생각한다. 그때 몇 마리가 더 날아오고, 순식간에 벌떼가 윙윙거리며 원을 그리는데, 그것들을 막아주는 건 유리창뿐이다. 몇 마리는 창에 내려앉아 기어 다니기 시작한다.

"그래서, 이 얘기를 들으면 나를 죽이려 들겠지만." 샬럿이 얘기를 시작하는데, 벌떼에 대해서는 눈치를 못 챈 모양이다. "음, 심리 치료를 좀 쉴까 봐요."

나는 벌떼에서 시선을 돌려 다시 샬럿을 본다. 오늘 이런 말을 들을 줄은 예상하지 못했고, 더군다나 눈이 어지러웠던 터라 그녀의 말이 머릿속에 새겨지기까지 시간이 걸린다. 어느새 벌은 수백 마리가 되었고, 어찌나 다닥다닥 붙었는지 구름처럼 빛을 가려서 사무실이 어두워졌을 정도다. 이것들은 대체 어디서 날아온 걸까?

주변이 어두워지자 샬럿도 드디어 알아차린다. 그녀는 창문 쪽으로 고개를 돌리고, 우리는 말없이 앉아 벌떼를 응시한다. 그녀는 매료된 눈치다.

예전에 내가 어느 부부를 보는 시간에 동료인 마이크는 십대 소녀가 포함된 가족의 상담 치료를 진행했었다. 부부와 마주 앉아 20분쯤 지나면 어김없이 마이크의 방에서 소동이 벌어졌는데, 십대의 딸이 부모에게 소리를 지르고는 문을 쾅 닫고 나가버리면 부모는 돌아오라고 고함을 쳤고, '싫어!'라고 맞받아치는 딸을 마이크가 달래서 다시 데리고 들어가 모두의 마음을 진정시키곤 했다. 처음 몇 번은 나와 상담중이던 부부가 이것 때문에 심란해할 거라고 생각했는데, 알고 보니 그들의 기분은 더 좋아졌다. '최소한 우리는 저렇지는 않잖아.' 그들은 이렇게 생각했다.

하지만 나는 그 소동이 싫었다. 그것 때문에 늘 집중이 흐트러졌다. 그리고 같은 맥락에서 지금 이 벌들도 싫다. 나는 열 블록 거리의 병원에 계신 아버지를 생각한다. 이 벌떼는 모종의 신호, 어떤 징조일까?

"한때 양봉을 할까 생각했던 적이 있어요." 샬럿이 침묵을 깨고 말하는데, 갑작스러운 치료 중단 선언에 비하면 놀라움이 덜하다. 번지점프와 스카이다이빙, 상어와 수영하기처럼 혼비백산할 상황에서 그녀는 짜릿함을 느낀다. 그녀가 양봉에 대한 환상을 이야기할 때, 나는 그 은유가 너무나 딱 맞아떨어진다고 생각한다. 양봉은 머리부터 발끝까지 보호 장구를 입어야 벌에 쏘이지 않고, 자신을 해칠 수도 있는 곤충들을 잘 다뤄서 달콤한 수확을 얻을 수 있는 일이니까. 위험을 다스리는 그런 통제력이, 특히 어려서 그런 느낌을 모른 채 자랐다면 매력적일 수 있을 것 같다.

아무런 설명도 없이 대기실에 남겨졌다면 심리 치료를 그만두겠다고 말하고 싶은 마음도 상상해볼 수 있다. 샬럿은 그럴 계획이었을까, 아니면 몇 분 전에 느낀 원초적 두려움에 대한 즉흥적인 반응일까? 그녀가 술을 다시 마시는 건 아닌지 궁금하다. 심리 치료가 원치 않는 책임감을 안겨주기 때문에 그만두는 사람들도 가끔 있다. 다시 술을 마시거나 바람을 피우기 시작했을 경우, 무슨 일을 저질렀거나 또는 하지 못한 것이 수치심을 유발할 때, 그들은 심리 치료사(그리고 자기 자신)로부터 숨어버리는 쪽을 선호할 수도 있다. 심리 치료야말로 수치심을 드러낼 가장 안전한 장소라는 걸 잊는 것이다. 말하지 않음으로써 거짓말쟁이가 되거나, 아니면 수치심을 직면해야 할 상황에서, 그들은 그냥 도망쳐버리기도 한다. 물론 그건 아무것도 해결해주지 않는다.

"여기 오기 전에 결정한 거예요." 샬럿이 말한다. "잘 하고 있다는 기분이 들어요. 술은 여전히 안 마시고, 일도 잘 되고, 엄마와도 예전만큼 많이 싸우지 않고, 그치를 만나지도 않아요. 전화번호도 차단했어요." 샬럿이 한 박자 쉬었다가 묻는다. "화났어요?"

내가? 놀란 건 확실하고 좌절감도 드는데, 솔직히 말하자면 이건 화의 완곡한 표현이다. 하지만 그 이면에는 그녀에 대한 걱정, 어쩌면 도를 넘어선 걱정이 자리잡고 있다. 나는 그녀가 건강한 관계 맺기에 능숙해지기 전에는, 불쑥 나타났다가 어김없이 다시 사라져버리는 아버지로 인한 참담함을 떨치고 평온을 찾기 전에는, 그녀가 원하는 것을 좀처럼 얻지 못해서 힘들어할까 걱정한다. 삼십대가 아닌 이십대에 이 문제를 해결하기를, 자신의 시간을 허비하지 않기를, 그래서 어느 날 이런 공포에 휩싸이는 날이 없기를 바란다. '내 인생의 절반이 지나가 버렸어.' 하지만 그녀의 독립심을 꺾고 싶지는 않다. 자식을 키우는 부모들처럼, 심리 치료사들은 환자를 계속 붙들고 있는 게 아니라 그들과 헤어지기 위해 일한다.

그래도 이 결정에는 뭔가 성급한 감이 있다. 낙하산 없이 비행기에서 뛰어내리는 것처럼 그녀에게 안성맞춤인 위태로움마저 감돈다.

사람들은 심리 치료가 과거의 뭔가를 캐내고 그것에 대해 이야기하는 것이라고 상상하는데, 심리 치료사들은 오히려 현재에 집중한다. 하루하루 사람들의 머리와 마음속에서 일어나는 일들에 대한 인식을 끌어내는 것이다. 쉽게 상처받는가? 비난받는다고 느끼는가? 눈 마주치길 피하는가? 사소한 불안을 떨치지 못하는가? 우리는 이런 통찰을 이끌어내고, 환자들이 그것을 현실 세계에 활용하도록 격려한다. 웬델은 그걸 이렇게 표현했다. "심리 치료에서 사람들이 하는 건 백보드에 대고 슛 연습을 하는 거죠. 그것도 필요하죠. 하지만 그들이 해야 할 건 실제 시합에서 뛰는 거예요."

샬럿이 진정한 관계에 가까웠던 관계를 맺었던 유일한 때는, 심리 치료를 시작하고 1년쯤 됐을 무렵이었다. 어느날 갑자기 그녀는 이 남자와 만나길 그만뒀는데 나한테 그 이유를 말하려 하지 않았다. 그 얘기를 왜 하고 싶지 않은지에 대해서도 말하지 않았다. 나는 무슨 일이 있었는지보다, 무엇이 이것을 논의할 수 없는 일로 만들었는지가 더 궁금했다. 오늘 그녀가 떠나려는 이유도, 그런 논의할 수 없는 일 때문은 아닌지 궁금하다.

그녀가 얼마나 이런 '일'들을 붙들고 있길 원했는지 기억한다. 내 요청을 거절하기 위해서. "나는 거절을 잘 못해요. 그래서 그걸 여기서 연습하는 거예요." 그녀는 이렇게 설명했다. 헤어짐에 대해 말하는 것과 관계없이, 나는 그녀가 수락도 잘 못하는 것 같다고 말했다. 거절을 못하는 건 인정 욕구와 관련이 깊다. 거절하면 사랑받지 못할 거라고 생각한다. 하지만 수락을(친밀한 관계를, 일자리를, 금주 프로그램을) 못하는 건 스스로에 대한 믿음 부족이 더 크다. 내가 이걸 망쳐버리지 않을까? 결과가 엉망으로 나오지 않을까? 그냥 이대로 있는 게 더 안전하지 않을까?

샬럿에게 어려운 건 두려움을 넘어서, 심리 치료뿐만 아니라 자기 자신을 수락하는 일이다.

나는 창문에 달라붙은 벌들을 보면서 아버지를 생각한다. 그리고 언젠가 친척들이 나에게 죄책감을 안기려 한다고 불평했을 때 아버지가 하셨던 말을 떠올린다. "누군가 너에게 죄책감이라는 소포를 보냈다고 해서 네가 그걸 꼭 수령해야 하는 건 아니야." 그 말을 샬럿과 관련해서 생각해본다. 떠나는 것에 대해 죄책감을 느끼게 하고 싶지 않다. 나를 실망시켰다고 생각하게 하고 싶지 않다. 내가 할 수 있는 건 그녀의 생각을 듣고 나의 생각을 말한 후 그녀가 원하는 대로 선택하게 하는 것뿐이다. 그녀의 선택이 무엇이든 내가 그녀를 위해 여기 있을 거란 걸 알려주는 것이다.

"자," 벌들이 슬슬 흩어지기 시작하는 걸 보면서 나는 샬럿에게 말한다. "상황이 개선되고 있다는 건 나도 같은 생각이에요. 당신이 열심히 노력한 결과예요. 하지만 당신은 여전히 사람들과 가까워지는 걸 힘들어 하죠. 당신의 삶에서 이것과 관련된 부분들, 이를테면 당신의 아버지, 당신이 원치 않는 그 남자에 대한 대화는 너무 고통스러워서 얘기하길 꺼리는 것 같아요. 그것들에 대해 이야기하지 않으면 상황이 달라질지 모른다는 희망을 품을 수 있다고 믿을지도 몰라요. 그리고 당신만 그런 식으로 생각하는 건 아니에요. 어떤 사람들은 심리 치료가 자기에게 잘못한 사람들에게 자신의 생각을 전달할 방법을 찾게 도와줄 거라고 믿어요. 또 그렇게 하면 연인들이나 친척들이 자신이 예전부터 원했던 그런 사람들이 될 거라고 희망해요. 하지만 상황은 좀처럼 그런 식으로 전개되지 않아요. 충실한 어른이 된다는 건 자기 삶의 행로에 책임을 지고, 선택이 자기 몫이라는 사실을 받아들이는 걸 의미하죠. 이제 당신이 앞자리로 가서 차를 운전하는 엄마 개가 되어야 해요."

내가 말하는 내내 무릎을 내려다보던 샬럿이 마지막 부분에서 고개를 든다. 대부분의 벌들이 사라지고 방안은 훨씬 밝아졌다. 몇 마리만 남아 있는데, 일부는 여전히 유리창에 붙어 있고, 몇몇은 서로

원을 그리다가 날아간다.

"심리 치료를 계속 받는다면 더 나은 유년기에 대한 희망을 버려야 할지도 몰라요. 하지만 그래야 더 나은 성년기를 만들 수 있어요." 나는 부드럽게 말한다.

샬럿은 한참 고개를 숙이고 있다가 말한다. "알아요."

우리는 말없이 함께 앉아 있다.

마침내 그녀가 입을 연다. "이웃 남자랑 잤어요." 그녀와 같은 아파트에 살면서 그녀에게 수작을 걸었지만 진지한 관계는 원치 않는다던 남자 얘기다. 샬럿은 건강한 관계를 원하는 남자하고만 데이트를 하겠다고 결심했던 터였다. 감정적으로 아버지 타입인 남자는 그만 만나고 싶었다. 엄마처럼 사는 것도 그만하고 싶었다. 이제 그런 것들을 거부하고, 부모처럼 되는 걸 그만하고, 아직 발견하지 못한 자기 모습을 수락하고 싶었다.

"심리 치료를 그만두면 그 남자랑 계속 잘 수 있겠다고 생각했어요." 그녀가 말한다.

"뭐든 당신이 원하는 대로 할 수 있어요." 내가 말한다. "치료를 계속 받든, 받지 않든." 그녀가 그걸 모르는 건 아니다. 그녀는 술을 포기했고, 그치를 포기했고, 엄마와 다투는 것도 포기하기 시작했지만, 변화의 단계라는 게 모든 방어물을 한 번에 전부 내려놓게 되지는 않는다. 그보다는 한 겹씩 걷어내며 여린 핵심에, 슬픔이며 수치심 같은 것에 조금씩 가까워진다.

샬럿이 고개를 젓는다. "5년 뒤에 어떤 종류의 관계도 맺지 못했다는 걸 깨닫고 싶지는 않아요. 그때가 되면 내 또래는 대부분 더 이상 싱글이 아닐 텐데, 나는 대기실 남자 아니면 이웃 남자하고나 엮이면서 그걸 무슨 무용담처럼 떠벌이는 여자가 되어 있을 테죠."

"쿨한 여자처럼. 욕구나 감정 없이 그냥 흐르는 대로 사는 사람 말이죠? 하지만 당신에게는 감정이 있어요." 내가 말한다.

"맞아요." 그녀가 말한다. "쿨한 여자가 되는 건 별로예요." 그녀가 이걸 인정하는 건 처음이다. "별로라는 것도 감정이라고 할 수 있나?" 그녀가 묻는다.

"물론이죠." 내가 말한다.

그렇게 시작한다. 마침내. 샬럿은 이번에는 그만두지 않는다. 자기 차를 운전하는 법을 배울 때까지, 양쪽을 다 살피면서 수없이 엉뚱한 곳으로 방향을 틀었다가 번번이 다시 돌아와 정말 원하는 곳으로 가게 될 때까지, 계속 심리 치료를 받는다.

47. 케냐

머리를 자르면서 출판 계약을 파기했다는 소식을 코리에게 말했다. 출판사에 돈을 갚으려면 몇 년이 걸릴지 모르고, 다른 책을 출판할 기회가 없을지도 모르지만, 어깨를 짓누르던 돌덩이를 내려놓은 기분이라고 말했다.

코리가 고개를 끄덕인다. 그러면서 이두박근에 새긴 문신을 거울로 확인한다.

"내가 오늘 아침에 뭐 했는지 알아요?" 그가 말한다.

"응?"

그는 내 앞머리를 빗어 내린 후 가지런하게 잘렸는지 확인한다. "깨끗한 물을 마시지 못하는 케냐 사람들에 대한 다큐멘터리를 봤어요. 그들은 죽어가고 있죠. 전쟁과 질병으로 많은 사람이 트라우마를 겪고, 고향과 마을에서 내몰리는 처지예요. 그들은 마셔도 죽지 않을 물을 찾아 헤매고 있어요. 심리 치료를 받거나 출판 계약금을 갚아야 할 처지인 사람은 아무도 없죠." 그가 잠시 숨을 고른다. "아무튼, 그게 내가 오늘 아침에 한 일이에요."

어색한 침묵이 흐른다. 코리와 나는 거울을 통해 눈을 맞추고, 그러다가 천천히 웃기 시작한다.

우리 둘 다 나를 비웃는다. 한편으로 나는 고통에 순위를 매기는 태도를 비웃는다. 그러면서 줄리를 생각한다. "최소한 나는 암은 아니니까." 그녀는 이렇게 말했지만, 그건 건강한 사람들이 자신의 괴로움을 줄이기 위해서나 쓰는 표현이다. 처음 얼마 동안, 줄리 바로 다음으로 잡힌 존의 진료 시간에 이 중요한 교훈을 되새기려고 늘 노력했던 기억이 난다. 고통에는 순위가 없다는 걸. 괴로움에 순위를 매겨서는 안 되는데, 고통은 경연이 아니기 때문이다. 부부들은 종종 이걸 잊는다. '나는 하루 종일 애들을 봤어.' '내 일이 당신이 하는 일보다 더 힘들어.' '내가 당신보다 더 외로워.' 누구의 고통이 승리하고, 누가 패할까.

나 역시 그랬다. 이혼도 아니고 고작 헤어진 걸 가지고 난리법석을 피워서 웬델에게 사과했고, 출판 계약 파기로 문제에 봉착했지만 케냐 사람들에 비하면 아무것도 아니라서 코리에게 사과했다. 심지어 나는 나의 건강 염려에 대해서도 사과했는데, 왜냐하면 내 병은 고작 미확인 상태였기 때문이다. 그건 파킨슨병이 아니었고 암도 아니었으니까.

하지만 웬델은 내가 나 자신은 물론 더 아래 단계의 고통에 해당하는 문제를 가진 모든 사람을 가치 판단하고 있다고 말했다. 고통을 축소한다고 해서 그걸 헤쳐나갈 수 있는 건 아니라는 사실을 그는 일깨워주었다. 고통을 헤쳐나가려면 그것을 받아들이고, 대처할 방법을 찾아내야 한다. 부정하거나 경시하는 태도로는 안 된다. 그리고 사소한 걱정처럼 보이는 것이 실제로는 더 깊은 문제의 징후일 때가 많다.

"요즘도 틴더 테라피를 이용하고 있어요?" 내가 코리에게 묻는다.

그는 내 머리에 뭔가를 발라주며 말한다. "당연하지."

48. 심리적 면역 체계

"축하해요. 당신은 이제부터 나의 내연녀가 아니에요." 존은 우리가 먹을 점심이 담긴 봉투를 들고 들어오면서 건조하게 말한다.

이건 그가 작별을 고하는 방식일까? 이제야 막 제대로 시작했는데 심리 치료를 중단하려는 것일까?

그는 소파로 가더니 보란 듯이 휴대폰을 무음으로 바꾸고 의자에 휙 던진다. 그러고는 음식 봉투를 열어서 내 몫의 치킨 샐러드를 건넨다. 그리고는 다시 손을 집어넣어 젓가락을 꺼내 보인다. '이거 원해요?' 나는 고개를 끄덕인다.

자리를 잡고 나자 그는 발로 바닥을 탁탁 치며 기대에 찬 눈초리로 나를 쳐다본다.

"자, 당신이 왜 더 이상 내 내연녀가 아닌지 알고 싶지 않아요?"

나는 이런 표정으로 그를 쳐다본다. '당신 게임에 말려들 생각 없는데요.'

"알았어요. 좋아요." 그가 한숨을 쉰다. "말해줄게요. 마고한테 털어 놨기 때문이에요. 당신을 만나는 걸 그녀가 알아요." 그가 샐러드를 한 입 떠서 우물거린다. "그런데 그녀가 어떻게 나왔는지 알아요?"

나는 고개를 젓는다.

"화를 냈어요! '왜 이걸 숨겼어? 얼마나 된 거야? 그 여자 이름이 뭐야? 이걸 또 누가 알고 있어?' 누가 들으면 당신이랑 나랑 정말 바람이라도 핀 줄 알겠어요." 그는 자신이 그걸 얼마나 터무니없다고 생각하는지 내가 알도록 소리 내서 웃는다.

"그녀로서는 그렇게 느낄 수도 있죠." 내가 말한다. "마고는 당신의 삶에서 배제된 느낌을 받고 있는데, 당신이 그걸 다른 사람과 공유 해왔다는 얘기를 들은 거잖아요. 당신과 그런 친밀함을 원하고 있는 데."

"네." 그는 잠시 생각에 빠진 것처럼 보인다. 샐러드를 먹으며 바닥 을 내려다보다가 이마를 문지르는데, 생각들 때문에 몹시 지친다는 표정이다. 마침내 그가 고개를 든다.

"게이브에 대해 얘기했어요." 목소리가 조용하다. 그러더니 울기 시작한다. 쉰 목소리로 뱉어내는 통곡은 거친 야성의 울음이고, 나는 그게 의대 시절에 응급실에서 들었던, 물에 빠져 죽은 아이의 부모와 같은 울음소리라는 걸 알아차린다. 그건 아들을 향한 사랑의 노래다.

"미안해, 미안해, 너무 미안해." 존이 눈물을 흘리며 말하는데, 게이 브에게 하는 말인지, 마고, 아니면 그의 어머니, 어쩌면 내게 사과를 하는 것인지 모르겠다.

전부 다라고 그는 말한다. 하지만 무엇보다 기억할 수 없어서 그는 미안하다. 그는 가늠할 수 없는 것들, 사고와 병원, 게이브가 죽었다는 사실을 알게 된 순간을 차단하고 싶었지만, 그럴 수 없었다. 죽은 아들의 몸을 끌어안던 것, 마고의 동생이 그를 떼어놓으려 할 때 주먹을 날리며 '내 아들을 떠나지 않을 거야!'라고 소리치던 것을 잊을 수만 있다면 뭐든지 다 할 텐데. 딸에게 오빠가 죽었다고 말하던 일과 가족들이 묘지에 도착하던 순간, 다리가 풀린 마고가 땅에 주저앉던 모습을 얼마나 지우고 싶었던가. 하지만 안타깝게도 그 기억들은 고스란히 남아 뜬눈으로 꾸는 악몽이 되었다.

희미한 건 행복한 기억이라고 그는 말한다. 트윈 침대에서 배트맨 잠옷을 입고 있던 게이브. 생일 선물을 풀어본 후에 포장지 위에서 뒹굴던 것. 다 큰 것처럼 유치원 교실로 씩씩하게 들어가다가 돌아보며 몰래 키스를 날리던 모습. '달까지 갔다가 돌아올 만큼 사랑해'라고 말하는 아이의 목소리. 머리에 입을 맞출 때 나던 냄새. 음악 같았던 웃음소리. 풍부한 얼굴 표정. 가장 좋아했던 음악과 동물과 색깔. 이 모든 기억들이 멀어지며 희미해지는 것 같다. 아무리 붙잡고 싶어도 게이브의 소소한 부분들을 잃어가고 있다.

부모라면 누구나 자식들이 성장하면서 그런 소소한 것들을 잊게 되고, 다들 그걸 아쉬워한다. 다른 점이라면 그들의 기억에서는 과거가 물러나도 현재가 바로 앞에 있다는 것이다. 존에게 기억을 잃는 건 게이브를 잃는 것이나 다름없다. 그래서 밤에 마고가 침대에서 속을 끓일 때 그는 몰래 노트북으로 게이브의 동영상을 본다. 이것 말고는 아들 동영상이 없고, 지금 자신이 가진 게이브에 대한 기억 말고 다른 기억은 만들어지지 않는다는 생각 때문이다. 기억은 흐릿해질지언정 영상은 그렇지 않을 것이다. 존은 그 동영상들을 수백 번씩 봤고, 자신의 기억과 동영상의 차이를 더 이상 모를 지경이라고 말한다. 그는 '게이브를 마음속에 간직하기 위해' 강박적으로 그걸 본다.

"마음속에 간직한다는 건 아이를 저버리지 않기 위한 당신의 방법이죠." 내가 말한다.

존이 고개를 끄덕인다. 그는 게이브가 살아 있는 모습을 늘 그려본다고 말한다. 아이는 지금 어떤 모습일까? 얼마나 컸을까? 어떤 것에 관심이 있을까? 어려서 게이브와 같이 놀던 동네 아이들을 보면서 중학생이 되어 그들과 어울리는 게이브를 상상해본다. 면도도 했을 테고, 어쩌면 자신에게 대들 때도 있을 거라고 상상한다. 다른 부모들이 고등학교 자녀에 대해 불평하는 소리를 들으면, 게이브가 여느 십대들처럼 골치를 썩이는 모습을 보는 건 불가능한 호사라는 생각을 한다. 존은 짜릿한 동시에 슬프도록 변해가는 자식의 성장을 결코 볼 수 없다.

"마고하고는 어떤 얘기를 나눴어요?" 내가 묻는다.

"마고는 심리 치료를 받는 이유를 알고 싶어 했어요. 게이브 때문이었는지. 게이브에 대해 얘기했는지. 나는 심리 치료를 받는 이유가 게이브 때문이 아니라고 말했어요. 스트레스가 너무 심하기 때문이라고 했죠. 하지만 그녀는 그냥 넘어가려고 하지 않았어요. '그러면 게이브에 대해서는 전혀 얘기하지 않았다고?' 나는 뭘 얘기했는지는 내 사생활이라고 했죠. 아니, 내 심리 치료 시간에 내가 하고 싶은 말도 할 수 없다는 거야? 자기가 뭐라고, 심리 치료 감찰관이야?"

"당신이 게이브에 대해 얘기하는 게 그녀에게 중요한 이유가 뭐라고 생각해요?"

그는 잠시 생각한다. "게이브가 죽었을 때 마고는 아이에 대해 얘기하고 싶어 했지만 나는 그럴 수가 없었어요. 그녀는 내가 어떻게 바비큐 파티며 레이커스 시합에 다니면서 평범한 사람처럼 구는지 이해하지 못했지만, 그 1년 동안 나는 충격에 빠져 있었어요. 마비된 상태였죠. 나는 속으로 이렇게 말했어요. '계속 움직여, 멈추지 마.' 그런데 그 다음 해에는 아침에 일어나면 죽고 싶었어요. 얼굴에는 가면을 썼지만 속으로는 피를 흘리고 있었다고요. 마고와 그레이스를 위해 강해지고 싶었고, 길거리로 나앉을 수는 없으니까, 피가 흐르는 걸 아무한테도 보일 수 없었죠.

그러다가 마고가 아이를 하나 더 갖고 싶어 했고, 나는 '그래 젠장, 오케이'라고 생각했죠. 물론, 나는 새로 아빠가 될 상태가 아니었지만 그레이스를 혼자 자라게 하고 싶지 않다는 마고의 생각이 완강했어요. 우리만 자식을 잃은 게 아니었죠. 그레이스도 하나뿐인 형제를 잃었던 거예요. 집도 두 아이가 뛰어다닐 때와는 달라 보였어요. 이제는 아이가 있는 집처럼 느껴지지도 않았죠. 그 적막함이 우리가 잃은 것을 일깨워줬어요."

존은 몸을 앞으로 숙이더니 샐러드 뚜껑을 덮어서 쓰레기통을 향해 던진다. 슈웅. 언제나 명중이다. "아무튼, 임신은 마고한테 좋은 영향을 끼치는 것 같았어요. 생기를 되찾았죠. 하지만 나는 아니었어요. 나는 아무도 게이브를 대신할 수는 없다는 생각을 계속했어요. 게다가, 내가 이 아이까지 죽이면 어쩌죠?"

존은 어머니가 돌아가셨다는 얘기를 처음 들었을 때, 그게 자기 탓이라고 생각했다는 말을 한 적이 있다. 그날 밤 존은 연극 리허설을 하러 가던 엄마에게 늦지 않게 돌아와서 재워달라고 졸랐다. '차를 몰고 급히 오다가 죽은 거야.' 그는 생각했다. 물론 아버지는 어머니가 위험에 빠진 제자를 구하려다 돌아가신 거라고 말해줬지만, 그건 자길 달래기 위해 꾸민 얘기라고 확신했다. 그는 지역 신문의 기사 제목을 보고서야(막 글을 배웠을 때였다) 그게 사실이고 자신이 어머니를 죽인 게 아니라는 걸 알았다. 그는 어머니가 자신을 위해서라면 목숨을 내놓아야 하는 상황에서 1초도 망설이지 않을 걸 알았다. 자기 역시 게이브나 그레이스를 위해 그럴 수 있었고 루비를 위해서도 마찬가지였다. 하지만 마고를 위해서라면 그렇게 할까? 그는 확신이 없었다. 그녀는 그를 위해 그렇게 할까? 그것도 확신이 없었다.

존은 잠시 말을 멈추더니 가벼운 말로 분위기를 바꾼다. "아휴, 이거 꽤 무겁네. 좀 누울게요." 그는 소파에 다리를 쭉 뻗고 누워서 머리에 벤 쿠션을 푹신하게 매만지다가 툴툴거린다.

"희한하게도," 그가 말을 잇는다. "나는 새로 태어난 아이를 너무 많이 사랑할까봐 걱정이 됐어요. 그게 게이브에 대한 배신인 것처럼. 아들이 아니라서 얼마나 기뻤는지 몰라요. 아들을 안으면서 게이브를 떠올리지 않을 재간은 없었을 거예요. 게이브랑 똑같은 장난감 소방차를 좋아하면 어떻게 해요. 모든 게 괴로운 기억일 테고, 아기한테는 너무나 불공평한 일일 테죠. 얼마나 걱정이었으면 딸을 임심할 확률이 높은 섹스 방법에 대해 알아봤고, 이건 드라마에도 나왔어요."

나는 고개를 끄덕인다. 시즌3에서 하차한 어느 커플의 일화로 사용됐던 것 같다. 하지만 그 커플은 어느 한쪽이 기다리질 못해서 늘 엉뚱한 시간에 섹스를 했다. 정말 웃겼는데, 이런 고통이 도사리고 있었을 줄이야.

"요점은 그걸 마고에게는 말하지 않았다는 거예요. 그냥 나 혼자서 딸을 임신할 확률이 높은 날에만 섹스를 하려고 했어요. 그러고는 초음파 사진을 볼 때까지 전전긍긍했죠. 산부인과 의사가 딸인 것처럼 보인다고 했을 때 마고와 내가 동시에 '정말이냐'고 물었거든요. 마고는 딸은 이미 있었으니까 아들이길 원했고, 그래서 그 사실을 안 첫날은 실망했죠. '이제 아들 키울 일은 없겠네.' 그녀는 말했어요. 하지만 나는 너무 신났죠! 그런 상황에서는 딸에게 더 나은 아빠가 될 수 있을 것 같았어요. 그리고 루비가 태어났을 때 소름이 돋았죠. 아이를 보는 순간 미친 듯이 사랑에 빠졌어요."

존의 목소리가 잠기고 말을 멈춘다.

"그리고 당신의 슬픔은 어떻게 되었나요?" 내가 묻는다.

"그게, 처음엔 나아졌는데, 희한하게도 기분이 더 나빠졌어요."

"슬픔이 당신과 게이브를 이어주는 끈이었으니까?"

존이 놀란 표정을 짓는다. "나쁘지 않네요, 셜록. 그래요. 내 고통은 이를테면 게이브에 대한 내 사랑의 증거라고 할 수 있었고, 그게 옅어지면 아이를 잊어버리는 걸 뜻했죠. 내게 아이의 의미가 예전 같지 않다는 뜻이었어요."

"행복하면서 동시에 슬플 수는 없으니까."

"맞아요." 그가 고개를 돌린다. "나는 지금도 그렇게 느껴요."

"하지만 둘 다라면?" 내가 말한다. "루비를 처음 봤을 때 그렇게 큰 기쁨으로 사랑할 수 있게 만든 게 당신의 슬픔, 그 상실감이라면?"

남편과 사별했던 어떤 환자가 떠오른다. 1년 뒤에 새로운 사랑을 하게 된 그녀는 다른 사람들이 뭐라고 할지 걱정이었다. '벌써? 30년을 함께한 남편을 사랑하지 않았던 거야?' 실제로 가족이나 친구들은 그녀를 응원했다. 그녀가 들었던 건 남들이 아닌 자신의 말이었다. 자신의 행복이 남편의 기억에 모욕이 되지는 않을까? 자신의 행복이 남편에 대한 사랑을 깎아내리는 것이 아니라, 그것을 고귀하게 만든다는 걸 깨닫기까지는 시간이 필요했다.

존은 아이러니하게도 전에는 마고가 게이브에 대해 얘기하고 싶어했고 자신은 그럴 수 없었는데, 나중에는 어쩌다 드물게 자신이 게이브를 언급하면 마고가 발끈하곤 했다고 말한다. 이 가족은 늘 이 비극에 시달릴까? 그들의 결혼 생활은 늘 이 상태일까? "우리가 서로에게 그 일을 일깨워주고 있는 건지도 모르죠. 우리의 존재 자체가 역겨운 유품인 것처럼." 존은 말한다.

"우리한테 필요한 건," 그가 나를 쳐다보며 덧붙인다. "모종의 종지부예요."

아, 종지부. 존이 뭘 말하는지 알지만, 나는 늘 그 '종지부'라는 것이 일종의 환상이라고 생각해왔다. 사람들이 잘 모르고 있지만, 엘리자베스 퀴블러-로스의 유명한 슬픔의 단계(부정, 분노, 타협, 우울, 수용)는 원래 불치병 환자가 본인의 죽음을 받아들이는 맥락에서 나왔다가 수십 년이 지나서야 보다 일반적인 슬픔 모델이 된 것이다. 줄리처럼 자신의 삶이 끝났다는 걸 '받아들이는' 건 힘든 일이다. 하지만 살아남은 이들로서도 '수용'에 이르러야 한다는 생각이 힘겨울 수 있다. 게다가 사랑과 상실에 어떻게 끝이 있을 수 있을까? 그렇더라도 거기에 도달하고 싶을까? 깊이 사랑한 대가는 깊이 느끼는 것이지만, 그건 선물이기도 하다. 살아 있음의 선물. 더 이상 느끼지 못한다면 우리는 우리의 죽음을 슬퍼해야 한다.

상심의 심리학자로 알려진 윌리엄 워든은 각 단계를 애도의 과제로 대체해서 이 문제를 바라봤다. 네 번째 과제의 목표는 상실을 삶에 통합하고 망자와 지속적인 끈을 이어가면서도 계속 살아갈 방법을 찾아내는 것이다.

많은 사람들이 종지부를 찍기 위해 심리 치료를 받는다. '느끼지 않도록 도와주세요.' 그들이 결국 알게 되는 건, 한 감정이 내는 소리를 없애면 다른 감정들의 소리도 없어진다는 것이다. 고통의 소리를 듣고 싶지 않아요? 그러면 즐거움의 소리도 들을 수 없을 거예요.

"두 분은 슬픔 속에서 완전히 혼자로군요. 그리고 즐거움 속에서도." 내가 말한다.

상담 중에 존은 이따금 그의 즐거움의 원천을 내비친다. 두 딸과 반려견 로지, 히트작 드라마를 쓰는 것, 또 다시 에미상을 수상하는 것, 형제들과 떠나는 여행. 존은 가끔 자신이 즐거움을 느낄 수 있다는 걸 믿을 수 없다고 말한다. 게이브가 죽었을 때 그는 살아갈 수 없을 것만 같았다. 그런데 계속 살기는 해도 유령같은 삶이었다. 그런데 불과 일주일 만에 그는 그레이스와 놀아줬고, 1초, 어쩌면 2초쯤 기분이 괜찮았다. 딸과 함께 미소 짓고 소리 내어 웃었는데, 자신이 웃었다는 사실이 놀라웠다. 불과 1주일 전에 아들이 죽었는데. 그 소리가 정말 내 입에서 나왔단 말인가?

나는 존에게 심리적 면역 체계에 대해 말해준다. 생리적 면역이 신체에 대한 공격으로부터 회복될 수 있도록 도와주듯이, 우리의 뇌는 심리적 공격으로부터 회복을 돕는다. 하버드 심리학과의 대니얼 길버트는 일련의 연구 결과, 사람들이 '황폐한 수준(장애, 사랑하는 사람의 죽음)'으로부터 '어려운 수준(이혼, 질병)'에 이르는 삶의 난관을 스스로가 예상했던 것보다 잘 이겨낸다는 걸 확인했다. 다시는 웃지 못할 거라고 믿지만 그렇지 않다. 다시는 사랑하지 못할 거라고 생각하지만 그렇지 않다. 그들은 잠을 보고 영화관에 간다. 섹스를 하고 결혼식에서 춤을 춘다. 추수 감사절에 과식을 했다가 새해가 되면 다이어트를 한다. 일상이 돌아온다. 그레이스와 놀면서 보인 존의 반응은 유별난 게 아니다. 정상이었다.

존에게 이야기한 또 한 가지는 비영구성impermanence이라는 개념이다. 고통 속에서 사람들은 번민이 영원할 거라고 믿는다. 하지만 감정이란 날씨와 비슷하다. 그것은 바람에 실려 왔다가 실려 나간다. 지금 당장은 슬픔을 느끼지만, 그것이 10분이나 몇 시간 후에 또는 다음 주에도 같은 기분일 거란 뜻은 아니다. 우리가 느끼는 것들, 불안과 환희, 비통함은 나타났다가 사라진다. 존은 게이브의 생일에, 휴일에, 심지어 뒷마당을 달리다가도 고통을 느낄 것이다. 심지어 자동차에서 어떤 노래를 듣거나, 스쳐가는 기억 한 자락만으로도 순간적으로 절망의 구렁텅이에 빠질 수 있다. 하지만 몇 분 혹은 몇 시간이 지나면 또 다른 노래, 또 다른 기억이 그에게 강렬한 기쁨을 안겨줄지 모른다.

존과 마고는 어떤 기쁨을 공유할까. 자동차 사고가 일어나지 않았다면 마고와 어떻게 지내고 있을 것 같은지 존에게 물어본다. 그들의 결혼 생활은 어떤 모습이었을까?

"이런, 제기랄. 이제는 내가 역사까지 다시 쓸 수 있다고 생각하는 거예요?" 그는 창밖을 내다보다가 시계로, 그리고 소파에 눕느라 벗어둔 운동화로 시선을 옮긴다. 그러다 마침내 나를 바라본다.

"사실 요즘 들어 그런 생각을 많이 해요." 그가 말한다. "가끔 우리가 젊은 부부였을 때를 생각하죠. 내가 경력을 막 시작하고, 마고는 아이들을 돌보며 자기 사업을 해요. 그러다가 사람들이 삶의 어떤 단계에서 그러듯이 소통이 끊어지죠. 아이가 둘 다 학교에 들어가고 우리도 각자 일에 더 몰두했다면 상황이 어땠을까 싶어요. 규격화된 삶이 되지 않았을까? 아닐지도 모르죠. 예전에는 그녀가 나한테 완벽한 짝이고 나 또한 그녀에게 그런 사람이라고 완전히 확신했는데, 우리는 서로를 너무나 불행하게 만들고 이게 어디서부터 시작된 건지도 몰라요. 그녀가 보기에 내가 하는 건 다 잘못됐어요. 어쩌면 지금쯤은 이혼을 했을지 몰라요. 아이를 잃으면 결혼 생활이 와해된다고들 하잖아요. 그런데 어쩌면 우리가 계속 버틴 건 게이브에게 일어난 일 때문인지도 몰라요." 그가 웃는다. "게이브가 우리 결혼을 지켜준 건지도 모른다고요."

"어쩌면 그럴지도 모르죠." 내가 말한다. "하지만 게이브와 함께 죽어버린 것처럼 보이는 서로의 모습을 다시 발견하고 싶어서 함께하고 있는 걸 수도 있고요. 두 분은 다시, 또는 처음으로, 서로를 찾을 수 있다고 믿고 있을지도 몰라요."

아이가 물에 빠져 죽었던 응급실의 가족을 생각한다. 그들은 지금 뭘 하고 있을까? 다른 아이를 가졌을까? 세 살짜리가 밖으로 나가 물에 빠지던 순간에 기저귀를 갈았던 그 아기는 대학생이 됐을 나이다. 어쩌면 부부는 오래 전에 이혼을 하고 각자 새로운 배우자와 살고 있을지도 모른다. 어쩌면 여전히 함께 살면서 오히려 사이가 더 돈독해졌고 샌프란시스코 남부의 집에서 멀지 않은 멋진 곳으로 하이킹을 다니면서 옛날을 회상하며 사랑하는 딸을 추억할지도 모른다.

"우습죠. 우리는 마침내 동시에 게이브에 대해 얘기할 준비가 된 모양이에요. 그리고 그렇게 되고 보니 기분이 한결 나아요. 물론 개떡 같기도 하지만 괜찮아요. 이게 무슨 뜻인지 알지 모르겠지만. 내가 예상했던 것만큼 나쁘지는 않아요."

"게이브에 대해 말하지 않는 것만큼 나쁘지는 않죠." 내가 넌지시 말한다.

"역시 실력이 있다니까요, 셜……." 우리는 함께 미소를 짓는다. 그는 나를 셜록이라고 부르려다 만다.

존은 일어나 앉더니 꼼지락거린다. 상담이 끝나가고 있다. 일어나서 운동화를 신고 휴대폰을 꺼내는 그를 보는데, 마고에게 심리 치료를 받는 이유가 스트레스 때문이라고 했다는 말이 떠오른다. 그는 내게도 같은 말을 했다.

"존, 여기 온 게 정말 스트레스 때문이었다고 생각해요?"

"가끔 보면 당신도 참 둔해요." 그가 눈을 반짝이며 말한다. "당연히 마고와 게이브에 대해 얘기하기 위해서였죠."

오늘은 현금 뭉치가 없다. "이제 청구서를 보내도 돼요." 그가 말한다. "이제 더 이상 숨어 다니지 않아도 되거든요. 이제 우리는 공공연한 사이예요."

49. 카운슬링 vs. 심리 치료

"뭘 원하는 겁니까? 카운슬링입니까, 아니면 심리 치료입니까?" 오늘 웬델은 나의 일과 관련된 질문에 이렇게 묻는다. 이미 두 번이나 일에 대해 조언을 해줬던 터라 그는 내가 그 차이를 이해할 걸 알고 있다. 나는 조언(카운슬링)을 원하는 걸까, 자각(심리 치료)을 원하는 걸까?

처음으로 웬델에게 그런 질문을 했을 때, 나는 심도 깊은 심리 치료 대신 신속한 해법을 택하는 사람들에 대해 좌절감을 토로했다. 상대적으로 연륜이 짧은 심리 치료사로서 노련한 사람들(이를테면 웬델)의 대처가 궁금했다. 나이 많은 동료들의 말을 들어볼 수도 있었지만, 이따금 웬델이 직업적인 좌절감을 어떻게 해소하는지 궁금해지는 건 어쩔 수 없었다.

내 질문에 그가 직접적으로 답을 줄지는 의문이었다. 그저 내가 처한 곤경에 공감을 표할 가능성이 더 높았다. 나는 내가 그에게 심리 치료사들이 종종 마주치는 고전적인 딜레마를 안겨주고 있음을 알고 있었다. 즉, 이런 것이다. 나는 공감을 원한다. 그러나 당신이 공감을 표하면 나는 화가 나고 무력감을 느낄 것이다. 공감만으로는 내가 당면한 실질적인 문제를 해결할 수 없기 때문이다. 그래서 어쩌면 그가 딜레마 자체를 언급할지도 모른다고도 생각했다(감정의 뇌관을 해체하는 가장 좋은 방법은 그걸 드러내는 것이므로).

그런데 그가 나를 똑바로 쳐다보면서 물었다. "실무적인 제안을 듣고 싶어요?"

제대로 들은 건지 의심스러울 정도였다. 실무적인 제안? 그걸 말씀이라고 하세요? 내 심리 치료사가 나한테 구체적인 조언을 해줄 거란 말이야?

나는 가까이 다가앉았다.

"우리 아버지는 사업가였어요." 웬델은 조용히 이야기를 시작했다. 그가 개원할 때 그의 아버지는 이런 사업 모델을 제안했다. 예비 환자들에게 일단 치료를 한 번 받아보게 하고, 더 원치 않으면 첫 진료비를 받지 않는 것이었다. 심리 치료를 시작하는 것을 부담스러워하는 사람들이 많기 때문에, 손해볼 것 없는 이런 접근법은 심리 치료가 뭔지 경험하면서 그것이 과연 어떤 도움을 줄 수 있을지 알아볼 기회였다.

아버지와 이런 대화를 나누는 웬델의 모습을 그려보았다. 아들에게 직업적인 조언을 해주면서 그의 아버지가 느꼈을 기쁨을 상상했다. 그건 사업하는 사람들에게는 획기적인 제안이 아니었지만, 심리 치료사들은 그들의 일을 사업이라고 생각하는 경우가 드물다. 그래도 어쨌거나 소규모 자영업인 건 분명했고, 웬델의 아버지는 아들이 가업을 떠났어도 결국 실제로 사업가가 되었다는 걸 깨달았을 것이다. 아마도 아들과의 그런 공통점이 그에게는 큰 기쁨이었을 것이다. 그리고 그건 웬델에게도 중요한 의미가 있었을 텐데, 때문에 그 지혜를 나 같은 다른 심리 치료사에게도 기꺼이 전해주는 것이리라.

좌우간 그의 아버지는 현명했다. 내가 그 제안을 실행하자 곧바로 예약이 꽉 찼다.

하지만 (내가 요청을 넘어 요구했던) 두 번째 카운슬링은 실패로 끝났다. 행복 책의 딜레마와 씨름하는 동안 나는 계속해서 어떻게 해야 할지 알려달라고 웬델에게 졸랐다. 어찌나 강하게, 그리고 자주 요구했던지 어느 날 상담 시간이 끝나갈 무렵에 웬델이 결국 손을 들었다 (사실 그는 출판계에 대해서는 아는 게 아무것도 없었다). "이 문제에 대해서는 달리 답이 있을지 모르겠네요." 내가 여든일곱 번쯤 물어봤을 때 그는 이렇게 대답했다. "원하는 다음 책을 쓰려면 어쨌든 그걸 쓸 방법을 찾아야 할 것 같아요."

심리 치료사가 일부러 '문제를 처방'할 때도 있다. 환자가 해결하려는 바로 그 증상을 지시하는 것이다. 환자가 이미 하지 않고 있는 행동을 하지 말라고 지시하는 이 전략을 역설적 개입paradoxical intervention이라고 한다. 윤리적인 고려가 개입되는 문제이니 만큼 역설적인 지시를 언제 어떻게 활용할지에 대해서는 적절한 훈련이 필요하지만, 어떤 행동이나 증상이 자신의 통제력 밖에 있다고 믿는 환자에게 그걸 자발적인 것으로, 선택할 수 있는 사항으로 만들어서 기존의 믿음에 의문을 제기하는 것이다. 일단 어떤 행동이 자신의 선택이라는 걸 깨닫고 나면 부차적 이득, 즉 그에 따른 무의식적인 혜택(회피, 반항, 도움의 요청)을 따져볼 수 있다.

하지만 웬델의 전략은 그게 아니었다. 그건 단지 끝없는 내 불평에 대한 반응이었을 뿐이다. 내가 에이전트의 반복된 주장, 책을 쓰는 것 외에 다른 방법이 없다는 주장을 성토하면 웬델은 왜 대안(다른 에이전트)을 알아보지 않냐고 물었다. 그러면 나는 지금 처지에 다른 에이전트를 찾아갈 수는 없다고 설명했다. 웬델과 나는 이런 대화를 다양한 변주로 주고받았고, 결국 나는 이 난국을 타개할 방법이 하나뿐이라고 우리 모두를 설득했다. 그건 계속 책을 쓰는 것이었다. 그러고 나서 이제 나는 이 곤경의 탓을 나뿐만 아니라 그에게까지 돌리고 있었다. 편집자에게 책을 끝마치지 않겠다는 이메일을 보낸 다음 주엔 분노가 표면으로 올라왔다. 나는 이 중요한 사건을 그에게 차마 말하지 못한 채 상담 시간 내내 예민하게 굴었다.

"나한테 화났어요?" 내 기운을 감지한 웬델이 이렇게 물었고, 그 질문이 나를 발끈하게 했다. "네! 화가 치밀어요." 그러고는 이렇게 쏟아냈다. "제가 어떻게 했게요. 책 계약을 파기했어요. 계약금이며 결과 따위는 될 대로 되라죠!" 그리고 덧붙였다. 알 수 없는 건강 상태와 피로감을 고려할 때, 내게 '남은' 시간을 의미 있게 사용하고 싶었다고 말이다. 줄리가 마침내 이해했듯이 우리는 모두 '신이 빌려준 시간을 산다'. 젊었을 때의 생각과는 달리, 사실 우리에겐 시간이 그리 많지 않다. 해서 나도 줄리처럼 삶의 본질만을 간추리기로 했다고, 당신이 뭔데 나더러 잠자코 앉아 이 책을 쓰라고 하냐고 쏘아붙였다. 나는 웬델에게 배신감을 느꼈다.

내가 말을 마쳤을 때 그는 생각에 잠긴 표정이었다. 변명을 할 수 있었을 텐데도 그렇게 하지 않았다. 그는 그냥 사과를 했다. 우리가 공유했던 뭔가 중요한 것을 자신이 놓쳤다고 했다. 어쩌면 그는 나만큼이나 좌절감을 느꼈을 것이다. 그래서 가장 쉬운 방법을 택했다. '그래, 당신은 일을 엉망으로 그르쳤어. 그러니 그 빌어먹을 책을 써.'

"오늘 부탁하고 싶은 카운슬링은 어떤 환자에 대한 거예요." 내가 말한다.

내 환자의 부인이 웬델에게 상담을 받고 있는데, 여기 올 때마다 보게 되는 여자가 혹시 그녀가 아닐까 생각한다고 말한다. 그가 환자에 대해서는 아무 말도 할 수 없다는 걸 알지만 그래도 그녀가 남편의 심리 치료사, 그러니까 내 이름을 언급했는지 궁금하다고 말한다. "우리가 이 우연에 어떻게 대처해야 할까요?" 나야 환자니까 내 삶의 모든 부분에 대해 원하는 대로 얘기할 수 있지만, 그가 보는 환자의 남편에 대해 내가 알고 있는 사적인 지식으로 그의 상담에 그림자를 드리우고 싶지는 않다.

"이게 당신이 원하는 카운슬링이에요?" 웬델이 묻는다.

나는 고개를 끄덕인다. 이전의 실패를 감안했을 때 그가 이번에는 특히 더 신중한 반응을 보일 것 같다.

"당신에게 유용할 만한 어떤 말을 내가 해줄 수 있을까요?" 그가 묻는다.

나는 이걸 생각한다. 마고의 예약이 내 바로 앞 시간인지를 묻는 내 질문에 그는 대답을 할 수 없고, 심지어 우리가 마고에 대해 이야기한다는 걸 인지하는지에 대해서도 말할 수 없다. 내가 자기 환자의 남편을 치료한다는 걸 지금 알았는지 이미 알고 있었는지에 대해서도 말할 수 없다. 마고가 나에 대해 말했는지 말하지 않았는지에 대해서도 말할 수 없다. 그리고 내가 존에 대해 어떤 말을 한다면 웬델은 전문가답게 그 순간을 넘기리라는 걸 나는 알고 있다. 어쩌면 내가 원하는 건 이 상황에 대해 그에게 말한 것이 잘한 짓인지 알고 싶은 것인지도 모르겠다.

"내가 괜찮은 심리 치료사인지 생각해본 적 있어요?" 대신 이렇게 물어본다. "그러니까, 여기서의 내 모습으로 판단했을 때?" 물론 웬델은 내가 상담하는 모습을 본 적이 없고, 나를 수퍼비전한 적도 없다. 그런 그가 어떤 의견을 가질 수 있을까? 그런데 웬델이 대답한다.

"그렇다고 알고 있어요."

처음에는 이해하지 못한다. '나를 괜찮은 심리 치료사로 안다고? 무슨 근거로? …… 아! 마고가 존이 나아지고 있다고 생각하는구나.'

웬델이 미소를 짓는다. 나도 미소를 짓는다. 그가 내게 말할 수 없는 것을 우리는 알고 있다.

"한 가지 질문이 더 있어요. 그런 상황에서 어색함을 줄이려면 어떻게 해야 할까요?"

"지금 당신이 그렇게 했잖아요." 그가 말한다.

그리고 그의 말이 맞다. 커플 상담을 할 때 심리 치료사들은 사생활(건강한 관계를 위해 필요한 심리적인 공간)과 비밀(수치심에서 기인하며 정신을 좀먹는)의 차이를 얘기한다. 카를 융은 비밀을 '마음의 독'이라 했는데, 웬델에게 비로소 마지막 비밀까지 털어놓고 나니 기분이 후련하다.

심리 치료는 실전을 통해 배우는 직업이라는 점에서 웬델은 첫날부터 내게 카운슬링을 해온 셈이다. 즉, 심리 치료사의 역할뿐만 아니라 환자의 역할에 대해서도.

아무튼 웬델에게서 배운 가장 중요한 기술은 전략을 유지하면서도 개성을 발휘하는 방법이었다. 나라면 주의를 돌리기 위해 환자의 다리를 찰까? 아마 그러지는 않을 것이다. 노래를 부를까? 안 그럴 것 같다. 하지만 나를 대하면서 너무나 자연스러웠던 웬델의 모습을 보지 않았다면 줄리와 함께 '씨발!'이라고 외치지 않았을지도 모른다. 인턴 시절에는 정석대로 심리 치료의 방법을 배우며 피아노 음계를 연마하듯 기본을 익힌다. 어느 쪽이든 일단 기본을 알면 능숙하게 변주를 할 수 있다. 웬델의 규칙은 '규칙이 없는 게 규칙'처럼 단순하지 않다. 실제로 규칙은 있고, 그걸 지키도록 훈련받는 데는 다 그럴 만한 이유가 있다. 하지만 그는 규칙이 신중한 의도의 개입으로 변형될 때, 무엇이 효과적인 치료일 수 있는지에 대한 정의가 확장된다는 것을 내게 보여주었다.

웬델과 나는 존이나 마고에 대해서는 더 이상 얘기하지 않았다. 몇 주 후 대기실 의자에 앉으려다가 웬델의 사무실에서 나오는 웬 남자의 목소리를 들었다. "그럼 다음주 수요일 이 시간에 뵙는 건가요?"

"네, 그때 봬요." 웬델이 말하고 문이 딸깍 닫힌다.

칸막이 너머로 슈트 차림의 남자가 지나간다. '흥미로운데.' 내 앞 시간에 오던 여자는 치료를 끝냈을까? 어쩌면 그녀가 실제로 마고였어서 사생활 보호를 위해 웬델이 시간을 변경하도록 손을 쓴 것인지도 모른다. 하지만 물어보지는 않는다. 이제 그건 중요하지 않기 때문이다.

웬델이 옳았다. 어색함은 사라졌다. 비밀은 드러났고 마음의 독은 희석되었다.

나는 모든 카운슬링을 받았다. 혹은, 그건 심리 치료였을까?

50. 자기 장례식을 준비하는 여자

줄리의 예약 시간을 10분 남겨놓고 나는 탕비실에서 프레첼로 당을 보충하고 있다. 우리의 마지막 시간이 언제일지는 나도 모른다. 그녀가 늦으면 최악의 경우를 생각한다. 한 번씩 확인을 해야 할까, 아니면 그녀가 필요할 때 전화하도록 놔둬야 할까(도움을 요청하는 데 능하지 않다는 걸 알면서도)? 불치병을 앓는 환자에게는 심리 치료의 경계도 달라야(더 느슨해야) 할까?

트레이더 조스에서 처음 줄리를 봤을 때는 그 줄에 서는 걸 꺼렸지만, 그 후로는 그녀가 일하는 시간일 경우 나도 기쁜 마음으로 그 줄에 섰다. 내 아들을 보면 그녀는 스티커를 한 장 더 챙겨주면서 하이파이브를 했다. 그러다가 줄리가 안 보이는 걸 아들이 알아차렸다.

"줄리 아줌마 어디 있지?" 아이는 계산대를 훑어보며 물었다. 아들에게 죽음에 대해 얘기하기가 꺼려지는 건 아니었다. 내 친구가 몇 년 전에 암으로 죽었을 때에도 그 병에 대해 잭에게 사실대로 말해주었다. 하지만 줄리에 대해 더 이상 밝힐 수 없었던 건 비밀 유지 서약 때문이었다. 한 가지 질문은 또 다른 질문으로 이어질 테고, 그러다 보면 넘어서는 안 될 선에 이를 것이다.

"일하는 요일을 바꿨나 보지." 나는 마치 그녀를 트레이더 조스의 직원으로만 아는 것처럼 말했다. "아니면 다른 직장을 구했거나."

"다른 직장을 구할 리 없어." 잭이 말했다. "아줌마는 이 일을 사랑 했거든!" 나는 아이의 대답에 깜짝 놀랐다. 어린 아이도 그건 알 수 있었다.

줄리가 없었기 때문에 우리는 엠마(줄리에게 대리모를 제안했던)의 줄에 섰다. 엠마도 잭에게 스티커를 한 장 더 챙겨주었다.

하지만 사무실로 돌아와 줄리를 기다리면서 나는 잭과 똑같은 의문을 갖는다. "줄리는 어디 있지?"

심리 치료가 끝나는 걸 우리는 종료라고 칭한다. 나는 예전부터 이 말이 이상적일 경우 따뜻하고 달콤하면서 감동적인 경험, 거의 졸업 같은 경험에 사용하기에 이상할 정도로 가혹하다고 생각해왔다. 일 반적으로 심리 치료가 끝을 향해 가면 상담도 작별을 위한 마지막 단계에 접어든다. 이 과정에 속한 상담 시간에는 '경과와 진전'에 대해 얘기하면서 변화를 공고히 다진다. 환자가 오늘에 이르기까지 도움이 된 것은 무엇인가? 도움이 안 된 것은 무엇인가? 환자는 자기 자신에 대해 무엇을 배웠으며(자신의 강점, 과제, 내면의 각본과 내러티브), 심리 치료를 그만 둔 후에 취할 수 있는 대처 전략과 더 건강한 생활 방식은 무엇인가? 물론 그러는 내내 어떻게 작별을 할 것인지 고민한다.

일상에서 의미 있는 작별을 경험하는 사람은 많지 않고, 아예 작별의 말을 하지 않을 때도 있다. 종료 과정은 중요한 삶의 문제들을 해결하기 위해 그토록 많은 시간을 함께하고도 '그럼, 고마웠어요, 또 봐요!' 정도의 인사만으로 헤어지지 않을 수 있게 해준다. 끝이 어땠는가에 따라 경험에 대한 기억이 달라진다는 연구도 있는 만큼, 심리치료에서 종료 단계의 힘이 막강한 이유는 부정적이거나 해결되지 않았거나 공허한 결말로 가득했을지 모를 인생에 긍정적인 결말의 경험을 안겨주기 때문이다.

하지만 줄리와 나는 또 다른 종료를 준비해왔다. 이제 우리는 그녀가 죽을 때까지 심리 치료가 끝나지 않을 걸 알고 있다. 나는 그러겠다고 그녀에게 약속했다. 최근의 시간은 갈수록 침묵으로 채워지고 있는데, 뭔가에 대해 말하는 걸 피해서가 아니라 그것이 서로를 가장 정직하게 대면하는 방법이기 때문이다. 우리의 침묵은 풍요롭고, 우리의 감정이 공간에 소용돌이친다. 하지만 침묵은 시들어가는 그녀의 상태 때문이기도 하다. 기력이 떨어져서 이야기하는 것마저 힘이 든다. 줄리는 조금 마르긴 했지만 겉으로는 건강해 보여서 당혹스럽고, 그래서 많은 사람들이 그녀가 죽어간다는 걸 믿기 어려워한다. 가끔은 나도 그렇다. 그리고 어떤 면에서 우리의 침묵은 또 다른 목적에도 부합하는데, 시간을 멈춘다는 환상을 안겨주기 때문이다. 50분이라는 시간은 축복이고 바깥 세계로부터의 휴식이다. 이곳에서 줄리는 그녀를 걱정하는 사람들의 감정을 걱정할 필요 없이 안전한 느낌이라고 말한다.

"하지만 나도 당신에 대해 감정들을 갖고 있는데요." 줄리의 말에 내가 이렇게 답했다.

그녀는 잠시 생각하더니 가볍게 말했다. "알아요."

"그게 어떤 감정인지 알고 싶어요?" 내가 물었다.

줄리는 미소를 지었다. "그것도 알아요." 그런 다음 우리는 침묵으로 돌아갔다.

물론 침묵들 사이에 이야기를 나누기도 했다. 얼마 전에는 그녀가 시간 여행에 대해 생각해봤다고 말했다. 라디오 프로그램에서 시간 여행에 대해 얘기하는 걸 들었다면서, 과거를 '아직 손볼 수 있는 재앙들의 방대한 백과사전'이라고 묘사한 구절이 마음에 들었다고 했다. 이 구절을 듣는 순간 웃음이 났다고, 그리고 곧바로 눈물이 났다고 했다. 다른 사람들이 늙어서 갖게 될 재앙의 목록을 채울 만큼 자신은 오래 살지 못할 것이기 때문이었다.

그래서 줄리는 즐거웠던 시간들을 되새기기 위한 시간 여행을 했다. 어린 시절의 생일 파티, 할머니 할아버지와 함께 갔던 여행, 첫사랑, 첫 출간, 새벽까지 이어졌던 매트와의 첫 대화. 하지만 미래로의 시간 여행은 하고 싶지 않을 거라고 그녀는 말했다. 영화의 줄거리를 미리 알고 싶지 않았다. 스포일러는 피하고 싶었다.

"미래는 희망이에요. 그런데 무슨 일이 일어날지 알아버리면 무슨 희망이 있겠어요? 뭘 위해 살겠어요? 뭘 위해 노력하겠어요?"

그 말을 듣는 순간 나는 줄리와 리타, 젊음과 노년의 차이, 그런데 아이러니하게도 반전된 차이를 떠올렸다. 줄리는 젊고, 미래가 없지만, 과거는 행복했다. 리타는 늙었고, 미래는 있지만, 과거에 괴로움을 겪었다.

그날은 줄리가 상담 중에 처음 잠이 든 날이었다. 몇 분간 졸다가 깨어난 그녀는 상황을 알아차리고는 민망해했다. 그러곤 자신이 자는 동안 내가 다른 곳에 있고 싶은 마음에 시간 여행을 했겠다며 농담을 했다.

나는 다른 곳에 있고 싶지 않았다고 말했다. 나는 아마도 그녀와 똑같은 라디오 프로그램을 들었던 걸 떠올리면서 마지막에 나왔던 말을 생각하고 있었다. 우리는 모두, 그리고 정확하게 같은 속도로, 그러니까 시간당 60분의 속도로 미래를 향해 시간 여행을 떠나고 있다는 말.

"그렇다면 우리는 지금 시간 여행 동료군요." 줄리가 말했다.

"맞아요." 내가 말했다. "당신이 쉬고 있을 때조차."

한 번은 줄리가 침묵을 깨고 준비중인 장례식 파티에 대해 얘기했다. 줄리는 장례식 파티를 위해 파티 플래너까지 고용했고, 처음에 불편해하던 매트도 이제는 본격적으로 합류했다.

"우리는 결혼식을 함께 준비했는데, 이제는 장례식을 같이 준비하고 있어요." 그 시간은 깊은 사랑과 고통이 가득하고 살벌한 농담이 난무하는, 둘의 인생에서 가장 친밀한 경험이 되고 있다고 말했다. 그날이 어떤 날이길 바라는지 물었을 때 그녀는 이렇게 말했다. "글쎄요, 그날 내가 죽지 않았으면 좋겠죠." 하지만 그럴 수는 없더라도 '사탕발림'이나 '쾌활한' 분위기를 원치는 않았다. 파티 플래너가 요즘 유행이라고 한 '삶의 축하연' 아이디어는 좋았지만, 거기에 딸린 메시지는 마음에 들지 않았다.

"맙소사, 그건 장례식이잖아요. 우리 암 환자 모임 사람들도 다들 그렇게 말해요. '사람들이 축하하길 원해! 내 장례식에서 사람들이 슬퍼하는 건 원치 않아!' 하지만 나는 달라요. '그게 뭐 어때서? 내가 죽었는데!'"

"당신이 사람들에게 감동을 줬기를, 그래서 사람들이 당신의 죽음에 영향을 받기를 원하는군요." 내가 말했다. "그래서 그들이 당신을 기억하고, 당신을 마음속에 간직하기를."

줄리는 그녀가 치료와 치료 사이에 나를 생각하듯 사람들도 자신을 간직해주길 바란다고 말한다.

"운전을 하다가 문득 공포감이 들면 당신 목소리가 들려요. 당신이 했던 말이 떠올라요."

이건 보편적인 경험이다. 환자가 심리 치료사의 목소리를 떠올려 상황에 대처할 수 있는가는 치료의 종료 가부를 판단하는 하나의 리트머스 시험지가 된다. 치료를 끝낼 때가 가까운 환자는 이렇게 말할지 모른다. "우울해지기 시작했어요. 그런데 지난달에 당신이 했던 말이 생각났어요." 나는 웬델과 나눈 모든 대화를 머릿속에 담고 있고, 줄리는 나와의 대화를 간직하고 있다.

"미친 소리 같겠지만, 죽은 후에도 당신 목소리가 들릴 거라고 확신해요. 어디에 있든 당신의 목소리가 들릴 거예요." 줄리는 말했다.

줄리는 '만일의 경우를 대비해서' 내세를 생각하기 시작했다고 말했다. 그녀는 고독할까? 두려울까? 그녀가 사랑했던 사람들은 모두, 남편과 부모님, 조부모님, 여동생과 조카들은 아직 살아 있다. 그곳에서는 누가 그녀의 곁을 지켜줄까? 그러다가 그녀는 두 가지를 깨달았는데, 첫 번째는 유산으로 잃은 아기들이 그곳(그게 어디든)에 있을

지도 모른다는 것, 그리고 두 번째는 알 수 없는 영적인 방법으로 사랑했던 사람들의 목소리를 들을 수 있을 거라고 믿게 됐다는 것이다.

"죽을 게 아니라면 이런 말은 절대 하지 않았을 거예요." 그녀는 수줍은 기색으로 말했다. "그런데 당신도 내가 사랑하는 사람에 포함되요. 당신은 내 심리 치료사니까 소름끼친다는 생각을 하지 않길 바라지만, 사람들한테 심리 치료사를 사랑한다고 말할 땐 정말로 사랑한다는 뜻이에요."

나도 이 일을 하면서 많은 환자들을 사랑하게 됐지만 그들에게 그 말을 해본 적은 없다. 우리는 오해를 피하려면 말을 조심해야 한다고 배운다. 위험한 영역에 발을 들이지 않고도 환자들에게 그들을 깊이 아낀다는 사실을 전달할 방법은 많다. 하지만 나를 사랑한다고 말하는 그녀에게 전문가랍시고 미적지근한 반응을 보일 생각은 없었다.

"나도 당신을 사랑해요, 줄리." 나는 그날 그녀에게 말했다. 그녀는 미소를 지었고, 그러더니 눈을 감고 다시 꾸벅꾸벅 졸았다.

지금 나는 탕비실에 선 채 줄리를 기다리며 그 대화를 생각한다. 나 역시 그녀가 떠난 후에도 오래도록, 특히 트레이더 조스에서 쇼핑을 하거나 빨래를 개키다가 그녀와의 추억이 깃든 파자마 윗도리를 볼 때면 그녀의 목소리를 듣게 될 거라고 생각한다. 내가 그 파자마를 갖고 있는 건 이제 남자친구를 기억하기 위해서가 아니라 줄리를 기억하기 위해서다.

프레첼을 우물거리는데 녹색불이 켜진다. 하나를 더 입에 털어 넣고 손을 씻으며 안도의 한숨을 내쉰다.

줄리는 오늘 일찍 도착했다. 그녀는 살아 있다.

51. 친애하는 마이런

리타는 작품 포트폴리오 가방을 들고 왔다. 나일론 손잡이가 달린 커다란 검정색 케이스는 길이가 최소한 90센티미터는 될 것 같다. 그녀는 현지 대학에서 미술을 가르치기 시작했는데, 결혼해서 중퇴하지 않았다면 학위를 받았을 그 대학이다. 오늘 그녀는 자신의 작품들을 학생들에게 보여줄 예정이다.

가방에는 웹사이트에서 판매하는 프린트, 자신의 인생을 주제로 한 연작 스케치가 들어 있다. 시각적으로는 코믹하고 심지어 카툰 같은 이미지지만 주제(회한, 수치, 시간, 80세의 섹스)는 삶의 어둠과 깊이를 보여준다. 이런 것들은 전에 내게도 보여준 적이 있는데, 오늘은 뭔가 다른 걸 꺼낸다. 노란색 메모지다.

벌써 두 달이 넘은 그날의 키스 이후로 그녀는 마이런과 얘기를 나눈 적이 없다. 실제로 YMCA 방문 시간을 바꾸고, 문을 두드려도 못 들은 척하고, 건물 주변에서는 몰래 숨어서 돌아다니며 그를 피했다.

그런 그녀가 문장마다 공을 들여서 편지를 썼다. 그녀는 이제 자신의 문장이 말이 되는지도 모르겠다면서, 이걸 보내야 할지 확신이 안 선다고 했다.

"완전히 웃음거리가 되기 전에 당신 앞에서 먼저 읽어봐도 될까요?" 그녀가 묻는다.

"물론이죠." 내 말에 그녀는 메모지를 무릎 위에 올려놓는다.

그녀의 글씨체가 눈에 들어온다. 구체적인 글자가 아닌 형태만 보이는데, 과연 화가의 서체라고 나는 생각한다. 우아한 굴곡이 완벽한 형태를 그리면서 멋이 더해졌다. 그녀는 시작하기까지 뜸을 들인다. 숨을 들이마셨다가 한숨을 내쉬고 거의 시작할 듯하더니 다시 숨을 들이마시고 한숨을 쉰다. 그러다가 마침내 그녀가 입을 연다.

"친애하는 마이런에게." 그녀가 나를 쳐다본다. "너무 형식적인가? 혹시 너무 친한 척하는 것처럼 보이지는 않을까? 그냥 안녕이라고 시작해야 할까요? 아니면 어느 쪽으로도 치우치지 않게 그냥 '마이런에게'라고 할까요?"

"사소한 것에 너무 신경을 쓰면 큰 그림을 못 볼 수 있어요." 내 말에 리타가 얼굴을 찌푸린다. 내가 단지 인사말 얘기를 하는 게 아니라는 걸 그녀도 안다.

"알았어요." 그녀는 메모지를 내려다보며 말한다. 그러면서도 친애하는이라는 글자를 지우고는 숨을 들이쉬고 다시 시작한다.

"마이런에게," 그녀가 읽는다. "주차장에서 했던 변명의 여지가 없는 행동은 미안했어요. 정말 부적절했고, 사과를 해야 마땅해요. 무엇보다 나는 설명을 해야 하고, 당신은 그걸 들을 자격이 있어요. 그래서 지금부터 그걸 하려고 하는데, 그러고나면 당신은 나를 거들떠도 안 볼 거예요."

내가 무심결에 무슨 소리를 냈는지, 리타가 고개를 들고 묻는다. "왜요? 너무 지나쳐?"

"형량에 대해 생각하고 있었어요. 마이런이 당신과 똑같은 양형 체계를 따를 거라고 추정하는 것 같아서요." 리타는 잠시 생각하더니 뭔가를 지우고 계속 읽는다.

"솔직히 말해서, 마이런," 그녀는 메모지를 보고 읽어나간다. "처음에는 내가 왜 당신의 뺨을 때렸는지 몰랐어요. 당신이 그 여자, 툭 터놓고 말해서 당신 수준에 훨씬 못 미치는 여자랑 데이트를 해서 화가 났다고 생각했어요. 하지만 더 중요한 건, 왜 우리가 몇 달 동안 커플처럼 굴었으며, 왜 당신이 오해의 여지를 만들어놓고 나를 차버렸는지 이해할 수 없었던 거예요. 물론 당신은 나중에 이유를 댔죠. 로맨틱한 관계를 시작했다가 틀어졌을 때 우정을 잃게 될까봐 두려웠다고. 같은 건물에 살고 있는데 잘못될 경우 어색해질 게 두려웠다고도 했어요. 깔깔거리는 웃음소리가 두 층 위에서도, 심지어 텔레비전을 틀어놨을 때조차 들렸던 그 여자와 당신이 함께 있는 모습을 보는 건 하나도 안 어색할 것처럼 말이죠."

고개를 들고 나를 쳐다보는 리타의 치켜올라간 눈썹에 질문이 담겨 있고, 나는 고개를 젓는다. 그녀는 뭔가에 줄을 긋는다.

"그런데 이제, 마이런," 리타가 계속 읽는다. "당신은 그 모험을 감수하겠다고 하네요. 나한테 그런 모험을 감수할 가치가 있다면서요. 그리고 당신이 주차장에서 그렇게 말했을 때 내가 도망쳐야 했던 이유는, 믿을지 모르겠지만, 당신이 안쓰러웠기 때문이에요. 당신이 안쓰러웠던 이유는 나와 얽히는 게 어떤 모험을 감수하는 건지 당신이 전혀 모르기 때문이에요. 나 같은 사람의 실체를 밝히지 않은 채 당신에게 그 모험을 감수하게 하는 건 옳지 않을 거예요."

리타의 뺨 위로 눈물이 한 방울, 다시 한 방울 흘러내리고, 리타는 티슈를 뭉쳐 넣어 둔 포트폴리오 가방 주머니로 손을 뻗는다. 언제나처럼 티슈 상자가 손닿는 거리에 있건만, 그건 건드리지도 않으니 나는 속이 터진다. 몇 분을 울던 그녀는 사용한 티슈를 다시 가방에 쑤셔 넣고 메모지를 내려다본다.

"당신은 내 과거를 안다고 생각하죠. 내 결혼, 내 아이들의 이름과 나이, 그들이 사는 도시, 그리고 내가 아이들을 자주 만나지 않는다는 사실도. 글쎄요, 자주라는 말은 정확하지 않았어요. 나는 아이들을 전혀 만나지 않는다고 말했어야 했어요. 왜냐고요? 내 아이들이 나를 싫어하기 때문이죠."

리타는 목이 메지만 마음을 진정하고 계속 읽는다.

"마이런, 당신이 모르는 건, 심지어 내 두 번째와 세 번째 남편들도 완전히 몰랐던 건, 그 애들의 아버지, 내 첫 번째 남편인 리처드가 술을 마셨다는 거예요. 그리고 술을 마시면 그는 우리 아이들, 내 아이들에게 상처를 줬어요. 때로는 말로, 때로는 손찌검으로. 도저히 여기에 쓸 수 없는 방식으로 아이들을 다치게 했어요. 당시에 나는 하지 말라고 소리치며 간청했어요. 그러면 그는 내게 고함을 쳤고 그러다나도 때렸어요. 나는 아이들에게 그 모습을 보여주기 싫어서 물러나곤 했어요. 그러고는 내가 어떻게 했는지 알아요? 나는 다른 방으로 갔어요. 제대로 읽었어요? 남편이 아이들을 때리고 있을 때 나는 다른 방으로 갔다고요! 그리고 나는 남편에 대해 생각했어요. '당신이 아이들을 영원히 망가뜨리고 있어. 손 쓸 수 없게 상처를 주고 있어.' 그런데 나는 알고 있었어요. 나 역시 그 아이들을 망치고 있다는 걸. 나는 손 놓고 울기만 했어요."

리타는 여기서 어쩌나 심하게 우는지 말을 더 이을 수 없다. 손으로 얼굴을 감싸고 울다가 조금 진정이 되자 가방의 지퍼를 열고 더러워진 티슈를 꺼내 얼굴을 닦고 손가락에 침을 묻혀 메모지를 넘긴다.

"왜 경찰에 신고하지 않았을까, 궁금하겠죠. 왜 아이들을 데리고 떠나지 않았을까? 당시에는 대학 졸업장도 없는 내가 번듯한 직장을 얻어 아이들을 보살피며 살아갈 방도가 없다고 생각했어요. 매일 신문 구인란을 보면서 생각했죠. 식당 종업원이나 비서나 총무 같은 일을 할 수 있겠지. 하지만 몇 시간이나 일하고, 얼마나 벌 수 있겠어. 아이들은 누가 학교에서 데려오지? 저녁은 누가 차려주고? 나는 한 군데도 전화를 해보지 않았는데 진실은(당신은 이걸 들어야만 해요, 마이런), 진실은 내가 그걸 알고 싶지 않았다는 거예요. 그래요, 나는 알고 싶지 않았어요."

나를 쳐다보는 리타의 눈빛에 이런 뜻이 담겨 있다. '봤어요? 내가 어떤 괴물인지?' 이 부분은 나도 처음 듣는 얘기다. 그녀는 자신이 마음을 추스를 때까지 기다리라는 뜻으로 손가락 하나를 펴보이고는, 잠시 후에 계속 읽는다.

"나는 어려서 너무나 외로웠고(이건 변명이 아니라 그냥 설명이에요) 혼자서 네 아이를 데리고 변변찮은 일을 하루에 여덟 시간씩 하며 사는 걸 참을 수 없었어요. 다른 이혼녀들이 무슨 나병 환자마냥 따돌림 당하는 걸 보면서 생각했죠. '난 사양할래.' 얘기를 나눌 어른이라곤 없을 테고, 무엇보다, 나의 유일한 구원을 잃을 것 같았어요. 그림을 그릴 시간도 돈도 없을 거라고 말이죠. 게다가 이런 상황이 복합되면 죽고 싶은 마음이 들까봐 걱정이 됐어요. 아이들에게는 우울한 엄마라도 죽은 엄마보다는 나을 거라는 생각으로 행동하지 않는 나를 합리화했어요. 하지만 여기에는 또 다른 진실이 있어요. 나는 리처드를 잃고 싶지 않았어요."

리타는 뭔가 어두운 소리를 내뱉고, 이어 눈물을 흘린다. 그녀는 더러운 티슈로 눈가를 닦는다.

"리처드. 물론 나는 그를 증오했지만 사랑하기도 했어요. 엄밀히 말하면 술을 마시지 않을 때의 그를 사랑했던 거죠. 그는 똑똑하고 재치 있었어요. 이상하게 들리겠지만, 그와 함께 했던 시간이 그리워질 거라는 걸 나는 알았죠. 그의 술버릇과 성질을 감안했을 때 나는 아이들이 리처드하고만 시간을 보내는 게 걱정스러웠고, 그래서 아이들을 줄곧 나와 함께 있게 하려고 싸웠을 거예요. 그는 매일 일을 하고 저녁에 늦게 들어올 때도 많았기 때문에 아마 동의했을 거예요. 그가 그렇게 쉽게 동의했을 거라는 생각이 나를 말할 수 없이 더 분노하게 만들었어요."

리타는 다시 한 번 손가락에 침을 묻혀서 메모지를 넘기지만 종이가 달라붙어서 몇 번의 시도 끝에 떼어낸다.

"한 번은 용기를 내서 떠나겠다고 말했어요. 진심이었어요, 마이런. 빈말로 협박한 게 아니었어요. 더는 못 참겠다고 결심했어요. 그랬더니 리처드는 나를 쳐다보기만 했는데, 처음에는 놀랐던 것 같아요. 그러더니 얼굴에 미소가 번졌는데, 그렇게 사악한 미소는 본 적이 없어요. 그는 천천히, 또박또박, 으르렁거린다고밖에는 표현할 수 없는 목소리로 말했어요. '떠나면 한 푼도 없을 줄 알아. 아이들 역시 한 푼도 못 받을 거야. 어디 한 번 해보시지, 리타. 떠나보라고!' 그러더니 웃기 시작했는데, 그 웃음에는 악의가 담겨 있었고, 나는 그 순간 어리석은 생각이었다는 걸 알았어요. 내가 그냥 눌러 앉아 있을 거란 걸 알았죠. 하지만 눌러 앉아 있기 위해, 그 상황을 견디기 위해 나 자신에게 온갖 종류의 거짓말을 했어요. 다 끝날 거라고, 리처드가 술을 그만 마실 거라고 나 자신에게 말했어요. 그리고 가끔은 정말로 그랬어요. 최소한 한동안은 술을 안 마시기도 했어요. 그러다가 그가 숨어서 마시는 곳을 찾아내곤 했죠. 서재 책꽂이의 법률 서적 뒤에서 병들이 나오고 아이들 옷장 위의 담요 안에서도 술병이 굴러다녔죠. 그러면 다시 지옥이 펼쳐지곤 했어요.

아마 당신은 지금쯤 이렇게 생각하고 있겠죠. 내가 변명을 하는 거라고, 피해자인 척 하는 거라고. 맞아요. 하지만 사람은 이것인 동시에 저것일 수 있다는 생각을 많이 했어요.

아이들에게 그런 일이 벌어지게 했으면서도 내가 얼마나 아이들을 사랑했는지. 그리고 리처드도, 믿기지 않겠지만, 아이들을 얼마나 사랑했는지. 그가 아이들을 때리고 나를 때리면서도 우리를 사랑하고, 함께 웃고, 아이들의 숙제를 도와주거나 어린이 야구단의 코치를 맡고, 아이들이 친구와 갈등을 겪을 때 얼마나 현명한 조언을 해줬는지. 리처드가 변하겠다고 말하고, 또 얼마나 변하고 싶어 했는지. 그러면서도 결국, 아무튼 오랫동안 변하지 못했지만 이 모든 것에도 불구하고, 그가 한 말 중에 거짓말은 하나도 없었다는 걸.

내가 마침내 집을 떠났을 때 리처드는 울었어요. 그가 우는 모습을 본 건 그때가 처음이었어요. 그는 가지 말라고 매달렸어요. 하지만 어느새 십대가 된 내 아이들이 마약에 빠져 스스로를 망치면서 나처럼 죽고 싶어 하는 지경이 되었어요. 아들이 마약 과용으로 거의 죽을 뻔했을 때 더 이상은 안 되겠다고 생각했어요. 아무것도, 가난도 미술을 포기하는 것도 평생 혼자 살아야 한다는 두려움도, 그 무엇도 아이들을 데리고 떠나는 것을 막을 수 없었어요. 리처드에게 떠나겠다고 말하기 전에 아침부터 은행에서 돈을 찾고 구인업체에 이력서를 내고 방 두 개짜리 아파트를 빌렸어요. 하나는 딸과 내가 쓰고 또 하나는 아들들이 쓸 방이었죠. 그리고 우리는 떠났어요.

하지만 너무 늦었어요. 아이들은 엉망이었어요. 그들은 나를 증오했고, 희한하게도 리처드에게 돌아가고 싶어 했어요. 일단 우리가 집을 나오자 리처드는 더없이 좋은 태도를 보였고, 아이들을 경제적으로 지원했어요. 딸이 다니는 대학으로 찾아가 딸과 친구들에게 근사한 저녁을 사주기도 했죠. 그러자 아이들은 머잖아 아버지를 다르게 기억했어요. 특히 막내는 아버지와 하던 공놀이를 그리워했죠. 막내는 아버지와 살게 해달라고 간청했어요. 나는 집을 나온 것에 대해 죄책감을 느꼈어요. 의구심이 들었죠. 그게 옳은 결정이었던 걸까?"

리타가 말을 멈춘다. "잠깐만요." 그녀가 내게 말한다. "어딘지 잊어버렸어요." 그녀는 페이지를 몇 장 넘기고는 다시 이어간다.

"아무튼, 마이런." 그녀가 읽는다. "결국 내 아이들은 나를 자기들

삶에서 완전히 끊어냈어요. 두 번째 이혼을 했을 때 그들은 나에게 존경심이 전혀 없다고 말했죠. 아이들은 정기적으로 리처드와 연락을 했고, 그는 아이들에게 돈을 보내주었는데, 그가 죽은 후에 그의 새 부인이 돈을 모두 챙겼고, 아이들은 화가 났어요. 격분했죠! 그걸 계기로 리처드가 자신들에게 저질렀던 일을 보다 또렷하게 기억했지만, 단지 그에게만 분노한 게 아니었어요. 그런 일이 벌어지도록 방치한 내게도 분노했죠. 그들은 나를 차단했고, 내가 아이들 소식을 듣는 건 아이들이 곤경에 빠졌을 때뿐이었어요. 딸은 자길 학대하는 남자를 만났고 그를 떠나기 위해 돈이 필요했지만, 자세한 내용은 알려주지 않았어요. 그냥 돈만 보내라고 했고, 그래서 나는 그렇게 했어요. 아파트를 빌리고 생활을 할 수 있도록 돈을 보내줬어요. 그리고 물론 딸은 그 남자를 떠나지 않았어요. 내가 아는 한 그 애는 아직도 그 남자랑 살고 있어요. 그 다음에는 아들이 재활에 돈이 필요했지만 내가 찾아가는 건 허락하지 않았어요."

리타가 시계를 쳐다본다. "거의 다 끝났어요." 그녀는 말한다. 나는 고개를 끄덕인다. "또 다른 것에 대해서도 나는 당신에게 거짓말을 했어요, 마이런. 내가 실력이 별로여서 당신의 브릿지 파트너가 될 수 없다고 말했죠? 그런데 나는 예전에 뛰어난 브릿지 선수였어요. 내가 당신 제안을 거절한 건 지금 하고 있는 얘기를 당신에게 해야 할 상황이 벌어질 것 같아서였어요. 내 아이들 중 한 명이 살고 있는 도시에서 벌어지는 토너먼트에 참가하러 갔는데 당신이 왜 아이들을 만나지 않냐고 물어보면 나는 거짓말로 둘러대야 하겠죠. 출장 중이다, 아프다, 이러쿵저러쿵. 하지만 그게 번번이 통하지는 않을 거예요. 당신은 어느 순간 미심쩍어질 테고, 그러다 보면 퍼즐 조각들이 맞춰지면서 뭔가 끔찍하게 잘못됐다는 걸 깨달았을 거예요. 당신은 속으로 이렇게 말하겠죠. 아하! 내가 만나는 이 여자는 겉과 속이 완전히 다른 사람이로군!"

리타의 목소리가 떨리더니 마지막 부분을 읽을 때는 완전히 갈라졌다.

"그게 나예요, 마이런," 그녀의 목소리는 너무 조용해서 거의 들리지 않을 정도다. "그게 당신이 주차장에서 입을 맞춘 사람이라고요."

리타는 편지를 내려다보고, 나는 자신의 삶에 담긴 모순을 명료하게 적은 그녀의 글에 압도당한 기분이다. 처음 상담을 시작할 때 그녀는 나를 보면 너무나 그리운 딸이 생각난다고 했다. 자신의 딸이 한때 심리학자가 되고 싶어 했고 치료 센터에서 자원 봉사도 했지만 불안정한 관계로 인해 그 길에서 멀어졌다고 했다.

리타에게는 말하지 않았지만 그녀도 어떤 면에서 우리 엄마를 떠오르게 했다. 성년 이후의 삶이 비슷해서 그런 건 아니다. 부모님은 오랫동안 서로 사랑하며 안정적인 결혼 생활을 했고, 아버지는 세상에서 가장 다정한 남편이다. 하지만 리타와 엄마 모두 어렵고 외로운 어린 시절을 보냈다. 엄마의 경우에는 아홉 살 때 아버지가 돌아가셨다. 외할머니는 최선을 다해 엄마와 이모를 키웠지만 엄마에게 어린 시절은 힘겨웠다. 그리고 그 시절은 엄마가 당신의 자녀와 소통하는 방식에 영향을 미쳤다.

그래서 리타의 자녀들처럼 나도 엄마를 차단해버린 적이 있었다. 그 시기는 오래 전에 지나갔지만, 리타와 마주 앉아 그녀의 이야기를 듣고 있자니 울고 싶은 충동이 들었다(내 고통이 아니라 우리 엄마의 아픔 때문에). 오랜 세월에 걸쳐 엄마와 나의 관계에 대해 많은 생각을 해왔지만 지금처럼 엄마가 겪어온 삶을 생각해본 적은 없었다. 우리 모두에게 이렇게 부모(자신의 부모 말고)가 마음을 털어놓고 속살을 드러내면서 자신이 겪은 일들을 이야기하는 걸 들어볼 기회가 있어야 한다는 생각이 든다. 그런 모습을 보면 각자의 상황이 어떻든 부모의 삶을 새롭게 이해하지 않을 도리가 없기 때문이다.

리타가 편지를 읽는 동안 나는 그녀의 말을 듣는 동시에 그녀의 몸을 관찰했다. 그녀의 몸이 이따금 어떻게 우그러지는지, 손이 어떻게 떨리고 입을 어떻게 삐죽이고 다리가 어떻게 흔들리고 목소리가 어떻게 갈라지는지, 말을 멈췄을 때는 몸이 어떻게 기울어지는지를 지켜봤다. 지금 그녀는 슬픈 기색이지만, 몸은 평온하다고까지는 아니더라도 내가 본 중에 가장 편안한 모습이다. 그녀는 소파에 등을 기대고 앉아, 읽느라 기운을 소진한 몸을 쉬고 있다.

그리고 그때 놀라운 일이 벌어진다.

그녀가 협탁에 놓인 티슈 상자로 손을 뻗더니 티슈를 한 장 뽑는다. 깨끗한 새 티슈를! 그녀는 그걸 펼쳐서 코를 풀고, 또 한 장을 뽑아서 다시 코를 푼다. 나는 하마터면 박수를 칠 뻔한다.

"그래서," 그녀가 묻는다. "이걸 보내야 한다고 생각해요?"

마이런이 리타의 편지를 읽는 모습을 그려본다. 아버지이자 할아버지로서, 전혀 다른 종류의 엄마였던 아내와 함께 자녀들을 행복한 어른으로 키우며 살았던 그가 어떤 반응을 보일지 궁금하다. 그가 리타를, 리타의 전부를 있는 그대로 받아들일까? 아니면 이 엄청난 정보는 그가 넘어설 수 없는 걸림돌이 될까?

"리타," 나는 말한다. "그 결정은 오로지 당신만이 내릴 수 있어요. 내가 궁금한 건 따로 있어요. 이 편지는 마이런에게 쓴 건가요, 아니면 당신의 자녀들에게 쓴 건가요?"

리타는 잠시 말없이 천장을 올려다본다. 그러더니 다시 나를 보며 고개를 끄덕이지만 아무 말도 하지 않는다. 그 대답이 둘 다라는 걸 나도 리타도 알기 때문이다.

52. 엄마

"그래서," 나는 웬델에게 얘기를 하는 중이다. "아들 친구들과 늦은 저녁을 먹고 돌아와서 잭에게 샤워를 하라고 했죠. 아이는 더 놀고 싶어 했지만 내일 학교를 가야 하니까 안 된다고 했어요. 그랬더니 아주 발끈하면서 투덜대기를 '엄마 나빠! 세상에서 제일 나빠!' 이러면서 평소에 안 하던 행동을 하는 거예요. 그러니까 내 안에서도 화가 부글부글 끓어올랐어요.

그래서 나도 옹졸한 소리를 조금 했죠. '아, 그래? 그러면 다음번에는 너랑 네 친구들 데리고 저녁 먹으러 가지 말아야겠네. 나는 나쁜 엄마니까. 무슨 다섯 살짜리도 아니고!' 그랬더니 아이도 '맘대로해!' 하고는 문을 쾅 닫는 거예요. 지금까지 한 번도 문을 그렇게 닫은 적이 없었는데. 그러고는 샤워를 하러 가긴 하더군요. 나는 컴퓨터 앞에 앉아서 써야 할 이메일은 쓰지 않고 머릿속으로 내가 얼마나 옹졸한지 따져봤죠. '어떻게 그런 식으로 대응할 수가 있지? 그래도

나는 어른인데.'

그때 문득 그날 아침에 엄마와 나눈 짜증스러운 전화 통화가 떠오르면서 퍼즐이 딱 맞아떨어진 거예요. 나는 잭에게 화가 난 게 아니라 엄마한테 화가 난 거였죠. 아주 전형적인 전치displacement였어요."

웬델은 '전치가 아주 몹쓸 놈이네요'라고 말하는 듯 싱긋 웃는다. 우리는 누구나 불안, 좌절, 또는 용납할 수 없는 충동에 대처하기 위해 방어 기제를 활용한다. 그런데 흥미로운 건 그 순간에는 우리가 그걸 전혀 인식하지 못한다는 것이다. 익숙한 예가 부정인데, 가쁜 숨이 더운 날씨 탓이라고 믿는 흡연가가 그런 경우다. 또 어떤 사람은 합리화를 활용할지도 모른다(뭔가 수치스러운 것을 정당화하는 사람). 이를테면 면접에서 떨어져놓고 애초에 그 자리를 원한 적이 없다고 말하는 식이다. 반동 형성reaction formation은 용납할 수 없는 감정이나 충동을 정반대로 표현하는 것인데, 이웃 사람을 싫어하면서도 애써 친하게 지내거나, 남자에게 끌리는 복음주의 남성 기독교인이 동성애 혐오 발언을 하는 식이다.

일부 방어 기제들은 유치하지만 또 어떤 것들은 성숙하게 여겨지기도 한다. 승화가 후자인데, 잠재적으로 유해한 충동을 덜 유해한 것(공격적인 충동을 권투로 승화), 또는 심지어 건설적인 것(누군가를 찌르고 싶은 충동을 의사가 되는 것으로 승화)으로 바꾸는 태도이다.

전치(어떤 사람에 대한 감정을 더 안전한 대안으로 옮기는 것)는 신경증적 방어이며, 유치하지도 않고 성숙하지도 않다. 어떤 사람은 상사에게 호통을 듣지만 대들었다간 해고를 당할 수 있기 때문에 집에 가서 자신의 개에게 호통칠지도 모른다. 또는 전화 통화를 하면서 엄마에게 화가 났는데 그 화를 아들에게 전치하는 사람도 있다.

나는 웬델에게 샤워를 마친 잭에게 사과를 하러 갔을 때 아이 역시 화를 전치했다는 사실을 알게 됐다고 말한다. 쉬는 시간에 어떤 아이들이 잭과 그의 친구들을 농구장에서 쫓아내고 '나쁜' 말도 했던 것 같았다. 잭은 그 아이들에게 화가 났지만 엄마에게 분풀이를 하는 게 더 안전했다.

"이 이야기의 아이러니한 점은," 내가 말을 잇는다. "우리 둘 다 엉뚱한 표적을 향해 분노를 쏟아냈다는 것이죠."

인생의 책임을 부모에게 돌리던 태도에서 벗어나는 중년에 이르면 부모와의 관계가 진전된다는 얘기를, 웬델과 나는 이전에도 몇 차례 나눈 적이 있다. 웬델은 그걸 '위병 교대식'이라고 표현한다. 젊을 때 사람들은 부모가 자신이 원하는 대로 해주지 않는 이유를 이해하기 위해 심리 치료를 받지만, 세월이 흐르면 있는 그대로의 상황에 대처하는 방법을 알기 위해 심리 치료를 찾는다. 엄마에 대한 나의 질문도 '엄마는 왜 안 변하지?'에서 '왜 나는 변할 수 없지?'로 달라졌다. 그런데 어째서 사십대에 접어들어서도 엄마의 전화 한 통에 그렇게 휘둘릴 수 있는지 모르겠다고 나는 투털댄다.

대답을 원하는 건 아니다. 사람들이 퇴행한다는 걸, 얼마나 멀리 나아갔는지 스스로 놀랄 정도였다가도 예전의 모습으로 미끄러지기도 한다는 걸 굳이 웬델의 입으로 들을 필요는 없다.

그날 밤 엄마가 사과를 했고 우리는 화해했다고 웬델에게 말한다. 하지만 그에 앞서 우리는 오래된 패턴에 휘말렸는데, 엄마는 당신이 원하는 방식대로 내가 뭔가를 하길 원하고, 나는 그걸 내가 원하는 방식대로 하고 싶어 한 것이다. 그리고 어쩌면 잭도 나를 그런 식으로 인식하고 있을지도 모른다. 아이에게 나는 사랑이라는 이름으로, 최선이라는 구실을 내세우며, 내가 원하는 방식대로 자식을 통제하려는 사람일지도 모른다. 내가 아무리 엄마와 나는 완전히 다르다고 주장해도 가끔은 소름이 끼치도록 비슷할 때가 있다.

지금은 웬델에게 전화 통화 얘기를 하면서도 엄마가 한 말과 내가 한 말까지 얘기하지는 않는데, 그게 요점이 아니라는 걸 알기 때문이다. 그가 나를 피해자로 놓고, 엄마를 공격자로 설정하는 일은 없을 것이다. 몇 년 전이었다면 그런 식으로 동정심을 얻으려 했을지 모른다. '아시겠죠? 우리 엄마가 얼마나 까다로운 사람인지?' 하지만 이제는 그의 분명한 접근법이 훨씬 편하게 느껴진다.

오늘 나는 웬델에게 엄마의 음성 메시지를 컴퓨터에 저장하기 시작했다고 말한다. 내가 듣고 싶을, 내 아들이 내 나이가 되거나 어쩌면 더 세월이 흘러 우리가 모두 떠난 이후에 듣고 싶을지도 모를 따뜻하고 다정한 메시지들을. 그 잔소리가 실은 잭을 위해서라기보다 나를 위한 것이라는 사실을 알아가는 중이라고 말한다. 그건 아이가 언젠가 나를 떠나리라는 사실, 그 슬픔으로부터 관심을 돌리려는 행위다.

십대가 된 잭을 상상해본다. 십대인 나를 상대하며 우리 엄마가 낯설어 했던 것처럼 언젠가 나도 그럴지 모른다. 잭이 유치원에 다니던 때가, 부모님이 건강하고 나도 건강하던 때가 생각난다. 더 수월해질 미래에 대한 생각뿐이었던 때가 불과 얼마 전이었던 것 같다. 그때는 잃어버릴 것들에 대해서는 생각하지 않았다.

엄마의 전화 한 통이 이 모든 걸 수면 위로 불러낼 줄 누가 알았을까. 모녀의 해묵은 짜증 밑에 엄마가 사라지길 바라는 마음이 아니라 영원히 머물러주길 원하는 염원이 있다는 걸?

'삶의 본질은 변화이고 사람들의 본질은 변화에 저항하는 것'이라던 웬델의 말이 생각난다. 그는 어디선가 읽었던 구절이라면서, 거의 모든 삶의 고비에 적용되는 주제이기 때문에 개인적으로나 심리 치료사로서도 감명이 깊은 구절이라고 말했다. 이 말을 듣기 전날 나는 안과에서 노안이 왔다는 얘기를 들었다. 노안은 사십대에 접어든 대부분의 사람들에게 일어나는 현상이다. 나이가 들면 원시가 되고, 뭐든 또렷이 보려면 멀찍이 떨어뜨려놓고 봐야 한다. 그런데 이 나이대에선 감정에도 노안이 오는 건지 모른다. 더 큰 그림을 보려면 멀찍이 물러서야 한다. 여전히 불평투성이더라도 지금 지닌 것을 잃게 되는 게 얼마나 두려운 일인지 알기 위해서는.

"그리고 우리 엄마는!" 그날 오후에 줄리는 오전에 그녀의 엄마와 나눴던 대화를 되짚는다. "엄마한테는 이게 너무 힘든 거예요. 자식들이 안전하게 살게 해놓고 세상을 떠나는 게 부모로서의 소임이라고 생각했는데, 지금 엄마는 내가 안전하게 떠날 수 있도록 애를 쓰고 계시잖아요."

줄리는 대학 시절에 남자친구 문제로 엄마와 다툰 적이 있다고 말한다. 쾌활하던 아이가 풀이 죽은 이유를 남자친구의 행동 때문이라고 엄마는 생각했다. 엄마가 대학의 상담실에 가서 중립적인 의견을 들어보라고 제안했을 때 줄리는 폭발했다.

"우리는 아무 문제없어!" 줄리는 소리를 질렀다. "만약에 내가 상담을 받으러 가면 그건 남자친구 때문이 아니라 엄마 때문일 거야!" 그녀는 나중에야 그때 상담 받으러 갈 걸 그랬다고 후회했다. 몇 달 뒤에 남자친구는 그녀를 떠났다. 그리고 줄리가 울면서 전화했을 때 딸을 사랑했던 엄마는 그러게 내가 뭐랬냐는 말 대신 가만히 그녀 얘기를 들어주었다.

"이제 엄마는 내 얘기를 하러 심리 치료사를 찾아가야 할 거예요." 줄리는 말한다.

얼마 전에 받은 검사에서 쇼그렌 증후근 양성 반응이 나왔다. 마흔 넘은 여성에게 가장 일반적인 면역계 질환이지만, 의사들은 내가 그 병이라고 확신하지 못했는데 가장 대표적인 증상이 나타나지 않기 때문이다. 한 의사는 '이례적인 경우'일 수 있다면서 내가 쇼그렌 증후군인 동시에 뭔가 다른 병이거나, 아니면 그냥 아직 판명되지 않은 뭔가 다른 병일 수도 있다고 말했다. 쇼그렌 증후군은 진단이 까다롭고 아직 원인이 밝혀지지 않았다. 유전이나 환경 탓일 수도 있고, 바이러스나 박테리아에 의해 촉발될 수도 있으며, 이런 요인들이 복합적으로 작용할 수도 있다.

"우리라고 모든 답을 갖고 있는 건 아니에요." 의사는 이렇게 말했다. 앞으로도 답을 알 수 없을지 모른다는 생각에 겁이 나는 한편, 또 다른 의사의 말은 더 큰 두려움을 안겨주었다. "뭐가 됐든 결국에는 드러날 겁니다." 결국 그게 드러나서 잭을 엄마 없는 아이로 만들까봐, 나는 그게 가장 두렵다고 웬델에게 말했다. 웬델은 내게 두 가지 선택지가 있다고 말했다. 끊임없이 걱정하는 엄마가 되거나, 불확실한 건강 때문에라도 같이 보내는 시간을 더없이 소중히하는 엄마가 되거나.

"어느 쪽이 덜 겁나요?" 그는 물었지만 답은 뻔했다.

이 질문을 들었을 때 나는 줄리가 생각났다. 죽을 때까지 자신을 봐달라는 그녀의 부탁을 망설였던 게 떠올랐다. 내가 망설인 건 경험 부족 때문만은 아니었다. 그보다는 줄리를 봄으로 인해 나 역시 죽어야 할 운명이라는 사실, 아직 받아들일 준비가 되어 있지 않았던 그 사실을 직시해야 했기 때문이었다. 나는 내가 맞이할 죽음을 그녀의 죽음과 비교하지 않음으로써 나 자신을 안전하게 보호했다. 어쨌거나 내 수명에 그러한 시간 제한을 설정한 사람은 아무도 없었다. 하지만 줄리는 이제 있는 그대로의 자기 자신과 지금 자신이 가진 것을 받아들이는 법을 터득했다. 그렇게 하도록 도운 것은 나였는데, 그것이 단지 줄리를 위한 조언으로 그칠 수는 없었다. 이제는 나도 진실을 받아들여야 할 때가 됐다.

"본인의 취약함을 기꺼이 받아들일수록 두려움이 덜해질 거예요." 웬델은 이렇게 말했다.

젊었을 때는 이런 식으로 인생을 바라보지 않는다. 젊은 시절의 우리는 시작과 중간, 그리고 어떤 식이든 결말로서 인생을 생각한다. 하지만 그 길의 어딘가에서, 어쩌면 한가운데서, 누구나 도저히 해결되지 않는 문제를 품고 살아간다는 걸 깨닫는다. 그 해결 불가능이 결말이 된다는 걸, 그것을 의미 있게 만드는 것이 우리의 임무라는 걸 깨닫는다. 시간을 붙잡을 수 없다는 느낌은 사실이지만, 그것만이 사실은 아니다. 병이 내가 집중해야 할 것들을 뚜렷하게 만든다는 것도 사실이다. 그것이 내가 엉뚱한 책을 계속 쓸 수 없는 이유, 다시 데이트를 하는 이유, 엄마를 받아들이고 그토록 불가능했던 너그러운 태도를 취할 수 있는 이유다. 이제 나는 상실의 가능성 없이는 사랑하거나 사랑받을 수 없다는 사실을 알게 되었다. 아는 것과 막연한 공포는 다르다.

잭이 자라서 심리 치료사를 찾아간다면 나에 대해 뭐라고 말할지 궁금해진다. 그리고 나는 희망한다. 잭도 그의 웬델을 찾게 되기를.

53. 포옹

나는 앨리슨과 소파에, 그러니까 우리 집 거실 소파에 앉아 있다. 중서부에 사는 대학 친구 앨리슨이 잠깐 다니러 왔다. 저녁을 먹고 채널을 이리저리 돌리다 보니 존의 시트콤이 나온다. 앨리스는 존이 내 환자라는 걸 모른다. 나는 좀더 가볍고 유쾌한 걸 보고 싶어서 채널을 계속 돌린다.

"잠깐, 다시 돌아가!" 알고 보니 앨리슨은 그 시트콤의 팬이었다.

채널을 다시 돌린다. 한동안 안 봤던 터라 내용을 따라가기가 버겁다. 몇몇 등장인물이 바뀌었고 관계도 새롭다. 오랜 친구와 느긋한 시간을 보내는 것에 만족한 나는 반쯤 졸면서 본다.

"저 여자 너무 근사하지 않아?" 앨리슨이 말한다.

"누구?" 내가 졸린 목소리로 묻는다.

"심리 치료사로 나오는 사람 말이야."

나는 정신을 차린다. 주인공이 심리 치료사 사무실 같아 보이는 곳에 있다. 심리 치료사는 자그마한 몸집에 갈색 머리이고 안경을 썼지만 전형적인 할리우드 옷차림이고, 눈부시도록 지적이다. 존이 바람 피우고 싶은 여자는 저런 스타일인 모양이라고 나는 생각한다. 주인공이 자리에서 일어난다. 그는 좀 걱정스러워 보인다. 여자가 문까지 그를 배웅한다.

"당신은 포옹이 필요해 보이네요." 주인공이 심리 치료사에게 말한다.

심리 치료사는 순간적으로 놀란 표정을 짓더니 평정심을 찾는다. "포옹을 하고 싶다는 말인가요?" 그녀가 묻는다.

"아니요." 그는 말한다. 음악이 나오고, 갑자기 그가 몸을 숙여서 여자를 포옹한다. 성적인 느낌은 아니지만 강렬하다. 카메라가 주인공의 얼굴을 잡는다. 눈을 감았는데 눈물이 맺힌다. 머리를 여자의 어깨에 얹은 그는 평온해 보인다. 이번에는 카메라가 반대편으로 돌아가서 심리 치료사의 얼굴을 비춘다. 눈을 튀어나올 것처럼 크게 뜬 그녀는 밀어내고 싶은 눈치다.

"이제 우리 둘 다 기분이 좋아진 것 같네요." 주인공이 이렇게 말하면서 포옹을 풀고 몸을 돌린다. 그는 걸어가고, 심리 치료사의 얼굴이 클로즈업되며 장면이 끝난다. 이렇게 말하는 듯한 표정이다. '지금 대체 무슨 일이 있었던 거지?'

재미있는 장면이고 앨리슨도 웃지만, 나는 드라마 속의 심리 치료사 만큼이나 혼란스럽다. 존이 나에 대한 애정을 인정하는 건가? 자기 자신을, 본인에게 필요한 것을 남에게 전가하는 방식을 희화한 건가? 텔레비전 드라마의 대본은 몇 달 전에 완성된다. 그럼 그때도 자신이 얼마나 밉살맞은지 알고 있었던 걸까? 지금은 알고 있을까?

"요즘은 심리 치료사가 나오는 드라마가 참 많아." 앨리슨이 말한다. 그러고는 좋아하는 심리 치료사 역을 꼽기 시작한다. 「소프라노스」의 제니퍼 멜피, 「못 말리는 패밀리」의 토비아스 펑크, 「프레이저」의 나일스 크레인, 심지어 「심슨 가족」의 마빈 먼로까지.

"「인 트리트먼트」는 봤어?" 내가 묻는다. "가브리엘 번이 맡은 인물은 어때?"

"아유, 너무 좋아했지." 그녀가 말한다. "하지만 이번 인물은 더 현실적이야."

"그렇게 생각해?" 이 인물의 모델이 나인지, 아니면 존이 나를 찾아오기 전에 만났던 '사람 좋은 멍청이'인지 궁금하다. 시트콤은 열두 명이나 그 이상의 작가들이 각자 에피소드를 맡아서 집필하기 때문에 다른 작가가 만든 인물일 가능성도 있다.

나는 속으로 확신하면서도 자막이 나올 때까지 계속 지켜본다. 이번 에피소드를 쓴 사람은 역시 존이었다.

"지난주에 당신 드라마를 봤어요." 내가 다음 상담 시간에 존에게 말한다.

존은 고개를 저으며 젓가락으로 샐러드를 섞어서 입에 넣고 씹는다.

"빌어먹을 방송국." 그가 샐러드를 삼키며 말한다. "다 시켜서 한 거예요."

나는 고개를 끄덕인다.

"다들 심리 치료사를 좋아한다나."

나는 어깨를 으쓱한다. '아하, 그렇구나.'

"방송국은 양떼 같아요." 존이 말을 잇는다. "어느 드라마에 심리 치료사가 나오면 모든 드라마에 다 나와야 해."

"그건 당신의 드라마인데, 싫다고 말할 수 없었어요?" 내가 묻는다.

존은 잠시 생각에 잠긴다. "할 수 있지만 또라이가 되고 싶지 않았어요."

나는 미소를 짓는다. '아, 그렇셨구나.'

"그리고 이제는," 존은 말을 계속한다. "시청률 때문에 그녀를 없애지 않을 거예요."

"그녀를 없앨 수 없군요." 내가 말한다. "시청률 때문에."

"빌어먹을 방송국." 그가 같은 말을 반복한다. 그는 샐러드를 한 입더 먹고는 젓가락에 대해 투덜댄다. "하지만 괜찮아요. 그럭저럭 마음에 들어요. 다음 시즌에 써먹을 좋은 아이디어도 있고." 그는 냅킨으로 입을 닦는데, 처음에는 입술의 왼쪽 끝을 닦고 그 다음에 오른쪽을 닦는다. 나는 그를 물끄러미 바라본다.

"왜요?" 그가 말한다.

나는 눈썹을 치켜올린다.

"아, 아니, 아니, 아니에요." 그가 반박한다. "무슨 생각하는지 알아요. 모종의 '연결 고리'가 있다고 생각하는 거죠?" 그는 연결 고리라고 말할 때 손가락으로 따옴표 표시를 한다. "그 심리 치료사와 당신사이에. 하지만 이건 픽션이라고요. 알겠어요?"

"전부 다요?" 내가 말한다.

"물론이죠! 이야기, 드라마라고요. 참나, 여기서 오간 대화를 가져다 썼다면 시청률이 형편없었을 거야. 그러니까, 아니라고요. 절대로 당신이 아니에요."

"나는 대화보다 감정을 생각하고 있어요." 내가 말한다. "어쩌면 거기에는 약간이 진실이 담겨 있지 않을까요."

"그건 드라마예요." 그가 다시 되풀이한다.

나는 존을 쳐다본다.

"정말이에요. 주인공이 나랑 상관없는 것만큼이나 그 인물도 당신하고 상관없어요. 물론 주인공이 잘생겼다는 건 빼고요." 그는 자기 농담에 웃음을 터뜨린다. 어쨌든 나는 그게 농담이라고 생각한다.

존이 방을 둘러보는 동안, 벽에 걸린 그림에 이어 바닥을 내려다보고 다시 자신의 손을 쳐다보는 동안, 우리는 말없이 앉아 있다. 기다리는 걸 좀처럼 참지 못하던 그가 숫자를 세던 게 기억난다. 2분쯤 지났을 때 그가 입을 연다.

"당신에게 보여주고 싶은 게 있어요." 그러더니 빈정거리는 투로 덧붙인다. "전화기 사용 허가서 좀 발급해주실 수 있을까요?"

나는 고개를 끄덕인다. 그는 전화기를 들고 스크롤을 내리더니 내게 건넨다. "우리 가족이에요." 화면에는 예쁜 금발 여성과 엄마 머리에 토끼 귀를 만들며 환하게 웃는 두 딸이 보인다. 마고와 그레이스, 그리고 루비다(내 예약 시간 전에 웬델을 만났던 그 환자는 마고가 아니었다). 루비 옆에는 로지, 존이 너무나 사랑하는 그 못생긴 개가 털이 얼룩덜룩한 머리에 분홍색 리본을 묶고 앉아 있다. 그들에 대해 그렇게 많은 얘기를 들었는데, 이제야 이토록 매혹적인 사진을 보게 되다니. 나는 눈을 떼지 못한다.

"가끔 나는 내가 얼마나 행운아인지 잊어버려요." 그가 조용히 말한다.

"사랑스러운 가족이네요." 사진을 보여줘서 무척 감동했다고 그에게 말한다. 전화기를 돌려주려는데 존이 내 손을 막는다.

"기다려요." 그가 말한다. "그 애들은 내 딸이고, 내 아들은 여기 있어요."

가슴을 누가 꽉 움켜쥐는 것 같은 느낌이다. 그가 내게 게이브를 보여주려 한다. 아들을 키우는 엄마로서 과연 울음을 터트리지 않고 사진을 볼 수 있을지 모르겠다.

존이 스크롤을 한참 내리고, 드디어 그가 나온다. 게이브. 너무나 사랑스러운 모습에 가슴이 반쪽으로 갈라지는 느낌이다. 아이는 존의 굵은 곱슬머리와 마고의 맑고 파란 눈을 지녔다. 다저스 시합이 열리는 야구장에서 존의 무릎에 앉아 손에는 공을 들고 뺨에 머스터드를 묻힌 아이는 마치 월드시리즈에서 막 우승이라도 차지한 것 같은 표정이다. 존은 그날 경기장에서 공을 잡아서 게이브가 무척 신이 났었다고 말한다.

'온 세상에서 내가 최고로 운이 좋은 사람이야!' 게이브는 그날 그렇게 말했다. 게이브는 집에 돌아와서 공을 마고와 그레이스에게 보여주면서 그 말을 한 번 더 했고, 밤에 존이 그를 재워줄 때 한 번 더 말했다. '온 세상, 은하계 전체, 그 너머까지 통틀어서 내가 최고로 운이 좋은 사람이야!'

"그날은 게이브가 제일 운이 좋았네요." 이렇게 말하는데 눈가가 촉촉해지는 느낌이 든다.

"아이고 제발, 내 앞에서 울지 말아요." 존이 이렇게 말하며 고개를 돌린다. "아주 나한테 딱 필요한 거네. 질질 짜는 심리 치료사라니."

"슬퍼서 우는 게 뭐 어때서요?" 나도 딱 잘라 말한다. 존은 전화기를 받아서 뭔가를 입력한다.

"전화기를 사용하게 해줬으니까 하나 더 보여주고 싶은 게 있어요." 그의 아내와 딸들, 그의 개, 그리고 세상을 떠난 그의 아들을 봤는데 뭘 더 보여주려는 건지 궁금하다.

"자." 그가 말하면서 내 쪽으로 팔을 뻗는다. 전화기를 받아들었더니 뉴욕 타임스 웹사이트다. 새로운 시즌을 시작한 존의 드라마에 대한 리뷰다.

"마지막 문단을 읽어 봐요." 그가 말한다.

나는 스크롤을 아래로 내린다. 평론가는 드라마의 방향에 대해 시적인 찬사를 늘어놓았다. 주인공이 신랄함을 잃지 않으면서도 내면의 인간미를 조금씩 드러내기 시작했으며, 이로 인해 인물이 한층 흥미로워졌고, 그가 연민을 드러내는 순간들이 유쾌한 반전 역할을 한다고 했다. 지금까지 시청자들이 타인을 배려하지 않는 그의 심통스러운 면에 몰입했다면, 지금은 그것과 숨겨진 내면의 조화를 위해 안간힘을 쓰는 그에게서 눈을 뗄 수 없다고 평가했다. 그러면서 이런 질문으로 글을 맺었다. '그가 계속해서 스스로를 드러낸다면 우리는 무엇을 발견하게 될까?'

나는 전화기에서 고개를 들고 존을 바라보며 미소를 짓는다. "나도 같은 생각이에요. 특히 마지막의 질문."

"좋은 리뷰죠?" 그가 말한다.

"그래요. 그 이상이죠."

"아니, 아니, 아니. 평론가가 나에 대해 말한다는 식의 얘기는 꺼내지도 마요. 이건 등장인물이라고요."

"알았어요." 나는 말한다.

"좋아요." 그가 말한다. "그건 분명히 하도록 해요."

나는 존과 눈을 마주친다. "나한테 왜 이걸 보여주고 싶었던 거예요?"

그는 무슨 멍청한 소리냐는 듯 나를 본다. "왜냐하면 이게 훌륭한 리뷰니까! 이건 빌어먹을 뉴욕 타임스라고요!"

"하지만 굳이 그 부분을 보라고 한 이유는?"

"왜냐하면 우리가 이제 다른 방송국으로 배급될 거라는 뜻이니까. 이번 시즌에 시청률이 아주 잘 나오면 방송국에서 우리에게 추가 수익률을 배당하지 않을 수 없을 테니까!"

나는 취약한 부분을 드러내는 것이 존에게 얼마나 힘든 일인지 생각한다. 그게 그에게 얼마나 부끄럽고 절박한 느낌을 안겨주는지. 그걸 생각하는 것만으로도 얼마나 겁이 나는지.

"그래요." 내가 말한다. "이 '등장인물,'" 나도 이 부분에서 존이 그랬던 것처럼 손가락으로 따옴표 표시를 한다. "그가 다음 시즌에 어떤 모습을 보여줄지 기대가 되네요. 미래는 많은 가능성을 품고 있다고 생각해요."

존의 몸이 대신 반응을 한다. 그의 얼굴이 붉어진다. 그 모습을 들키자 더 붉어진다. "고마워요." 그가 말한다. 나는 미소를 지으며 그와 눈을 마주치고, 그는 내 눈을 피하지 않고 간신히 20초를 버티다가 시선을 돌린다. 그는 아래를 내려다보면서 속삭이듯이 말한다. "고마워요. …… 그러니까," 그가 적당한 말을 궁리한다. "모두 다요."

내 눈에 다시 눈물이 고인다. "천만에요." 내가 말한다.

"자," 존이 헛기침을 하고 페디큐어를 받은 발을 접어서 소파에 올린다. "이제 서론은 끝났으니까, 오늘은 또 무슨 빌어먹을 얘기를 해볼까요?"

54. 리타의 티슈 커버

우울해서 자살을 생각하는 사람들의 유형은 크게 두 부류다. 한 타입은 생각한다. '나는 멋진 삶을 살았고, 이 험난한 위기(사랑하는 사람의 죽음, 장기 실직 상태)만 벗어날 수 있으면 내 앞날은 창창해. 하지만 그럴 수 없으면 어쩌지?' 또 다른 타입은 이렇게 생각한다. '내 삶은 황량해, 그리고 앞으로 기대할 게 하나도 없어.'

리타는 두 번째 부류였다.

물론 환자들이 심리 치료를 받으러 와서 털어놓는 이야기와 떠날 때의 이야기는 다를 수 있다. 처음의 이야기에 포함됐던 내용이 지금은 지워지고, 남은 것이 주된 줄거리가 될 수도 있다. 주요 등장인물 중에 조연으로 밀려난 사람들도 있고, 조연이었다가 주인공으로 부상한 사람이 있을지도 모른다. 환자 본인의 역할도 바뀔 수 있다. 단역에서 주인공으로, 피해자에서 영웅으로.

일흔 번째 생일이 지나고 며칠 후 리타가 정기 상담을 받으러 왔다. 생일을 자살로 기념하는 대신 그녀는 내게 줄 선물을 가져왔다.

"내 생일을 맞아 당신에게 주는 선물이에요." 그녀가 말한다.

선물은 아름답게 포장돼 있었는데, 리타는 자기 앞에서 풀어보라고 한다. 묵직한 상자 안에 뭐가 들어 있을지 짐작해본다. 그녀가 언급한 적이 있던 내가 즐겨 마시는 차? 책? 그녀의 웹사이트에서 판매하는 블랙 유머가 담긴 머그잔 세트(나는 이걸 기대하고 있다)?

얇은 포장지 밑으로 도자기라는 느낌이 오고(머그다!) 그걸 꺼내는 순간 나는 리타를 보며 웃는다. '리타 가라사대, 망치지 마!'라고 적혀 있는 티슈 상자 커버다. 과감하면서도 허세가 없는 디자인이 리타 본인을 닮았다. 박스 밑에는 그녀의 회사 타이틀과 로고가 보인다. '끝날 때까지 끝난 게 아니다 주식회사.'

고맙다는 인사를 하려는데 그녀가 내 말을 막는다.

"나보고 티슈를 사용하지 않는다고 했던 말에서 영감을 얻었어요." 리타가 말한다. "나는 이렇게 생각했죠. 이 심리 치료사는 뭐가 문제야? 내가 어떤 티슈를 사용하건 왜 잔소리람? 내가 가방에서 티슈를 꺼내는 걸 보고 헬로 패밀리네 아이가 이런 말을 하기 전까지는 전혀 이해를 못했어요. '에에에에이! 우리 엄마가 더러운 티슈는 쓰는 거 아니랬어요!' 그걸 듣고 생각했죠. 심리 치료사도 그렇게 말했는데. 누구에게나 새 티슈 상자가 필요한가 보군. 그렇다면 근사한 커버를 씌우지 않을 이유가 없잖아."

리타가 오늘 여기 왔다는 사실이 심리 치료의 끝을 의미하는 건 아니다. 나도 그녀가 살아 있다는 사실로 치료의 성공 여부를 따지지 않는다. 일흔 번째 생일에 그만 사는 쪽을 선택하지 않았어도 그녀가 여전히 심각하게 우울한 상태라면 그걸 성공이라고 할 수 있을까? 오늘 우리가 축하하는 건 그녀의 물리적인 존재의 지속보다는 꾸준히 진전되는 감정의 소생이다. 단단하게 굳었던 상태에서 열린 마음으로, 스스로를 채찍질하던 태도에서 자신을 수용하는 쪽으로 이동하기 위해 그녀가 감수한 모험들이다.

오늘 축하할 게 많지만 리타의 심리 치료는 계속될 텐데, 오래된 습관은 쉽게 없어지지 않기 때문이다. 고통은 옅어지지만 사라지지 않기 때문이다. 고장난 관계(자기 자신, 그리고 자녀들과)는 세심하고 계획적인 화해를 요구하고, 새로운 관계가 꽃을 피우기 위해서는 응원과 자각이 필요하기 때문이다. 마이런과 함께하려면 리타는 마음속에 투사된 자신의 이미지, 자신의 두려움과 질투, 자신의 고통과 과거의 잘못들을 더 깊이 이해해야 한다. 그래야만 네 번째가 될 다음 결혼이 마지막이자 최초의 위대한 러브 스토리가 될 수 있다.

마이런은 리타의 편지를 받고도 꼬박 일주일이나 반응이 없었다. 그녀는 편지를 그의 우편함에 밀어넣었고, 한동안은 뭔가 잘못된 건 아닌지 전전긍긍했다. 시력이 예전만큼 좋지 않은데다 관절염 때문에 약간 녹이 슨 입구로 편지를 집어넣는 것도 쉽지 않았다. '실수로 옆집 우편함에 편지를 넣었으면 어쩌지? 그러면 얼마나 민망할까?' 그녀는 그 가능성을 놓고 한 주 내내 고민하면서 무슨 큰일이라도 난 것처럼 스스로를 고문했는데, 그러다가 마침내 마이런에게서 문자가 왔다.

리타가 사무실에서 그 문자를 내게 읽어주었다. "리타, 당신의 모든 것을 내게 말해줘서 고마워요. 당신과 얘기를 나누고 싶지만, 받아들여야 할 것이 많아서 시간이 조금 더 필요해요. 곧 연락할게요."

"받아들일 게 많다고!" 리타가 큰소리로 말했다. "뭘 받아들이고 있는지 뻔하지. 내가 괴물 같은 사람이고, 잘 피해서 다행이라는 거야! 이제 진실을 알았으니, 그 주차장에서 나한테 수작 부릴 때 했던 말을 전부 철회할 수 있다는 사실을 받아들이고 있는 거라고!"

그녀는 마이런이 단념할 거라는 생각에 큰 상처를 받았는데, 낭만적이었던 키스가 순식간에 수작으로 바뀐 것에서도 알 수 있었다.

"그렇게 볼 수도 있겠죠." 나는 말했다. "하지만 당신은 너무나 계획적으로 그리고 오랫동안 스스로를 숨겨왔기 때문에 그로서는 그림의 새로운 부분을 이해하는 데 시간이 필요할 수도 있어요. 그는 주차장에서 당신에게 키스하고 마음을 전부 쏟아냈는데, 그 후로 당신은 그를 계속 피했잖아요. 그러다가 이 편지를 받았으니 당연히 받아들일 게 많죠."

리타는 고개를 흔들었다. "이거 봐." 그녀는 내 말은 한마디도 듣지 않은 듯 말을 이었다. "이래서 거리를 두는 게 더 좋다는 거라고."

나는 관계에서 상처받는 걸 두려워하는 사람들(그러니까 심장이 있는 모든 사람)에게 필요한 이야기를 한다. 제아무리 최고의 관계라고 해도 가끔은 상처를 입고, 누군가를 아무리 사랑하더라도 이따금 상처를 주게 되는데, 그건 우리가 사람이어서 그렇다는 이야기다. 우리는 연인이나 부모, 자녀, 친구에게 어쩔 수 없이 상처를 주거나 받을 텐데, 상처 없는 친밀한 관계란 없기 때문이다.

그러나 애정 어린 친밀한 관계의 좋은 점은 회복의 여지가 있다는 것이다. 심리 치료에서는 이 과정을 불화와 회복이라고 부른다. 자기 실수를 인정하고 책임을 지는 부모 밑에서 자란 아이는 어른이 되어 관계에서 불화를 겪더라도 그걸 엄청난 재앙처럼 느끼지 않는다. 하지만 어려서 불화가 회복되는 걸 경험하지 못한 사람은 불화를 감내하고, 그것이 관계의 끝을 알리는 신호가 아니며, 어쨌든 이겨낼 수 있다는 믿음을 갖기까지 연습이 필요할 것이다.

리타는 매일 전화를 걸어 아직도 마이런에게서 대답이 없다는 메시지를 남겼다. "감감무소식이에요." 그녀는 이렇게 말한 다음 신랄한 투로 덧붙였다. "아직도 받아들이고 계신 거겠지."

나는 그녀에게 마이런으로 인해 불안하더라도 인생의 좋은 것들과의 접점을 잃지 말고, 뭔가가 고통스럽다는 이유로 절망에 빠지지 말라고 강조했다. 다이어트를 하다가 한 번 실수를 했다고 '다 집어치워, 나는 절대로 살을 뺄 수 없어!'라고 말하고 폭식을 해봐야 기분만 열 배쯤 더 나빠질 뿐이다. 나는 그녀에게 매일 뭘 하는지 메시지를 남기라고 했고, 리타는 착실하게도 '헬로 패밀리와 저녁을 먹었어요.' '대학 강의 시간표를 짰어요.' 혹은 '손녀들(그러니까 의손녀들)을 박물관에서 주최하는 미술 수업에 데려갔어요.' '웹사이트에 들어온 주문을 처리했어요' 같은 답을 남겼지만 마지막엔 어김없이 마이런에 대한 신랄한 농담을 덧붙였다.

물론 나도 속으로는 마이런이 부디 빨리 응답하길 희망했다. 리타는 모든 걸 감수하면서 자신을 드러냈는데, 이것이 그녀의 마음속 깊이 자리잡은 '나는 사랑받을 수 없는 존재'라는 믿음을 강화하는 경험이 되길 원치는 않았다. 리타는 갈수록 초조해졌고 그건 나도 마찬가지였다.

그리고 다음 시간에 리타로부터 마이런과 얘기를 나눴다는 소식을 듣고 마음이 놓였다. 실제로 그는 리타가 털어놓은 내용, 그리고 그녀가 그렇게 많은 것을 감추고 있었다는 사실에 충격을 받았다. 자신이 그토록 강하게 끌렸던 이 여자의 정체는 뭘까? 이렇게 다정하고 친절한 사람이 남편이 자식을 때리는 동안 두려워서 숨어버린 사람이라고? 헬로 패밀리의 아이들을 그토록 아끼는 사람이 제 자식을 방치한 사람과 동일인일 수 있을까? 이렇게 재미있고 예술적이고 재기발랄한 여자가 우울증의 무기력 속에서 며칠씩 허송세월하던 사람이라고? 만약 그렇다면 이건 뭘 의미할까? 마이런뿐만 아니라 그의 자녀들과 손자들에게 어떤 영향을 미칠까? 어쨌거나 그가 만나는 사람은 결국 가족의 울타리 안으로 깊이 들어오게 될 수밖에 없는데.

편지의 내용을 '받아들이는' 일주일 동안 마이런은 죽은 아내인 머나와 얘기를 나눴다고 털어놓았다. 그는 평생토록 그녀의 조언에 의지했고 지금도 그녀와 얘기를 나누는데, 이번에 그녀는 너무 비판적인 태도를 갖지 말라고, 신중하되 마음을 닫지는 말라고 조언했다고 했다. 다정한 부모와 멋진 남편을 만나지 못했더라면, 자신도 그런 상황에서 어떤 행동을 했을지 누가 알겠냐면서 말이다. 그는 동부에 사는 형에게도 전화를 걸었는데, 형은 '그녀에게 아버지 얘기를 했느냐'고 물었다. "어머니가 돌아가신 후에 아버지가 심각한 우울증에 시달렸다는 얘기를 했어? 그리고 머나가 죽었을 때 너에게도 같은 일이 벌어질까봐 두려웠다는 얘기를 했어?"

마지막으로 그는 어렸을 때부터 가장 친했던 친구에게 전화를 걸었고, 마이런의 얘기를 끝까지 들은 친구는 이렇게 말했다. "너는 온통 이 여자 얘기뿐이야. 우리 나이에 그 정도 무거운 짐을 갖지 않은 사람이 어디 있겠어? 너라고 아무 문제도 없는 것 같아? 너는 매일 죽은 아내와 얘기를 하잖아. 다들 쉬쉬하는 정신병원에 입원한 숙모도 있잖아. 네가 아깝기는 하지만, 그렇다고 무슨 백마 탄 왕자라도 되는 줄 알아?"

하지만 가장 중요하게, 마이런은 자기 자신과 얘기를 나눴다. 그의 내면의 목소리는 이렇게 말했다. '모험을 해봐. 과거는 우리에게 정보를 줄 뿐이지 우리를 규정하는 것은 아닐지도 몰라. 어쩌면 지금 그녀가 그렇게 흥미롭고 다정한 이유는 바로 이 모든 일들을 거쳐 왔기 때문일지도 몰라.'

"지금까지 나를 다정하다고 말해준 사람은 아무도 없었어요." 마이런과의 대화를 전하는 리타의 눈에 눈물이 맺혔다. "늘 이기적이고 드세다는 소리만 들었거든요."

"하지만 마이런한테는 그렇지 않잖아요." 내가 말했다.

리타는 그걸 곰곰이 생각했다. 그러고는 천천히 말했다. "맞아요. 안 그래요."

리타를 보면서, 일흔 살의 가슴도 열일곱 살 때처럼 깨지기 쉽다는 생각이 들었다. 그 취약함, 그 갈망, 그 열정. 모든 게 여전히 강렬하다. 사랑에 빠지는 감정은 결코 늙지 않는다. 아무리 지쳤어도, 어떤 아픔을 겪었어도 새로운 사랑은 어쩔 수 없이, 맨 처음에 그랬던 것처럼 희망과 활력을 안겨준다. 어쩌면 이번에는 토대가 더 탄탄할 수도 있다. 더 많은 경험을 했고 더 현명해졌으며 시간이 얼마 없다는 걸 알기 때문에. 그래도 연인의 목소리를 듣거나 휴대폰에 그 이름이 뜰 때마다 여전히 가슴이 뛴다. 말년의 사랑은 특히 관대하고 너그럽고 민감하다는 장점이 있다. 그리고 절박하다.

리타는 대화 후에 마이런과 섹스를 했다. 스킨십 허기가 갈망하는 대로 '여덟 시간의 오르가슴'을 즐겼다. "서로의 품에서 잠이 들었어요. 그리고 그건 여러 번의 오르가슴만큼이나 기분이 좋았어요." 두 달 사이에 리타와 마이런은 인생의 동반자이자 브릿지 게임 파트너가 되었다. 그들은 처음 출전한 원정 토너먼트에서 우승했다. 그녀는 지금도 페디큐어를 받는데, 발 마사지가 필요해서가 아니라 이제는 실제로 그녀의 발가락을 봐줄 사람이 생겼기 때문이다.

리타의 문제가 사라졌다는 얘기는 아니다. 문제는 여전하고, 가끔은 심각하다. 인생의 변화는 너무나 필요했던 일상의 색채를 더해줬지만, 그녀는 여전히 '격통'을 느낀다. 마이런이 자녀들과 함께 있는 모습을 보면 자기 자식들 생각에 슬픔이 몰려오고, 늘 불안정했던 관계 이후에 신뢰할 수 있는 관계는 새로운 불안감을 초래했다.

그래서 마이런의 말에서 뭔가 부정적인 뜻을 읽어내고, 행복한 자신을 벌하기 위해 이 관계를 거부하거나, 익숙하고 안전한 외로움 속으로 숨어버리기 직전까지 간 적이 한두 번이 아니었다. 하지만 그럴 때마다 행동에 앞서 성찰을 하려고 노력했다. 우리가 나눴던 대화를 떠올리고, 티슈 상자 커버에 적어 넣은 글귀처럼 '망치지 말자'고 속으로 다짐했다. 나는 버려질 것에 겁을 먹은 사람이 힘을 다해 상대방을 밀어내는 바람에 허물어진 많은 관계들에 대해 말해주었다. 자기 파괴가 교묘한 이유는 다른 문제(연인이 떠나고 싶은 마음이 들도록 만드는 것)를 만들어서 어떤 문제(버려질지 모른다는 불안감의 해소)를 해결하려고 시도하기 때문이라는 걸 그녀도 깨닫기 시작하고 있다.

리타의 모습을 보고 있자니 어디선가 읽은 문장이 떠오른다. '그런 슬픔을 알고 나니 모든 웃음과 즐거운 시간들이 그 전보다 열 배는 더 좋다.'

* * *

그녀의 선물을 풀고 있는데, 리타가 40년 만에 처음으로 생일 파티라는 걸 해봤다고 말한다. 전혀 예상하지 못했다고 했다. 마이런과 조촐하게 축하하는 자리인 줄 알았는데 레스토랑에 들어갔더니 많은 사람들이 그녀를 기다리고 있었다. '서프라이즈!'

"일흔 살 먹은 사람한테 그런 짓을 하면 안 돼요." 리타는 그날의 기억을 떠올리며 말한다. "하마터면 심장마비가 올 뻔했다고요." 박수를 치며 웃는 사람들 속에는 헬로 패밀리인 애나와 카일, 소피아, 그리고 앨리스가 있었고, 마이런의 아들과 딸, 그리고 그들의 아이들(이 아이들도 서서히 의손자가 되어가고 있다), 그녀의 강의를 듣는 대학생들도 있었다. 그리고 아파트 자치 위원회에서 함께 활동하는 사람들(마침내 위원회에 합류한 리타는 제일 먼저 녹슨 우편함 교체에 앞장 섰다), 마이런과 함께 만든 브릿지 그룹 친구들도 있었다. 그렇게 스무 명에 가까운 사람들이 1년 전까지만 해도 세상에 친구 한 명 없었던 한 여인의 생일을 축하하러 모였다.

하지만 가장 놀라웠던 건 그날 아침에 받은 딸의 이메일이었다. 마이런에게 편지를 쓴 후에 리타는 자녀들에게도 고심해서 편지를 보냈고, 그들은 평소처럼 무대응으로 일관했다. 하지만 그날 로빈에게서 이메일이 왔는데, 리타는 그걸 상담 시간에 내게 읽어주었다.

엄마. 네, 맞아요. 나는 엄마를 용서하지 않아요. 그리고 그걸 부탁하지 않아서 기쁘네요. 솔직히 말해서 엄마의 이메일을 읽지도 않고 삭제할 뻔했는데, 늘 보내던 그렇고 그런 헛소리일 거라고 생각했거든요. 그러다가, 왜 그랬는지 모르겠지만, 어쩌면 워낙 오랫동안 연락이 없었기 때문인지도 모르겠는데, 최소한 죽는다는 얘기인지 확인이나 해봐야겠다고 생각했어요. 하지만 정말 이런 내용일 줄은 예상하지 못했어요. 이게 우리 엄마 맞아? 계속 이런 생각이 들더군요.
아무튼, 그 편지를 내 심리 치료사한테 가져갔어요(네, 요즘 심리 치료를 받고 있어요. 그리고 아직 로저랑은 끝내지 않았어요). 그리고 그녀에게 말했죠. "나는 이렇게 되고 싶지 않아요." 나는 폭력적인 관계에 발이 묶이고 싶지 않고, 로저가 나를 붙잡아두려 할 때 너무 늦었다거나 새로 시작할 수 없다거나 아무튼 떠나지 않을 온갖 변명을 대며 눌러앉고 싶지 않아요. 나는 심리 치료사에게 엄마가 마침내 건강한 관계를 맺을 수 있다면 나도 그렇게 할 수 있다고, 그리고 일흔 살이 될 때까지 기다리고 싶지 않다고 말했어요. 내 이메일 주소 봤어요? 일자리를 찾을 때 몰래 사용하는 이메일이에요.

리타는 한동안 눈물을 흘리다가 계속 읽는다.

뭐가 우스운지 알아요, 엄마? 엄마의 편지를 읽어줬더니 내 심리 치료사가 어린 시절에 대해 긍정적인 기억이 있느냐고 물었는데 하나도 생각나는 게 없더라고요. 그런 다음에 꿈을 꾸기 시작했어요. 발레를 하러 가는 꿈이었는데, 꿈속에서 내가 발레리나였고 엄마가 선생님이었어요. 그제야 기억이 났어요. 여덟 살인가 아홉 살 때 엄마가 발레 교습소에 나를 데려갔는데 나는 너무 다니고 싶었지만 경험이 부족하다며 받아주지 않았어요. 내가 막 울었더니 엄마가 나를 안아주며 이렇게 말했죠. "울지 마, 엄마가 가르쳐줄게." 그러고는 비어 있는 스튜디오에 들어가서 발레하는 시늉을 했는데 그게 몇 시간은 되는 것처럼 느껴졌죠. 웃으면서 춤을 추고 그 순간이 끝나지 않기를 바랐던 기억이 나요. 그 후로 몇 번 더 꿈을 꾸었는데, 그 꿈이 어린 시절의 긍정적인 기억, 있었는지도 몰랐던 기억을 되살려주었어요.

아직은 대화를 나누거나 당장, 어쩌면 영원히 어떤 식으로든 관계를 맺을 준비는 안 된 것 같지만, 내가 엄마의 가장 좋은 모습을 기억했다는 걸 알기를 바라요. 그걸로 충분치는 않아도, 특별한 추억이었어요. 어쨌거나 우리는 모두 엄마의 편지에 충격을 받았어요. 다 함께 얘기를 나눴고 엄마랑 다시 만날 일은 없더라도 우리가 최소한 제대로 살 필요는 있다고 입을 모았는데, 왜냐하면, 앞에서도 말한 것처럼 엄마가 할 수 있다면 우리도 할 수 있으니까요. 내 심리 치료사는 어쩌면 내가 제대로 살고 싶어 하지 않는 이유는 그럴 경우 엄마가 이기는 게 되기 때문일지도 모른다고 말했어요. 그게 무슨 뜻인지 몰랐는데, 이제는 알 것 같아요. 또는 알기 시작하고 있어요.

아무튼, 생일 축하해요.

로빈.

추신: 웹사이트 멋있네요.

리타는 고개를 들었다. 이걸 어떻게 받아들여야 할지 잘 모르겠다
는 표정이다. 자식들 모두를 깊이 걱정하는 그녀는 세 아들에게서
도 답장을 받고 싶다. 로빈은 아직 로저를 떠나지 않았다. 아들 한 명
은 아직도 중독 문제가 있고, 한 명은 '거짓 임신으로 아들과 결혼하
고는 사사건건 흠이나 잡는 고약한 여자'와 두 번째로 이혼했고, 학
습 장애 때문에 대학을 중퇴한 막내는 그저그런 일자리를 전전하고
있다. 리타는 도와주려 했지만 그들이 허락하지 않았고, 게다가 이제
리타가 아이들을 위해 뭘 할 수 있겠는가? 요청이 오면 금전적인 도
움을 주었지만, 그들이 원하는 건 그게 전부였다.

"아이들이 걱정돼요." 그녀는 말한다. "늘 걱정이 돼요."

"어쩌면," 내가 말한다. "그들을 걱정하는 대신 그들을 사랑할 수 있
지 않을까요. 당신이 할 수 있는 건 그들을 사랑할 방법을 찾는 것뿐
이에요. 당신이 그들에게 필요로 하는 게 아니라 그들이 당신에게서
필요로 하는 건 그거예요."

그녀의 자식들이 그녀의 편지를 받는 건 어떤 기분이었을까 생각
해본다. 리타는 그들에게 헬로 패밀리 아이들과의 관계에 대해 말하
고, 자신이 변했다는 것을 보여주면서 사랑스러운 엄마의 모습을 알
려주고 싶어 했다. 하지만 나는 당분간은 그 부분을 빼는 게 좋겠다
고 말했다. 그건 그들을 분노하게 만들 것 같았다.

"이건 시작이에요." 나는 그 편지에 대해 말한다.

결국 아들 두 명이 리타에게 연락을 했고 마이런을 만난다. 그들은 살면서 처음으로 믿음직하고 다정한 아버지 같은 존재와 관계를 형성하기 시작한다. 하지만 막내는 아직도 분노의 굴레를 벗어나지 못했다. 그녀의 자식들은 전부 소원하고 화가 나 있지만, 그래도 괜찮다. 최소한 이번에는. 로빈은 스튜디오 아파트를 구해서 이사를 나왔고 정신과 클리닉에서 사무직 일자리를 얻었다. 리타는 로빈에게 서부로 이사를 와서, 인간관계를 새로 구축하라고 권했지만 로빈은 자신의 심리 치료사(리타는 그가 사실은 로저일 거라고 의심한다)를 떠나고 싶지 않다. 아직까지는.

이상적이거나, 심지어 제기능을 하는 가정은 아니지만 그래도 가정은 가정이다. 리타는 그것을 한껏 누리면서도 자신이 바로잡을 수 없는 모든 것을 고통스럽게 떠올린다.

그리고 비록 리타의 일상이 마침내 충만해졌지만, 바쁜 와중에도 웹사이트에 몇 가지 아이템을 추가할 시간은 있다. 한 가지는 입구에 걸 수 있는 환영 팻말이다. 큼지막한 두 단어를 다양한 막대 인물들이 제각각의 자세로 감싸고 있는 모양이다. 그 팻말에는 이렇게 적혀 있다. '헬로, 패밀리!'

두 번째는 마이런의 딸을 위해 만든 프린트다. 원래는 리타가 책상 위 포스트잇에 써놓은 메시지였다. '실패는 인생의 일부다.' 선생님인 마이런의 딸이 학생들에게 넘어져도 다시 일어나는 정신을 가르치고 싶어서 제작을 부탁했다.

"어딘가에서 읽었던 문장 같아요." 그녀는 내게 말했다. "그런데 그게 어디였는지는 알 수가 없네요." 사실 그 말은 내가 언젠가 상담 시간에 그녀에게 해줬던 말이지만 상관없다. 정신 의학자인 어빈 얄롬은 '환자가 호전되고 우리가 한 말을 잊어버리는 것이 반대의 가능성(환자들의 보다 일반적인 선택), 즉 무슨 말이 오갔는지는 정확하게 기억하지만 변하지 않는 것보다 훨씬 낫다'고 말했다.

리타가 웹사이트에 추가한 세 번째 아이템은 백발의 두 몸이 뒤엉킨 모습을 담은 작은 프린트인데, 그 주변에는 만화 대사처럼 감탄사가 놓여 있다. '아야…… 내 허리! 천천히……. 내 심장!' 그리고 그 몸들 위에는 근사한 서체로 이렇게 적어놓았다. '늙어도 할 건 한다.'

그건 지금까지 그녀의 작품 중에 가장 잘 팔리는 베스트셀러다.

55. 굿바이 파티

이메일이 도착하고 내 손가락은 자판 위에서 얼어붙는다. 제목에는 '파티……. 검은색 옷을 입고 오세요!'라고 적혀 있다. 보낸 사람은 줄리의 남편인 매트이고, 나는 그 이메일을 오늘 상담이 모두 끝날 때까지 그대로 두기로 한다. 상담을 시작하기 직전에 줄리의 장례식 초대장을 열어보고 싶지는 않다.

마지막 환자가 떠나고 진료 기록을 천천히 적으며 이메일을 열어봐야 할 시간을 뒤로 미룬다. 초대장에는 '눈이 퉁퉁 붓도록 우는 굿바이 파티'에 와주기를, '장례식에서 누군가를 만나면 사랑과 삶이 얼마나 중요한지 항상 기억하고 사소한 것들에 연연하지 않을' 것이므로 싱글인 친구들은 이 모임을 기회로 삼길 바란다는 줄리의 글이 적혀 있다. 그리고 내 사무실에서 작성한 부고로 연결되는 링크도 걸어 놨다.

매트는 줄리가 내게 남겼다는 또 다른 메일을 보냈다. 거기에는 이렇게 적혀 있다. '나는 죽었으니까 본론으로 바로 들어갈게요. 내 굿 바이 파티에 오겠다고 말씀하셨죠. 오지 않으면 나는 바로 알 거예요. 내 여동생과 에일린 숙모 사이에 완충 역할을 해야 하는 거 기억하시죠, 왜 늘……. 뭐, 다 아는 내용이에요. 당신은 내 스토리를 다아니까.'

그리고 매트의 추신이 있다. '그 자리에 저희와 함께 해주세요.'

물론 나는 그곳에 있고 싶고, 잠재적인 문제의 소지들은 줄리에게 약속을 하기 전에 이미 고려했다. 모든 심리 치료사가 같은 선택을 하는 것은 아니다. 일부는 이를테면 과도한 개입이 선을 넘는 것일 수 있다고 우려한다. 그리고 몇몇 경우는 그게 사실일 수도 있지만, 인간의 상태를 다루는 직업인 심리 치료사가 환자의 죽음 앞에서 자신의 인간적인 부분을 따로 구획하길 기대하는 것도 이상한 것 같다. 그 환자가 살면서 만난 다른 직업군에게는 이런 기대가 적용되지 않는다. 줄리의 변호사, 지압사, 종양학과 전문의. 그들은 장례식에 가더라도 누구도 개의치 않는다. 그런데 심리 치료사만은 거리를 유지할 것을 기대받는다. 하지만 그들의 존재가 환자 가족들에게 위로가 된다면? 그리고 심리 치료사 본인에게도 위로가 된다면?

대부분의 경우 심리 치료사는 환자의 죽음을 혼자 애도한다. 줄리의 죽음에 대해 자문 그룹의 동료나 웬델 말고 내가 누구한테 얘기할 수 있을까? 그런데 그때조차 나만큼, 또는 그녀의 가족이나 친지만큼 그녀를 알았던 사람은 아무도 없다. 심리 치료사는 혼자 애도해야 할 처지다.

심지어 장례식에서도 비밀 유지의 문제를 고려해야 한다. 환자의 비밀을 보호해야 하는 의무는 죽음으로 끝나지 않는다. 예를 들어 남편이 자살했을 때 부인은 남편의 심리 치료사에게 전화를 걸지 모르지만, 심리 치료사는 서약을 어길 수 없다. 환자의 파일, 그와 나눴던 대화는 보호된다. 마찬가지로 환자의 장례식에 갔을 때 망자와의 사이를 묻는 질문을 받더라도 심리 치료사였다고 말할 수 없다. 이 문제는 줄리 같은 경우보다는 예기치 못한 죽음(자살, 약물 남용, 심장마비, 자동차 사고)에서 더 부각된다. 어쨌거나 심리 치료사로서 우리는 환자들과 문제를 상의하고, 줄리와는 내가 장례식에 참석하길 원하는 그녀의 바람에 대해 얘기를 나눴다.

"끝까지 함께 있어주기로 약속했잖아요." 죽기 한 달쯤 전에 그녀는 씩 웃으며 말했다. "내 장례식에서 나를 배신하진 않겠죠?"

마지막 몇 주를 남겨 놨을 때는 가족과 친구들에게 어떻게 작별 인사를 하고 싶은지에 대해 이야기했다. 그들에게 무엇을 남기고 싶은지. 그들이 그녀에게는 무엇을 남겨주길 원하는지.

모든 걸 바꿔놓는 임종 고백 이야기가 아니었다. 그건 대체로 환상이다. 사람들은 평온과 명료함, 이해와 치유를 얻으려 하지만, 임종의 순간에는 온갖 약 기운과 두려움, 혼란, 나약함이 뒤섞일 때가 많다. 바로 지금 내가 되고자 하는 사람이 되고, 가능할 때 마음을 더 활짝 여는 것이 특히 중요한 이유다. 너무 오래 기다리면 많은 것이 해소되지 않은 채로 남게 될 것이다. 여러 해 동안 마음을 정하지 못하고 미루다가 마침내 생물학적 아버지에게 연락을 했는데, 그 아버지가 혼수상태가 되어 살날이 일주일밖에 남지 않았다는 소식을 듣고 황망해했던 어느 환자가 기억난다.

우리는 또한 그 마지막 순간에 지나친 방점을 찍으며 이전의 모든 것을 밀어내게 만든다. 어떤 환자는 대화 도중에 아내가 쓰러져서 숨을 거뒀다. 빨래를 나눠 하는 문제를 놓고 논쟁을 하던 중이었다. "아내는 나한테 화를 내다가 죽었어요. 나를 모지리라고 생각하면서." 사실 두 사람은 서로를 깊이 사랑하며 결혼 생활을 유지했다. 그런데 이 말다툼이 마지막 대화로 각인되면서 별다른 의미가 없음에도 불구하고 의미를 갖게 된 것이다.

줄리는 마지막이 다가올수록 상담 중에 잠이 드는 경우가 잦아졌는데, 그건 죽음의 최종 리허설처럼 느껴졌다. 그녀는 혼자가 된다는 공포심 없이 고요 속에 있는 느낌을 '체험하고' 있었다.

"가장 힘든 건 언제나 '거의' 아닌가요?" 어느 날 오후에 그녀는 말했다. "거의 어떻게 할 뻔했던 것. 아이를 거의 가질 뻔했던 것. CT가 거의 깨끗할 뻔했던 것. 암이 거의 재발하지 않을 뻔했던 것." 목표에 거의 근접했다가 성취하지 못하는 것은 애초에 그럴 기회조차 없었던 것보다 더 고통스러울지 모른다.

조용한 상담이라는 호사를 누리는 동안 줄리는 집에서 죽고 싶다고 말했고, 마지막 몇 번은 내가 집으로 그녀를 보러 갔다. 그녀는 사랑하는 사람들의 사진으로 에워싼 침대에서 보드게임을 하고 TV를 보고 좋아하는 음악을 듣고 방문객을 맞았다.

하지만 결국에는 그런 즐거움을 누리는 것조차 힘들어졌다. 줄리는 가족들에게 말했다. "나는 살고 싶지만 이런 식으로 살고 싶지는 않아요." 그들은 그게 식음을 중단하겠다는 뜻이라는 걸 이해했다.

어차피 이미 거의 먹지 못하는 상태였다. 그녀가 남은 삶이 지속하기에 충분한 삶이 아니라고 결정하자 그녀의 몸은 자연스럽게 호응했다. 그녀는 며칠 만에 세상을 떠났다.

줄리는 마지막 상담을 '대단원의 막'이라고 불렀지만, 심오한 대단원 같은 건 없었다. 그녀가 내게 마지막으로 한 얘기는 스테이크에 대한 것이었다. "아유, 스테이크 한 점만 먹었으면 소원이 없겠네!" 그녀는 말했지만 목소리에 힘이 없어서 거의 들리지 않는 수준이었다. "어디를 갈지 몰라도 거기에 스테이크가 있어야 할 텐데." 그러고는 잠이 들었다. 여느 상담들과 다르지 않은 끝이었고, '시간이 다 됐'어도 여운이 오래 남았다. 최고의 작별은 언제나 뭔가 더 할 말이 남은 느낌이 들기 마련이다.

예상치 않았던 것도 아닌데, 나는 줄리의 장례식 파티에 참석한 사람들의 규모에 놀란다. 삶의 모든 굽이마다 그녀와 함께 했던 수백 명이 한 자리에 모였다. 어린 시절 친구, 여름 캠프 친구, 마라톤 친구, 북클럽 친구, 대학 친구, 대학원 친구, 직장 동료(대학과 트레이더 조스), 그녀의 부모, 친가와 외가의 조부모, 매트의 부모, 양쪽의 형제들. 그룹마다 돌아가며 자리에서 일어나 줄리에 대해 이야기하고 그녀가 어떤 사람이었으며 자신들에게 어떤 의미였는지 말한다.

매트의 차례가 되자 모두가 조용해지고, 맨 뒷줄에 앉아 있던 나는 아이스티와 냅킨을 내려다본다. '이건 나의 파티이고 울고 싶으면 울어요!' 냅킨에는 이렇게 적혀 있다. 들어오는 입구에는 '나는 여전히 안 선택할 거야'라고 적힌 커다란 현수막이 걸려 있었다.

매트는 이야기를 시작하기까지 마음을 가다듬는 데 시간이 걸린다. 그는 마침내 입을 열고, 줄리가 자신이 떠난 뒤에 보라며 책을 한 권 써주고 '가장 짧고 가장 긴 로맨스: 사랑과 상실의 서사시'라는 제목을 붙였다고 말한다. 여기서 그는 울컥했다가 천천히 평정심을 되찾고 이야기를 이어간다.

그는 이야기(그들의 이야기)의 끝 무렵에 줄리가 책의 한 장을 할애해서 매트의 인생에 늘 사랑이 함께하길 원한다는 바람을 담아놓은 것을 보고 놀랐다고 설명한다. 줄리는 이른바 '상심의 여자친구들', 그가 치유되는 동안 데이트하게 될 회복기의 여자친구들을 솔직하고 다정하게 대하라고 격려했다. 그들을 오해하게 만들지 말라고, 그녀는 적었다. '어쩌면 서로에게서 뭔가를 얻을 수 있을 거야.' 그러고는 매트가 사용할 매력적이고 유쾌한 데이트 프로필을 적어놓고는 다시 진지해졌다. 줄리는 매트가 영원히 함께하게 될 사람을 찾을 때 사용할 수 있을 만한 또 다른 데이트 프로필의 형식으로 가슴 시리도록 아름다운 연애편지를 썼다. 그의 버릇과 열정, 두 사람이 나눴던 뜨거운 섹스, 결혼으로 얻었던 (그리고 새로운 여자가 얻게 될) 그의 멋진 가족에 이어 그가 얼마나 훌륭한 아버지가 될지에 대해 썼다.

매트의 말이 끝났을 때 그곳에 모인 사람들은 울면서 동시에 웃었다. '누구나 살면서 한 번쯤은 운명 같은 사랑을 하지.' 줄리는 이렇게 마무리를 지었다. '내게는 우리의 사랑이 그랬어. 운이 좋다면 두 번도 가능할 거야. 당신이 또 한 번의 운명 같은 사랑을 하길 바라.'

매트는 줄리도 어디에 있든 사랑을 찾아야 공평할 거라고 말한다. 그런 취지에서 그도 그녀가 천국에서 사용할 데이트 프로필을 작성해봤다고 말한다.

여기저기서 웃음이 터지지만 좀 어색한 분위기다. '이건 조금 과하지 않나?' 하지만 그렇지 않다. 줄리는 바로 이런 걸 원했을 거라고 나는 생각한다. 거침없고 불편하지만 재미있고 슬프고, 머잖아 사람들은 모든 걸 내려놓고 웃으며 흐느낀다.

그는 줄리가 여러 가지 방법으로 죽음에 저항했지만 무엇보다 타인에게 '친절을 행하는 것'으로 이 세상을 자신이 왔을 때보다 더 나은 곳으로 만들어놓고 떠났다고 말한다. 사례를 일일이 나열하지는 않지만 나는 알고 있고, 그렇지 않더라도 그녀의 친절을 누린 사람들이 모두 그 추억을 이야기한다.

나는 줄리에게 약속을 지켰다는 게 기쁘고 어떤 환자에게서도 결코 알 수 없을 그녀의 면모(심리 치료실 밖에서의 삶)를 보게 되어 기쁘다. 1대 1로 만날 때 심리 치료사는 깊이를 얻지만 폭을 잃는다. 그림이 없는 글만 접하는 셈이다. 줄리의 생각과 감정을 가장 깊이 들여다 본 내부자였음에도 생전의 줄리를 알았던 낯선 사람들 속에서 나는 지금 외부자이다. 심리 치료사는 환자의 장례식에 참석하더라도 말을 섞지 말고 한쪽에 따로 떨어져 있어야 한다고들 한다. 그래서 그렇게 있다가 일어나려는데 한 부부가 친근하게 말을 걸어온다. 자신들은 5년 전에 줄리의 소개로 만나 결혼했다고 털어놓는다. 그들의 얘기에 미소를 짓고 자리를 뜨려는 나에게 부인이 묻는다. "그런데 줄리와는 어떻게 아시는 사이인가요?"

"친구였어요." 나는 비밀 유지 서약을 유념하며 이렇게 대답하지만, 말을 하는 순간 사실처럼 느껴진다는 걸 깨닫는다.

"제 생각을 하실 건가요?" 줄리는 다양한 수술을 받으러 가기 전에 이렇게 묻곤 했고, 나는 그때마다 늘 그러겠다고 대답했다. 나의 확답은 그녀의 마음을 달래주고 수술대에 오르는 불안감 속에서 중심을 잡을 수 있도록 도왔을 것이다.

하지만 시간이 흘러 줄리의 죽음이 기정사실이 되었을 때, 그 질문은 또 다른 의미를 갖게 되었다. '저의 일부가 당신 안에서 살아 있을까요?'

줄리는 얼마 전에 매트에게 그를 남겨두고 죽는 게 가슴 아프다고 말했고, 다음 날 그는 그녀에게 「시크릿 가든」이라는 뮤지컬의 노래 가사를 적어주었다. 그 뮤지컬에서 사랑하는 아내의 유령은 슬픔에 잠긴 남편에게 자신을 용서할 수 있는지, 그의 가슴에 자신을 담아줄 수 있는지, '이제 우리가 떨어져 있지만 / 나를 사랑할 새로운 방법을 찾을 수 있는지' 묻는다. 매트는 그 가사 밑에 '물론'이라고 적었다. 그는 사람들이 사라진다고 믿지 않으며, 우리 안의 뭔가는 영원히 살아남는다고 덧붙였다.

오랜 세월이 흘렀지만 나는 여전히 그녀를 생각한다.

나는 침묵 속에서 그녀를 가장 많이 떠올린다.

56. 행복은 이따금

"솔직하게, 툭 터놓고. 나를 또라이라고 생각해요?" 존은 우리의 점심이 담긴 봉투를 내려놓으며 묻는다. 오늘 그는 로지를 데려왔다. 대니는 아프고 마고는 출장중이다. 로지는 존의 무릎에 앉아 음식 봉투에 코를 대고 킁킁거린다. 존의 눈은 나를 바라보고, 로지의 구슬 같은 눈도 마치 대답을 기다리는 것처럼 나를 향한다.

기습 공격 같은 질문이다. 그렇다고 대답하면 존에게 상처가 될 텐데, 그건 내가 제일 원치 않는 것이다. 아니라고 대답하면 그 행동을 인식하도록 돕는 대신 그냥 눈감아주는 게 된다. 내가 두 번째로 원치 않는 건 존의 예스맨이 되는 것이다. 그 질문을 그에게 고스란히 되돌려줄 수도 있다. '당신은 스스로를 또라이라고 생각해요?' 하지만 내가 더 관심이 가는 건 따로 있다. 그는 왜 이런 질문을, 왜 지금, 하는 걸까?

존은 운동화를 벗지만 소파에 책상다리를 하고 앉는 대신 팔꿈치를 무릎에 대고 몸을 앞으로 숙인다. 로지는 훌쩍 뛰어내리더니 바닥에 자리를 잡고 존을 올려다본다. 그는 로지에게 간식을 준다. "착하지, 우리 예쁜 공주님." 개를 다정하게 어른다.

"어이없겠지만," 그가 다시 나를 쳐다보며 말한다. "며칠 전 밤에 내가, 음, 마고한테 유감스러운 발언을 했어요. 그녀의 심리 치료사가 커플 심리 치료를 권했다고 하기에, 내가 당신의 멍청이 심리 치료사 제안을 신뢰할 이유는 없으니까 내 심리 치료사의 추천을 받고 싶다고 말했죠. 말하는 순간 아차 싶었지만, 이미 때는 늦었고 마고는 화를 냈어요. '멍청이라고? 내 심리 치료사가?' 그리고 그녀가 말하길, 만약 내 심리 치료사가 내가 또라이인걸 모른다면 그야말로 멍청이일 거라더군요. 나는 그녀의 심리 치료사를 멍청이라고 부른 걸 사과했고, 아내도 나를 또라이라고 한 것에 대해 사과했어요. 그런 다음에 둘이서 웃기 시작했는데 그렇게 함께 웃어본 게 얼마만인지 기억도 나지 않았죠. 우리는 웃음을 멈출 수가 없었고, 그 소리를 듣고 달려온 딸들이 우리를 마치 정신나간 사람처럼 쳐다봤어요. '뭐가 그렇게 웃겨?' 아이들이 계속 물었지만 뭐라고 설명할 수가 없었어요. 뭐가 그렇게 웃긴지 우리도 몰랐거든요.

결국 딸들도 웃기 시작했고, 우리는 웃음을 멈출 수 없다는 사실이 웃겨서 다 함께 웃었어요. 루비가 바닥에 누워서 구르기 시작해서 그레이스가 따라했고, 마고와 나도 같이 바닥에 누워서 넷이 함께 침실 바닥을 굴러다니며 웃어댔어요. 그러면서 생각했어요. '빌어먹을, 정말 사랑해'라고요."

그는 잠시 그 생각에 빠져 있다가 말을 잇는다.

"오랜만에 더없이 행복한 기분이었어요. 그리고 있잖아요, 마고와 나는 그런 다음에 정말로 아주 좋은 밤을 보냈어요. 우리 사이에 늘 있었던 긴장감이 많이 사라졌어요." 존은 그 기억을 떠올리며 미소를 짓는다. "그런데 그러다가, 어떻게 된 건지 모르겠어요. 요즘엔 잠을 훨씬 잘 잤었는데, 그날 밤에는 몇 시간이나 깬 채로 그 말에 대해 생각했어요. 그걸 머릿속에서 지워버릴 수가 없었는데, 당신이 나를 또라이라고 생각하지 않는다는 걸 알기 때문이죠. 내 말은, 당신은 분명히 나를 좋아하잖아요? 그러다가 또 생각했죠. '잠깐, 마고의 말이 옳은 거면 어떻게 하지? 내가 또라이인데 당신이 그걸 알아차리지 못하는 거라면?' 그렇다면 당신은 정말로 멍청이 심리 치료사인 거잖아요. 그러니까 어느 쪽이에요? 내가 또라이예요, 당신이 멍청이예요?"

'이건 함정이다.' 나는 생각한다. '그를 또라이라고 하지 않으면 내가 멍청이가 되는 거잖아.'

줄리가 고등학교 졸업 앨범에 적었다는 글귀가 떠오른다. '나는 안 선택할래.'

"어쩌면 제3의 가능성이 있겠죠." 내가 운을 떠본다.

"나는 진실을 원해요." 그는 완강하다. 언젠가 한 선생님은 심리 치료에서는 변화가 '점진적으로, 그러다가 갑자기' 일어난다고 말했는데, 존의 경우가 그런 것 같다. 존이 침대에서 잠을 못 이루고 뒤척이는 모습을 상상해본다. 모두가 멍청이라고 생각했던 어설픈 가설은 무너졌고, 그에겐 이제 잔해만 남은 느낌이다. '나는 또라이야. 나는 다른 누구보다 나을 게 없어. 특별하다고? 엄마가 틀렸던 거야.'

하지만 이것도 진실은 아니다. 그것은 자기애적 방어 기제가 과잉 교정의 형태로 무너진 것뿐이다. '나는 좋고 너는 나쁘다'는 믿음은 이제 뒤집어져서 '너는 좋고 나는 나쁘다'가 되었다. 어느 쪽도 옳지 않다.

"내가 보는 진실은 내가 멍청이거나 당신이 또라이거나가 아니에요. 이따금 당신이 스스로를 보호하기 위해 그런 것처럼 행동한다는 거예요." 나는 솔직히 말한다.

존의 반응을 보아하니, 숨을 들이마시고 뭔가 경박한 말을 하려다가 삼키는 것처럼 보인다. 그는 잠시 가만히 앉아서 잠든 로지를 내려다본다.

"네." 그가 말한다. "나는 또라이처럼 굴죠." 그러다가 미소를 지으며 덧붙인다. "이따금."

최근에 존과 나는 이따금이라는 말의 아름다움에 대해 얘기를 나눴다. 그 말이 우리를 얼마나 공평하게 만드는지에 대해, 스펙트럼의 양 끝에서 필사적으로 발버둥치는 것이 아니라 안락한 중간에 머물게 하는지에 대해. 그것은 흑백 사고를 벗어나도록 도와준다. 결혼 생활과 일로 인한 중압감에 시달리면서도 존은 다시 행복해질 때가 올 거라고 생각했다. 그런데 게이브가 죽으면서 다시는 행복해질 수 없다고 생각하게 되었다. 이제 그는 그것이 양자택일의 문제, 네 아니오의 문제, 항상 혹은 절대의 문제가 아니라고 느끼게 되었다고 말한다.

"어쩌면 행복은 이따금이예요." 그는 소파에 등을 기대며 말한다. 이 생각은 그에게 안도감을 준다. "커플 심리 치료를 받아보는 것도 나쁘지 않겠다는 생각이 들어요." 존은 웬델이 추천했다는 사람을 언급하며 덧붙인다. 마고와 존은 게이브가 죽은 후에 커플 심리 치료를 몇 번 받았다. 하지만 둘 다 서로에게 그리고 스스로에게 너무도 화가 난 상태여서, 심리 치료사가 사고의 책임이 음주 운전자에게 있다는 경찰 보고서를 거론했을 때조차 존은 '무의미한 사후 분석'에 흥미가 없었다. 마고가 심리 치료를 원한다면 존은 불만이 없었다. 그러나 그로선 매주 한 시간씩 고문을 연장하는 이유를 알 수 없었다.

그는 이미 너무 많은 것(어머니, 아들, 어쩌면 심지어 자기 자신)을 잃었다. 그리고 너무 늦기 전에 마고를 지키는 싸움을 하고 싶다. 이것이 그가 이제 커플 심리 치료에 동의하는 이유다.

같은 맥락에서, 최근 존과 마고는 게이브에 대해 이야기하기 시작했고(주저하며, 조심스럽게), 그밖에 여러 가지 것들에 대해서도 이야기한다. 그들은 삶의 이 시점에서 자신이 누구인지 배우고 있다. 또 전진한다는 게 어떤 의미인지 배우고 있다. 결론이 무엇이든, 아마도 커플 심리 치료가 도움이 될 거라고 존은 생각한다.

"하지만 그가 멍청이라면," 존의 말을 내가 재빨리 막는다.

"그런 식으로 느끼기 시작한다면 더 많은 정보를 얻을 때까지 기다리라고 말해주고 싶네요. 그 심리 치료사가 실력 있는 사람이라면 상담 과정에서 당신은 불편함을 느낄지도 모르고, 그 불편함에 대해서는 여기서 얘기할 수 있어요. 결정을 내리기 전에 그걸 함께 이해해보기로 해요." 내가 웬델을 의심했을 때, 나의 불편함을 그에게 투사했을 때를 생각한다. 그가 처음 내 상실에 대해 말했을 때 무슨 꿍꿍이인지 궁금했던 기억이 난다. 가끔은 그가 진부하다고 생각했고, 능력에 의심을 품었던 것도 기억난다.

어쩌면 누구나 어떤 문제를 해결하려면 의심하고, 욕을 하고, 의문을 가질 필요가 있는지도 모른다.

존은 최근에 밤에 잠이 오지 않을 때 어린 시절에 대해 생각하기 시작했다고 말한다. 어렸을 때부터 의사가 되고 싶었는데, 집안 형편이 그만큼 여유롭지 않았다고 했다.

"몰랐네요." 내가 말한다. "어떤 의사요?"

존은 빤한 걸 묻는다는 투로 나를 쳐다본다. "정신과 의사요." 그가 말한다.

존이 정신과 의사라니! 존이 환자를 보는 모습을 그려보려 한다. '당신의 장모가 그렇게 말했다고요? 그런 멍청이가 있나!'

"왜 정신과 의사죠?"

존이 눈동자를 굴린다. "왜냐면 엄마가 돌아가셨을 때 내가 어렸으니까. 당연하잖아요. 그리고 나는 엄마나 나 자신, 아니면 뭔가를 구원하고 싶었으니까." 그가 말을 잠시 멈춘다. "외과 의사가 되기에는 너무 게을렀고요."

여전히 농담으로 자기 약점을 가리기는 하지만 그래도 그의 자각은 놀랍다.

아무튼, 그는 학자금 지원을 기대하고 의대에 지원했다. 상환해야 할 융자금이 엄청나겠지만 의사 월급이면 금세 갚을 수 있을 거라고 생각했다. 학부에서 생물학을 전공한 그는 등록금을 벌기 위해 일주일에 20시간씩 일해야 했기 때문에 학점이 썩 좋지 않았다. 아무래도 밤 새워 공부하고 최고의 성적을 다투는 의예과의 공부벌레들만큼은 아니었다.

어쨌든 그는 여러 학교에 면접을 봤다. 그런데 번번이 면접관은 그의 에세이가 대단하다고 은연중에 비웃었고, 나쁘지는 않지만 뛰어나지도 않은 학점을 거론하면서 그의 기대를 깎아내렸다. "자네는 작가가 되어야겠어!" 이렇게 말한 면접관이 한두 명이 아니었는데, 농담 반 진담 반이었다. 존은 화가 났다. 지원서를 읽고도 그가 일을 병행하면서 의예과 수업을 들은 걸 못 봤단 말인가? 그것만으로도 그의 열정과 성실함을 알 수 있지 않나? 난관을 돌파하는 그의 능력을? 수많은 B와 그 빌어먹을 C마이너스 하나가 그의 학업 능력을 말해주는 지표가 아니라, 공부할 시간이 충분치 않았다는 사실을 말해준다는 걸 왜 모른단 말인가?

어쨌든 의대에 합격했지만, 생계를 유지할 만큼 충분한 장학금을 받지는 못했다. 의대에서는 학부 때처럼 일을 병행할 수 없다는 걸 알았기 때문에 입학을 포기했고, 텔레비전 앞에 앉아 미래를 절망했다. 그때, 한 가지 아이디어가 떠올랐다.

'이런 허접한 드라마는 나도 쓸 수 있어.' 그는 생각했다.

그 즉시 존은 시나리오 작법 책을 하나 사 본 후에 에피소드 한 편을 후다닥 썼다. 그걸 전화번호부에서 찾은 에이전트에게 보냈고, 어느 드라마의 스태프 작가로 고용되었다. 그 드라마는 '형편없는 쓰레기'였지만, 그의 계획은 3년간 작가 일을 해서 모든 돈으로 의대를 가는 거였다. 그런데 1년 뒤에 그는 훨씬 나은 드라마에 투입되었고, 이듬해에는 히트 드라마를 쓰고 있었다. 그가 의대를 졸업할 수 있을 만큼 돈을 모았을 때, 존의 아파트 진열장에는 에미상 트로피가 놓여 있었다. 그는 재도전하지 않기로 결심했다. 이제 와서 학교에 들어가서 뭘 어쩐단 말인가? 게다가 그는 돈을, 할리우드에 넘쳐나는 정신 나간 돈을 벌고 싶었다. 그래서 장래에 자신의 아이들은 자신과 같은 선택을 하지 않도록 해주고 싶었다. 그는 이제 딸들이 의대를 몇 번은 다녀도 될 만큼의 돈이 있다고 말한다.

존은 팔을 쭉 뻗고 다리 위치를 바꾼다. 시상식장에서 드라마 스태프들과 함께 연단에 섰을 때 그는 이런 생각을 했다고 했다. '하! 이 것 좀 봐라, 머저리들아! 나한테 보냈던 거절 편지는 너네 똥구멍에나 쑤셔 넣으라고! 나는 빌어먹을 에미상을 탔으니까!'

해마다 더 많은 상을 받으면서 존은 비틀린 만족감을 느끼곤 했다. 그는 자기 실력이 충분치 않다고 믿었던 사람들을 떠올렸다. 그리고 이제 그의 사무실엔 에미상 트로피가 즐비하고, 은행 계좌에는 현금이 넘쳐나고, 두둑한 은퇴 연금도 준비된 지금, 그는 이렇게 생각하곤 한다. '그들은 내게서 아무것도 빼앗아갈 수 없어.'

나는 '그들'이 그의 어머니를 빼앗아간 것일까 하고 생각한다.

"그들이 누군가요?" 내가 묻는다.

"빌어먹을 의대 면접관들이죠." 그는 말한다. 그의 성공을 견인한 힘이 열정만큼이나 복수심이라는 건 분명하다. 그리고 지금의 그에게 '그들'은 누구일지 궁금하다. 비록 실제로는 아무도 지켜보고 있지 않더라도, 대부분의 사람들에게는 관객으로서 '그들'이 있다. 그들은 우리의 허울에, 우리가 펼치는 쇼에 관심이 없다. 그에게 그 사람들은 누굴까?

"아유, 안 그래요." 그가 말한다. "다들 우리가 벌이는 쇼에 관심이 있다니까요."

"나도 그렇다고 생각해요?"

존이 한숨을 쉰다. "당신은 내 심리 치료사잖아요."

나는 어깨를 들썩한다. '그래서 어쨌다고?'

존이 소파에서 편안한 자세를 취한다.

"가족들과 함께 마룻바닥을 뒹굴 때," 그가 말한다. "정말 이상한 생각이 들었어요. 당신이 우리를 볼 수 있으면 좋겠다고 생각했거든요. 그 순간의 나는 당신이 모르는 사람일 것 같았거든요. 왜냐면, 여기서는 순전히 비관적이고 어두운 얘기뿐이잖아요. 그런데 오늘 여기로 운전해서 오는 동안 문득 그런 생각이 들었죠. '어쩌면 그녀는 알지도 몰라'라고요. 어쩌면 당신은, 뭐랄까 심리 치료사의 육감 같은 게 있는지도 모르겠다고 생각했어요. 왜냐하면 아무튼 당신은 나를 파악한 것 같거든요. 우쭐대길 바라진 않지만, 내 인생에서 나라는 인간에 가장 가까운 그림을 가진 사람이 당신이라는 생각이 들었다는 거예요."

나는 너무 감동해서 말을 할 수가 없다. 그렇게 느낀 것에 그치지 않고, 그 느낌을 기꺼이 내게 말해줬다는 점이 얼마나 감동적인지 말하고 싶다. 그때 존이 끼어든다. "아유, 제발. 내 앞에서 울지 좀 말라니까."

그 말에 웃음이 터진다. 존도 킬킬거리고 웃는다. 나는 조금 전에 목이 메어서 못했던 말을 한다. 그리고 이제 존의 눈에도 눈물이 고인다.

예전에 존이 마고가 늘 운다는 말을 했을 때 나는 마고가 두 사람 몫의 눈물을 흘리고 있다는 얘기를 했다. 그러니까 마고가 울게 놔두고, 본인에게도 눈물을 허용해보라고 권했다. 존은 마고에게 눈물을 보일 준비가 되진 않았다. 아직은 아니다. 하지만 내게 보여준 모습으로 볼 때, 그들의 커플 심리 치료에 희망을 가져도 될 것 같다.

존은 자기 눈물을 가리키며 말한다. "보여요? 내 빌어먹을 인간미."

"어마어마하네요." 내가 말한다.

우리는 끝내 샐러드 봉투를 열지 않았다. 우리 사이에 더 이상 음식은 필요하지 않다.

몇 주 뒤에 나는 집의 소파에 앉아 어린아이처럼 울고 있다. 존의 드라마를 보는 중인데, 한결 부드러워진 소시오패스 주인공이 형(몇 주 전까지만 해도 있는지조차 몰랐던 인물)에게 얘기를 하고 있다. 주인공과 그의 형은 관계가 소원했던 것으로 보이고, 시청자들은 회상 장면을 통해 그 이유를 알게 된다. 형은 자기 아들의 죽음을 주인공 탓으로 돌린다.

가슴이 미어지는 장면이다. 나는 정신과 의사가 되고 싶었다는 그의 말을 떠올린다. 절절한 고통을 파악하는 능력이 그를 그렇게 대단한 작가로 만든 힘은 아닐까? 그건 어머니의 죽음, 그리고 게이브의 죽음이 안겨준 고통의 선물일까? 아니면 그들이 살아 있을 때 함께 나눴던 관계에서 비롯된 것일까?

획득과 상실, 상실과 획득. 어느 쪽이 먼저일까?

57. 웬델

"당신을 웬델이라고 부르고 있어요." 나는 나의 심리 치료사에게 이렇게 말했다. 여기서 고백하자면 그의 진짜 이름은 웬델이 아니다.

상담 시간에 나는 그에게 밝혔다. 다시 글쓰기를 시작했고, 일종의 책을 집필하는 중인데, 당신, 그러니까 '웬델'이라고 이름 붙인 내 심리 치료사가 중요한 역할을 맡고 있다고.

계획했던 건 아니라고, 나는 설명한다. 일주일 전에 중력 같은 힘에 이끌려 책상 앞으로 간 나는 노트북을 켜고 봇물이라도 터진 것처럼 몇 시간 동안 글을 썼다. 다시 나 자신이 된 느낌이었지만 조금 달랐다. 더 자유롭고 더 느긋하고 더 살아 있는 기분이었다. 심리학자인 미하이 칙센트미하이가 말한 일종의 '몰입'을 경험한 것 같다. 하품이 나기 시작한 후에야 책상에서 일어나 시간을 확인하고 침대에 누웠다.

다음 날 아침에 상쾌한 기분으로 일어났고, 밤에는 신비로운 힘이 또 다시 나를 노트북 앞으로 이끌었다. 나는 정신과 의사가 되고 싶었다는 존의 계획을 생각했다. 자신의 생각과 감정 깊숙한 곳에 들어가는 것은 많은 사람들에게 어두운 골목에 들어가는 것과 같다. 그들은 그곳에 혼자 들어가고 싶어 하지 않는다. 그래서 누군가 같이 들어갈 사람을 찾아 심리 치료를 받으러 오는데, 사람들이 존의 드라마를 보는 것도 비슷한 이유에서다. 자신과 비슷한 누군가가 화면 속에서 삶을 그럭저럭 헤쳐나가는 모습을 보면 혼자라는 느낌이 덜해진다. 어쩌면 존은 그런 식으로 많은 사람에게 정신과 의사 노릇을 하고 있는 것인지도 모른다. 그리고 자신의 상실을 드라마 소재로 사용한 그의 용기가 글을 쓰도록 나를 자극했는지 모른다.

일주일 동안 나는 이별, 나의 심리 치료사, 죽음이라는 필멸성, 삶을 책임지는 것에 대한 두려움, 그리고 치유를 위해 그 두려움에 맞서야만 하는 필요에 대한 글을 썼다. 쓸모없어진 이야기들과 거짓 서사들, 과거와 미래가 현재에 스며들고 가끔은 아예 현재를 가려버리는 현상에 대해 썼다. 붙드는 것과 놓아주는 것, 자유가 바로 앞이 아니라 그야말로 우리의 마음속에 있을 때조차 감옥의 창살을 돌아나가는 것이 얼마나 힘든지에 대해 썼다. 외부 환경과 상관없이 자신의 삶을 선택할 수 있음에 대해 썼고, 무슨 일이 있었든, 무엇을 잃었든, 나이가 어떻든 리타의 말처럼 끝날 때까지는 끝난 게 아님에 대해 썼다. 더 나은 삶을 열어줄 열쇠를 갖고 있으면서도, 가끔은 그 망할 것을 어디에 두었는지 몰라서 누가 보여줘야만 알 수 있음에 대해서도 썼다. 그 사람이 내게는 웬델이었고, 또 어떤 사람들에게는 나였을 수도 있다고 썼다.

"웬델이라……." 웬델은 발음을 점검하듯 이름을 되뇌본다.

"왜냐면 내가 여길 수요일에 오니까. 어쩌면 웬델과 함께 한 수요일이라고 제목을 붙일 수 있잖아요. 노랫말 같지 않아요? 하지만 책으로 내기엔 너무 개인적인 내용들이에요. 그냥 내가 읽으려는 거예요. 다시 글을 쓰니까 기분이 참 좋아요."

"그건 의미 있는 일이죠." 그는 우리가 전에 나눴던 대화를 언급하며 말한다. 맞다. 내가 행복 책을 쓸 수 없었던 이유는 사실은 내가 행복을 쫓고 있지 않았기 때문이다. 나는 의미를 찾고 있었다. 의미에는 성취감이, 그리고 물론 때로 행복이 뒤따른다. 출판 계약을 그렇게 오랫동안 파기할 수 없었던 이유는, 그럴 경우 목발('그 자녀 교육 책을 썼어야 하는데'라는 푸념)을 놔버려야 했기 때문이다. 심지어 계약을 파기한 후에도 원래의 책을 썼더라면 삶이 훨씬 수월했을 거라는 후회와 환상을 버리지 못했다. 리타처럼 나도 승리에 자리를 내주고 빛을 비추길 망설였다. 자유로워졌다는 생각보다는 실패했다는 생각에 여전히 더 골몰했다.

그러나 나는 또한 두 번째 기회를 얻었다. 웬델은 언젠가 이런 말을 했다. 사는 동안 우리는 다른 누구보다 우리 자신과 더 많은 얘기를 나누지만, 우리의 말이 늘 다정하거나 진실하거나 도움이 되는 건 아니라고. 심지어 존중하는 것도 아니라고 지적했다. 우리가 스스로에게 하는 말은 우리가 사랑하거나 아끼는 사람들에게는 결코 하지 않을 말들이 대부분이다. 심리 치료를 통해 우리는 머릿속의 그런 목소리에 주의를 기울여서 자기 자신과 더 잘 소통하는 법을 배운다.

그래서 오늘 웬델이 '그건 의미 있는 일'이라고 말했을 때, 나는 그가 말한 '그것'에 우리가 함께한 시간에 대한 언급도 들어 있다는 것을 안다. 심리 치료가 설명을 듣기 위한 것이라고 생각하는 사람이 많다. 남자친구가 왜 떠났는지, 또는 왜 이렇게 우울해졌는지. 하지만 심리 치료를 받는 진정한 이유는 그 경험, 일주일에 한 시간씩 장기간에 걸쳐 두 사람 사이에 만들어지는 뭔가 독특한 그 경험을 위해서다. 내가 다른 방식으로 의미를 찾을 수 있게 해준 것이 이 경험의 의미였다.

몇 달이 지나서야 나는 늦은 밤의 글쓰기를 진짜 책으로 만들어서, 내 경험을 통해 다른 사람들도 삶에서 의미를 찾도록 돕자고 결심하게 된다. 그리고 일단 이런 식으로 나 자신을 드러낼 결심을 하자 그런 결과물이 나타나게 된다. 바로 여러분이 지금 읽고 있는 책이다.

"웬델," 그가 다시 한 번 이름을 읊어본다. "마음에 들어요."

"난 춤 출 준비됐어요." 몇 주 전에 나는 웬델에게 이렇게 말해서 나뿐 아니라 그까지 놀라게 만들었다. 더 훨씬 전에 결혼식에 갔다가 몸이 말을 안 들어서, 다리에 힘이 없어서 춤을 못 췄다고 말한 적이 있다. 그때 웬델이 했던 말을 나는 내내 생각하고 있었다. 그는 내게 춤을 추자고 했는데, 그럼으로써 내게 도움을 청하는 것도 모험을 감수하는 것도 다 가능하다는 걸 보여주려 했다. 그리고 그건 그에게도 모험인 걸 나는 나중에 깨달았다. 심리 치료사들은 늘 환자를 대신해서 모험을 한다. 어떤 모험이 해가 되기보다 보탬이 될 거라고 믿으며 순간적으로 결정을 내리는 것이다. 심리 치료는 판에 박힌 과정이 아니고, 때로 고착 상태를 벗어날 방법은 심리 치료실 안에서 모험을 감수하는 것, 심리 치료사 자신이 몸소 안전 지대를 벗어나 시범을 보이는 것뿐이다.

"그러니까, 아직도 그 제안이 유효하다면요." 나는 덧붙인다. 웬델은 잠시 말이 없다. 나는 미소를 짓는다. 역할이 뒤바뀐 느낌이다.

"유효하죠." 웬델은 잠시 망설이더니 이렇게 말했다. "어떤 곡에 맞춰 추고 싶어요?"

"렛잇비 어때요?" 얼마 전에 연주했던 곡을 문득 떠올렸는데, 그게 춤을 추기에 적당한 음악은 아니라는 생각이 뒤따른다. 프린스나 비욘세의 곡으로 바꿀까 생각하는데, 웬델이 일어나서 책상 서랍에 있던 아이폰을 꺼내 음악을 튼다. 방안은 금세 유명한 도입부로 가득 찬다. 나는 일어나지만 조금 더 클럽 분위기가 나는 곡이 좋겠다고 말하면서 시간을 끈다.

'렛잇비, 렛잇비, 렛잇비, 렛잇비' 그때 노래의 코러스 부분이 흐르고 웬델은 헤비메탈 콘서트에 온 십대처럼 몸을 흔들면서 우스꽝스런 분위기를 연출한다. 나는 놀라서 그 모습을 쳐다본다. 버튼업 셔츠를 입은 웬델이 기타 치는 흉내까지 내고 있다.

노래는 2절의 절절하고 조용한 부분으로 넘어갔지만, 웬델은 여전히 헤비메탈 팬처럼 열심히 몸을 흔들고 있다. '인생은 완벽할 필요가 없어'라고 말하는 것 같다. 크고 마른 체구의 그가 방을 휘저으며 리듬을 타는 모습을 보며, 나도 머릿속에서 빠져나오려고 노력한다. 나도 그냥 '렛잇비'할 수 있을까?

코러스가 다시 시작되고, 나도 리듬을 타기 시작한다. 처음에는 겸연쩍어서 웃음이 나지만, 웬델은 더 미친 듯이 흔들어대고 나도 원을 그리며 빙글빙글 돈다. 그가 춤 교습을 받은 건 분명해 보였다. 뭔가 화려한 것을 하고 있어서가 아니라, 그저 자기 자신에 대해 완전히 편안함을 느끼는 것처럼 보였기 때문이다. 그리고 그가 옳았다. 나의 발 문제에도 불구하고 나는 어쨌거나 춤을 추러 나갈 필요가 있었다.

어느새 우리는 춤을 추며 함께 큰 소리로 노래를 부르고 있었다. 구름 낀 밤을 비추는 빛에 대해서. 노래방에라도 온 것처럼 목청껏 가사를 외치고, 절망에 빠져 허물어졌던 바로 그 방에서 나는 신나게 춤을 췄다.

'답이 있을 거야, 렛잇비.'

노래는 예상보다 빨리 끝났지만 뭔가 만족스러웠다.

얼마 전에 나는 웬델에게 심리 치료를 그만두는 것에 대해 생각해 보기 시작했다고 말했다. 1년이라는 시간 동안 너무나 많은 것이 달라졌다. 삶의 도전과 불확실성에 대처할 준비가 됐다는 느낌과 함께 내면도 더 평화로워진 느낌을 받았다. 그러나 아직 끝을 얘기할 시점은 아니라고 생각했다.

하지만 웬델이 아이폰을 서랍에 집어넣고 소파로 돌아올 때, 이제는 때가 적당해 보였다. 성경에는 대략 이런 뜻으로 해석되는 말이 나온다. '먼저 행하라. 그러면 이해할 것이다.' 가끔은 뭔가를 경험한 다음에야 그 의미가 비로소 분명해질 때도 있다. 구속하는 마음에서 벗어나는 것에 대해 이야기하는 것과 그렇게 구속하는 태도를 중단하는 것은 다르다. 말에서 행동으로의 전환, 그것의 자유로움이 나로 하여금 그 행동을 심리 치료실 밖으로, 내 삶 속으로 가져가고 싶게 만들었다.

나는 떠날 날짜를 정할 준비가 되었다.

58. 우리가 다시 만나지 않는다 해도

심리 치료의 가장 이상한 점은 그것이 마지막을 중심으로 구축된다는 점이다. 그것은 함께하는 시간이 한정적이라는 인식하에 시작되며, 성공적인 결과는 환자가 목표에 도달해서 떠나는 것이다. 목표는 환자마다 다르고, 심리 치료사는 그 목표를 알기 위해 환자와 얘기를 나눈다. 불안감을 줄이는 것? 관계가 매끄러워지는 것? 스스로에게 친절해지는 것? 종착점은 다 다르다.

마지막이 자연스럽게 느껴지는 경우가 최선이다. 뭔가 할 게 더 남았을지도 모르지만 어쨌든 충분하다는 느낌. 더 탄력적이고 더 유연하고 일상을 헤쳐나갈 능력이 생겼다는 느낌을 환자가 받는 것이다. 우리는 환자들이 스스로 묻는지도 몰랐던 질문을 깨닫도록 도와준다. 나는 누구인가? 나는 무엇을 원하는가? 나를 가로막고 있는 것은 무엇인가?

하지만 심리 치료는 또한 깊은 애착을 형성하다가 작별하는 과정이기도 하다.

환자들이 나중에 다시 찾아오면 심리 치료사들은 그 다음에 무슨 일이 벌어졌는지 알게 된다. 그렇지 않을 경우에는 짐작만 할 뿐이다. 그들은 어떻게 살고 있을까? 30대 후반에 커밍아웃하고 아내와 헤어진 오스틴은 잘 살고 있을까? 알츠하이머에 걸린 재닛의 남편은 아직 살아 있을까? 스테파니는 결혼 생활을 그대로 유지했을까? 끝나지 않은 스토리들이 너무나 많고, 생각나지만 두 번 다시 보지 못할 사람들이 너무나 많다.

"나를 기억할 건가요?" 줄리는 내게 물었지만 그 질문은 그녀의 상황에서만 독특한 게 아니었다.

그리고 오늘 나는 웬델에게 작별 인사를 한다. 우리는 이 작별에 대해 몇 주째 이야기해왔지만, 이제 당면한 일이 되었고, 나는 그에게 어떻게 감사를 표해야 할지 모른다. 인턴 시절에 나는 환자들이 얼마나 어려운 일을 했는지 일깨워주는 것이 도움이 된다고 배웠다.

'전부 당신이 한 일인 걸요.' 우리는 이렇게 말하곤 한다. '나는 그저 당신이 가는 길을 일러줬을 뿐이에요.' 그리고 어쨌든 그것이 진실이다. 그들이 전화기를 들어서 심리 치료를 받으러 가겠다고 결심했으며, 그런 다음 매주 문제들을 헤쳐온 것은 아무도 대신해줄 수 없는 일이다.

하지만 우리는 또 뭔가 다른 것도 배우는데, 수천 시간의 상담 경험을 쌓고서야 제대로 이해하게 되는 그것은 우리 역시 다른 사람과의 인연 속에서 성장한다는 것이다. 우리는 누구나 이렇게 말하는 타인의 목소리를 들을 필요가 있다. '나는 당신을 믿어요. 당신은 아직

보지 못했을지 모를 가능성이 내게는 보여요. 어떤 식으로든 뭔가 다른 일이 일어날 수 있다고 생각해요.' 심리 치료에서 우리는 말한다. '당신의 이야기를 수정해봅시다.'

초반에 내가 남자친구에 대해 이야기할 때, 내가 보기에 나는 무고한 피해자인 게 명백한 상황인데도 웬델은 이렇게 말했다. "당신은 내가 당신 의견에 동의해주기를 바라는군요." 나는 내 말에 동의해주기를 바라는 게 아니라(물론 그랬지만!) 다만 내가 경험하고 있는 충격을 민감하게 받아들여주길 원한다고 말했고, 그런 다음에는 구체적으로 그가 어떻게 해주기를 바라는지 얘기했다. 그러자 그는 내가 '심리 치료를 통제'하려 든다고 말했고, 상황을 입맛에 맞게 조정하려는 그런 시도가 남자친구로부터 불의의 일격을 당하는 데 일조했을지도 모른다고 말했다. 웬델은 내가 원하는 방식대로 심리 치료를 진행하고 싶어 하지 않았다. 웬델은 그런 식으로 내 시간을 허비하지 않겠다고 말했다. 그는 남자친구가 그랬던 것처럼 2년이 지난 후에 이렇게 말하고 싶어 하지 않았다. '미안해요, 나는 그럴 수 없어요.'

그 말을 하는 웬델이 좋은 동시에 싫었던 기억이 난다. 누군가로부터 내게 문제가 있다는 말을 들으면 방어적인 입장이 되면서도 이 사람이 있는 그대로를 말한다는 사실에 마음이 놓이는 것과 비슷하다. 그게 바로 심리 치료사들이 하는 섬세한 작업이다. 웬델과 나는 내 상심을 다루면서도 동시에 나 스스로를 가두고 있는 현실을 다뤘다. 우리는 그것을 함께 했다. 심리 치료는 공동의 노력을 기울일 때에만 효과를 거둘 수 있다.

아무도 당신을 구원해주지 않을 거라고, 웬델은 말했다. 웬델은 나를 구원하지 않았지만, 그는 내가 나를 구원할 수 있도록 도왔다.

그래서 내가 웬델에게 고마움을 표했을 때 그는 진부하게 그걸 거부하지 않는다.

그는 이렇게 말한다. "저도 즐거웠어요."

존은 좋은 연속극이란 에피소드 사이의 시간이 쉼표처럼 느껴져야 한다고 말했다. 우리의 상담도 마찬가지다. 사람들은 떠났다가 인생의 다른 고비를 맞아 다시 찾아온다. 그리고 그렇게 다시 돌아왔을 때 심리 치료사는 여전히 그곳에, 같은 의자에, 그들이 공유하는 이력을 전부 간직한 채 앉아 있다.

"우리는 여전히 이것을 쉼표라고 생각할 수 있어요." 웬델은 이렇게 대꾸하고는, 가장 하기 힘든 말을 덧붙인다. "설사 우리가 다시 만나지 않는다고 해도요."

나는 그가 의미하는 것을 정확하게 알기에 미소를 짓는다. 인생에서의 관계는 사실상, 설사 우리가 그 사람을 다시 만나지 않더라도 끝나는 게 아니다. 우리와 가까웠던 모든 사람은 우리의 내면 어딘가에 계속 살아 있다. 과거의 연인들, 부모님, 친구들, 살아 있거나 죽은 (상징적으로든, 진짜로든) 사람들, 그들은 모두 의식적으로든 아니든 추억을 이끌어낸다. 종종 그들은 우리 자신이나 다른 사람들과 어떻게 관계를 맺어야 하는지를 알려준다. 가끔은 머릿속으로 그들과 대화를 나눈다. 가끔은 꿈속에서 그들이 말을 건다.

몇 주 동안 나는 떠나는 것에 대한 꿈을 꿨다. 한 번은 웬델을 어떤 회의에서 만나는 걸 상상한다. 그는 내가 모르는 어떤 사람과 함께 서 있고, 그가 나를 봤는지는 확실하지 않다. 나는 우리 사이에 큰

거리감을 느낀다. 그러다가 그 일이 벌어진다. 그가 나를 건너다본다. 나는 고개를 끄덕인다. 그가 고개를 끄덕인다. 오직 나만이 볼 수 있는 미소가 슬쩍 번진다.

또 다른 꿈에서는 친구의 심리 치료실을 방문한다. 어떤 친구인지는 분명하지 않다. 내가 엘리베이터에서 내리는데 웬델이 사무실에서 나오는 게 보인다. 그는 그곳에 자문 그룹의 동료를 만나러 온 걸까? 어쩌면 심리 치료를 받으러 왔다가 가는 길일지도 모른다. 나는 그 생각에 사로잡힌다. 웬델의 심리 치료사! 여기 있는 심리 치료사들 가운데 한 명이 웬델의 심리 치료사라는 거야? 내 친구가 웬델의 심리 치료사일까? 어느 쪽이든, 그는 그것을 의식하지 않는다. "안녕하세요." 그는 나가는 길에 다정하게 말한다. "안녕하세요." 나는 안으로 들어가면서 말한다.

나는 이 꿈들이 무슨 의미인지 궁금하다. 심리 치료사로서 나 자신의 꿈을 이해할 수 없을 때는 민망하다. 나는 그 꿈을 웬델에게 얘기한다. 그도 그것이 무슨 의미인지 모른다. 우리는 여러 가지로 해석을 해본다. 두 명의 심리 치료사가 한 심리 치료사의 꿈을 분석한다. 우리는 내가 그 꿈속에서 어떤 느낌이었는지에 대해 이야기한다. 우리는 내가 지금 어떻게 느끼는지에 대해 이야기한다. 불안해하면서도 앞으로 나가는 것에 대해 흥분을 느낀다. 우리는 애착을 느끼면서 작별하는 것이 얼마나 어려울 수 있는지에 대해 이야기한다.

"그러면." 이제 웬델의 사무실에서 내가 말한다. "쉼표를 찍어야겠네요."

시간은 1분 정도가 남았고, 나는 그 시간을 온전히 만끽하며 기억하려고 노력한다. 웬델이 다리를 두 번 치고 일어나지만 여느 때처럼 '그럼 다음 주에 보자'는 말은 하지 않는다.

"안녕히." 나는 말한다.

"안녕히." 그는 이렇게 말하며 손을 내밀어 악수를 청한다.

나는 악수를 하고 돌아서서 독특한 의자와 흑백 사진들, 그리고 잔잔한 소리를 내는 소음기가 있는 대기실을 지나 건물 출구로 향한다. 내가 출구에 도착했을 때 한 여자가 거리에서 들어온다. 그녀는 전화기를 귀에 대고 다른 손으로 문을 당겨 연다.

"이제 끊어야겠어. 한 시간 있다가 다시 걸어도 될까?" 그녀가 전화기에 대고 말한다. 그럼 그렇지. 그녀는 웬델의 사무실로 향한다. 나는 그들이 무슨 얘기를 할지 궁금하다. 그들도 춤을 추게 될지 궁금하다.

쉼표가 얼마나 이어질지 궁금해하면서, 나는 우리의 대화를 생각한다. 밖으로 나온 나는 자동차를 향해 걸음을 재촉한다. 사무실에 가서 봐야 할 환자들, 나 같은 사람들이 생각난다. 신호등이 깜빡거리는 걸 보고 건너가려 서두르지만, 그러다가 살갗에 닿는 온기를 느끼고 태양을 바라본다. 햇볕을 받으며 세상을 바라본다.

사실, 나는 시간이 아주 많다.

감사의 말

상담 초기에 환자들에게 주변 사람들에 대해 묻는 건 그럴 만한 이유가 있다. 지금까지 수도 없이 얘기해왔고 앞으로도 계속해서 이야기하게 될 그 이유는, 우리가 타인과의 관계 속에서 성장하기 때문이다. 그런데 이 책이 완성되는 방식도 마찬가지였다. 그래서 감사해야 할 사람이 너무나 많다.

누구보다 먼저 부모님은 내가 하는 모든 활동의 토대이고, 두 분을 존경하는 내 마음은 한이 없다. 두 분은 올림픽 선수들보다도 더 열심히 스스로를 다그치며 살아오셨고, 내가 그 삶의 일부라는 사실이 영광스럽다. 이 지면에서 두 분의 이야기를 하면서 그런 느낌을 제대로 전달했기만을 바랄 뿐이다. 두 분은 내게 너무나 많은 것을 가르쳐주셨다.

웬델은 심지어(아니, 더구나) 나조차 그걸 볼 수 없었을 때 나의 네샤마를 알아봐주었다. 그를 만나게 된 것에 대한 내 심정은 그저 행운이라는 말로는 부족하다. 이 자리를 빌려 그에게 고마움을 전한다.

심리 치료는 오랫동안 연마한 기술을 포함하는 다면적인 과정이다. 나는 운이 좋게도 최고의 스승에게서 배울 수 있었다. 해럴드 영, 애스트리드 슈워츠, 로레인 로즈, 로리 카니, 그리고 리처드 던 등은 처음부터 나를 이끌어주었다. 로리 그레이프스는 현명한 멘토이자 너그러운 후원자였고, 상담하는 틈틈이 급하게 조언을 구할 때에도 늘 시간을 할애해주었다. 내가 참여한 자문 그룹은 환자뿐만 아니라 나 자신을 돌아보고 점검해야 했을 때 그 어려운 일을 해낼 수 있는 가장 든든한 공간이 되어주었다.

이 모든 걸 가능하게 만든 게일 로스는 나를 로렌 와인이라는 유능한 인물과 연결해주었는데, 여러 가지 이유에서 인연이라고 여겨졌던 그녀는 심리 치료사 밑에서 자란 덕분에 내가 책에 담아내고자 했던 것들을 정확하게 이해했다. '대화 속에서'라는 그녀의 말에서 영감을 얻은 덕분에 아이디어가 떠올랐고, 그녀는 작가들이 그저 꿈에서나 바랄 법한 열정으로 이 프로젝트를 이끌어주었다. 브루스 니콜스와 엘렌 아처는 격려를 아끼지 않았고, 각 단계마다 이 프로젝트를 후원하고 응원해주었다. 필라 가르시아-브라운은 그야말로 막후의 마법사였다. 일을 성사시키는 그녀의 능력과 효율성을 절반만이라도 가질 수 있었으면 좋겠다. HMH팀과 작업할 때는 이렇게 재주 많은 사람들이 어떻게 한 지붕 밑에 모여 있는지 믿을 수 없을 지경이었다. 로리 글레이저, 마리 고먼, 타린 로더, 라일라 메글리오, 리즈 앤더슨, 한나 할로, 리사 글로버, 데비 엥겔, 그리고 로렌 아이젠버그에게 무한한 감사를 전한다. 그들의 총명함과 창의성은 나를 놀라게 했다. 마사 케네디('커버를 멋지게 디자인해줘서 고마워요')와 아서 마운트('사무실 일러스트레이션 고맙습니다')는 책을 안팎으로 아름답게 만들어주었다.

트레이시 로 박사는 정확한 교정으로 나를 (그리고 독자들을) 무수한 문법 실수로부터 구해주는 데 그치지 않았다. 알고 보니 우리는 비슷한 경험을 많이 했고, 여백에 적어둔 그녀의 유쾌한 코멘트는 그 과정을 즐겁게 만들어주었다(나한테 그랬다는 뜻이다. 나의 느슨한 대명사 남용 때문에 그녀는 당장이라도 응급실 환자들에게 돌아가고 싶은 마음이었을지도 모른다). 다라 케이는 해외 판권 수출이라는 미로를 헤치고 나오는 데 도움을 주었고, 여기 로스앤젤레스에서는 CAA의 올리비아 블라우스타인과 미셸 위너가 최고의 전문성을 발휘했다.

스콧 스토셀은 앨리스 트로에 대해 처음 이야기하면서 '전설적'이라는 표현을 사용했는데, 그의 말은 정확했다. 명쾌하고 현명한 그녀의 지침은 과연 전설적이었다. 그녀는 나조차도 보지 못했던 내 삶과 환자들의 삶 사이의 연관성을 포착했고, 한밤중에도 이메일에 답장을 해주었으며, 탁월한 심리 치료사답게 예리한 질문으로 내가 한 걸음 더 깊이 들어갈 수 있게 했고, 처음에 의도했던 것보다 나 자신을 더 많이 드러내도록 격려했다. 다시 말해서, 책 전체에 앨리스의 손길이 안 닿은 곳이 없다.

초고가 무려 600페이지가 넘었을 땐 대단히 솔직하고 너그러운 일단의 영혼들이 자청해서 피드백을 주었다. 모두가 이 책의 수준을 극적으로 끌어올리는 데 일조했고, 삶의 좋은 기운을 나눠줄 수 있다면 이들에게 주고 싶다. 켈리 아우어바흐, 캐롤린 칼슨, 아만다 포티니, 사라 헤폴라, 데이비드 호크먼, 주디스 뉴먼, 브렛 파에젤, 케이트 필립스, 데이비드 렌신, 베서니 설트먼, 카일 스미스, 그리고 미벤 트라게저에게.

애넛 배런, 에이미 블룸, 태피 브로데서-애크너, 메건 다움, 레이첼 카우더-네일버프, 배리 네일버프, 페기 오렌스타인, 페이스 세일리, 조엘 스타인, 그리고 헤더 터전은 용기를 북돋고 실질적인 도움을 주는 한편 제목과 관련해서도 재미있는 아이디어를 제공했다. 또한 태피는 꼭 필요할 때마다 돌직구 같은 솔직함으로 나를 도와주었다. 이 방면에 정통한 짐 레빈은 중요한 순간에 용기를 주었고, 그의 격려를 들으면 세상을 다 얻은 듯했다. 에밀리 펄 킹슬리는 「네덜란드에 오신 것을 환영합니다」라는 그녀의 아름다운 에세이를 책에 인용하고 싶다고 했을 때 너그럽게 허락하며 나를 축복해주었다. 캐럴린 브론스타인은 듣고, 듣고, 또 들어주었다.

책을 쓸 때는 독자들의 의견을 접하기까지 오랜 시간이 필요하지만, 한 주에 한 번씩 쓰는 칼럼에서는 언제나 독자들과 함께할 수 있다. 내 심리 상담 칼럼의 독자들에게 무한한 감사를 전하며, 솔직한 사연을 보내주는 용감한 독자들과 그만큼 솔직한 대화를 나눌 기회를 주고 나를 믿어준 것에 대해 애틀랜틱의 제프리 골드버그, 스콧 스토셀, 케이트 줄리언, 에이드리언 라프랑스, 그리고 베카 로젠에게 감사한다. 모든 면에서 이상적 편집자라고 말할 수 있는 조 핀스커는 내가 조리 있게 글을 쓸 수 있게 도와주었고 덕분에 한결 나은 문장이 완성되었다. 이들과 함께 작업하는 건 언제나 즐겁다.

하지만 가장 고마운 사람은 내 가족이다. 웬델은 한 주에 한 번만 나를 보면 됐지만 너는 나를 늘 봐야 하니까. 너의 사랑과 응원, 그리고 이해는 나의 모든 것이야. '종합 선물 세트'처럼 내게 와준 잭에게 우리의 하루하루를 마법처럼 만들어주는 것에 대해, 상담 칼럼에 뭐라고 쓸지 도움말을 주고, 이 책의 제목을 정할 때 도와준 것에 대해 특히 고마움을 전한다. 심리 치료사인 엄마와 함께 사는 건 쉽지 않고, 작가인 엄마와 함께 사는 것도 쉬운 일이 아니다. 그런데 잭은 이 둘을 함께 감당해야 하는데도 놀랍도록 의연하게 대처하고 있다. 잭, 너는 의미라는 말에 의미를 부여하는 사람이고, 언제나 그랬듯이 나는 너를 '무한대에 무한대를 더한 것만큼' 사랑한단다.

옮긴이 강수정
연세대를 졸업한 후 출판사와 잡지사에서 근무했으며, 현재 전문 번역가로 활동하고 있다. 옮긴 책으로는 『수영하는 사람들』, 『모비딕』, 『여기, 우리가 만나는 곳』, 『신도 버린 사람들』, 『십대들의 뇌에서는 무슨 일이 벌어지고 있나?』, 『안나와디의 아이들』, 『그랜드마더스』 등이 있다.

마음을 치료하는 법

초판 1쇄 발행 2020년 4월 20일
초판 3쇄 발행 2022년 6월 10일

지은이 로리 고틀립
옮긴이 강수정

펴낸이 김태균
펴낸곳 코쿤북스
등록   제2019-000006호
주소   서울특별시 서대문구 증가로25길 22 401호
디자인 필요한 디자인

ISBN 979-11-969992-0-9 03180

· 책값은 뒤표지에 표시되어 있습니다.
· 잘못된 책은 구입하신 서점에서 교환해 드립니다.

· 책으로 펴내고 싶은 아이디어나 원고를 이메일(cocoonbooks@naver.com)로 보내주세요.
  코쿤북스는 여러분의 소중한 경험과 생각을 기다리고 있습니다. ☺